中華古籍保護計劃

ZHONG HUA GU JI BAO HU JI HUA CHENG GUO

·成果·

海南省古籍普查登記目録

全國古籍普查登記目録

國家圖書館出版社
National Library of China Publishing House

圖書在版編目(CIP)數據

海南省古籍普查登記目録/《海南省古籍普查登記目録》編委會編. —北京:國家圖書館出版社,2023.8
(全國古籍普查登記目録)
ISBN 978-7-5013-7263-8

Ⅰ.①海… Ⅱ.①海… Ⅲ.①古籍—圖書館目録—海南 Ⅳ.①Z838

中國國家版本館 CIP 數據核字(2023)第 096253 號

書　　名 海南省古籍普查登記目録
著　　者 《海南省古籍普查登記目録》編委會　編
責任編輯 王　雷

出版發行 國家圖書館出版社(北京市西城區文津街 7 號　100034)
(原書目文獻出版社 北京圖書館出版社)
010-66114536　63802249　nlcpress@nlc.cn(郵購)
網　　址 http://www.nlcpress.com
排　　版 京荷(北京)科技有限公司
印　　裝 河北三河弘翰印務有限公司
版次印次 2023 年 8 月第 1 版　2023 年 8 月第 1 次印刷

開　　本 787×1092　1/16
印　　張 20.5
字　　數 400 千字
書　　號 ISBN 978-7-5013-7263-8
定　　價 200.00 圓

《全國古籍普查登記目録》

工作委員會

主　任： 周和平

副主任： 張永新　詹福瑞　劉小琴　李致忠　張志清

委　員（按姓氏筆畫排序）：

于立仁　王水喬　王　沛　王紅蕾　王筱雯
方自今　尹壽松　包菊香　任　競　全　勤
李西寧　李　彤　李忠昊　李春來　李　培
李曉秋　吴建中　宋志英　努　木　林世田
易向軍　周建文　洪　琰　倪曉建　徐欣禄
徐　蜀　高文華　郭向東　陳荔京　陳紅彦
張　勇　湯旭岩　楊　揚　賈貴榮　趙　嫄
鄭智明　劉洪輝　歷　力　鮑盛華　韓　彬
魏存慶　鍾海珍　謝冬榮　謝　林　應長興

《全國古籍普查登記目録》

序　言

全國古籍普查登記工作是"中華古籍保護計劃"的首要任務,是全面開展古籍搶救、保護和利用工作的基礎,也是有史以來第一次由政府組織、參加收藏單位最多的全國性古籍普查登記工作。

2007 年國務院辦公廳發布《關於進一步加强古籍保護工作的意見》(國辦發[2007]6 號),明確了古籍保護工作的首要任務是對全國公共圖書館、博物館和教育、宗教、民族、文物等系統的古籍收藏和保護狀況進行全面普查,建立中華古籍聯合目録和古籍數字資源庫。2011 年 12 月,文化部下發《文化部辦公廳關於加快推進全國古籍普查登記工作的通知》(文辦發[2011]518 號),進一步落實了全國古籍普查登記工作。根據文化部 2011 年 518 號文件精神,國家古籍保護中心擬訂了《全國古籍普查登記工作方案》,進一步規範了古籍普查登記工作的範圍、内容、原則、步驟、辦法、成果和經費。目前進行的全國古籍普查登記工作的中心任務是通過每部古籍的身份證——"古籍普查登記編號"和相關信息,建立古籍總臺賬,全面瞭解全國古籍存藏情況,開展全國古籍保護的基礎性工作,加强各級政府對古籍的管理、保護和利用。

《全國古籍普查登記工作方案》規定了全國古籍普查登記工作的三個主要步驟:一、開展古籍普查登記工作;二、在古籍普查登記基礎上,編纂出版館藏古籍普查登記目録,形成《全國古籍普查登記目録》;三、在古籍普查登記工作基本完成的前提下,由省級古籍保護中心負責編纂出版本省古籍分類聯合目録《中華古籍總目》分省卷,由國家古籍保護中心負責編纂出版《中華古籍總目》統編卷。

在黨和政府領導下,在各地區、各有關部門和全社會共同努力下,古籍普查登記工作得以扎實推進。古籍普查已在除臺、港、澳之外的全國各省級行政區域開展,普查内容除漢文古籍外,還包括各少數民族文字古籍,特别是於 2010 年分别啓動了新疆古籍保護和西藏古籍保護專項,因地制宜,開展古籍普查登記工作;國家古籍保護中心研製的"全國古籍普查登記平臺"已覆蓋到全國各省級古籍保護中心,并進一步研發了"中華古籍索引庫",爲及時展現古籍普查成果提供有力支持;截至目前,已有 11375 部古籍進入《國家珍貴古籍名録》,浙江、江蘇、山東、河北等省公布了省級《珍貴古籍名録》,古籍分級保護機制初步形成。

《全國古籍普查登記目録》是古籍普查工作的階段性成果,旨在摸清家底,揭示館藏,反映古籍的基本信息。原則上每申報單位獨立成册,館藏量少不能獨立成册者,則在本省範圍内幾個館目合并成册。無論獨立成册還是合并成册,均編製獨立的書名筆畫索引附於書後。著録的必填基本項目有:古籍普查登記編號、索書號、題名卷數、著者(含著作方式)、版本、册數及存缺卷數。其他擴展項目有:分類、批校題跋、版式、裝幀形式、叢書子目、書影、破損狀况等。有條件的收藏單位多著録的一些擴展項目,也反映在《全國古籍普查登記目録》上。目録編排按古籍普查登記編號排序,内在順序給予各古籍收藏單位較大自由度,可按分類排列古籍普查登記編號,也可按排架號、按同書名等排列古籍普查登記編號,以反映各館特色。

此次全國古籍普查登記工作,克服了古籍數量多、普查人員少、普查難度大等各種困難,也得到了全國古籍保護工作者的極大支持。在古籍普查登記過程中,國家古籍保護中心、各省古籍保護中心爲此舉辦了多期古籍普查、古籍鑒定、古籍普查目録審校等培訓班,全國共1600餘家單位參加了培訓,爲古籍普查登記工作培養了大量人才。同時在古籍普查登記工作中,也鍛煉了普查員的實踐能力,爲將來古籍保護事業發展奠定了良好的基礎。

《全國古籍普查登記目録》的出版,將摸清我國古籍家底,爲古籍保護和利用工作提供依據,也將是古籍保護長期工作的一個里程碑。

國家古籍保護中心
2013年10月

《全國古籍普查登記目録》

編纂凡例

一、收録範圍爲我國境内各收藏機構或個人所藏，産生於1912年以前，具有文物價值、學術價值和藝術價值的文獻典籍，包括漢文古籍和少數民族文字古籍以及甲骨、簡帛、敦煌遺書、碑帖拓本、古地圖等文獻。其中，部分文獻的收録年限適當延伸。

二、以各收藏機構爲分册依據，篇幅較小者，適當合并出版。

三、一部古籍一條款目，複本亦單獨著録。

四、著録基本要求爲客觀登記、規範描述。

五、著録款目包括古籍普查登記編號、索書號、題名卷數、著者、版本、册數、存缺卷等。古籍普查登記編號的組成方式是：省級行政區劃代碼—單位代碼—古籍普查登記順序號。

六、以古籍普查登記編號順序排序。

《海南省古籍普查登記目録》

編纂委員會

主　任： 何凡予

副主任： 陳平殿　羅昌華　李　彤　羅文雄　楊艷紅　雲春雷
余　燕　張　蕊　吴奇杰　黄崇利　羊文燦　陳　江
渠榮籛　喬紅霞　霍　毅　李繼槐

總審校和編纂工作小組組長： 喬紅霞

分審校和編纂工作小組成員： 陳秀雲　羅昌華　吴春明　陳　睿
李國鴻　楊艷紅　雲春雷　余　燕　黄文鋒　李景芝
葉少喜　符洪洪　高文杰　渠榮籛　喬紅霞　霍筱薇
李繼槐

參編單位和參編人員：

海南省圖書館：喬紅霞　王冬梅　黄文鋒　馮錦福

海口圖書館：羅昌華　吴春明

文昌市圖書館：雲春雷　盧秀婷

海南大學圖書館：李景芝　杜　玲

海南師範大學圖書館：王　芹　陳秀雲　傅白雲　李　敏
彭菊媛

瓊臺師範學院圖書館：楊艷紅　陳開君　林志益

儋州市第一中學：余　燕　李瑞富

海南省民族博物館：陳　睿　王　潔　李國鴻　陳梅菊

海南省博物館：張　晨　高文杰

海口市博物館：葉少喜　麥静娟

霍列五輔政堂：霍　毅　霍筱薇

書韵清賞齋：喬紅霞

芳菲苑：李繼槐

海南若虚齋：渠榮籛

《海南省古籍普查登記目録》

前　言

海南省，位於祖國南部邊疆，歷史文化源遠流長。據《新唐書》記載，唐朝貞觀二十年(646)王義方被貶任吉安縣(今海南省昌江黎族自治縣)縣丞時，就爲生徒開陳經書，行釋奠禮。自北宋至民國，官私藏書屢見於方志記載。北宋公藏以瓊州學宫爲代表，學宫慶曆四年(1044)由國子監教授宋守之奉詔在廣南西路瓊州建立，特設御書閣，典藏朝廷賜給學宫的圖書。元朝時海南陵水人符元裔曾水浮陸走二千餘里，到内地購買經史諸書，補充學宫收藏。私人藏書，始於北宋蘇軾謫居海南前，蘇軾稱，“海外亦粗有書籍”，并記載了兒子蘇過向姜唐佐借書的書名。蘇軾的朋友鄭嘉會通過海船運圖書千餘卷到儋州，蘇軾與兒子蘇過辛苦數日，將這些圖書編排整齊，以備使用。南宋建炎元年(1127)，蘇軾的學生王霄在儋州建零春書館。明朝海口瓊山丘濬的寶敕樓因珍藏《大學衍義補》手稿、刻印圖書，享譽全國。清末民初，王國憲瓊雅堂藏書三萬册，無償向學子開放。可惜因海南地處炎方，天氣溽熱、颱風頻繁、蚊蟲叢聚、瓊北地震等自然因素，又因孤懸海外、社會動蕩等歷史原因，不僅宋明時期的藏書室蕩然無存，就連清末學者、收藏家王國憲的藏書室瓊雅堂也已殘壞頹圮，歷史上刻印、收藏的古籍，更是十不存一，令人扼腕痛惜。

古籍主要指書寫印刷於1912年以前，又具有中國古典裝幀形式的書籍。它承載着中華民族寶貴的精神財富，蘊含着中華文明的特質和中國智慧，是祖國珍貴的文化遺産。2007年，國務院辦公廳發布《關於進一步加强古籍保護工作的意見》(國辦發〔2007〕6號)，要求貫徹“保護爲主、搶救第一、合理利用、加强管理”的方針，依法科學保護古籍，對全國古籍搶救、保護進行了統一部署。2008年《海南省人民政府辦公廳轉發國務院辦公廳關於進一步加强古籍保護工作意見的通知》(瓊府辦〔2008〕7號)，就海南省貫徹落實國務院辦公廳文件、開展全省古籍保護工作做出安排，規定海南省古籍普查登記工作由省文化廣電出版體育廳(現名海南省旅游和文化廣電體育廳)牽頭負責，海南省圖書館具體組織實施，要按照有關技術標準和規範，進行古籍普查登記、清點、編目整理及數字化加工、縮微複製等，切實保護好全省古籍。

(一)

海南省古籍保護工作，是國家重點文化工程——“中華古籍保護計劃”在海南省的實施項目。古籍普查登記,是進行古籍保護的基礎。2007 年 10 月,海南省圖書館作爲全國最年輕的省級圖書館剛剛正式開館,2008 年接到統籌協調全省古籍保護工作任務後,於 2009 年 1 月,舉辦了海南省首屆古籍普查培訓班,向全省 25 家公共圖書館、高校圖書館的館長和學員宣傳政策、布置任務、傳授古籍普查基礎知識。經培訓後調查反饋,2009 年 1 月全省有古籍而且能够參加古籍保護工作的單位僅有 5 家,分别是海南省圖書館、海南師範大學圖書館、海口圖書館、海南大學圖書館、瓊臺師範高等專科學校(現名瓊臺師範學院)圖書館。十餘年來,海南省圖書館(海南省古籍保護中心)積極推動,目前全省參加古籍普查的單位和個人共 14 家,其中 10 家公藏單位,4 家民間收藏。

依照《全國古籍普查工作方案》和《全國古籍普查登記手册》,海南省古籍普查登記的範圍主要爲我國漢文和少數民族文字古籍,登記内容有古籍的基本信息、破損信息和保存狀況信息等。省古籍保護中心通過統籌協作、制定方案、搭建平臺、廣泛宣傳、積極動員、齊心協力、試點先行、以點帶面、專業培訓等方式,動員全省各古籍收藏單位派出專職或兼職人員,開展館藏古籍普查。通過派出專家組業務輔導、現場著録等方式,幫助各收藏單位完成了古籍普查任務。我們普查古籍一般分五個步驟:第一,辨識整理古籍,同種書聚攏成套;第二,製作標籤、查驗登記古籍,寫上題名卷數、著者、索書號、版本、存册、存卷,放置於書册之間;第三,將古籍信息輸入古籍普查平臺,申請用户賬號密碼、分類編目、照實著録古籍基本信息、辨識印章、掃描書影、定級定損、完成古籍普查平臺數據;第四,單位初審,對照原書審核普查項目,導出古籍普查平臺數據成館藏古籍目録 Excel 表,根據全國古籍普查登記目録審校要求,由各收藏單位結合古籍著録項目、編寫規則,對登記古籍條目進行初審;第五,全省總審校,各單位將館藏古籍目録數據匯總至省中心,由省中心專家進行全面總審校,審改糾謬,需要核對原書的,反饋至收藏單位核查修改,最終確定符合要求的普查數據。

按照國家古籍保護中心規定的基本項目和擴展項目,本書著録古籍普查登記編號、索書號、題名卷數、著者、版本(帶補配)、册數及存(缺)卷、版式(擴展項)八項内容。編委會商定:

1. 如實著録:對館藏古籍應全部登記,對照古籍原書首卷卷端,牌記、序跋、目録、存卷、册數,如實登記古籍版本信息。

2. 考證精審:由於本省古籍殘破較爲普遍,原書著録所需項缺失的,要根據書中信息,參考《中國古籍善本書目》《中國叢書綜録》等古籍書目及國家圖書館古籍書目數據庫等考證查實,做到不缺項,且每一項著録皆有出處。

3. 索書號:原書有館藏索書號的可沿用舊號。新分編古籍依照《全國古籍普查登記手册・漢文古籍分類表》,用“部、類、屬”類分至“屬”,按照數序制和層纍制以阿拉伯數字標注，用符號“.”區分類和屬，用符號“/”區分分類號和種次號。

4. 叢書一般集中著録。叢書零種，子目不超過三條的，可以分散著録。叢書行款，一般以項存子目首卷卷端爲主。

5. 版式項目。行款一般規範爲“×行×字小字雙行×字（或“同”）×（白、黑）口×邊（左右雙邊、四周雙邊、四周單邊等）”。鉛印本没有板框的，可以不著録行款。

6. 海南刊寫的古籍，收録年限至民國初期。

《海南省古籍普查登記目録》收録目前已知海南省内全部古籍遺産2240部23807册，其中明代古籍69部1087册，明清稿本11部18册、鈔本33部92册。内容覆蓋經、史、子、集、叢、新學，版本以漢文刻本爲主，有刻本、稿本、抄本、活字本、套印本、石印本、鉛印本等類型。其中，海南師範大學圖書館685部13430册、海口圖書館643部4730册、海南省民族博物館504部1528册、瓊臺師範學院圖書館151部2108册、文昌市圖書館96部872册，藏量居前。這次古籍普查對珍貴古籍、古籍善本、普通古籍進行了初步認定。普查登記结果説明：海南省古籍資源專題特色突出，善本古籍稀缺珍貴，普通古籍亦可見證海南歷史發展變遷，有着重要的文獻價值和文物價值。

在進行古籍普查的同時，我們開展了古籍的分級分類保護工作，組織省内各公藏单位參加了第二批至第六批《國家珍貴古籍名録》申報工作。截至目前，全省有三部古籍入選《國家珍貴古籍名録》，分别是2009年海南師範大學圖書館收藏的《昌黎先生集》四十卷《外集》十卷《遺文》一卷《朱子校昌黎先生集傳》一卷［明徐氏東雅堂刻本（編號05348）］入選《第二批國家珍貴古籍名録》，2020年海南省民族博物館藏《大廣益會玉篇》三十卷《玉篇廣韻指南》一卷［明弘治十七年（1504）黄氏集義書堂刻本（編號12478）］、《詩法》十卷［明嘉靖至萬曆間復古齋刻本，樂嗣炳跋（編號12871）］入選《第六批國家珍貴古籍名録》，同時“樂嗣炳跋”首次出現於《國家珍貴古籍名録》中。2013年海南省開展了《第一批海南省珍貴古籍名録》和第一批海南省古籍重點保護單位評選工作，海南師範大學圖書館、海南省圖書館、海口圖書館、文昌市圖書館、海南大學圖書館收藏的54部古籍入選《第一批海南省珍貴古籍名録》，海南師範大學圖書館入選“第一批海南省古籍重點保護單位”。

海南省古籍保護工作，2014年10月得到中華人民共和國文化部（現名中華人民共和國文化和旅游部）表彰，海南省圖書館被授予“全國古籍保護工作先進單位”稱號，海南省圖書館喬紅霞、海南師範大學圖書館陳秀雲兩位同志被授予“全國古籍保護先進個人”稱號。

（二）

海南省現存古籍入藏方式有傳承、購買、捐贈、調撥和隨遷等來源類型。海南師範大學圖書館是海南省目前收藏古籍最多的單位，除接受調撥、捐贈外，早年曾派人到廣州、北京、上海購買古籍。海南省博物館、海南省圖書館等單位，近年來結合館藏發展，采訪了一些古籍，以海南古籍和古籍善本爲主，藏量雖少，但藏品不俗。

海南師範大學圖書館、瓊臺師範學院圖書館館藏古籍主要來源於清代海南的兩家官學書院，一是瓊臺書院，一是蘇泉書院。瓊臺書院是海南辦學時間最長、培養人才最多、社會影響最廣的官學書院，始建於清康熙四十四年（1705），由時任廣東分巡雷瓊兵備道焦映漢捐資興建，時建有奎星亭。清乾隆十八年（1753）改建爲奎星樓，是書院藏書、山長授課的場所。清光緒二十年（1894）雷瓊道道臺楊文駿擴建瓊臺書院時，從江浙閩廣購置經、史、子、集兩萬多卷，瓊臺師範學院圖書館館藏古籍鈐有“雷瓊道楊　捐”“廣東省立第六師範學校圖書館之印”者即是瓊臺書院及其餘緒廣東省立第六師範學校圖書館舊藏。廣東省立第六師範學校 1951 年更名爲廣東瓊臺師範學校。海南師範大學圖書館館藏古籍中鈐印“廣東省立第六師範學校圖書館之印”者，是 1969 年廣東瓊臺師範學校停辦時，由瓊臺調撥來的古籍。

蘇泉書院，初名東坡書院，又名粟泉書院，現址在海口市海府路蘇公祠，因北宋紹聖四年（1097）蘇軾途經瓊山，指導居民鑿井得浮粟、洗心雙泉而得名。書院南宋初年創建，名“東坡書院”，明萬曆四十一年（1613）更名爲“粟泉書院”，清乾隆十年（1745）廣東瓊州府知府葉汝蘭重建後，更名爲“蘇泉書院”。清同治九年（1870）瓊州知府馮端本重建書院，購《十三經註疏》《資治通鑑》等圖書充實書院藏書。清光緒十五年（1889）雷瓊道道臺朱采重建蘇公祠，創建海南第一樓，購典籍八千多卷，供師生講讀使用。現瓊臺師範學院圖書館、海南師範大學圖書館館藏鈐印“第一樓藏官書不得携出院外”的古籍，當是蘇泉書院海南第一樓舊藏。

海南歷史上也不乏私人藏書家，北宋末年有蘇軾、姜唐佐等，南宋有王霄等，自明代至清末有王弘誨、邢宥、丘濬、海瑞、張岳崧、莫瑞堂、馮驥聲、王國憲、潘存等，著名的藏書家有丘濬、王國憲等。

海口圖書館館藏古籍，多是王國憲舊藏。王國憲（1853—1938），原名國棟，字用五，號堯雲，晚年號更生老人，海南瓊山人。是清末民初海南著名學者、藏書家、出版家、教育家。終身從事海南教育和海南文獻整理，出版了《海南叢書》，編纂《民國瓊山縣志》《民國儋縣志》等。王國憲藏書室“瓊雅堂”，有藏書近三萬册，是清末民初海南規模最大的私人藏書室。王國憲去世後，藏書多年不知去向，被認爲不存於世。這次古籍普查發現海口圖書館藏有鈐印“瓊雅堂經籍金石之章”“堯雲珍藏”的古籍，係 20 世紀 50 年代由王國憲家人捐贈。

民國時期，海南教會中學“匹瑾中學校圖書館”以及國民黨從廣州撤離搬運到海南島的“廣東省立黄埔中正中學圖書館”等館藏古籍，合并到廣東瓊臺師範學校圖書館,現存於瓊臺師範學院圖書館等單位。

海南省民族博物館、海南大學圖書館、海南師範大學圖書館、瓊臺師範學院圖書館、海南省圖書館、海口圖書館、文昌市圖書館、儋州市第一中學圖書館等均接受過古籍捐贈。捐贈者清代有雷瓊道道臺楊文駿、瓊邑故兵部武庫司主事張祥垣,近代以來有王國憲、石光瑛、羅斯(Ross)、尤島仙、林奕軒、詹行烧、樂嗣炳、霍列五、丘程光、葉顯恩等先生。其中1988年我國現代語言學家、民俗學家、古籍收藏家、復旦大學中文系教授樂嗣炳先生遺贈給海南省民族博物館的古籍,是一批規模較大的語言文字專題古籍。2013年11月海南省古籍保護中心派出專家組首次對該館古籍進行普查,命名爲"樂嗣炳專藏"。2015年7月,海南省古籍保護中心派出采訪組到大連走訪樂嗣炳先生的女兒樂俊言、兒子樂俊魚,采寫了《赴湯蹈火保衛國家 拳拳愛心保護古籍——現代語言學家、民俗學家、收藏家樂嗣炳先生抗戰時期保護古籍事例》論文,并製作了視頻。8月15日,該論文在國家古籍保護中心和中國古籍保護協會聯合舉辦的"抗戰時期古籍搶救保護史迹研討會"上宣讀,入選中華古籍保護計劃成果《抗戰時期古籍搶救保護史迹文集》。2016年9月,國家古籍保護中心派出沈乃文、張麗娟兩位專家到五指山市,對海南省民族博物館館藏古籍進行了鑒定,專家認爲,"樂嗣炳專藏"是一批很不錯的古籍資源,版本類型豐富,專題特色突出。語言文字專題古籍版本較爲豐富,稿本、鈔本内容獨特,存量稀少。早期版本不少,晚期版本内容較獨特。

2007年海南大學合并華南熱帶農業大學,2011年、2017年海南大學圖書館兩次從儋州校區(原華南熱帶農業大學圖書館)調撥古籍12部505册至海南大學圖書館。

海南省民間收藏有霍列五輔政堂、書韵清賞齋、芳菲苑、海南若虚齋共4家,霍列五輔政堂收藏係海南現代名中醫霍列五先生生前行醫使用過的中醫古籍,霍列五先生之子霍毅、孫女霍筱薇已將輔政堂藏清光緒年間海南刊印的《鼠疫彙編》等中醫古籍,無償捐贈給了海南省圖書館。其他三家收藏,係1988年海南建省後,建設海南人才引進時,芳菲苑主人、書韵清賞齋主人、海南若虚齋主人從河南、山西等地携帶到海南的珍愛古籍,藏書各具特色。海南若虚齋藏書,係山西晋商渠仁甫先生"若虚齋"藏書的部分遺存。

(三)

《海南省古籍普查登記目録》編寫過程中全省古籍工作同仁手檢目驗,照實著録,一部書對應一個全國古籍普查編號,索書號、題名卷數、著者、版本、版式、存册、存卷等項目,編目登記得清楚明白,理清了海南省現存古籍家底,揭示了全省古籍收藏的現狀，填補了省内各收藏單位古籍業務空白，爲讀者全面瞭解古籍、利用古籍、開展整理和研究，提供了治學門徑，爲《中華古籍總目·海南卷》的編寫、開展海南省古籍數字圖書館建設奠定了基礎。《海南省古籍普查登記目録》的出版，使全省古籍的版本價值和文獻價值得以確認，將推進全省古籍保護事業進一步發展。

海南省古籍普查工作得到了各方面的關心支持，感謝海南省委省政府的信任和重視，感謝海南省旅游和文化廣電體育廳的正確領導，感謝國家古籍保護中心的培訓輔導，感謝各兄弟省份古籍工作同行的專業支持，感謝張志清、李致忠、吴格、沈乃文、張麗娟、陳紅彦、趙前等專家學者的悉心指導，感謝"第十九期《全國古籍普查登記目録》審校人員培訓班"同學間的切磋砥礪，感謝省内外新聞媒體記者們的熱心宣傳，感謝海南大學"古籍叢中一回首"項目志願者的參與協助。回顧海南省古籍保護發展歷程，感恩良多，不一一贅述。

由於我們工作基礎薄弱，專業水平有限，儘管努力做到準确完善，也難免有疏漏之瑕，敬請方家不吝賜教！

海南省圖書館（海南省古籍保護中心）
2023 年 2 月 3 日

目　録

海南省圖書館古籍普查登記目録

全國古籍普查登記目録

國家圖書館出版社
National Library of China Publishing House

460000－8501－0000001　42.3/1

宋大家蘇文忠公文抄二十八卷　(宋)蘇軾撰　(明)茅坤批評　明崇禎刻本　九行二十字白口四周單邊　二十八册

460000－8501－0000002　43.3/1

新安二布衣詩八卷　(明)吳兆　(明)程嘉遂撰　(清)王士禛選　(清)汪洪度　(清)吳瞻泰校勘　清康熙四十三年(1704)刻本　十行十九字白口四周單邊　二册

460000－8501－0000003　42.1/1

諸葛丞相集四卷　(三國蜀)諸葛亮撰　(清)朱璘輯　清康熙三十七年(1698)萬卷堂刻本　九行十九字白口四周雙邊　四册

460000－8501－0000004　315.2/1

芥子園畫傳二集四種首一卷　(清)王概等輯　清乾隆四十七年(1782)金閶書業堂彩色套印本　九行二十字小字雙行不等白口四周單邊　四册

460000－8501－0000005　315.5/1

過伯齡先生四子譜二卷　(清)過文年輯　(清)陸求可考訂　清同治十二年(1873)金閶綠慎堂刻本　上下兩欄上字下譜白口四周單邊　二册

460000－8501－0000006　117.3/1

爾雅音圖三卷　(晉)郭璞注　(清)姚之麟摹圖　(清)陶士立臨字　(清)彭萬程刻　清嘉慶六年(1801)藝學軒影宋繪圖本　十二行二十字小字雙行同黑口四周雙邊　四册

460000－8501－0000007　310.21/1

重刊補注洗冤錄集證六卷　(宋)宋慈撰　(清)王又槐輯　(清)李觀瀾補輯　(清)孫光烈參閲　(清)阮其新補注　(清)王又梧校訂　(清)張錫藩重訂加丹　清道光二十四年(1844)翰墨園五色套印本　十行十八字小字雙行同白口左右雙邊　十册

460000－8501－0000008　52.1/1

津逮秘書十五集一百四十一種七百四十八卷　(明)毛晉輯　明崇禎毛氏汲古閣刻本　行款字數不等白口左右雙邊　四册　存七種十五卷(古文參同契集解上、中、下,箋註集解上、中、下,三相類集解一至二;黄帝授三子玄女經一;胎息經一;耒耜經一;五木經一;丸經一至二;墨經一)

460000－8501－0000009　43.2/1

重訂文選集評十五卷首一卷末一卷　(南朝梁)蕭統選　(清)于光華編次　(清)于垺等校字　清刻本　九行二十字小字雙行三十字白口左右雙邊　十册　存十卷(一、三至四、六、九至十四)

460000－8501－0000010　317.2/1

太上無極斗母演教度世仙經三卷　(□)□□撰　清刻本　六行十六字白口上下雙邊　一册　存一卷(中)

460000－8501－0000011　23.1/1

御批歷代通鑑輯覽一百二十卷　(清)傅恒纂　清光緒三十年(1904)上海商務印書館鉛印本　十五行二十八字小字雙行四十四字白口四周單邊　四十册

460000－8501－0000012　115.6/1

四書典制類聯音註三十三卷　(清)閻其淵輯　清刻本　九行二十五字小字雙行同白口四周單邊　二册　存七卷(四至六、十四至十七)

460000－8501－0000013　12.6/1

周易便解六卷　(清)汪誥輯　(清)盧學淵等閲　(清)汪柳　(清)汪桐校梓　清乾隆克復堂刻本　九行二十二字小字雙行同白口左右雙邊　一册　存二卷(三至四)

460000－8501－0000014　117.1/3

康熙字典十二集總目一卷檢字一卷辨似一卷等韻一卷備考一卷補遺一卷　(清)張玉書等纂　清刻本　八行十二字小字雙行二十四字白口四周雙邊　一册　存二集(寅集中、申集上)

460000－8501－0000015　32.2/1

卅藝句解一卷　(清)李希賢注　清安順至寶

堂刻本　九行二十五字小字雙行同白口四周單邊　一册

460000－8501－0000016　117.1/1
字彙十二集首一卷　(明)梅膺祚撰　清刻本　九行十二字小字雙行二十四字白口四周單邊　三册　存三集(丑、戌、亥)

460000－8501－0000017　32.2/2
寄傲山房塾課新增幼學故事瓊林四卷首一卷　(清)程允升原本　(清)鄒聖脈增補　(清)謝梅林　(清)鄒可庭參訂　清刻本　上下兩欄上欄十一行十七字下欄十行二十六字小字雙行同白口四周單邊　一册　存一卷(三)

460000－8501－0000018　22.1/1
史記一百三十卷　(漢)司馬遷撰　(南朝宋)裴駰集解　(唐)司馬貞索引　(唐)張守節正義　清光緒三十四年(1908)上海集成圖書公司鉛印本　十三行四十字小字雙行同白口四周單邊　一册　存十四卷(九十七至一百十)

460000－8501－0000019　116.2/1
五經合纂大成　(清)同文書局編　清光緒十一年(1885)上海同文書局石印本　十四行二十七字小字雙行同白口四周單邊　五册　存四種九卷(詩經一至二、五至六,禮記九至十,書經三至四,周易二)

460000－8501－0000020　310.4/1
再重訂傷寒集註十卷　(清)舒詔撰　清刻本　十一行二十四字白口四周單邊　一册　存三卷(三至五)

460000－8501－0000021　117.1/2
字彙十二集首一卷末一卷附辨似一卷韻法直圖一卷韻法橫圖一卷　(明)梅膺祚撰　清刻本　十行十六字小字雙行同白口四周雙邊　一册　存三卷(辨似一卷、韻法直圖一卷、韻法橫圖一卷)

460000－8501－0000022　210.1/1
校正尚友録統編二十四卷　(清)錢湖釣徒編　清光緒二十九年(1903)石印本　十四行二十四字小字雙行四十八字白口四周單邊　一册　存四卷(二十一至二十四)

460000－8501－0000023　43.9/1
增廣試貼詩海三十二卷　(清)經訓堂主人選輯　清光緒石印本　上下兩欄下欄九行十四字小字雙行二十九字白口四周單邊　六册　存十八卷(一至七、十六至二十二、二十四至二十七)

460000－8501－0000024　23.1/2
袁王綱鑑合編三十九卷首一卷　(明)袁黄輯　(明)王世貞編　清光緒三十年(1904)上海商務印書館鉛印本　十九行四十三字小字雙行五十六字白口四周單邊　十二册　存二十八卷(一、八至十六、二十一至二十六、二十九至三十九,首一卷)

460000－8501－0000025　43.2/1
唐詩合選詳解十二卷　(清)劉文蔚注　清光緒五年(1879)刻本　十行二十四字小字雙行同白口四周單邊　二册　存四卷(五至八)

460000－8501－0000026　22.1/2
南史八十卷　(唐)李延壽撰　清光緒史學齋石印本　二十行四十二字白口左右雙邊　二册　存二十六卷(十一至二十二、二十四至三十七)

460000－8501－0000027　44.2/1
詩學含英十四卷　(清)劉文蔚輯　清刻本　八行十三字小字雙行二十六字白口左右雙邊　一册　存四卷(四至七)

460000－8501－0000028　115.4/1
孟子集註七卷　(宋)朱熹集注　清刻本　十一行二十六字小字雙行同白口四周單邊　一册　存三卷(一至三)

460000－8501－0000029　117.2/1
剔弊廣增分韻五方元音三卷首一卷　(清)樊騰鳳撰　(清)趙培梓編　(清)趙鑑庵書　清光緒二十五年(1899)石印本　十一行二十五字小字雙行同白口四周雙邊　六册　存三卷(上、下,首一卷)

460000－8501－0000030　310.9/1
驗方新編十六卷　(清)鮑相璈撰　(清)張紹棠增輯　清末刻本　十行二十二字小字雙行同白口左右雙邊　三冊　存八卷(二至四、十二至十六)

460000－8501－0000031　47.3/1
才子西廂醉心篇十六卷　(清)金聖歎批點　(清)陳維崧考訂　清味蘭軒刻本　九行二十五字白口左右雙邊　一冊

460000－8501－0000032　51.1/1
增補事類統編三十五卷　(清)黄葆真輯　(清)何立中校字　清光緒十四年(1888)上海點石齋石印本　十五行四十二字小字雙行同白口四周雙邊　八冊　存二十七卷(一至三、四上、五至九、十八至三十五)

460000－8501－0000033　51.1/2
增補事類統編九十三卷首一卷　(清)黄葆真輯　(清)何立中校字　清光緒刻本　八行二十一字小字雙行同白口四周雙邊　六冊　存十二卷(十至十四、二十、二十七至二十八、四十九至五十、八十一至八十二)

460000－8501－0000034　310.21/2
景岳全書二十四集六十四卷　(明)張介賓撰　清宣統石印本　十九行四十二字白口四周雙邊　四冊　存五十六卷(一至五十四、六十三至六十四)

460000－8501－0000035　310.1/1
醫林指月十二種　(清)王琢崖輯　清光緒二十二年(1896)圖書集成印書局鉛印本　十三行四十字小字雙行同白口四周單邊　一冊　存二種三卷(質疑錄一,芷園素社痎瘧論疏一、痎瘧論疏方一)

460000－8501－0000036　310.21/3
增補醫林狀元壽世保元十卷　(明)龔廷賢編　(清)周亮登校　清宣統石印本　二十四行五十一字下黑口四周雙邊　三冊　存八卷(三至十)

460000－8501－0000037　310.10/1
鼠疫彙編一卷　(清)羅汝蘭纂　(清)龍裕光校刊　(清)符耀龍校　清光緒二十三年(1897)海口高州會館刻本　十行二十三字小字雙行同白口左右雙邊　一冊

460000－8501－0000038　310.21/4
醫林改錯二卷　(清)王清任編　清末石印本　十九行三十八字白口四周雙邊　一冊

460000－8501－0000039　310.10/2
鼠疫良方彙編一卷　(清)沈敦和輯　清宣統二年(1910)石印本　十四行三十一字黑口四周雙邊　一冊

海口圖書館古籍普查登記目録

全國古籍普查登記目録

國家圖書館出版社
National Library of China Publishing House

460000－8502－0000001　10001

說文通檢十四卷首一卷末一卷　(清)黎永椿編　清光緒二年(1876)文昌書局刻本　十行二十二字小字雙行同白口左右雙邊　二冊

460000－8502－0000002　10005

經典釋文三十卷　(唐)陸德明撰　**攷證三十卷**　(清)盧文弨撰　清同治十年(1871)粵秀山文瀾閣重雕抱經堂本　十一行二十二字小字雙行同上下黑口四周單邊　十一冊　存二十二卷(經典釋文一至十一、二十至三十)

460000－8502－0000003　10004

詩經便覽四卷　(清)潘炳綱編　清乾隆五十九年(1794)養正家塾刻本　上下兩欄下欄行十八字小字雙行同白口左右雙邊　三冊　存三卷(一至三)

460000－8502－0000004　10003

書經纂言四卷　(元)吳澄撰　清臨川吳氏刻本　十行二十四字白口四周單邊　四冊

460000－8502－0000005　10002

書經精華六卷　(清)陳龍標編　(清)紀曉嵐鑒定　清同治元年(1862)近文堂刻本　上下兩欄下欄十二行十五字小字雙行三十字白口四周雙邊　二冊

460000－8502－0000006　10006

周易備旨□□卷　(明)黃淳耀撰　(清)鄒梧岡輯　清右文堂刻本　上下兩欄下欄十一行二十字小字雙行同白口四周單邊　二冊　存五卷(一至二、五至七)

460000－8502－0000007　10007

書經述六卷　(清)許祖京撰　清嘉慶十七年(1812)陔華堂刻本　九行二十二字小字雙行同白口左右雙邊　三冊

460000－8502－0000008　10145

孟子集注本義匯參十四卷　(清)王步青輯　清敦複堂刻本　九行二十三字小字雙行同白口左右雙邊　三冊　存六卷(一至四、十至十一)

460000－8502－0000009　10008

尚書大傳四卷　(漢)鄭玄注　清乾隆刻本　九行二十字小字雙行同白口左右雙邊　一冊

460000－8502－0000010　10009

尚書引義六卷　(清)王夫之撰　清簡青齋書局船山遺書石印本　二十三行四十九字白口四周雙邊　一冊

460000－8502－0000011　10010

朱子詩義補正八卷　(清)方苞撰　(清)高密　(清)單作哲編　清刻本　九行十九字白口左右雙邊　一冊　存二卷(四至五)

460000－8502－0000012　10013

新刻書經體註六卷首一卷　(宋)蔡沈集傳　(清)顧且菴鑒定　(清)范翔參訂　清刻本　上下兩欄下欄九行十七字小字雙行同白口四周單邊　二冊　存四卷(一至三、首一卷)

460000－8502－0000013　10011

書六卷　(宋)蔡沈集傳　清光緒四年(1878)古經閣刻本　九行十七字小字雙行同白口左右雙邊　一冊　存一卷(一)

460000－8502－0000014　10012

毛詩傳箋通釋三十二卷　(清)馬瑞辰撰　清光緒十四年(1888)廣雅書局刻本　十一行二十四字上下黑口四周單邊　八冊　存二十卷(一至三、十一至十七、二十至二十九)

460000－8502－0000015　10014

詩經繹參四卷　(清)鄧翔撰　清同治六年(1867)孔氏朱套墨印本　九行二十三字小字雙行同白口四周雙邊　四冊

460000－8502－0000016　10015

毛詩注疏二十卷詩譜序一卷　(漢)鄭玄注　(唐)孔穎達疏　明崇禎三年(1630)古虞毛氏刻本　九行二十一字小字雙行同白口左右雙邊　九冊　存十二卷(毛詩注疏一至二、五至八、十六至二十,詩譜序一卷)

460000－8502－0000017　10016

易經精華六卷　(清)陳龍標輯　(清)紀曉嵐鑒定　清同治二年(1863)崇文堂刻本　十二行十五字小字雙行三十字白口左右雙邊

三册

460000－8502－0000018　10017

尚書離句六卷　(清)錢在培輯解　(清)劉梅坨鑒定　清善美堂刻本　十行二十四字小字雙行同白口四周單邊　一册　存三卷(一至三)

460000－8502－0000019　10018

監本詩經全文四卷　(宋)朱熹集傳　清富經堂刻本　上下兩欄下欄九行十八字小字雙行同白口四周單邊　一册　存二卷(一至二)

460000－8502－0000020　10019

尚書注疏二十卷　(漢)孔安國傳　(唐)孔穎達疏　明崇禎五年(1632)古虞毛氏刻本　九行二十一字小字雙行同白口左右雙邊　三册　存十三卷(一至四、九至十三、十七至二十)

460000－8502－0000021　10021

十三經注疏十三種三百四十六卷附考證　(清)瑞麟總纂　(清)鍾謙鈞校勘　清同治十年(1871)廣東書局重刻乾隆武英殿本　十行二十一字小字雙行同白口左右雙邊　八十七册　存十三種二百五十五卷(周易注疏十三卷略例一,附考證;尚書注疏一、五至六、十三至十九,附考證;毛詩注疏三十卷,附考證;周禮注疏一至六、十三至四十二,附考證;儀禮注疏十七卷,附考證;禮記注疏四至十三、十七至二十二、三十九至四十四、四十八至五十三,附考證;春秋左傳注疏七至二十七、三十至三十二、三十七至三十九、五十五至五十七,附考證;春秋公羊傳注疏一至三、八至十一、十五至二十八,附考證;春秋穀梁傳注疏二十卷,附考證;論語注疏一至五、十一至二十,附考證;孝經注疏九卷,附考證;爾雅注疏十一卷,附考證;孟子注疏十四卷,附考證)

460000－8502－0000022　10020

新刻來瞿唐先生易注十五卷首一卷末一卷　(明)來知德注　(清)凌夫惇圈點　(清)高奣映校　清朝爽堂刻本　九行二十二字白口四周單邊　六册　存十一卷(四至十三、末一卷)

460000－8502－0000023　10034

易經解注傳義辯正四十四卷首二卷附易經圖說辯證二卷　(清)彭申甫編輯　清光緒十二年(1886)刻本　八行十八字小字雙行二十四字白口四周雙邊　五册　存十四卷(六至十一、三十至三十五,易經圖說辯證二卷)

460000－8502－0000024　30030

代數備旨十三章　(美國)狄考文譯　清光緒三十年(1904)上海美華書館鉛印本　十五行三十四字小字雙行同白口四周雙邊　一册

460000－8502－0000025　10035

讀易緒言二卷　(清)謝文洊撰　清南豐謝氏刻本　九行二十三字白口四周單邊　一册　存一卷(一)

460000－8502－0000026　10041

周禮正文六卷　(清)伍兆芳音義　清道光八年(1828)奎壁堂刻本　上下兩欄下欄九行二十字小字雙行同白口左右雙邊　三册　存三卷(一至三)

460000－8502－0000027　10036

周易恒解五卷首一卷　(清)劉沅解　清光緒三十一年(1905)豫誠堂刻本　九行二十二字白口左右雙邊　一册　存二卷(一、首一卷)

460000－8502－0000028　10038

春秋穀梁傳十二卷　(晉)范甯集解　(唐)陸德明音義　清光緒十二年(1886)刻本　九行十七字小字雙行同白口四周雙邊　四册

460000－8502－0000029　10039

欽定儀禮義疏四十八卷首二卷　(清)允祿等撰　清光緒十八年(1892)石印本　二十四行五十四字白口四周單邊　五册

460000－8502－0000030　10040

春秋五傳十七卷首一卷　(明)張岐然撰　清乾隆莆田書屋刻本　上下兩欄下欄九行二十字小字雙行同白口左右雙邊　十二册　存十二卷(一、三、七至十二、十四至十七)

460000－8502－0000031　10042

周禮經華六卷　(清)陳龍標編輯　(清)紀曉

嵐鑒定　清同治三年(1864)刻本　行款不一每行二十字小字雙行不等白口左右雙邊　六册

460000－8502－0000032　10043

禮記省度四卷　(清)彭頤撰　清光緒七年(1881)朱墨套印本　上下兩欄下欄八行十六字小字雙行不等白口四周單邊　一册　存二卷(三至四)

460000－8502－0000033　10044

禮記約編十卷　(清)汪基鈔纂　(清)江永校纂　(清)叔熙閱訂　清光緒三十三年(1907)上海文瑞樓石印本　十二行二十六字小字雙行同白口四周雙邊　四册　存六卷(一、四至五、八至十)

460000－8502－0000034　10045

儀禮鄭注句讀十七卷附監本正誤一卷石經正誤一卷　(漢)鄭玄注　(清)張爾岐句讀　清同治七年(1868)金陵書局刻本　九行二十四字小字雙行同白口左右雙邊　二册　存四卷(八至十一)

460000－8502－0000035　10047

儀禮韻言二卷　(清)檀萃纂　清刻本　上下兩欄下欄九行二十字小字雙行同白口左右雙邊　一册　存一卷(一)

460000－8502－0000036　10046

段氏說文注訂八卷　(清)鈕樹玉撰　清同治五年(1866)碧螺山館刻本　九行二十三字白口左右雙邊　二册

460000－8502－0000037　10048

儀禮章句十七卷　(清)吳廷華撰　清刻本　十行二十一字小字雙行同白口左右雙邊　二册　存七卷(六至十二)

460000－8502－0000038　10049

寄傲山房塾課纂輯書經備旨蔡注捷錄七卷　(清)鄒聖脈纂輯　(清)鄒廷猷編　清末右文堂刻本　上下兩欄下欄十行二十字小字雙行同白口四周單邊　一册　存二卷(四至五)

460000－8502－0000039　10051

春秋增訂旁訓四卷　(清)徐立綱撰　清吳郡張氏重校善美堂印本　行款不等白口四周單邊　二册

460000－8502－0000040　10050

禮記精華一卷　(清)汪基等編　清刻本　九行十八字小字雙行同白口四周單邊　二册

460000－8502－0000041　10052

儀禮鄭注一卷　(漢)鄭玄注　清光緒十七年(1891)廣州時務書局刻本　八行十八字小字雙行同白口四周雙邊　一册

460000－8502－0000042　10054

春秋左氏傳賈服注輯述二十卷　(清)李貽德輯　清刻本　十行二十五字小字雙行同白口左右雙邊　五册　存十七卷(四至二十)

460000－8502－0000043　10053

欽定禮記義疏八十二卷首一卷　(清)鄂爾泰等撰　清光緒十八年(1892)五彩公司石印本　二十四行五十四字白口四周單邊　六册

460000－8502－0000044　10056

左傳選不分卷　(清)儲欣評　清刻本　八行二十五字小字雙行同白口左右雙邊　一册

460000－8502－0000045　10055

禮記十卷　(元)陳澔集說　清刻本　上下兩欄下欄九行十八字小字雙行同白口左右雙邊　八册　存八卷(一至四、六至九)

460000－8502－0000046　10074

說文辨字正俗八卷　(清)李富孫撰　清刻本　十行二十一字上下黑口四周單邊　三册　存六卷(三至八)

460000－8502－0000047　20208

歷代史表五十九卷　(清)萬斯同撰　清末石印本　行款不等上下黑口四周單邊　四册　存三十五卷(一至四、十三至三十五、四十一至四十八)

460000－8502－0000048　10058

說文新附考六卷續考一卷　(清)鈕樹玉撰　清同治七年(1868)碧螺山館刻本　十行二十

字小字雙行同白口左右雙邊　一冊　存四卷（説文新附考四至六、續考一卷）

460000－8502－0000049　10060
五經類編二十八卷　（清）周世樟編　清芥子園刻本　八行二十字小字雙行同白口左右雙邊　九冊　存二十五卷（一至二十、二十四至二十八）

460000－8502－0000050　10059
詩經大全十五卷　（明）葉向高編　（明）張以誠校正　明豫章城東書林王氏刻本　十二行二十四字小字雙行同白口左右雙邊　六冊　存十二卷（一至六、十至十五）

460000－8502－0000051　10057
欽定周官義疏四十八卷　（清）鄂爾泰等撰　清光緒十八年（1892）五彩公司石印本　二十四行五十四字小字雙行同白口四周單邊　四冊

460000－8502－0000052　10061
欽定春秋傳説彙纂三十八卷首二卷　（清）王掞等撰　清光緒十八年（1892）石印本　二十四行五十四字白口四周雙邊　一冊　存十二卷（一至十、首二卷）

460000－8502－0000053　10062
日講書經解義十三卷　（清）庫勒納等撰　清刻本　九行十八字上下黑口四周雙邊　五冊　存十二卷（五至十三、九至十一）

460000－8502－0000054　10063
欽定書經傳説彙纂二十一卷首二卷序一卷　（清）王頊齡等纂　清刻本　八行十八字小字雙行二十二字白口四周雙邊　四冊　存十一卷（六至十三、首二卷、序一卷）

460000－8502－0000055　10065
爾雅注疏十一卷　（晉）郭璞注　（宋）邢昺疏　清經綸堂刻本　九行二十一字小字雙行同白口四周單邊　一冊　存五卷（一至五）

460000－8502－0000056　10064
欽定春秋傳説彙纂三十八卷首二卷　（清）王掞等撰　清刻本　十六行二十一字白口四周雙邊　十七冊　存三十五卷（一至二、六至三十八）

460000－8502－0000057　10067
易經增訂旁訓三卷　（清）徐立綱撰　清光緒十一年（1885）五雲樓刻本　七行二十字小字雙行不等白口四周單邊　一冊

460000－8502－0000058　10071
欽定禮記義疏八十二卷首一卷　（清）鄂爾泰等纂　清刻本　八行十八字白口四周雙邊　三十八冊　存七十五卷（一至二十五、二十八至三十八、四十一至四十三、四十五至八十）

460000－8502－0000059　10066
禮記六十一卷　（清）孫希旦集解　清同治刻本　十三行二十二字小字雙行同上下黑口左右雙邊　二十一冊　存五十一卷（一至十、十三至二十、二十四至五十、五十六至六十一）

460000－8502－0000060　10069
書經增訂旁訓四卷　（宋）蔡沈撰　（清）張氏重校　清善美堂刻本　行款不等每行二十字小字雙行不等白口四周單邊　二冊　存二卷（一至二）

460000－8502－0000061　10068
孟子注疏解經十四卷　（漢）趙岐注　（宋）孫奭疏　明崇禎六年（1633）古虞毛氏汲古閣刻本　九行二十一字小字雙行同白口左右雙邊　一冊　存四卷（十一至十四）

460000－8502－0000062　10070
中庸切己録一卷　（清）謝文洊撰　清刻本　九行二十三字白口四周單邊　一冊

460000－8502－0000063　10072
詩經增訂旁訓四卷　（宋）朱熹撰　（清）張氏重校　清光緒十五年（1889）以文堂刻本　行款不等每行二十字小字雙行不等白口四周單邊　三冊

460000－8502－0000064　10073
春秋增訂旁訓四卷　（清）徐立綱撰　清吴郡張氏重校善美堂印本　七行二十字小字雙行

同白口四周單邊　一冊

460000－8502－0000065　10075

小學鉤沉十九卷　(清)任大椿撰　(清)王念孫校正　清刻本　十行二十二字小字雙行同上下黑口左右雙邊　一冊　存十二卷(八至十九)

460000－8502－0000066　10076

禮記增訂旁訓六卷　(清)張大受重校　清粵東雙門底下儒雅堂刻匠門書屋本　七行二十字小字六行單行旁註字數不等白口四周單邊　五冊

460000－8502－0000067　10077

說文引經證例二十四卷　(清)承培元撰　清光緒二十一年(1895)廣雅書局刻本　十一行二十四字上下黑口四周單邊　五冊　存二十一卷(二至四、七至二十四)

460000－8502－0000068　10078

說文解字十五篇三十卷　(清)段玉裁注　清嘉慶刻本　九行二十二字小字雙行同白口左右雙邊　十一冊　存十一卷(二至七、九至十二、十五)

460000－8502－0000069　10084

增注字類標韻六卷　(清)華綱輯　(清)范多玨重訂　清光緒廣州麟書閣刻本　上下兩欄下欄九行十六字小字雙行同白口四周單邊　一冊　存三卷(一至三)

460000－8502－0000070　10079

字典考證十二集　(清)奕繪等編　清光緒二十一年(1895)上海鴻文書局石印本　二十八行五十六字上黑口四周雙邊　一冊

460000－8502－0000071　40001

國朝文才調集不分卷　(清)許振禕集評　(清)鄧輔綸參訂　(清)劉毓麟校字　清光緒十八年(1892)上海廣百宋齋石印本　十三行三十三字白口四周雙邊　五冊

460000－8502－0000072　10080

論語集注旁證二十卷　(清)梁章鉅撰　清光緒十七年(1891)上海廣百宋齋鉛印本　十五行四十四字小字雙行同白口四周雙邊　二冊　存九卷(七至十、十六至二十)

460000－8502－0000073　10081

小學考五十卷　(清)謝啟昆編　清末石印本　十九行三十八字小字雙行同白口四周雙邊　一冊　存九卷(十五至二十三)

460000－8502－0000074　10083

正音撮要四卷　(清)高靜亭編　清末刻本　上下兩欄九行十八字小字雙行同白口四周單邊　一冊　存一卷(二)

460000－8502－0000075　10082

詩異文錄三卷　(清)黃位清輯　清道光二十年(1840)刻本　十一行二十三字小字雙行同白口左右雙邊　一冊　存一卷(三)

460000－8502－0000076　10085

經義述聞三十卷經傳釋詞十卷　(清)王引之撰　清光緒二十一年(1895)鴻文書局石印本　二十八行六十字小字雙行同上黑口四周雙邊　三冊　存二十一卷(經義述聞一至十六、二十六至三十)

460000－8502－0000077　10087

正音咀華三卷　(清)莎彝尊撰　(清)莎弼良等校　清咸豐三年(1853)雙門底聚文堂朱墨印本　八行二十二字黑口四周雙邊　一冊　存一卷(一)

460000－8502－0000078　10086

五經文海不分卷　(清)海墨樓書局主人輯　清光緒十年(1884)羊城海墨樓石印本　三欄上欄三十二行二十四字白口四周雙邊　六冊

460000－8502－0000079　10088

說文釋例二十卷附補正二十卷　(清)王筠撰　清光緒十二年(1886)上海積山書局石印本　十七行二十六字小字雙行不等白口四周雙邊　六冊

460000－8502－0000080　10089

經字正蒙八卷　(清)李文沂撰　清寶光閣刻本　三欄每欄十二行六字小字雙行十二字白口四周單邊　一冊　存一卷(一)

460000－8502－0000081　50001

佩文韻府一百六卷拾遺一百六卷　(清)張玉書等編　(清)張廷玉等拾遺　清刻本　十二行二十五字小字雙行同白口四周雙邊　三冊　存二卷(佩文韻府九十九至一百)

460000－8502－0000082　10090

分類尺牘備覽三十卷　(清)王虎榜輯　清光緒石印本　十八行二十五字白口四周雙邊　五冊　存十六卷(一至二、八至十二、十四至二十二)

460000－8502－0000083　10092

文字蒙求廣義四卷　(清)王筠等撰　清刻本　十行六字小字雙行二十二字上下黑口四周單邊　三冊　存二卷(三至四)

460000－8502－0000084　10091

四書隨見錄四十卷首一卷　(清)鄒鳳池　(清)陳作梅輯　清光緒廣州石經堂書局石印本　十八行四十五字白口四周單邊　三冊　存二十一卷(一至二十、首一卷)

460000－8502－0000085　10098

御纂五經　(清)李光地等纂輯　清光緒二十年(1894)上海鴻寶齋石印本　三欄每欄二十四行十八字小字雙行二十二字白口四周單邊　四冊　存三種四十六卷(欽定書經傳說彙纂一至九,首二;欽定詩經傳說彙纂七至十七;欽定春秋傳說彙纂一至十、二十四至三十七,首二)

460000－8502－0000086　10093

四書疏注撮言大全　(宋)朱熹注　(清)紀昀鑒定　(清)胡蓉芝輯　(清)吳冠山校正　清乾隆二十八年(1763)刻本　九行三十五字小字雙行同白口四周單邊　十三冊

460000－8502－0000087　10094

春秋經傳集解三十卷　(晉)杜預注　(唐)陸德明音釋　(宋)林堯叟附注　清錢塘馮氏刻本　上下兩欄下欄八行二十字小字雙行同白口左右雙邊　四冊　存八卷(十至十七)

460000－8502－0000088　10095

皇清經解縮本編目十六卷　(清)淩忠照編　清光緒十八年(1892)上海古香閣石印本　十六行四十五字小字雙行同白口四周雙邊　四冊

460000－8502－0000089　40002

小學弦歌八卷　(清)李元度輯　清光緒十九年(1893)鴻德堂刻本　九行二十一字小字雙行同白口左右雙邊　四冊

460000－8502－0000090　10097

五經合纂大成　(清)同文書局編　清光緒十一年(1885)上海同文書局石印本　十四行二十七字小字雙行不等白口四周單邊　三冊　存三種七卷(周易合纂大成一、詩經合纂大成一至二、春秋合纂大成八至十一)

460000－8502－0000091　10099

鄉黨圖考十卷　(清)江永撰　清刻本　九行二十五字小字雙行同白口左右雙邊　二冊　存六卷(五至十)

460000－8502－0000092　10100

七經精義七種　(清)黃淦撰　清刻本　九行二十字小字雙行同白口四周雙邊　三冊　存二種十卷(春秋精義一至二、首一卷,周禮精義一至六、首一卷)

460000－8502－0000093　10096

皇朝五經彙解二百七十卷　(清)抉經心室主人編　清光緒十四年(1888)鴻文書局石印本　四十行六十六字白口四周單邊　十八冊　存二百五十一卷(一至九十二、一百二至二百二十一、二百三十二至二百七十)

460000－8502－0000094　10101

吳文正公三禮考注六十四卷　(元)吳澄考訂　(明)羅倫校正　清刻本　十行二十二字小字雙行同白口四周單邊　九冊　存三十四卷(一至十一、十五至二十二、二十九至三十三、五十一至五十五、六十至六十四)

460000－8502－0000095　10102

仿宋相臺五經　(宋)岳珂輯　清同治三年(1864)南海鄺九我堂刻本　八行十七字小字

白口四周單邊　二十三册　存五種六十四卷(周易七至十;尚書五至十三;毛詩五至七、十一至十七;禮記一至九、十三至二十;春秋經傳集解一至八、十二至二十二、二十九至三十,附年表一,歸一圖二卷)

460000－8502－0000096　10103
四書摭餘說七卷　(清)曹之升撰　清刻本　十行二十四字白口四周單邊　四册

460000－8502－0000097　10104
四書說苑十一卷首一卷補遺一卷續遺一卷　(清)孫應科輯　清刻本　十一行二十二字小字雙行同白口左右雙邊　四册

460000－8502－0000098　10105
鄉黨訂疑四卷　(清)霍禮運撰　清刻本　十一行二十五字白口四周雙邊　一册　存一卷(二)

460000－8502－0000099　10106
四書貫珠講義十九卷　(宋)朱熹集註　(清)林文竹輯　清同治十一年(1872)同德堂刻本　上下兩欄下欄九行二十一字小字雙行同白口四周單邊　七册　存十五卷(大學一、中庸一、論語一至十、孟子一至三)

460000－8502－0000100　10107
爾雅三卷　(晉)郭璞注　清光緒八年(1882)巴陵方功惠碧琳瑯館翻刻嘉慶臧庸同述觀覆南宋雪牕書院刻本　十行二十一字小字雙行同白口左右雙邊　一册

460000－8502－0000101　10108
四書經注集證十九卷　(宋)朱熹集注　(清)吴昌宗撰　清刻本　十一行二十五字小字雙行同白口左右雙邊　六册　存十二卷(大學一,中庸一,論語一至四、八至十,孟子一至三)

460000－8502－0000102　10110
四書集注十九卷　(宋)朱熹集注　清維經堂刻本　上下兩欄下欄九行十七字小字雙行同白口四周單邊　一册　存一卷(論語二)

460000－8502－0000103　10109
四書經正録　(清)沈濟燾撰　清仁和沈氏刻本　九行二十三字小字雙行同上下黑口左右雙邊　四册　存二種(論語、孟子)

460000－8502－0000104　10111
欽定詩經傳說彙纂二十一卷首二卷詩序二卷　(清)王鴻緒等撰　清光緒石印本　二十四行五十三字小字雙行同白口四周單邊　一册　存十二卷(一至十,首二卷)

460000－8502－0000105　10112
四書經史摘證七卷　(清)宋繼穜輯撰　清光緒二十九年(1903)上海書局石印本　上下兩欄下欄二十三行二十五小字雙行同白口四周雙邊　一册

460000－8502－0000106　10113
張謇批選五經新義六卷　張謇批點　清刻本　十五行三十六字白口四周雙邊　一册　存三卷(一至三)

460000－8502－0000107　10114
新訂四書補注備旨十卷　(明)鄧林撰　(清)鄧煜編　(清)祁文友重校　(清)杜定基增訂　清宣統元年(1909)粵東九曜坊麟書閣刻本　三欄下欄十一行三十二字小字雙行同白口四周雙邊　一册　存二卷(大學一、中庸一)

460000－8502－0000108　10116
五經類聯讀本　(清)多歲草堂編　(清)王罕皆　(清)王武沂鑒定　清嘉慶十年(1805)永安堂刻本　七行十三字小字雙行同下黑口四周雙邊　二册　存四種八十九卷(周易類解一至二十,春秋經傳類聯一至十五,書經類聯一至二十,葩經類聯内編一至二十、外編一至九、補編一至五)

460000－8502－0000109　10146
四書五經義彙海　(清)□□編　清末石印本　十七行四十字白口四周雙邊　一册　存一種(論語)

460000－8502－0000110　10117
增補四書精繡圖像人物備考十二卷　(明)陳仁錫增訂　清刻本　十二行三十字小字雙行

同白口四周單邊　二册　存四卷（論語七至八、孟子十一至十二）

460000－8502－0000111　10118
四書章句附考四卷　（清）吴志忠撰　清刻本　十一行二十六字小字雙行同白口四周單邊　一册

460000－8502－0000112　10119
論語古注集箋十卷　（清）潘維城集註　清光緒刻本　九行二十一字小字雙行同下黑口左右雙邊　二册　存三卷（三至五）

460000－8502－0000113　10121
孟子集注本義彙參不分卷　（清）王步青輯　清末石印本　十五行三十四字小字雙行五十一字白口四周單邊雙邊兼有　二册

460000－8502－0000114　10120
五經經解萃精不分卷　（清）丁午等撰　清光緒二十五年（1899）上海點石書局石印本　十九行四十六字白口四周雙邊　二册　存三種（易經、春秋、禮記）

460000－8502－0000115　10122
茶香室經説十六卷　（清）俞樾撰　清光緒刻春在堂全書本　十行二十一字小字雙行同白口左右雙邊　一册　存五卷（八至十二）

460000－8502－0000116　10123
尊經書院初集十二卷　王闓運撰　清光緒十一年（1885）刻本　九行二十一字上下黑口四周單邊　六册　存六卷（一、三、七至十）

460000－8502－0000117　10124
新訂四書補注備旨十卷　（明）鄧林撰　（清）鄧煜編　（清）祁文友重校　（清）杜定基增訂　清宣統刻本　三欄下欄十一行三十二字小字雙行同白口四周雙邊　五册　存九卷（大學一、中庸一、論語一至三、孟子一至四）

460000－8502－0000118　30001
莊子十卷　（戰國）莊周撰　（清）□□集解　清末鉛印本　十二行二十八字小字雙行同白口四周雙邊　二册

460000－8502－0000119　30002
管子二十四卷　（春秋）管仲撰　（唐）房玄齡注　清末鉛印本　十二行二十八字小字雙行同白口四周雙邊　二册

460000－8502－0000120　10125
經解萃精二集十二卷首一卷　（清）上海點石齋輯　清光緒十九年（1893）上海點石齋石印本　十九行四十六字白口四周雙邊　二册　存七卷（一至三、七至九，首一卷）

460000－8502－0000121　30003
韓非子二十卷　（戰國）韓非撰　（清）吴汝綸點勘　清宣統元年（1909）衍星社排印本　十二行二十八字小字雙行同白口四周雙邊　二册

460000－8502－0000122　30004
韓非子二十卷　（戰國）韓非撰　清末刻本　九行二十一字小字雙行同白口左右雙邊　一册　存四卷（九至十二）

460000－8502－0000123　10126
四書題鏡味根録合編　（清）汪鯉翔撰　**四書味根録**　（清）金澄撰　清末寶文局石印本　上下兩欄每欄二十行五十一字小字雙行同白口四周單邊　一册　存七卷（論語一至六、首一卷）

460000－8502－0000124　40237
柳堂師友詩録初編七十九種　（清）李長榮輯　清同治二年（1863）刻本　十二行二十三字小字雙行同上下黑口左右雙邊　一册　存九種九卷（培根堂詩鈔一、松寮詩訪存一、樵湖詩鈔一、紅樹山莊詩鈔一、杏林莊吟草一、二山賸稿一、春星閣詩鈔一、迂翁詩草一、晝餘偶存草一）

460000－8502－0000125　10128
皇清經解一千四百八卷　（清）阮元輯　清道光九年（1829）廣東學海堂刻咸豐十一年（1861）增刻本　十一行二十四字小字雙行同白口左右雙邊　二百五十册　存一千一百五十七卷（一至八十、八十六至一百三十八、一百五十一至一百五十五、一百六十二至二百

三十八、二百五十二至二百五十四、二百六十一至二百六十六、二百七十一至三百十五、三百二十四至三百三十六、三百四十四至三百六十五、三百七十五至三百八十九、三百九十二至三百九十五、四百三至四百十四、四百二十二至四百二十八、四百六十至四百六十八、四百七十七至四百八十四、四百八十八至四百九十五、五百四至五百八、五百十八至五百二十七、五百三十六至八百四十三、八百五十三至九百三十四、九百四十九至一千二、一千五至一千四十三、一千四十六至一千五十八、一千六十六至一千七十八、一千八十九至一千一百二十五、一千一百三十至一千二百八十九、一千三百四十至一千四百八)

460000－8502－0000126　30005
荀子二十卷　(唐)楊倞注　清鉛印本　十二行二十八字小字雙行同白口四周雙邊　二册

460000－8502－0000127　10129
皇清經解續編一千四百三十卷　王先謙輯　清光緒刻本　三欄每欄三十三行二十四字小字雙行同白口四周單邊　二册　存二十四卷(一百六十八至一百七十四、一百九十三至二百九)

460000－8502－0000128　10130
經史辨體不分卷　(清)徐與喬輯　清刻本　上下兩欄下欄九行二十六字白口四周單邊　七册

460000－8502－0000129　30006
荀子二十卷　(唐)楊倞注　**附校勘補遺一卷**　(清)謝墉輯補　清嘉善謝氏刻本　九行二十一字小字雙行同白口左右雙邊　三册　存十卷(一至三、七至十、十九至二十,校勘補遺一卷)

460000－8502－0000130　30007
荀子二十卷　(唐)楊倞注　王先謙集解　清刻本　十一行二十四字小字雙行同上下黑口左右雙邊　一册　存三卷(十八至二十)

460000－8502－0000131　10132
御案詩經備旨八卷　(清)鄒聖脈纂輯　(清)鄒廷猷編　清末石印本　三欄下欄十七行三十字小字雙行同白口四周雙邊　一册　存四卷(五至八)

460000－8502－0000132　10131
經籍籑詁一百六卷　(清)阮元撰集　清光緒十四年(1888)鴻文書局石印本　十六行四十四字小字雙行同白口四周雙邊　十四册　存九十五卷(一至十四、二十至六十四、七十一至一百六)

460000－8502－0000133　30008
困學紀聞注二十卷　(宋)王應麟撰　(清)翁元圻輯注　清刻本　九行二十四字小字雙行三十六字白口四周雙邊　二册　存五卷(三、七至十)

460000－8502－0000134　20001
牧令全書八種　(清)丁日昌輯　清光緒二十二年(1896)上海圖書集成印書局鉛印本　十三行四十字白口四周單邊　一册　存二種六卷(保甲書輯要四卷、吏治三書二卷)

460000－8502－0000135　10133
廣雅疏證十卷附博雅音十卷　(清)王念孫撰　清末石印本　十五行三十六字小字雙行同白口四周雙邊　三册　存十一卷(四至十、博雅音一至四)

460000－8502－0000136　10134
五經義彙海不分卷　(清)□□輯　清末石印本　十七行四十字小字雙行同白口四周雙邊　三册　存五種(周易、詩經、尚書、禮記、春秋)

460000－8502－0000137　30009
傷寒論淺注補正七卷首一卷　(漢)張仲景撰　(清)陳念祖注　(清)唐宗海補正　清光緒三十四年(1908)千頃堂書局石印本　十三行三十六字小字雙行同白口四周雙邊　一册　存二卷(一、首一卷)

460000－8502－0000138　30011
懺花盦叢書三十七種　(清)王澍撰　(清)宋澤元訂　清光緒山陰宋氏刻本　十行二十一字白口左右雙邊　四册　存三種十七卷(竹

雲題跋四卷、虛舟題跋十卷、虛舟題跋補原三卷）

460000－8502－0000139　30010

嵩厓尊生書十五卷　（清）景日昣撰　清右文堂刻本　上下兩欄下欄十行二十四字小字雙行同白口左右雙邊　三冊　存六卷（一至二、十至十三）

460000－8502－0000140　30012

周易外傳七卷　（清）王夫之撰　清光緒二十七年（1901）簡青書局石印本　二十三行四十八字白口四周雙邊　一冊

460000－8502－0000141　20002

學案小識十四卷首一卷末一卷　（清）唐鑑撰　清光緒十年（1884）重刻四砭齋本　十行二十一字上下黑口左右雙邊　九冊　存十五卷（一至二、四至十四，首一卷，末一卷）

460000－8502－0000142　30013

江漢炳靈集二卷　（清）張之洞編　清末經史閣刻本　九行二十五字白口四周單邊　一冊　存一卷（一上）

460000－8502－0000143　30014

臨證類編三卷　（清）羅崧駿撰　清光緒二十二年（1896）廣州羅思范軒刻本　十行二十五字白口四周雙邊　一冊　存一卷（上）

460000－8502－0000144　20003

二十四史二十四種　（清）鄂爾泰　（清）張廷玉輯　清光緒十年（1884）上海同文書局石印本　十行二十一字小字雙行同白口左右雙邊　五百五十五冊　存二十一種二千五百七十八卷（史記一百三十卷，晉書一至四，宋書一百卷，南齊書五十九卷，梁書一至四、十二至五十六，陳書三十六卷，魏書一至九十七、一百八至一百十四，北齊書五十卷，周書一至四十四，隋書三至八十五，南史七至八十，北史三至一百，舊唐書一至十七、二十至八十五、九十二至一百三十一、一百三十六至一百八十二、一百八十七至二百，唐書二百二十五卷，舊五代史一百五十卷，五代史七十四卷，宋史一至五、九至十八、四十三至六十七、七十七至一百四、一百二十六至一百三十四、一百四十三至一百七十四、一百八十二至一百九十一、二百三至二百九、二百三十二至二百三十八、二百五十五至二百六十、二百六十六至二百六十九、二百八十一至三百六十五、三百八十四至四百九十六，金史四至一百三十五，元史六至五十八、六十二至二百十，遼史一百十六卷，明史一至八十八、九十一至九十二、九十六至一百六十二、一百六十七至三百三十二）

460000－8502－0000145　30015

說部精華十二卷　（清）王士禛撰　（清）劉堅編　（清）包祖同校　清光緒五年（1879）仁和葛氏刻本　九行二十字小字雙行同下黑口四周雙邊單黑魚尾　三冊　存六卷（七至十二）

460000－8502－0000146　30016

小題真珠船不分卷　（明）胡侍撰　清光緒十一年（1885）羊城海墨樓石印本　上下兩欄每欄四十行四十字白口四周雙邊　三冊

460000－8502－0000147　30017

天文啓蒙七卷首一卷　（英國）赫德輯　（英國）艾約瑟譯　清光緒二十四年（1898）石印本　十八行三十六字白口四周雙邊　三冊

460000－8502－0000148　40003

衎石齋記事稿十卷　（清）錢儀吉撰　清道光十四年（1834）嘉興錢彝甫刻本　九行二十一字上下黑口四周雙邊　二冊　存四卷（一至二、五至六）

460000－8502－0000149　30018

淮南子二十一卷　（漢）劉安撰　（漢）高誘注　清光緒二十三年（1897）上海圖書集成局鉛印本　十三行四十字小字雙行同白口四周單邊　三冊　存十六卷（六至二十一）

460000－8502－0000150　30019

墨子閒詁十五卷目錄一卷附錄二卷後語二卷　（清）孫詒讓撰　清宣統二年（1910）刻本　十二行二十字小字雙行同下細黑口左右雙邊　七冊　存十七卷（一至六、十至十五，目錄一卷，附錄二卷，後語二卷）

460000－8502－0000151　10135

隸辨八卷　(清)顧藹吉撰　清光緒十三年(1887)上海蜚英館石印本　十二行大字不等小字雙行二十字白口四周單邊　一冊　存一卷(一)

460000－8502－0000152　20004

二十四史二十四種　(清)鄂爾泰　(清)張廷玉輯　清光緒二十八年(1902)上海文瀾書局石印本　三欄每欄三十行二十一字小字雙行同白口四周雙邊　一百六冊　存二千七百五十六卷(史記一百三十卷,前漢書一至十六、二十七中至四十六,後漢書三十三至一百二十卷,三國志六十五卷,晉書一至一百,宋書一百卷,南齊書五十九卷,梁書五十六卷,陳書三十六卷,魏書一百十四卷,北齊書五十卷,周書五十卷,隋書一至六十一,南史八十卷,北史一百卷,舊唐書一至五十八、八十六至一百九、一百四十一至二百,唐書二百二十五卷、釋音二十五卷,舊五代史一至三十六、四十四至七十四、八十一至一百五十,五代史一至四十三,宋史一至三百四十九、三百九十八至四百九十六,遼史一百十六卷,金史一至二十八、一百至一百三十五,元史一至九十六、一百二十五至一百五十三,明史一至二百十七、二百四十四至三百三十二)

460000－8502－0000153　30020

五大書院時務課藝□□卷　(清)張之洞鑒定　(清)劉應嶸等撰　清光緒二十三年(1897)雲海山房刻本　十一行二十七字白口左右雙邊　一冊　存二卷(一至二)

460000－8502－0000154　30021

呂氏春秋二十六卷　(秦)呂不韋撰　(漢)高誘注　清光緒二十三年(1897)文瑞樓鉛印本　十三行四十字小字雙行同白口四周單邊　一冊　存六卷(一至六)

460000－8502－0000155　20005

資治通鑑二百九十四卷　(宋)司馬光編　(元)胡三省音注　清石印本　十六行三十五字小字雙行同白口四周雙邊　二十五冊　存一百三十一卷(五十五至七十四、八十八至九十四、一百七至一百十二、一百十四至一百二十、一百四十一至一百四十七、一百六十五至二百十一、二百二十六至二百四十二、二百四十九至二百六十八)

460000－8502－0000156　30022

格致質學啓蒙十一章　(英國)艾約瑟譯　清光緒二十四年(1898)石印本　十八行三十六字白口四周雙邊　一冊

460000－8502－0000157　20006

皇朝政典舉要八卷　(日本)增田貢撰　(清)毛淦補編　清光緒二十八年(1902)上海書局石印本　十六行三十六字白口四周雙邊　二冊

460000－8502－0000158　20007

御批歷代通鑑輯覽一百二十卷　(清)傅恒纂　清光緒二十八年(1902)上海文林書局石印本　二十四行五十字小字雙行同白口四周雙邊　八冊　存一百七卷(一至十四、二十八至一百二十)

460000－8502－0000159　30023

莊子集解八卷　王先謙注　清宣統元年(1909)埽葉山房石印本　十四行三十四字小字雙行同白口四周雙邊　二冊

460000－8502－0000160　20008

御批增補了凡綱鑑四十卷首一卷　(明)袁黄編　清光緒三十年(1904)上海文盛書局石印本　二十三行五十六字小字雙行同白口四周雙邊　一冊　存三卷(一至二、首一卷)

460000－8502－0000161　20009

大清一統志表　(清)陳蘭森撰　清刻本　十二欄上欄一字其餘欄四字小字雙行同下黑口四周單邊　一冊

460000－8502－0000162　30024

文中子中說十卷　(隋)王通撰　(宋)阮逸注　清光緒二十三年(1897)圖書集成局石印本　十三行四十字白口四周單邊　一冊

460000－8502－0000163　40004

制義叢話二十四卷　(清)梁章鉅撰　清刻本

十二行二十五字上下黑口左右雙邊　一册　存四卷(十九至二十二)

460000－8502－0000164　20211

新刻趙田了凡袁先生編纂古本歷史大方綱鑑補三十九卷首一卷　(明)袁黄編　清末石印本　二十五行四十七至四十九字小字雙行同白口四周雙邊　一册　存一卷(九)

460000－8502－0000165　20011

萬國公報　(清)萬國公報館編　清光緒萬國公報館木活字印本　九行二十五字白口四周雙邊　一册　存一卷(一)

460000－8502－0000166　30025

形學十卷　(美國)狄考文選譯　清鉛印本　十二行三十四字小字雙行同白口四周雙邊　一册　存六卷(五至十)

460000－8502－0000167　20012

朱九江先生論史口説一卷　(清)朱次琦撰　(清)邱煒萲校　清光緒二十六年(1900)粵東學院前寶經閣刻本　十行二十字上下黑口四周單邊　一册

460000－8502－0000168　20013

萬國時務策學大全四十八卷　(清)漱石山館選編　清光緒漱石山館石印本　十六行三十二字小字雙行同白口四周雙邊　一册　存三卷(十至十二)

460000－8502－0000169　30026

御製曆象考成後編十卷　(清)允祿等纂　清刻本　九行二十字小字雙行同白口四周雙邊　二册　存四卷(七至十)

460000－8502－0000170　20014

東明聞見録一卷　(明)翟共美撰　清刻本　九行十九字上黑口左右雙邊　一册

460000－8502－0000171　20017

東萊博議四卷　(宋)吕祖謙撰　(清)張文炳評點　清光緒十八年(1892)粵東翰珍閣刻本　九行二十字下黑口左右雙邊　二册

460000－8502－0000172　20015

江南聞見録一卷　(明)□□撰　清刻本　九行十九字上黑口左右雙邊　一册

460000－8502－0000173　20016

中外大略四十八卷　(清)羅傳瑞編　清光緒二十八年(1902)上海書局石印本　十七行四十字白口四周雙邊　六册

460000－8502－0000174　20018

聖武記十四卷　(清)魏源撰　清末石印本　十六行三十六字白口四周雙邊　一册　存三卷(八至十)

460000－8502－0000175　30027

考卷約選　(清)李錫瓚編　清光緒九年(1883)寶光閣刻本　九行二十五字小字雙行同白口四周單邊　八册　存二集(二集、三集)

460000－8502－0000176　20019

明季稗史彙編十六種二十七卷　(清)留雲居士輯　清光緒二十二年(1896)上海圖書集成局鉛印本　十三行四十字白口四周單邊　一册　存七卷(列皇小識一至七)

460000－8502－0000177　20020

聖武記十四卷　(清)魏源撰　清刻本　九行二十二字上下黑口四周雙邊　三册　存三卷(七、九至十)

460000－8502－0000178　30028

幾何原本六卷　(意大利)利瑪竇口譯　(明)徐光啟筆受　清番禺潘氏朱墨鉛印本　十行二十五字白口四周雙邊　一册　存一卷(一)

460000－8502－0000179　20021

繹史一百六十卷世系圖一卷年表一卷　(清)馬驌撰　清刻本　十一行二十四字小字雙行三十六字白口左右雙邊　二十九册　存一百五十九卷(繹史一至四十八、五十至一百六十)

460000－8502－0000180　20022

重訂路史全本十卷國名紀八卷發揮六卷餘論十卷　(宋)羅泌輯　(明)吳弘基訂　清嘉慶刻本　八行二十字小字雙行同白口左右雙邊

八册　存三十卷(重訂路史全本十卷、國名紀八卷、發揮六卷、餘論五至十)

460000－8502－0000181　30029
朱子語類一百四十卷　(宋)朱熹撰　(宋)黎靖德編　清同治十一年(1872)應元書院刻本　十二行二十四字小字雙行同上下黑口左右雙邊　三十九册　存一百三十五卷(一至四十九、五十二至七十九、八十三至一百四十)

460000－8502－0000182　20023
竹書紀年統箋十二卷前編一卷雜述一卷　(南朝梁)沈約注　(清)徐文靖統箋　清光緒二十三年(1897)圖書集成局鉛印本　十三行四十字小字雙行同白口四周單邊　二册

460000－8502－0000183　20024
御批資治通鑑綱目五十九卷首一卷前編十八卷外紀一卷舉要三卷續編二十七卷　(清)聖祖玄燁批　清末石印本　十八行三十六字小字雙行同白口四周單邊　十二册　存五十四卷(御批資治通鑑綱目一至十三、二十四至三十八、四十七至五十,首一卷;前編九至十八;續編五至九、十四至十九)

460000－8502－0000184　20025
歷代通鑑纂要九十二卷　(明)李東陽撰　清光緒廣雅書局刻本　十行二十字小字雙行同白口左右雙邊　三十九册　存七十七卷(四至七、九至二十六、三十一至六十九、七十五至八十八、九十一至九十二)

460000－8502－0000185　40038
李義山詩集三卷　(唐)李商隱撰　(清)紀昀點論　清刻本　十行二十一字小字雙行同白口四周單邊　一册　存二卷(中、下)

460000－8502－0000186　20026
新輯分類史論大成十九卷　(清)行素生編　清末石印本　十五行四十字白口左右雙邊　一册　存一卷(政治論二)

460000－8502－0000187　20027
東萊博議四卷　(宋)呂祖謙撰　(清)朱書(清)張文炳評點　清光緒二十四年(1898)育才山房朱墨套印本　九行二十五字小字雙行同白口四周雙邊　四册

460000－8502－0000188　20028
西巡迴鑾始末記六卷　(日本)吉田良太郎譯　(清)八詠樓主人筆述　清石印本　十五行三十一字白口四周雙邊　一册　存二卷(四至五)

460000－8502－0000189　20029
萬國紀事本末四卷　(清)養拙居士撰　清光緒二十八年(1902)石印本　十七行三十六字上下黑口四周雙邊　三册

460000－8502－0000190　20030
增批輯注東萊博議四卷注釋一卷　(宋)呂祖謙撰　(清)劉鍾英輯注　清宣統三年(1911)上海會文堂書局石印本　十六行三十八字小字雙行不等白口左右雙邊　一册

460000－8502－0000191　50002
策學備纂三十二卷　(清)吳品珩　(清)吳潁炎輯　清光緒十三年(1887)上海點石齋石印本　二十四行五十五字白口四周單邊　二册　存三卷(八至九、十四)

460000－8502－0000192　30031
五種遺規　(清)陳宏謀撰　清道光十年(1830)培遠堂刻本　十一行二十四字小字雙行同白口四周單邊　五册　存三種十三卷(教女遺規三卷,訓俗遺規四卷、補二卷,從政遺規四卷)

460000－8502－0000193　50003
策學總纂大成四十六卷　(清)蔡壽祺撰　清刻本　十二行二十六字白口四周單邊　三册　存十四卷(十七至二十、三十七至四十六)

460000－8502－0000194　30032
孔子集語十七卷　(清)孫星衍撰　清光緒二十三年(1897)文瑞樓鉛印本　十三行四十字小字雙行同白口四周單邊　二册

460000－8502－0000195　20031
同治東華續錄一百卷　王先謙編　清光緒二十四年(1898)文瀾書局石印本　二十二行四

十八字白口四周雙邊　七册　存五十六卷(一至十四、二十一至四十三、六十三至八十一)

460000－8502－0000196　30033
子書二十八種　(清)育文書局輯　清宣統元年(1909)育文書局石印本　十八行四十二字小字雙行同白口四周雙邊　二册　存二種十九卷(老子道德經二卷、孔子集語十七卷)

460000－8502－0000197　20032
烈皇小識八卷　(明)文秉撰　清順治、康熙間刻本　九行十九字白口左右雙邊　四册

460000－8502－0000198　20202
直省闈墨十二卷　(清)□□撰　清光緒煥文書局石印本　十六行三十八字小字雙行同白口四周雙邊　二册　存二卷(二、五)

460000－8502－0000199　20205
廣東諮議局第一次會議報告書　(清)廣東諮議局編　清宣統粤東編譯公司鉛印本　十四行三十三字白口四周雙邊　一册

460000－8502－0000200　30036
子書二十八種　(清)育文書局輯　清光緒宣統文瑞樓鉛印本　十三行四十字小字雙行同白口四周單邊　一册　存二種十五卷(存關尹子一卷,揚子法言學行十三卷、附音義一卷)

460000－8502－0000201　30037
五種遺規　(清)陳宏謀編　清同治五年(1866)粤東撫署刻本　十行二十二字小字雙行同白口左右雙邊　六册　存三種九卷(教女遺規三卷,訓俗遺規二卷、補二卷,從政遺規二卷)

460000－8502－0000202　20033
新舊唐書合鈔二百六十卷首一卷唐書宰相世系表訂譌十二卷　(清)沈炳震編　**唐書合鈔補正六卷**　(清)丁子復撰　清同治十年(1871)武林吴氏清來堂刻本　十行二十一字小字雙行同上下黑口左右雙邊　六十八册　存二百十卷(一至十、十三至四十一、四十五至九十一、一百十三至一百十七、一百四十二至一百五十三、一百六十四至一百九十二、一百九十六至二百二十六、二百二十九至二百四十八、二百五十一至二百五十五上、二百五十七至二百六十,唐書宰相世系表訂譌十二卷,唐書合鈔補正六卷)

460000－8502－0000203　30038
文子纘義十二卷　(宋)杜道堅撰　清光緒二十三年(1897)文瑞樓鉛印本　十三行四十字白口四周單邊　一册　存六卷(一至六)

460000－8502－0000204　30039
賈子新書十卷　(漢)賈誼撰　清光緒二十三年(1897)文瑞樓鉛印本　十三行四十字小字雙行同白口四周單邊　一册

460000－8502－0000205　20203
直省闈墨十二卷　(清)□□輯　清光緒石印本　十三行三十四字小字雙行同白口四周雙邊　二册　存七卷(六至十二)

460000－8502－0000206　20034
十七史　(明)毛晉編　清嘉慶古吴趙氏覆刻明毛氏汲古閣本　十二行二十五字小字雙行同白口左右雙邊　六十册　存六種三百四十四卷(前漢書八至二十五、三十六至七十二、九十四至一百,陳書三十六卷,北齊書五十卷,周書十一至五十,南史一至四十四、五十一至七十四,北史一至十五、二十至四十三、五十二至一百)

460000－8502－0000207　50004
增補事類統編九十三卷首一卷　(清)黄葆真輯　清光緒十四年(1888)上海積山書局石印本　十五行四十二字小字雙行同白口四周單邊　六册　存四十三卷(一至四十二、首一卷)

460000－8502－0000208　10143
論語十卷　(宋)朱熹集注　清刻本　上下兩欄下欄九行十七字小字雙行同白口四周單邊　一册　存三卷(八至十)

460000－8502－0000209　30052

中外經世緒言十六卷　（清）余貽範撰　清光緒石印本　十五行三十二字上黑口四周雙邊　三冊　存十卷（三至四、七至十四）

460000－8502－0000210　50005
格致精華錄四卷　（清）江標輯　清光緒石印本　十四行三十四字白口四周雙邊　一冊

460000－8502－0000211　20206
前漢書一百卷　（漢）班固撰　（唐）顏師古注　清光緒十八年（1892）武林竹簡齋石印本　二十行四十二字小字雙行同白口左右雙邊　一冊　存六卷（二十一至二十六）

460000－8502－0000212　20037
理學宗傳二十六卷　（清）孫奇逢輯　（清）魏一鰲　（清）孫立雅編　清光緒六年（1880）浙江書局刻本　九行二十字白口左右雙邊　七冊　存十二卷（一至二、九至十、十七至二十四）

460000－8502－0000213　30043
朱子原訂近思錄十四卷附考訂朱子世家一卷　（宋）朱熹撰　（清）江永集注　（清）王鼎校　清光緒廣雅書局刻本　七行十八字小字雙行同下黑口四周單邊　一冊　存三卷（十三至十四、附考訂朱子世家一卷）

460000－8502－0000214　20038
後漢書九十卷續漢書志三十卷　（南朝宋）范曄撰　（唐）李賢注　（晉）司馬彪續志　（南朝梁）劉昭注續志　清同治十二年（1873）嶺東使署刻本　十二行二十五字小字雙行三十七字白口左右雙邊　十一冊　存五十九卷（後漢書一至四、六至二十四、六十一至六十七、七十五至八十、八十六至九十，續漢書志一至十八）

460000－8502－0000215　10115
［經義文府］　（清）□□輯　清廣州從新書局石印本　十四行三十一字白口四周單邊　七冊　存十卷（九、十一至十三、十九至二十、二十二、二十五至二十六、三十二）

460000－8502－0000216　20039
隋書八十五卷　（唐）魏徵等撰　清同治十年（1871）淮南書局刻本　十二行二十五字小字雙行同白口左右雙邊　十四冊　存七十三卷（一至二十、二十四至四十八、五十八至八十五）

460000－8502－0000217　30044
御纂性理精義十二卷　（清）李光地等編　清道光三十年（1850）刻本　八行十八字小字雙行二十二字白口四周單邊　四冊

460000－8502－0000218　30046
性理大全書七十卷　（明）胡廣等纂　明刻本　十行二十字白口四周單邊　七冊　存十四卷（一、三、三十三至四十、四十七至四十九、五十六）

460000－8502－0000219　30045
讀書雜志八十二卷餘編二卷　（清）王念孫撰　清末石印本　二十二行四十六字小字雙行同上黑口四周雙邊　五冊　存六十六卷（逸周書雜志一至四，戰國策雜志一至三，史記雜志一至六，漢書雜志一至十六，管子雜志一至十二，晏子雜志一至二，墨子雜志一至六，荀子雜志一至八、補遺一卷，淮南子內篇雜志一至八）

460000－8502－0000220　20040
明史稿三百十卷目錄三卷　（清）王鴻緒撰　清雍正敬慎堂刻本　十一行二十三字小字雙行同白口左右雙邊　五十七冊　存二百二十九卷（一至五十、五十六至五十八、七十七至八十九、一百三十二至一百五十四、一百五十九至一百七十五、一百八十二至一百八十五、一百九十一至二百五十、二百五十五至三百十，目錄三卷）

460000－8502－0000221　30047
二程全書六種　（宋）程顥　（宋）程頤撰　清刻本　十二行二十二字小字雙行同上下黑口左右雙邊　十四冊　存六十三卷（河南程氏遺書一至二十五、附錄一，河南程氏外書一至十二，明道文集一至五，伊川文集一至八、遺文一、附錄一，伊川易傳一至四，伊川經說二

至五，二程粹言一至二）

460000－8502－0000222　30048

新藝發硎九卷　（清）經史閣書坊編　清光緒刻本　九行二十字下黑口左右雙邊　一册

460000－8502－0000223　30050

新藝發硎九卷　（清）經史閣書坊編　清光緒三十年（1904）雙門底上街經史閣鉛印本　上下兩欄下欄十二行二十三字白口四周雙邊　一册

460000－8502－0000224　20041

宋史四百九十六卷　（元）脱脱等撰　清刻本　十二行二十五字小字雙行同白口左右雙邊　八十六册　存四百二十五卷（十五至四十五、四十七至六十四、七十一至一百四十九、一百六十二至一百六十四、一百六十九至二百一、二百七至二百十七、二百二十至三百二十四、三百五十二至四百九十六）

460000－8502－0000225　50010

藝文類聚一百卷　（唐）歐陽詢撰　（明）王元貞校　明萬曆王元貞刻本　十行二十字白口左右雙邊　十一册　存四十卷（二十五至二十七、三十八至四十五、四十八至五十四、五十九至八十）

460000－8502－0000226　30051

分類尺牘備覽三十卷續八卷　（清）王虎榜　（清）王振芳輯　清光緒三十年（1904）上海廣益書局石印本　二十行二十六字白口四周單邊　二册　存四卷（分類尺牘備覽五至六、續一至二）

460000－8502－0000227　10127

經籍纂詁一百六卷首一卷　（清）阮元撰　清末石印本　十六行二十四字小字雙行四十八字白口四周單邊　七册　存六十七卷（七至三十、四十一至五十三、七十七至一百六）

460000－8502－0000228　30054

最新注解筆算數學全草五卷　（清）郁贊廷撰　清光緒三十二年（1906）上海書業公司石印本　十行二十二字白口四周單邊　一册　存一章（二）

460000－8502－0000229　50007

太平御覽一千卷目錄十五卷　（宋）李昉等纂　（清）鮑崇城重校　清嘉慶十二年至十七年（1807－1812）歙縣鮑崇城刻本　十三行二十二字小字雙行同白口左右雙邊　九册　存七十三卷（二百十四至二百十九、七百三十九至七百六十四、七百八十一至七百八十三、七百九十至八百四、八百十三至八百十九、八百四十三至八百四十五、八百四十八至八百五十、八百六十四至八百七十三）

460000－8502－0000230　50006

四書類典賦二十四卷　（清）甘紱撰　清刻本　上下兩欄下欄九行二十一字小字雙行同白口左右雙邊　二册　存五卷（八至九、十七至十九）

460000－8502－0000231　30055

算術駕説十一卷　潘應祺纂　羅樹勳等参訂　林錫璜等校算　清光緒三十三年（1907）番禺潘氏扈離館刻本　十行二十五字小字雙行同白口四周雙邊　四册　存八卷（一至八）

460000－8502－0000232　50008

佩文韻府一百六卷拾遺一百六卷　（清）張玉書等編　（清）張廷玉等拾遺　清刻本　十二行二十五字小字雙行同白口四周雙邊　一册　存一卷（佩文韻府八十二）

460000－8502－0000233　30057

成唯識論十卷　（唐）釋玄奘譯　清光緒二十二年（1896）南京金陵刻經處刻本　十行二十字上下黑口左右雙邊　一册　存四卷（六至九）

460000－8502－0000234　30058

救劫回生四卷　（清）□□輯　清光緒廣州文經堂刻本　九行二十字白口四周單邊　一册　存一卷（四）

460000－8502－0000235　20042

史記一百三十卷首一卷　（漢）司馬遷撰　（明）陳子龍　（清）徐孚遠測議　明刻本　九

行二十字小字雙行同白口左右雙邊　十三冊　存八十卷（二十三至三十一、三十九至四十、四十三至六十三、七十二至七十九、八十二至八十八、九十八至一百三十）

460000－8502－0000236　50009

古經解彙函十六種小學彙函十四種　（清）鍾謙鈞等輯　清光緒石印本　十七行三十八字小字雙行同白口左右雙邊　三冊　存六種五十一卷（易緯八種十二卷，尚書大傳三卷、附序錄一卷、辨訛一卷，韓詩外傳十卷、附校注拾遺一卷，毛詩草木鳥獸蟲魚疏二卷，春秋繁露一至七、十至十七，春秋釋例一至六）

460000－8502－0000237　30060

大佛頂如來密因修證了義諸菩薩萬行首楞嚴經十卷　（唐）釋般剌密帝　（唐）釋彌伽釋伽譯　（唐）房融筆受　清刻本　十行二十字上下黑口左右雙邊　一冊　存五卷（一至五）

460000－8502－0000238　30061

大悲心陀羅尼經一卷　（唐）釋伽梵達摩譯　清末明善書局石印本　八行二十字白口四周雙邊　一冊

460000－8502－0000239　30053

妙法蓮花經七卷　（後秦）釋鳩摩羅什譯　清刻本　九行十八字白口左右雙邊　一冊　存三卷（五至七）

460000－8502－0000240　50011

癸卯課藝日新□□卷　（清）□□撰　清末石印本　十四行三十一字白口四周單邊　一冊　存二卷（五至六）

460000－8502－0000241　20043

史記一百三十卷　（漢）司馬遷撰　（南朝宋）裴駰集解　（唐）司馬貞索隱　（唐）張守節正義　清光緒二十三年（1897）慎記書莊石印本　三欄每欄三十行二十一字小字雙行同白口四周雙邊　四冊

460000－8502－0000242　20044

晉書一百三十卷音義三卷　（唐）太宗李世民撰　清末石印本　三欄每欄三十行二十一字小字雙行同白口四周雙邊　一冊　存三十三卷（晉書一百一至一百三十、音義三卷）

460000－8502－0000243　20045

五代史七十四卷　（宋）歐陽修撰　清光緒十五年（1889）湖南大同書局刻本　十行二十一字小字雙行同白口左右雙邊　一冊　存八卷（一至八）

460000－8502－0000244　10136

書傳音釋六卷　（宋）蔡沈集傳　清刻本　兩欄下欄九行十七字小字雙行同白口左右雙邊　四冊　存四卷（三至六）

460000－8502－0000245　20047

日本國志四十卷首一卷　（清）黃遵憲編纂　清光緒二十四年（1898）上海圖書集成印書局鉛印本　十四行四十字小字雙行同白口四周單邊　八冊

460000－8502－0000246　20046

史記一百三十卷　（漢）司馬遷撰　（南朝宋）裴駰集解　（唐）司馬貞索隱　（唐）張守節正義　清光緒十八年（1892）武林竹簡齋石印本　二十行四十二字小字雙行同白口左右雙邊　八冊

460000－8502－0000247　30049

顓頊曆考二卷　（清）鄒漢勛撰　清末刻本　九行二十一字小字雙行同上下黑口四周雙邊　一冊

460000－8502－0000248　20050

周書五十卷　（唐）令狐德棻撰　清光緒二十八年（1902）武林竹簡齋石印本　二十行四十二字小字雙行同白口左右雙邊　一冊　存二十八卷（一至二十八）

460000－8502－0000249　20048

後漢書一百二十卷　（南朝宋）范曄撰　（唐）李賢注　清光緒十八年（1892）武林竹簡齋石印本　二十行四十二字小字雙行同白口左右雙邊　五冊　存六十八卷（一至十一、四十至八十三、九十七至一百九）

460000－8502－0000250　20049

御批增補了凡綱鑑三十九卷首一卷　(明)袁黄編　清末石印本　二十五行四十八字小字雙行同白口四周雙邊　二册　存五卷(一至四、首一卷)

460000－8502－0000251　20051
前漢書一百卷　(漢)班固撰　(唐)顔師古注　清光緒十八年(1892)武林竹簡齋石印本　二十行四十二字小字雙行同白口左右雙邊　十册　存八十七卷(一至十二、二十一至三十、三十四至七十四、七十七至一百)

460000－8502－0000252　20052
御撰資治通鑑綱目三編二十卷　(清)張廷玉等編　清刻本　十一行二十二字小字雙行同白口四周單邊　三册

460000－8502－0000253　20054
鼎鍥趙田了凡袁先生編纂古本歷史大方綱鑑補三十九卷　(明)袁黄編纂　清刻本　上下兩欄下欄十二行二十八字小字雙行同白口四周單邊　十五册　存二十九卷(七至二十、二十三至二十四、二十七至三十九)

460000－8502－0000254　20053
遼史紀事本末四十卷首一卷　(清)李有棠編　清光緒十九年(1893)同文書局石印本　十行二十二字小字雙行同白口四周單邊　四册

460000－8502－0000255　20056
鼎鍥趙田了凡袁先生編纂古本歷史大方綱鑑補三十九卷　(明)袁黄編　清刻本　十一行二十八字小字雙行同白口四周單邊　一册　存二卷(二十三至二十四)

460000－8502－0000256　20055
通鑑長編紀事本末一百五十卷　(宋)楊仲良撰　清光緒十九年(1893)廣州廣雅書局刻本　十一行二十四字小字雙行同下黑口四周單邊　三册　存十五卷(九十七至一百十一)

460000－8502－0000257　20057
九朝紀事本末六百五十八卷　(清)□□輯　清光緒二十八年(1902)上海書局石印本　二十行四十字白口四周雙邊　十八册　存八種四百九十五卷(西夏紀事本末一至三十六,元史紀事本末一至二十七,遼史紀事本末一至四十,金史紀事本末一至五十二,明史紀事本末三十四至六十六,通鑑紀事本末一至四十二、六十二至一百十、一百三十四至一百五十四、一百七十六至二百三十九,左傳紀事本末一至三十一,宋史紀事本末一至七十一、八十一至一百九)

460000－8502－0000258　20058
水經注四十卷補遺一卷附録二卷　(漢)桑欽撰　(北魏)酈道元注　(清)全祖望校　(清)薛福成校刊　清光緒十四年(1888)無錫薛福成寧波崇實書院刻本　十行二十一字小字雙行同下黑口左右雙邊　十二册　存三十六卷(一至三十六)

460000－8502－0000259　20059
明通鑑九十卷首一卷前編四卷附編六卷　(清)夏燮編　清光緒二十六年(1900)上海掃葉山房石印本　二十行四十二字小字雙行同上下黑口四周雙邊　八册

460000－8502－0000260　20060
御批歷代通鑑輯覽一百二十卷　(清)傅恒纂　清光緒三十年(1904)上海通元書局石印本　十八行四十字小字雙行同白口四周雙邊　十一册　存五十三卷(一至五、十八至二十三、三十四至四十三、四十九至六十二、九十一至九十七、一百三至一百十三)

460000－8502－0000261　20061
綱鑑補注三十九卷首一卷附御選資治通鑑綱目三編二十卷　(明)袁了凡　(明)王鳳州合編　李節齋校字　清宣統元年(1909)上海廣益書局石印本　二十四行四十八字小字雙行同白口四周單邊　七册　存二十七卷(一至七、二十至三十、三十五至三十九,首一卷;附御選資治通鑑綱目三編四至六)

460000－8502－0000262　20062
資治通鑑二百九十四卷　(宋)司馬光撰　清刻本　十行二十字小字雙行同上下黑口四周雙邊　二册　存六卷(二百十六至二百十八、

二百二十七至二百二十九）

460000－8502－0000263　20063

［光緒］臨高縣志二十四卷　（清）聶緝慶（清）張延修　（清）桂文熾等纂　清光緒十八年（1892）刻本　十行二十一字小字雙行同白口四周雙邊　一册　存三卷（十一至十三）

460000－8502－0000264　20064

資治通鑑攷異三十卷　（宋）司馬光撰　清光緒十九年（1893）廣雅書局刻本　十一行二十四字上下黑口四周單邊　八册　存二十四卷（一至三、七至二十、二十四至三十）

460000－8502－0000265　10137

大學衍義補一百六十卷　（明）丘濬撰　（明）陳仁錫評閱　明京都文錦堂刻本　十行二十字小字雙行同白口四周單邊　二十二册　存八十卷（六至四十四、五十七至九十三、一百五十至一百五十三）

460000－8502－0000266　20065

資治新書初集十四卷首一卷二集二十卷（清）李漁輯　（清）沈心友訂　清光緒二十年（1894）上海圖書集成印書局鉛印本　十二行四十字小字雙行同白口四周單邊　一册　存三卷（二集十一至十三）

460000－8502－0000267　20066

吾學錄初編二十四卷　（清）吳榮光撰　清道光刻本　九行二十一字小字雙行同白口左右雙邊　六册　存二十一卷（一至七、十一至二十四）

460000－8502－0000268　20069

歷代史略六卷　柳詒徵編纂　清光緒三十一年（1905）中新書局鉛印本　十三行二十八字小字雙行同下黑口左右單邊　五册　存四卷（三下、四至六）

460000－8502－0000269　20067

秘書廿一種　（清）汪士漢輯　清康熙刻本　十行二十字小字雙行同白口左右雙邊　八册　存十六種六十九卷（汲塚周書一至八、吳越春秋一至六、拾遺記一至十、白虎通德論一至二、山海經一至十八、博物志一、桂海虞衡志一、續博物志一至八、博異記一、劍俠傳一至四、高士傳一、博異志一、續齊諧記一、集異記一、列仙傳一至二、風俗通義一至四）

460000－8502－0000270　20068

御批歷代通鑑輯覽一百二十卷　（清）傅恒纂　清末石印本　二十四行四十九字小字雙行同白口四周雙邊　三册　存三十五卷（二十八至六十二）

460000－8502－0000271　20070

御批歷代通鑑輯覽一百二十卷　（清）傅恒纂　清末石印本　十八行四十字小字雙行同白口四周雙邊　二册　存十二卷（一百九至一百二十）

460000－8502－0000272　20071

朔方備乘六十八卷首十二卷凡例目錄一卷（清）何秋濤撰　清末石印本　十六行三十九字小字雙行同白口四周單邊　五册　存五十四卷（一至二十三、三十一至四十一、五十五至六十二，首一至十一，凡例目錄一卷）

460000－8502－0000273　20072

續資治通鑑二百二十卷　（清）畢沅撰　清光緒十四年（1888）上海蜚英館石印本　十六行三十六字小字雙行同白口四周雙邊　九册　存八十六卷（一至十一、二十六至三十八、八十二至九十二、一百十六至一百三十七、一百四十五至一百五十一、一百五十五至一百六十四、一百九十八至二百九）

460000－8502－0000274　20073

朔方備乘六十八卷首十二卷　（清）何秋濤撰　清末石印本　十六行三十九字小字雙行同白口四周單邊　一册　存十二卷（四至十五）

460000－8502－0000275　20074

朔方備乘六十八卷首十二卷　（清）何秋濤撰　清末石印本　十六行三十九字小字雙行同白口四周單邊　三册　存三十二卷（一至十五、三十五至四十三、六十至六十七）

460000－8502－0000276　20075

人範六卷　(清)蔣元輯　清光緒二十七年(1901)廣雅書局刻本　十一行二十四字小字雙行同上下黑口四周單邊　一册

460000－8502－0000277　20077
國朝貢舉考畧二卷　(清)黄崇蘭編　清嘉慶刻本　行款不等白口左右雙邊　二册

460000－8502－0000278　20076
西政叢鈔　(清)養春堂主人輯　清光緒二十八年(1902)石印本　二十二行四十八字小字雙行同上下黑口四周雙邊　一册　存五卷(史學一至五)

460000－8502－0000279　20078
漢名臣言行錄十二卷　(清)夏之芳輯　清刻本　十行二十一字小字雙行同白口左右雙邊　三册　存九卷(三至四、六至十二)

460000－8502－0000280　20080
宋元學案一百卷首一卷考略一卷　(清)黄宗羲撰　(清)黄百家纂輯　(清)全祖望修定　(清)馮雲濠等校刊　清光緒五年(1879)長沙寄廬刻本　十一行二十四字小字雙行同上下黑口左右雙邊　二十四册　存六十九卷(一至四十八、五十四至七十三,首一卷)

460000－8502－0000281　20079
中興名臣事略八卷　朱孔彰撰　清光緒二十四年(1898)上海書局石印本　十六行三十八字白口四周雙邊　一册　存四卷(一至四)

460000－8502－0000282　20081
文獻徵存錄十卷　(清)錢林輯　(清)王藻編　清咸豐八年(1858)有嘉樹軒刻本　十一行二十一字小字雙行同白口左右雙邊　二册　存二卷(六、九)

460000－8502－0000283　20082
本朝史講義　(清)京師譯學館編　清光緒三十三年(1907)京師譯學館鉛印本　十三行三十一字下黑口四周單邊　一册

460000－8502－0000284　20084
國朝先正事略六十卷首一卷　(清)李元度纂　(清)許時庚重校　清光緒十二年(1886)小春上浣鉛印本　十四行四十二字小字雙行同白口四周雙邊　八册　存五十九卷(一至四十五、四十八至六十,首一卷)

460000－8502－0000285　20085
歷代同姓名錄二十三卷　(清)劉長華纂輯　清光緒五年(1879)藜照軒刻本　十一行二十五字白口四周雙邊　五册　存十八卷(一至十八)

460000－8502－0000286　20116
羊城古鈔八卷首一卷　(清)仇池石輯　清刻本　十行十九字小字雙行同白口四周雙邊　一册　存二卷(四至五)

460000－8502－0000287　20087
大學衍義四十三卷　(宋)真德秀撰　(明)陳仁錫評閲　清刻本　十行二十字小字雙行同白口四周單邊　十册　存三十五卷(三至六、十三至二十、二十九至四十二、一百一至一百三、一百九至一百十、一百四十五至一百四十八)

460000－8502－0000288　20083
國朝先正事略續編三十卷　朱孔彰撰　清光緒二十九年(1903)上海宏文閣藏版同文社鉛印本　二十二行四十四字小字雙行同下黑口四周雙邊　二册　存二卷(一、四)

460000－8502－0000289　20120
史姓韻編六十四卷　(清)汪輝祖輯　(清)馮祖憲重校　清光緒十年(1884)慈谿耕餘樓書局石印本　上下兩欄上欄大字十二行四字下欄小字雙行三十二字白口四周單邊　十二册　存四十八卷(一至三十四、五十一至六十四)

460000－8502－0000290　20088、20089
國朝先正事略正編八卷續編四卷　(清)李元度纂　朱孔彰續編　清光緒二十八年(1902)廣益書局石印本　二十三行五十字白口四周單邊　四册　存十卷(國朝先正事略正編一至六、續編四卷)

460000－8502－0000291　20036

日本國志四十卷首一卷 （清）黃遵憲編 清光緒二十四年（1898）上海圖書集成印書局鉛印本 十四行四十字小字雙行同白口四周單邊 一冊 存六卷（二十一至二十六）

460000－8502－0000292 20086

歷代名臣言行錄二十四卷 （清）朱桓輯（清）潘永季校 （清）沈維堉重校 清光緒二十九年（1903）上海吳雲記鉛印本 二十行四十四字白口四周單邊 九冊 存十九卷（一、三至六、十一至二十四）

460000－8502－0000293 20090

欽定滿洲源流考二十卷首一卷 （清）阿桂纂 清光緒十九年（1893）杭州便益書局石印本 十六行三十六字小字雙行同白口左右雙邊 二冊

460000－8502－0000294 20091

萬國史記二十卷 （日本）岡本監輔撰 （日本）中村正直閱 清光緒石印本 二十四行五十二字白口四周雙邊 二冊

460000－8502－0000295 20092

泰西各國名人言行錄十六卷 （清）張兆蓉撰 清光緒石印本 十八行三十九字白口四周雙邊 一冊 存五卷（一至五）

460000－8502－0000296 20093

萬國史畧備覽六卷 （清）曾紀澤編 清刻本 十一行二十七字小字雙行三十四至三十五字上下黑口四周單邊 六冊

460000－8502－0000297 20094

歷代名臣言行錄二十四卷 （清）朱桓輯 清鉛印本 十五行四十四字小字雙行同白口四周雙邊 一冊 存三卷（十八至二十）

460000－8502－0000298 20096

泰西各國名人言行錄十六卷 （清）張兆蓉撰 清光緒石印本 十八行三十九字小字雙行同白口四周雙邊 二冊 存九卷（一至五、十二至十五）

460000－8502－0000299 20095

古今偽書考一卷 （清）姚際恒撰 清光緒二十年（1894）雅雨堂刻本 十行十八字小字雙行同白口左右雙邊 一冊

460000－8502－0000300 20097

歷代名臣言行錄二十四卷 （清）朱桓輯 清石印本 二十三行五十字白口四周雙邊 一冊 存五卷（十五至十九）

460000－8502－0000301 20098

辨學啓蒙二十七章 （英國）艾約瑟譯 清石印本 十八行三十六字白口四周雙邊 一冊

460000－8502－0000302 20100

歷代名人年譜十卷 （清）吳榮光撰 （清）吳彌光 （清）瞿樹辰編校 （清）張蔭桓校刊 清光緒元年（1875）刻本 三欄中欄十六行十二字上下黑口四周雙邊 三冊 三卷（四、八至九）

460000－8502－0000303 20099

校讐通義三卷 （清）章學誠撰 清光緒十九年（1893）粵東菁華閣刻本 十行二十一字小字雙行同上下黑口左右雙邊 一冊

460000－8502－0000304 20101

天下郡國利病書一百二十卷 （清）顧炎武輯 （清）龍萬育訂 清末刻本 十行二十一字小字雙行同白口左右雙邊 十三冊 存二十六卷（八至十七、二十一至二十七、七十二至七十六、一百十七至一百二十）

460000－8502－0000305 20103

史論正鵠三集八卷 （清）王樹敏評點 清光緒二十七年（1901）久敬齋石印本 十五行三十六字小字雙行同白口四周雙邊 一冊 存四卷（一至四）

460000－8502－0000306 20105

史論正鵠初集四卷 （清）王樹敏評點 清光緒二十七年（1901）上海久敬齋石印本 十五行三十六字白口四周雙邊 一冊 存二卷（一至二）

460000－8502－0000307 20104

野獲編三十卷首一卷補遺四卷 （明）沈德符撰 （明）錢枋輯 清道光七年（1827）錢塘姚

氏扶荔山房刻本　十行二十一字小字雙行同白口四周雙邊　十八册　存三十卷（一至二十二、二十七至三十，補遺一至四）

460000－8502－0000308　20102

歷代名臣言行錄二十四卷　（清）朱桓輯　（清）潘永季校　（清）許時庚重校　清光緒二十八年（1902）上海雙桂軒石印本　二十三行三十二字白口四周雙邊　三册　存十八卷（一至六、十三至二十四）

460000－8502－0000309　20106

史論正鵠二集四卷　（清）王樹敏評點　清光緒二十七年（1901）上海久敬齋石印本　十五行三十六字白口四周雙邊　二册

460000－8502－0000310　20107

史論正鵠三集八卷　（清）王樹敏評點　清光緒二十七年（1901）久敬齋石印本　十五行三十六字小字雙行同白口四周雙邊　三册　存三卷（一、三、八）

460000－8502－0000311　20110

史論正鵠二集四卷　（清）王樹敏評點　清光緒二十七年（1901）上海久敬齋石印本　十五行三十六字小字雙行同白口四周雙邊　一册　存一卷（一）

460000－8502－0000312　20109

萬國分類時務大成四十卷首一卷　（清）錢豐選輯　清光緒石印本　十八行四十四字上下黑口四周雙邊　一册　存四卷（三十七至四十）

460000－8502－0000313　20108

歷代名臣言行錄二十四卷　（清）朱桓輯　清刻本　十行二十一字小字雙行同白口四周單邊　十一册　存九卷（三下、八至十二上、十四、十六、二十下）

460000－8502－0000314　20111

洋務時事彙編八卷　（清）葛子源輯　清光緒石印本　十六行四十字小字雙行同白口四周雙邊　二册　存二卷（一、五）

460000－8502－0000315　20113

史論正鵠初集四卷　（清）王樹敏評點　清光緒二十七年（1901）上海久敬齋石印本　十五行三十六字白口四周雙邊　一册　存一卷（二）

460000－8502－0000316　20114

史記菁華錄六卷　（漢）司馬遷撰　（清）姚苧田選注　清道光四年（1824）吴興姚氏扶荔山房刻朱墨印本　九行二十字小字雙行同上下黑口左右雙邊　六册

460000－8502－0000317　20112

十朝東華錄一百卷　王先謙撰　清光緒二十年（1894）上海積山書局石印本　二十四行五十字小字雙行同白口四周雙邊　五册　存六十七卷（天命一至四，天聰一至十一，崇德一至八，嘉慶四十一至五十，道光朝一至十，乾隆三十一至四十一、八十三至八十九，咸豐九十五至一百）

460000－8502－0000318　30056

中外經世緒言十六卷　（清）余貽範撰　清光緒石印本　十五行三十二字上黑口四周雙邊　四册　存十卷（三至十二）

460000－8502－0000319　20118

戰國策十八卷　（清）張星徽點評　清拾芥園刻本　九行二十五字小字雙行同白口四周雙邊　一册　存八卷（一至八）

460000－8502－0000320　20115

史記菁華錄六卷　（漢）司馬遷撰　（清）姚苧田選注　清光緒九年（1883）廣州翰墨園刻朱墨套印本　九行二十字小字雙行同上下黑口左右雙邊　五册　存五卷（一至四、六）

460000－8502－0000321　20117

萬國通鑑四卷附地圖一卷　（美國）謝衛樓撰　（清）趙如光筆述　清光緒八年（1882）刻本　十行二十五字小字雙行同白口四周雙邊　三册　存三卷（一至三）

460000－8502－0000322　20119

文家稽古編十卷　（清）劉旗錫　（清）程夢元纂　（清）劉廣傳校　清乾隆江寧劉氏刻本

十行二十二字小字雙行同白口左右雙邊　四冊　存四卷(三至四、七、九)

460000－8502－0000323　20121
前漢書菁華録四卷　(清)高嵣編　清光緒二十六年(1900)上海書局石印本　十九行三十七字小字雙行同白口四周單邊　二冊

460000－8502－0000324　20122
廣治平畧三十六卷　(清)蔡方炳撰　清刻本　十二行三十字白口四周單邊　四冊　存二十四卷(十三至三十六)

460000－8502－0000325　20123
西政維新策六卷　(清)湖南湘學報輯　(清)王德尚編　清光緒二十八年(1902)上海書局石印本　十八行四十二字上黑口四周雙邊　二冊

460000－8502－0000326　20124
後漢書菁華録二卷　(清)高嵣編　清光緒二十六年(1900)上海書局石印本　十九行三十七字小字雙行同白口四周單邊　一冊

460000－8502－0000327　20126
欽定大清會典一百卷　(清)允祹等纂修　清光緒二十七年(1901)上海文林石印本　十八行四十字小字雙行同上下黑口四周雙邊　二冊　存二十九卷(一至十一、八十三至一百)

460000－8502－0000328　20125
中外政治策論彙編二十四卷　(清)何翁淵輯　清光緒二十七年(1901)鴻寶書局石印本　二十行四十四字白口四周雙邊　七冊　存十四卷(一至二、五至十、十三至十八)

460000－8502－0000329　20127
廿二史劄記三十六卷首一卷補遺一卷　(清)趙翼撰　清光緒二十年(1894)廣雅書局刻本　十一行二十四字小字雙行同上下黑口四周單邊　十冊

460000－8502－0000330　20128
史通通釋二十卷附録一卷　(唐)劉知幾撰　(清)浦起龍釋　清光緒十一年(1885)刻本　十一行二十四字小字雙行同上下黑口四周單邊　八冊

460000－8502－0000331　20129
歷代史論十二卷　(明)張溥撰　**左傳史論二卷**　(清)高士奇撰　**宋史論三卷**　(明)張溥撰　**元史論一卷**　(明)張溥撰　**明史論四卷**　(清)谷應泰撰　清刻本　十一行二十一字上下黑口左右雙邊　七冊　存十八卷(五至十二、左傳史論二卷、宋史論三卷、元史論一卷、明史論四卷)

460000－8502－0000332　20130
漢書管見四卷　(清)朱一新撰　清光緒順德龍氏葆真堂刻本　十二行二十五字小字雙行同上下黑口四周單邊　二冊　存二卷(一、三)

460000－8502－0000333　20131
歸方評點史記合筆六卷附録一卷　(明)歸有光　(清)方苞評點　(清)王拯輯　清光緒望三益齋刻本　十一行二十二字小字雙行同上黑口左右雙邊　四冊

460000－8502－0000334　40005
皇朝經世文編一百二十卷姓名總目二卷　(清)賀長齡輯　清末石印本　十六行四十二字白口四周雙邊　十六冊　存八十二卷(一至九、十五至二十三、二十九至五十八、六十九至八十四、一百五至一百二十,姓名總目二卷)

460000－8502－0000335　20133
歷代史論十二卷　(明)張溥撰　**左傳史論二卷**　(清)高士奇撰　**宋史論三卷**　(明)張溥撰　**元史論一卷**　(明)張溥撰　**明史論四卷**　(清)谷應泰撰　清末石印本　十七行三十八字白口四周雙邊　一冊　存三卷(左傳史論二卷、元史論一卷)

460000－8502－0000336　20132
十七史商榷一百卷目録一卷　(清)王鳴盛撰　清乾隆洞涇草堂刻本　十行二十字小字雙行同白口四周雙邊　二十冊

460000－8502－0000337　20035

史記一百三十卷 （漢）司馬遷撰 （南朝宋）裴駰集解 （唐）司馬貞索隱 （唐）張守節正義 清光緒十八年(1892)武林竹簡齋石印本 二十行四十二字小字雙行同白口左右雙邊 四冊 存七十五卷(一至十二、四十三至八十七、一百十三至一百三十)

460000－8502－0000338 20134
廿二史劄記三十六卷 （清）趙翼撰 清末石印本 十七行四十一字小字雙行同上黑口四周單邊 一冊 存十一卷(十四至二十四)

460000－8502－0000339 20197
資治通鑑二百九十四卷 （宋）司馬光撰 （元）胡三省音注 清末石印本 十六行三十五字小字雙行同白口四周雙邊 二冊 存十七卷(一百二至一百十八)

460000－8502－0000340 20207
續資治通鑑二百二十卷 （清）畢沅撰 清光緒石印本 十六行三十六字小字雙行同白口四周雙邊 四冊 存四十二卷(一百三十五至一百四十四、一百五十五至一百六十四、一百七十五至一百八十五、二百十至二百二十)

460000－8502－0000341 40006
皇朝經世文續編一百二十卷 （清）葛士濬輯 清末石印本 二十二行四十八字白口四周雙邊 九冊 存五十卷(七至十、十八至二十五、三十二至四十八、七十一至八十二、八十九至九十三、一百一至一百四)

460000－8502－0000342 20135
文獻通考纂二十四卷 （元）馬端臨撰 （明）郎星等定 （明）金嘉秋等校 清刻本 九行二十二字小字雙行同白口四周雙邊 八冊 存十卷(十至十五、十八至十九、二十一至二十二)

460000－8502－0000343 40007
皇朝經世文續編一百二十卷目錄八十七卷 （清）葛士濬輯 清光緒十七年(1891)鉛印本 十三行四十字白口四周單邊 三冊 存九十九卷(六十至七十一、目錄八十七卷)

460000－8502－0000344 40008
皇朝經世文四編五十二卷 （清）何良棟輯 清末石印本 二十二行四十六字白口四周雙邊 四冊 存三十四卷(十至二十七、三十七至五十二)

460000－8502－0000345 40009
皇朝經世文編一百二十卷姓名總目二卷 （清）賀長齡輯 清光緒二十二年(1896)上海掃葉山房鉛印本 十七行四十四字白口四周單邊 七冊 存三十四卷(一至三十四)

460000－8502－0000346 40010
皇朝經世文三編八十卷 （清）陳忠倚輯 清光緒二十四年(1898)寶文書局石印本 二十行四十字白口四周雙邊 四冊 存四十卷(十一至四十、七十一至八十)

460000－8502－0000347 40011
皇朝經世文編一百二十卷姓名總目二卷 （清）賀長齡輯 清末鉛印本 二十三行四十八字小字雙行同白口四周雙邊 五冊 存六十一卷(四十至七十九、八十九至九十九、一百十一至一百二十)

460000－8502－0000348 20136
廣治平略正集三十六卷續集八卷 （清）蔡方炳撰 清光緒十六年(1890)上海廣百宋齋鉛印本 二十四行四十二字白口四周雙邊 二冊 存三十一卷(廣治平略正集一至十二、二十六至三十六,續集八卷)

460000－8502－0000349 40012
皇朝經世文編一百二十卷姓名總目二卷 （清）賀長齡輯 清末石印本 十六行四十二字白口四周雙邊 十五冊 存七十四卷(十至十四、二十至二十三、三十至八十三、八十八至九十三、一百十一至一百十五)

460000－8502－0000350 20137
萬國史記二十卷 （日本）岡本監輔撰 清光緒二十七年(1901)上海書局石印本 十九行四十字白口四周雙邊 四冊 存十三卷(一至四、九至十四、十八至二十)

460000－8502－0000351　20138
史通削繁四卷　(唐)劉知幾撰　(清)紀昀削繁　(清)浦起龍注　清光緒二十二年(1896)新化三味堂刻本　十行二十一字白口左右雙邊　四册

460000－8502－0000352　20139
萬國史記二十卷首一卷　(日本)岡本監輔撰　清光緒二十四年(1898)上海書局石印本　十三行三十二字白口四周雙邊　一册　存五卷(一至四、首一卷)

460000－8502－0000353　20140
歷代史案二十卷　(清)吴裕垂　(清)洪亮吉編　清刻本　十行二十二字小字雙行同上下黑口左右雙邊　二册　存六卷(四至九)

460000－8502－0000354　20143
文獻通考纂二十四卷　(元)馬端臨撰　(明)郎星等定　(明)金嘉秋等校　清康熙刻本　九行二十二字小字雙行同白口四周雙邊　三册　存七卷(五至八、十二、十六至十七)

460000－8502－0000355　20141
歸震川評點史記一百三十卷　(明)歸有光　(清)方苞評點　清光緒二年(1876)武昌張氏刻本　十一行二十字小字雙行同上下黑口四周雙邊　一册　存三卷(五至七)

460000－8502－0000356　20142
西學通攷三十六卷　(清)胡兆鸞等輯　清光緒二十七年(1901)上海書局石印本　十五行三十二字小字雙行同白口四周雙邊　八册　存二十五卷(一至十二、十六至二十、二十四至二十五、三十一至三十六)

460000－8502－0000357　20144
欽定學政全書八十六卷　(清)童璜等纂　清刻本　九行二十字白口四周單邊　七册　存三十九卷(一至十二、十八至四十四)

460000－8502－0000358　20145
新輯分類史事政治論　(清)王樹劼輯　清末石印本　十五行四十字白口四周雙邊　三册　存三集(天、宙、列)

460000－8502－0000359　20146
萬國近政考略十六卷　(清)鄒弢編輯　清鉛印本　十八行三十五字白口四周單邊　一册　存四卷(五至八)

460000－8502－0000360　20147
兩漢策要十二卷　(宋)陶叔獻輯　清光緒石印本　六行十四字小字雙行二十四字上下黑口四周雙邊　六册　存八卷(一至二、四至六、十至十二)

460000－8502－0000361　20148
歷代名臣奏議三百二十卷　(明)黄淮等輯　(明)陳明卿鑒定　明崇禎八年(1635)聚英堂刻本　上下兩欄下欄九行十八字小字雙行同白口左右雙邊　四十九册　存二百六十八卷(一至五、十二至二十二、二十八至三十五、三十八至五十五、六十三至一百十四、一百二十至一百五十九、一百七十九至二百七十七、二百八十六至三百二十)

460000－8502－0000362　20149
地理問答二卷　(清)□□撰　清光緒三十一年(1905)美華書館鉛印本　上下兩欄每欄十九行二十一字白口四周雙邊　一册

460000－8502－0000363　20151
資江輿頌四卷首一卷末一卷　(清)鄧庭枏　(清)郭光奎輯　清廣州市桂香街東成鉛印本　十行二十二字小字雙行同白口四周單邊　一册　存三卷(三至四,末一卷)

460000－8502－0000364　20150
水經注釋四十卷首一卷附錄二卷水經注箋刊誤十二卷　(漢)桑欽撰　(北魏)酈道元注　(清)趙一清錄　清光緒六年(1880)蛟川張壽榮花雨樓刻本　十行二十二字小字雙行同白口左右雙邊　十五册　存五十一卷(一至三十五、四十,首一卷;附錄二卷;水經注箋刊誤十二卷)

460000－8502－0000365　20153
通典二百卷　(唐)杜佑纂　清同治十年(1871)廣東學海堂刻本　十行二十一字小字雙行同白口左右雙邊　三十一册　存一百五

十二卷(七至三十三、四十三至六十一、七十四至七十九、八十六至一百二十二、一百三十三至一百五十九、一百六十五至二百)

460000－8502－0000366 20154

海國圖志一百卷首一卷 (清)魏源輯 清末石印本 二十三行四十二字小字雙行同白口四周雙邊 十一册 存七十九卷(四至六十二、七十三至九十二)

460000－8502－0000367 20152

各國交涉公法論二集八卷 (英國)費利摩羅巴德著 (英國)傅蘭雅譯 清末石印本 上下兩欄每欄二十二行二十四字小字雙行同白口四周雙邊 一册 存四卷(一至四)

460000－8502－0000368 20155

海國圖志一百卷 (清)魏源輯 清末石印本 二十行四十四字小字雙行同白口四周雙邊 二册 存三十五卷(三十六至五十一、六十八至八十六)

460000－8502－0000369 20157

海國圖志續集二十五卷首一卷 (英國)麥高爾輯著 (美國)林樂知 (美國)瞿昂來譯 清光緒二十一年(1895)上海書局石印本 二十行四十四字小字雙行同白口四周雙邊 一册 存十二卷(一至十一、首一卷)

460000－8502－0000370 20156

直省闈墨十二卷 (清)□□輯 清光緒二十九年(1903)通文書局石印本 十三行三十四字白口四周雙邊 四册

460000－8502－0000371 20158

洋務經濟通考十六卷 (清)應祖錫纂 (清)徐毓洙 (清)沈維堉校 清光緒二十七年(1901)石印本 二十行四十四字白口四周雙邊 二册 存六卷(三至四、十三至十六)

460000－8502－0000372 20159

大清法規大全 (清)北京政學社編 清宣統北京政學社石印本 上下兩欄每欄二十行二十字小字雙行同下黑口四周雙邊 十册 存一百一卷(財政部一至十四、首一卷,教育部一至三十、首一卷,外交部一至十三、首一卷,旗藩部一至二、首一卷,法律部一至三十、首一卷,吏政部二十一至二十三,憲政部四至七)

460000－8502－0000373 20160

原富五部 (英國)斯密亞丹撰 嚴復譯 清光緒二十八年(1902)南洋公學譯書院鉛印本 十二行三十二字上下黑口四周雙邊 四册 存四部(乙、丙、丁、戊)

460000－8502－0000374 20161

通商約章類纂三十五卷 (清)徐宗亮等編 清光緒十八年(1892)廣東善後局刻本 十行二十四字小字雙行同下黑口四周單邊 七册 存十四卷(十三至十七、二十三至二十九、三十二至三十三)

460000－8502－0000375 20163

重刊人子須知資孝地理心學統宗八卷首一卷 (明)徐善繼 (明)徐善述撰 (明)葉君遷校閲 (明)涂元良參録 (明)曾璠校刊 清末石印本 十九行四十字小字雙行同白口四周雙邊 一册 存八卷(一至七、首一卷)

460000－8502－0000376 20162

各國交涉公法論三集十六卷 (英國)費利摩羅巴德撰 (英國)傅蘭雅口譯 (清)俞世爵筆述 清末鉛印本 上下兩欄每欄二十二行二十四字白口四周雙邊 一册 存二卷(一至二)

460000－8502－0000377 20164

中外策問大觀二十八卷 (清)陸鳳石鑒定 (清)雷縉輯 清末石印本 十八行四十字白口四周雙邊 二册 存七卷(六至十、二十至二十一)

460000－8502－0000378 20165

外交報 (清)□□編 清光緒二十九年(1903)鉛印本 十二行三十二字小字雙行同上下黑口四周雙邊 二册 存二期(五十六至五十七)

460000－8502－0000379 50012

時務通考三十一卷 (清)杞廬主人輯 清光緒二十三年(1897)點石齋石印本 二十行四十五字下黑口四周雙邊 十七册

460000－8502－0000380 20166
仰山子新輯地理條貫十二卷 (清)陸文明輯 (清)陸汝為校 清刻本 九行二十三字小字雙行同白口左右雙邊 二册 存八卷(五至十二)

460000－8502－0000381 20167
中西地理輯要三卷 (清)湖南湘學報原本 (清)王德尚編 清光緒二十八年(1902)上海書局石印西學新政全書本 十九行四十二字小字雙行同上黑口四周雙邊 一册

460000－8502－0000382 20201
十國春秋一百十四卷拾遺一卷備考一卷 (清)吳任臣撰 (清)周昂校刊 清乾隆五十八年(1793)此宜閣刻本 十行二十一字小字雙行同白口左右雙邊 二十册

460000－8502－0000383 20168
歷代地理志韻編今釋二十卷 (清)李兆洛輯 (清)六承如等編 清末石印本 十三行三十七字小字雙行同白口四周雙邊 二册 存十二卷(六至十七)

460000－8502－0000384 20170
四秘全書地理十二種 (清)尹一勺輯 清末石印本 二十行四十字白口四周雙邊 二册

460000－8502－0000385 40013
松谿小草四卷 (清)王懋曾撰 清嘉慶二十一年(1816)瓊州龍梅學士堂刻本 九行二十二字白口左右雙邊 一册 存二卷(一至二)

460000－8502－0000386 20169
幼學中西門徑八卷 (清)□□輯 清光緒二十四年(1898)廣智學堂叢書刻本 十行二十二字上下黑口左右雙邊 一册 存二卷(七至八)

460000－8502－0000387 20171
廣東攷古輯要四十六卷 (清)周廣等輯 清光緒刻本 十二行二十四字小字雙行同白口四周雙邊 一册 存十三卷(二十二至三十四)

460000－8502－0000388 20172
正誼賓興□□卷 (清)□□撰 清宣統元年(1909)正誼書局刻本 九行二十二字白口四周雙邊 二册 存三卷(一至二、五)

460000－8502－0000389 20173
[宣統]樂會縣志八卷 (清)林大華修 清宣統三年(1911)會文石印本 九行二十三字小字雙行同白口四周雙邊 五册 存五卷(一至二、五、七至八)

460000－8502－0000390 20174
重編瓊臺會稿詩文集二十四卷首一卷 (明)丘濬撰 清光緒六年(1880)瓊山馮驥聲刻本 九行二十字小字雙行同白口四周雙邊 五册 存十卷(八至十二、十五至十八,首一卷)

460000－8502－0000391 40221
三魚堂文集十二卷外集六卷附錄一卷 (清)陸隴其撰 清康熙四十年(1701)琴川書屋刻本 九行二十字小字雙行同白口左右雙邊 六册

460000－8502－0000392 20175
[光緒]定安縣志十卷首一卷 (清)吳應廉修 (清)王映斗總纂 清光緒刻本 十行二十二字小字雙行同白口四周雙邊 三册 存三卷(四至六)

460000－8502－0000393 20177
新斠注地里志十六卷 (清)錢坫撰 (清)徐松集釋 清同治十三年(1874)刻本 十一行二十二字小字雙行同上下黑口四周單邊 一册 存二卷(七至八)

460000－8502－0000394 20178
九江儒林鄉志二十一卷 (清)馮栻宗纂 清光緒九年(1883)刻本 十二行二十三字小字雙行同白口四周單邊 八册 存十八卷(一、五至二十一)

460000－8502－0000395 20176
地球韻言四卷 (清)張士瀛撰 清光緒二十

八年(1902)新昌書局刻本　十行二十字小字雙行同白口左右雙邊　一册

460000－8502－0000396　20179
[光緒]澄邁縣志十二卷首一卷　(清)龍朝翊修　(清)陳所能纂修　清光緒刻本　十行二十二字小字雙行同白口左右雙邊　三册　存四卷(二至四、十)

460000－8502－0000397　40021
松心十錄二十三卷　(清)張維屏撰　清道光二十年(1840)刻本　十二行二十三字小字雙行同上下黑口左右雙邊　一册

460000－8502－0000398　40015
海忠介公備忘集十卷首一卷附榮哀錄一卷　(明)海瑞撰　(清)馮驥聲編　清光緒三十一年(1905)瓊州府刻本　九行二十字白口四周雙邊　九册　存十卷(一至五、七至九,首一卷,榮哀錄一卷)

460000－8502－0000399　20181
[咸豐]瓊山縣志三十卷首一卷　(清)李文烜修　(清)鄭文彩　(清)蔡藩纂　清咸豐七年(1857)刻本　十一行二十一字小字雙行同白口四周雙邊　十七册　存十五卷(七至十、十二、十五至十六、十八、二十一至二十六、二十八)

460000－8502－0000400　20182
國粹學報不分卷　(清)國粹學報館編　清宣統元年(1909)鉛印本　十三行三十字小字雙行同上下黑口四周雙邊　十五册

460000－8502－0000401　20184、20195
[雍正]廣東通志六十四卷　(清)郝玉麟等修　(清)魯曾煜纂　清雍正九年(1731)刻本　十一行二十一字小字雙行同白口四周雙邊　三十二册　存五十五卷(一至四、六至二十、二十三至三十二、三十七至六十、六十三至六十四)

460000－8502－0000402　20183
莫愁湖志六卷首一卷　(清)馬士圖輯　清光緒八年(1882)刻本　九行十九字小字雙行同上下黑口四周單邊　一册　存五卷(一至四、首一卷)

460000－8502－0000403　20185
讀史方輿紀要一百三十卷輿圖要覽四卷　(清)顧祖禹輯著　(清)彭元瑞校定　(清)龍萬育校刊　清敷文閣刻本　十行二十一字小字雙行同白口四周雙邊　四十八册　存一百五卷(一至十三、十六至三十八、四十一至四十五、四十八至四十九、五十四至六十三、七十五至七十六、八十三至九十二、九十五至一百三十,輿圖要覽四卷)

460000－8502－0000404　20186
莫愁湖楹聯便覽一卷　(清)釋壽安錄　清光緒五年(1879)刻本　八行二十字小字雙行同上下黑口四周雙邊　一册

460000－8502－0000405　20188
大英國志八卷　(英國)慕維廉譯　清光緒刻本　九行二十一字小字雙行同白口四周單邊　三册　存五卷(四至八)

460000－8502－0000406　20187
文廟紀略六卷首一卷　(清)張伯瑱輯　清宣統元年(1909)瓊山瓊城府學西齋刻本　十行二十八字小字雙行同白口四周雙邊　四册

460000－8502－0000407　20189
白鹿書院志十九卷　(清)毛德琦撰　(清)周兆蘭重修　清刻本　九行二十一字白口左右雙邊　一册　存一卷(十九)

460000－8502－0000408　40016
聖諭像解二十卷　(清)梁延年撰　清光緒二十八年(1902)江蘇撫署石印本　十行二十一字白口四周單邊　十册

460000－8502－0000409　20190
欽定四庫全書總目二百卷首四卷　(清)紀昀等編　清同治七年(1868)廣東書局刻本　九行二十一字小字雙行同白口左右雙邊　七十二册　存一百六卷(三至十、十三至十六、十九至二十六、二十九至三十二、三十七、四十二至四十三、四十五、四十七至四十八、五十至五十二、五十五至六十二、六十七至七十、七十四至七十六、七十九至八十四、九十一至一百三、一百三十六至一百三十七、一百四十一至一百四十四、一百五十八至一百六十一、一百六十四至一百六十五、一百六十七、一百六十九至一百七十、一百七十二、一百七十六、一百七十八至一百八十八、一百九十至二百)

460000－8502－0000410　20191
水道提綱二十八卷　(清)齊召南撰　清光緒十七年(1891)刻本　十行二十一字小字雙行同白口左右雙邊　四册　存十五卷(一至四、十五至十八、二十二至二十八)

460000－8502－0000411　20192
[道光]瓊州府志四十四卷首一卷　(清)明誼修　(清)張岳崧纂　清道光二十一年(1841)重修光緒十六年(1890)補刻本　十一行二十一字小字雙行同白口四周雙邊　七册　存十三卷(四、十四至十七、二十八至二十九、三十五至三十八、四十三至四十四)

460000－8502－0000412　40017
扶荔生覆瓿集十卷　(清)王濟撰　清同治十三年(1874)巴陵方氏碧琳琅館刻本　九行二十四字小字雙行同下黑口左右雙邊　五册

460000－8502－0000413　20193
俄史輯釋四卷　(清)徐景羅譯　清刻本　九行二十一字小字雙行同白口左右雙邊　一册　存二卷(三下、四上)

460000－8502－0000414　40019
新輯尺牘合璧四卷　(清)許思湄撰　(清)婁世瑞註　寄虹軒主人輯　清光緒十八年(1892)上海鴻寶齋石印本　十二行三十二字小字雙行同白口四周雙邊　二册

460000－8502－0000415　40018
耳食錄十二卷　(清)樂鈞撰　清道光元年(1821)錢塘徐氏刻本　八行十六字小字雙行同白口四周雙邊　三册　存九卷(一至三、七至十二)

460000－8502－0000416　40020
耳食錄二編八卷　(清)樂鈞撰　清同治七年(1868)藏修堂刻本　八行十六字小字雙行同白口四周雙邊　三册　存六卷(一至四、七至八)

460000－8502－0000417　40224
幸存錄二卷　(清)夏允彝撰　清刻本　九行十九字小字雙行同上黑口左右雙邊　一册

460000－8502－0000418　40226
太師誠意伯劉文成公集二十卷　(明)劉基撰　清劉元奇刻本　十行二十三字小字雙行同白口左右雙邊　四册　存七卷(二至八)

460000－8502－0000419　40022
詳訂古文評注全集十卷　(清)劉豫庵鑒定　(清)過珙　(清)黄越評選　清光緒二十四年(1898)刻本　九行二十二字小字雙行同白口四周單邊　八册　存八卷(一至六、八至九)

460000－8502－0000420　10037
[廣雅書院東省諸生日記讀經雜記]不分卷　(清)□□撰　清廣雅書院□□稿本　十行字數不等小字雙行不等白口四周雙邊　一册

460000－8502－0000421　40024
桯史十五卷　(宋)岳珂撰　清刻本　九行二十字白口四周單邊　二册　存八卷(一至八)

460000－8502－0000422　40025
松心十錄二十三卷　(清)張維屏撰　清道光二十年(1840)刻本　十二行二十三字小字雙行同上下黑口左右雙邊　一册

460000－8502－0000423　30059
學蔀通辨前編三卷後編三卷續編三卷終編三卷　(明)陳建撰　清敦睦堂刻本　九行二十二字白口四周雙邊　四册

460000－8502－0000424　40026
穀詒堂集十卷　(清)李壽萱撰　(清)李詡中等校　清光緒八年(1882)戎州學署晚香亭刻本　十行二十一字小字雙行同下黑口左右雙邊　四册

460000－8502－0000425　40027

希古堂文甲集二卷乙集六卷　（清）譚宗浚撰　清光緒刻本　十行二十一字小字雙行同上下黑口左右雙邊　四册

460000－8502－0000426　40028

蜀秀集九卷　（清）譚宗浚編　清光緒五年(1879)成都試院刻本　十行二十字下黑口左右雙邊　八册

460000－8502－0000427　40029

鴻蒙室詩鈔十卷　（清）方玉潤撰　清咸豐九年(1859)刻本　十行二十四字小字雙行同上下黑口左右雙邊　二册　存六卷(五至十)

460000－8502－0000428　40031

國朝麗體金膏四卷　（清）馬俊良撰　清同治石門馬氏刻本　九行二十字小字雙行同白口左右雙邊　一册　存一卷(一)

460000－8502－0000429　40030

西堂全集　（清）尤侗撰　清刻本　十行二十一字白口四周單邊　九册　存九種三十卷(西堂雜俎一集五至八、二集八、三集八，述祖詩一，於京集一至五，哀弦集一至二，擬明史樂府一，外國竹枝詞一，百末詞一至五、詞餘一，性理吟一、後性理吟一，湘中草一至六)

460000－8502－0000430　40207

藕根池館不分卷　（清）□□編　清抄本　十行二十五字白口無版框　一册

460000－8502－0000431　40033

冥報録二卷　（清）陸圻撰　**現果隨録一卷**（清）釋戒顯撰　清刻本　九行二十一字白口左右雙邊　一册

460000－8502－0000432　40035

鴻蒙室文鈔二集二卷　（清）方玉潤撰　清咸豐十年(1860)刻本　十行二十四字上下黑口左右雙邊　二册

460000－8502－0000433　40034

小倉山房詩集三十一卷補遺一卷附録二卷（清）袁枚撰　清刻本　九行二十一字白口左右雙邊　四册　存二十三卷(一至六、十二至二十八)

460000－8502－0000434　40036

國語選八卷　（清）□□撰　清刻本　八行二十五字白口左右雙邊　一册　存五卷(四至八)

460000－8502－0000435　40234

古文筆法百篇二十卷　（清）李扶九輯　清刻本　上下兩欄下欄九行二十五字小字雙行同白口左右雙邊　三册　存十七卷(四至二十)

460000－8502－0000436　50013

經訓堂叢書二十一種　（清）畢沅輯　清光緒十三年(1887)上海大同書局石印本　十四行三十三字小字雙行同白口四周雙邊　二十册

460000－8502－0000437　50026

嶺南遺書　（清）伍元薇　（清）伍崇耀輯　清道光十一年至三十年(1831－1850)南海伍氏粵雅堂文字歡娱室刻同治二年(1863)增刻本　十一行二十二字小字雙行不等上下黑口四周單邊　一册　存三種八卷(雙槐歲鈔一至二、疑耀五至七、海語三卷)

460000－8502－0000438　40039

楚庭耆舊遺詩續集三十二卷　（清）伍崇曜輯　清道光三十年(1850)南海伍氏刻本　十一行二十二字小字雙行同上下黑口左右雙邊　四册　存二十六卷(一至二十六)

460000－8502－0000439　40233

漁洋山人古詩選三十二卷　（清）王士禛撰　清同治七年(1868)湘鄉曾氏刻本　八行二十二字小字雙行同上下黑口左右雙邊　八册　存二十八卷(五言詩一至五、十至十七，七言詩一至十五)

460000－8502－0000440　40041

文心雕龍十卷　（南朝梁）劉勰撰　（清）黄叔琳注　（清）紀昀評　清道光十三年(1833)兩廣節署刻朱墨套印本　十行二十一字小字雙行同白口左右雙邊　二册

460000－8502－0000441　40042

文心雕龍十卷　（南朝梁）劉勰撰　（清）黄叔

琳注　(清)紀昀評　清道光十三年(1833)兩廣節署刻朱墨套印本　十行二十一字小字雙行同白口四周單邊　一冊　存二卷(一至二)

460000－8502－0000442　40043

楚庭耆舊遺詩後集二十一卷　(清)伍崇曜輯　清道光三十年(1850)南海伍氏刻本　十一行二十二字小字雙行同上下黑口左右雙邊版單黑魚尾　一冊　存四卷(十一至十四)

460000－8502－0000443　40044

粵東詩海一百卷補遺六卷　(清)溫汝能纂輯　(清)溫若璣　(清)溫若堿校梓　清同治五年(1866)順德龍山聚文堂刻本　十行二十一字小字雙行同白口四周雙邊　二十四冊　存四十八卷(一、四至五、十三至十六、十九至二十二、二十七至二十八、三十九至五十七、六十七至六十八、七十一至七十四、八十七至九十二、九十五至九十六,補遺一至二)

460000－8502－0000444　40046

文選考異四卷　(清)孫志祖撰　清刻本　十行二十一字小字雙行同上下黑口左右雙邊　一冊　存二卷(一至二)

460000－8502－0000445　40047

粵東詩海一百卷補遺六卷　(清)溫汝能纂輯　(清)溫若璣　(清)溫若堿校梓　清同治刻本　十行二十一字白口左右雙邊　一冊　存二卷(二十一至二十二)

460000－8502－0000446　40045

憑山閣增輯留青新集三十卷　(清)陳枚輯　清康熙墨聯堂刻本　十行二十四字小字雙行同白口四周單邊　十三冊　存十八卷(一至十二、十四至十八、二十七)

460000－8502－0000447　40050、40200

重訂文選集評十五卷首一卷末一卷　(南朝梁)蕭統選　(清)于光華編　清乾隆金壇于氏刻本　十行二十四字小字雙行不等白口左右雙邊　八冊　存八卷(二至三、九至十一、十三至十四,首一卷)

460000－8502－0000448　40228

陽明先生道學鈔　(明)王守仁撰　清刻本　九行二十四字小字雙行同白口左右雙邊　十五冊　存七種十四卷(年譜一至二、傳習錄二、陽明先生論學書三至五、南贛書六至八、平濠書十至十一、思田書十二至十三、雜著書十四)

460000－8502－0000449　40048

重編留青新集二十四卷　(清)馮善長編　清光緒三十二年(1906)上海廣益書局鉛印本　十四行四十字小字雙行同白口四周雙邊　三冊　存六卷(一至三、六至七、十四)

460000－8502－0000450　40049

重編留青新集二十四卷　(清)馮善長編　清光緒三十二年(1906)上海廣益書局鉛印本　十四行四十字小字雙行同白口四周雙邊　五冊　存十卷(一至四、十四、十六至二十)

460000－8502－0000451　10144

讀書雜志八十二卷餘編二卷　(清)王念孫撰　清末石印本　二十二行四十三字小字雙行同上黑口四周雙邊　一冊　存十四卷(淮南子內篇十二至二十二、漢隸拾遺一,餘編二卷)

460000－8502－0000452　20198

資治通鑑二百九十四卷　(宋)司馬光撰　(元)胡三省音注　清末石印本　十六行三十五字小字雙行同白口四周雙邊　一冊　存八卷(一百十一至一百十八)

460000－8502－0000453　40054

日知錄集釋三十二卷附刊誤二卷　(清)顧炎武撰　清刻本　十一行二十二字小字雙行同上下黑口左右雙邊　十三冊　存二十八卷(二至十一、十七至三十二,刊誤二卷)

460000－8502－0000454　40051

硃批詳注管稿時文八卷　(清)管世銘撰　清鐘聲草堂朱墨套印本　十行二十五字小字雙行同白口四周雙邊　四冊

460000－8502－0000455　40052

春融堂集十一種　(清)王昶撰　清光緒十八

年(1892)刻本　十二行二十三字小字雙行同上下黑口左右雙邊　十一册　存五種五十八卷(春融堂集一、十七至六十八,年譜一至二,使楚叢譚一,征緬紀聞一,蜀徼紀聞一)

460000－8502－0000456　20198
前漢書一百卷　(漢)班固撰　(唐)顔師古注　清同治十二年(1873)嶺東使署刻本　十二行二十五字小字雙行三十七字白口左右雙邊　十三册　存三十六卷(二至二十五、三十六至四十二、九十六至一百)

460000－8502－0000457　50014
春融堂雜記八種　(清)王昶撰　清刻本　十二行二十三字小字雙行同上下黑口左右雙邊　一册　存四種四卷(滇行目錄一卷、征滇紀略一卷、商洛行程一卷、雪鴻再錄一卷)

460000－8502－0000458　40053
揅經室集一集十四卷二集八卷三集五卷四集文二卷詩十一卷外集五卷續集十一卷再續集六卷　(清)阮元撰　清道光刻文選樓叢書本　十行二十字小字雙行同白口四周雙邊　十二册　存五十二卷(揅經室集一集十四卷、二集一至六、三集五卷、四集四至七、續集二至十一、再續集一至二)

460000－8502－0000459　40055
海天琴思錄八卷　(清)林昌彝輯　清同治三年(1864)刻本　九行二十一字小字雙行同白口四周雙邊　四册

460000－8502－0000460　50015
何宫贊遺書四種　(清)何若瑶撰　清光緒八年(1882)刻本　十一行二十二字白口左右雙邊　三册　存四種五卷(春秋公羊注疏質疑一至二、前漢書注攷證一、後漢書注攷證一、海陀華館文集一)

460000－8502－0000461　40056
船山詩草二十卷　(清)張問陶撰　清刻本　十行二十字小字雙行同白口左右雙邊　二册　存十卷(五至九、十六至二十)

460000－8502－0000462　40057
梅水匯靈集八卷　(清)胡曦輯　(清)羅師揚等校　清光緒十二年(1886)湛此心齋鉛印本　十二行三十二字小字雙行四十二字下黑口四周單邊　二册　存四卷(一至四)

460000－8502－0000463　40058
菊坡精舍集二十卷　(清)陳澧編　清光緒二十三年(1897)刻本　十行二十一字小字雙行同上下黑口左右雙邊　三册　存一卷(二)

460000－8502－0000464　40060
隨園駢體文注十六卷　(清)袁枚撰　(清)黎光地注　清光緒刻本　九行二十二字小字雙行同白口四周單邊雙邊兼有　一册　存三卷(八至十)

460000－8502－0000465　40059
小羅浮草堂文集九卷　(清)馮敏昌撰　清刻本　十行二十一字小字雙行同上下黑口四周單邊　五册　存五卷(一、五至六、七、九)

460000－8502－0000466　40032
聽松廬駢體文鈔四卷　(清)張維屏撰　清道光三十年(1850)刻本　九行二十字小字雙行同上下黑口四周雙邊　一册

460000－8502－0000467　40062
飲冰室壬寅癸卯全集　梁啟超撰　清末石印本　十八行三十七字小字雙行同白口四周雙邊　三册　存十二卷(五至十六)

460000－8502－0000468　40063
鐵橋漫稿八卷　(清)巖可均撰　清光緒十一年(1885)長洲蔣氏心矩齋刻本　十一行二十一字小字雙行同上下黑口左右雙邊　二册　存六卷(一至四、七至八)

460000－8502－0000469　40064
飲冰室壬寅癸卯全集　梁啟超撰　清光緒三十年(1904)東京新智學社石印本　十七行三十六字白口四周雙邊　三册　存三卷(一、六、八)

460000－8502－0000470　40066
廣雅堂詩集一卷　(清)張之洞撰　清末石印本　十行二十三字小字雙行同白口四周雙邊

一冊

460000－8502－0000471　40065

粤雅堂叢書三編　(清)伍崇曜輯　清道光至光緒間南海伍氏刻本　九行二十一字小字雙行同上下黑口左右雙邊　二百九十六冊　存一百五十一種一千八十八卷(南部新書一至十;中吳紀聞一至六;志雅堂雜鈔一至二;焦氏筆乘一至六、續一至八;東城雜記一至二;奉天錄一至四;咸淳遺事一至二;揭文安公文粹一至二;玉笥集一至十;潞水客談一、附錄一;陶庵夢憶一至八;天香閣隨筆一至二;天香閣集一;芻蕘奧論一至二;唐史論斷一至三;叔苴子內篇一至六、外篇一至二;西洋朝貢典錄一至三;易圖明辨一至三、八至十;四書逸箋一至六;古韻標準一至四、詩韻舉例一;四聲切韻表一、凡例一;緒言一至三;聲類一至四;宋遼金元四史朔閏考一至二;國史經籍志一至五、附錄一;文史通義一至八;校讎通義一至三;經義考補正一至十二;蘇詩補注一至八;志道集一;虎鈐經一至二十;打馬圖經一;敘古千文一;草廬經略一至三、七至十二;字觸一至六;今世說一至八;飲水詩集一、詞集一;雙溪集一至十五,附遺言一;瑟譜一至六;秋笳集一至二、六至八,附錄一;燕樂考原一至六;絳雲樓書目一至四;述古堂藏書目一至四、宋板書目一;沙河逸老小稿一至六、嶰谷詞一;南齋集一至六;九國志一至十二;胡子知言一至六、疑義一,附錄一;蒿庵閒話一至二;後漢書補注一至二十四;後漢書補表一至八;詩書古訓一至六;十三經音略一至十三,附錄一;說文聲系一至十四;鄭志一至三,附錄一卷;新譯大方廣佛華嚴經音義一至四;道德真經注一至四;太上感應篇注一至二;歷代帝王年表一;紀元編一;中興禦侮錄一至二;襄陽守城錄一;宋季三朝政要一至五,附錄一;樓山堂集一至二十七;朱子年譜一至四、考異一至四,附朱子論學切要語一至二;韓柳年譜八卷;疑年錄一至四;續疑年錄一至四;米海岳年譜一;元遺山先生年譜一至三,附墓圖記略一;崇文總目一至五、補遺一,附錄一;菉竹堂書目一至六;菉竹堂碑目一至六;寒山堂金石林時地考一至二;勝飲編一至十八;采硫日記一至三;嵩洛訪碑日記一;通志堂經解目錄一;蘇米齋蘭亭考一至八;石渠隨筆一至八;周官新義一至十六,附考工記解一至二;爾雅新義一至二十,附敘錄一;孫氏周易集解一至十;春秋穀梁傳時月日書法釋例一至四;相臺書塾刊正九經三傳沿革例一;九經補韻一,附錄一;詞林韻釋一至二;漢書地理志稽疑一至六;國策地名考一至三、八至二十,首一卷;儀禮石經校勘記一至四;隸經文一至四;樂縣考一至二;國朝漢學師承記一至八,附國朝經師經義目錄一、國朝宋學淵源記一至二、附記一;顧亭林先生年譜一至四,附錄一;閻潛邱先生年譜一至四;秋園雜佩一;倪文正公年譜一至四;南雷文定前集一至十一、後集一至四、三集一至三、詩歷一至四、世譜一,附錄一;李元賓文集文編一至三、外編一至二、續編一;呂衡州集一至十,附考證一;羅鄂州小集一至六,附羅郢州遺文一;孟子音義一至二;兩漢博聞一至十二;春秋五禮例宗一至三、七至十;兒易外儀一至十五;春秋國都爵姓考一,附補一;儀禮管見一至三,附錄一;孝經今文音義一;孝肅包公奏議一至十;續世說一至十二;寶刻類編一至八;書義主意一至六;羣英書義一至二;焦氏類林一至八;西域釋地一、西陲要略一至四;續談助一至五;益齋亂稿一至十、拾遺一,附集誌一;靜齋至正直記一至四;鳳氏經說一至三;比雅一至十九;求表捷術九卷;乾道臨安志一至三;京口耆舊傳一至九;輿地碑記目一至四;寶祐登科錄一;長物志一至十二;墨志一;瘞鶴銘考一;小山畫譜一至二;雲中紀程一至二;太清神鑒一至六;漢唐事箋前集一至十二、後集一至八;馭交記一至四;三國志補注一至六;述學內篇一至三、外簡一、補遺一、別錄一;煙霞萬古樓文集一至六;帝範一至二;臣軌一至二;群書治要一至三、五至十二、十四至十九、二十一至五十;四聲等子一;周易新講義一至十;泰軒易傳一至六;崔舍人玉堂類稿一至二十、西垣類稿一至二,附錄一;唐才子傳一至五;樂經律呂通解一至五;六書轉注錄一至八；延令宋板書目一；墨緣彙觀錄二至四；兒易内儀以一至六；蜀中名勝記一至七、十八至三十；姑溪居士文集一至五十、後集一至二十；授堂文鈔五至八）

460000－8502－0000472　40061

海瓊白真人全集八卷　（宋）葛長庚撰　（清）王時宇編　（清）林桂校　清乾隆五十七年（1792）瓊山刻本　九行二十一字白口四周雙邊　一册　存一卷（八）

460000－8502－0000473　40067

惜抱軒全集十種　（清）姚鼐撰　清刻本　十行二十一字小字雙行同白口左右雙邊　五册　存四種三十七卷（惜抱軒文集一至十二、惜抱軒九經説十一至十七、五言今體詩鈔九卷、七言今體詩鈔九卷）

460000－8502－0000474　40069

隨園詩話十六卷　（清）袁枚撰　清刻本　十行二十一字小字雙行同白口左右雙邊　四册　存八卷（三至十）

460000－8502－0000475　40238

國朝全蜀詩鈔六十四卷　（清）孫桐生輯　清光緒五年（1879）刻本　九行二十一字小字雙行同白口左右雙邊　十四册　存五十六卷（五至二十五、三十一至六十五）

460000－8502－0000476　40072

餘甘軒詩鈔十三卷首一卷　（清）何日愈撰　清光緒七年（1881）閩南節署刻本　九行二十一字小字雙行同上黑口四周雙邊　二册

460000－8502－0000477　40073

詩義堂集六卷　（清）彭輅撰　清咸豐十一年（1861）刻本　十行二十一字小字雙行同上下黑口四周雙邊　四册

460000－8502－0000478　40070

王一庵先生遺集二卷　（明）王棟撰　清嘉慶王世豐刻本　九行十九字小字雙行同白口左右雙邊　一册　存一卷（一）

460000－8502－0000479　40074

嶺南三大家詩選二十四卷　（清）王隼輯　清同治七年（1868）南海陳氏刻本　十行十九字小字雙行同上下黑口左右雙邊　三册

460000－8502－0000480　40076

心齋先生全集八卷　（明）王艮撰　清嘉慶王世豐刻本　八行十七字小字雙行同白口左右雙邊　二册　存二卷（二至三）

460000－8502－0000481　40231

柳堂師友詩錄初編七十九種　（清）李長榮輯　清同治二年（1863）刻本　十二行二十三字小字雙行同上下黑口左右雙邊　七册　存六十三種六十三卷（聽松廬詩鈔一、李文恭公詩存一、訪粵集一、有嘉聲齋賸草一、葆天爵齋遺草一、息踵軒賸草一、蓼東賸草一、嶺海樓詩鈔一、洛川詩略一、融谷詩草一、宜亭草一、懷古田舍詩鈔一、嘯劍山房剩草一、靈洲山人詩鈔一、公餘閒詠詩鈔一、綠雲軒吟草一、雲圃詩鈔一、軍中草一、夢花草堂詩錄一、柳村遺草一、至堂詩鈔一、海天樓詩鈔一、太華山人詩存一、松石齋詩集一、培根堂詩鈔一、愛廬吟草一、松寮詩訪存一、樵湖詩鈔一、紅樹山莊詩鈔一、杏林莊吟草一、夢鯉山房詩鈔一、插菊軒詩鈔一、二山賸稿一、春星閣詩鈔一、迂翁詩草一、六橋詩集一、春藻堂詩集一、嵋君詩鈔一、山右吟草一、四照堂詩集一、曼陀羅龕詩鈔一、如不及軒詩草一、務時敏齋詩集一、耘花館詩鈔一、聽秋閣詩鈔一、雲洋山館詩鈔一、海鶴巢詩鈔一、畫餘偶存草一、瑞香吟館遺草一、夢香園賸草一、槐花吟館詩鈔一、評琴書屋吟草一、紅蔦山房詩鈔一、有絜吟館詩鈔一、松雲閣詩鈔一、劍生遺草一、玉儀軒吟草一、小山園吟草一、雪香齋吟草一、安所遇軒詩鈔一、慧海小草一、片雲行草一、龍藏山人賸草一）

460000－8502－0000482　40078

石樓八景詩一卷　（清）張南山評定　（清）陳駥韜等選　清道光二十一年（1841）行恕堂刻本　十行二十字小字雙行同白口左右雙邊　一册

460000－8502－0000483　40080

萃錦吟八卷　（清）奕訢撰　清光緒刻本　九

行二十一字小字雙行同白口四周單邊　三冊　存六卷(三至八)

460000－8502－0000484　40079

懷古田舍詩節鈔六卷　(清)徐榮撰　清同治三年(1864)錦城刻本　九行二十一字小字雙行同上下黑口四周雙邊　六冊

460000－8502－0000485　20212

御撰資治通鑑綱目三編二十卷　(清)張廷玉等編　清末石印本　二十五行四十七至四十九字小字雙行同白口四周雙邊　一冊　存二卷(一至二)

460000－8502－0000486　40081

朱濟美詩文集□□卷　(清)朱鳳毛撰　清光緒十五年(1889)刻本　十行二十二字小字雙行同上黑口左右雙邊　一冊　存三卷(虛白山房駢體文一至二、一簾花影樓試帖律賦一)

460000－8502－0000487　40082

月河精舍叢鈔五種　(清)丁寶書輯　清光緒六年(1880)苕溪丁氏刻本　十行二十字小字雙行同上黑口左右雙邊　七冊　存四種十八卷(安定言行錄一至二、風水祛惑一、唐御史臺精舍題名考一至三、讀書雜識一至十二)

460000－8502－0000488　40084

文選理學權輿八卷補一卷　(清)汪師韓撰　(清)孫志祖補　**文選李注補正四卷**　(清)孫志祖輯　**文選考異四卷**　(清)孫志祖輯　清光緒十五年(1889)重刻讀畫齋本　十行二十一字小字雙行同上下黑口左右雙邊　二冊　存三卷(文選理學權輿一至三)

460000－8502－0000489　40085

脩本堂叢書十種　(清)林伯桐撰　清道光二十四年(1844)番禺林氏刻本　十行二十二字小字雙行同下黑口左右雙邊　九冊　存八種四十三卷(毛詩通考一至十九、品官家儀考一至四、史記蠡測一、供冀小言一、修本堂稿一至五、古諺箋一至十一、學海堂志一、公車見聞錄一)

460000－8502－0000490　40086

壯懷堂詩初稿十卷　(清)林直撰　清咸豐刻本　十行二十一字小字雙行同上下黑口左右雙邊　二冊　存九卷(二至十)

460000－8502－0000491　40087

緝雅堂詩話二卷　(清)潘衍桐撰　(清)高保康編　清光緒十七年(1891)杭州刻本　十行二十字小字雙行同上下黑口四周雙邊　一冊

460000－8502－0000492　40088

謝宣城集一卷　(南朝齊)謝朓撰　(明)張溥輯　清光緒善化章經濟堂刻本　九行十八字小字雙行同白口左右雙邊　一冊

460000－8502－0000493　40083

白沙子全集十卷首一卷末一卷古詩教解二卷　(明)陳獻章撰　清乾隆三十六年(1771)碧玉樓刻本　十行二十一字小字雙行同白口四周雙邊　九冊　存十三卷(白沙子全集十卷、末一卷、古詩教解二卷)

460000－8502－0000494　40089

陶彭澤集一卷　(晉)陶淵明撰　清光緒善化章經濟堂刻本　九行十八字小字雙行同白口左右雙邊　一冊

460000－8502－0000495　40091

開有益齋讀書志六卷附金石文字記一卷讀書續記一卷　(清)朱緒曾撰　清光緒六年(1880)金陵翁氏茹古閣刻本　十行二十一字小字雙行同白口左右雙邊　三冊　存六卷(一至四、金石文字記一卷、讀書續記一卷)

460000－8502－0000496　40090

陶靖節詩集四卷附東坡和陶詩一卷律陶詩一卷詩話一卷考異一卷　(晉)陶潛撰　(清)蔣薰評閱　(清)周文焜訂　清刻本　上下兩欄下欄九行二十字小字雙行同白口左右雙邊　二冊

460000－8502－0000497　40092

南園前五先生詩五卷首一卷　(明)葛征奇編　清同治九年(1870)南海陳氏刻本　十一行二十一字小字雙行同上下黑口左右雙邊　二冊

460000－8502－0000498　40232
詳注七家詩七卷　(清)張熙宇評選　清道光翰寶樓刻本　上下兩欄下欄八行二十字小字雙行同側注小字不等白口四周單邊　二册

460000－8502－0000499　40235
東坡先生全集七十五卷　(宋)蘇軾撰　明末刻本　十行十九字小字雙行同白口四周單邊　一册　存四卷(五至八)

460000－8502－0000500　40095
漁洋山人精華錄箋注十二卷年譜一卷附錄一卷　(清)王士禛撰　(清)金榮箋注　(清)徐淮纂輯　清康熙刻本　十一行二十字小字雙行三十字白口左右雙邊　四册　存十卷(一至五、八至十,年譜一卷,附錄一卷)

460000－8502－0000501　40096
湖海文傳七十五卷　(清)王昶撰　清同治五年(1866)刻本　十二行二十三字小字雙行同上下黑口左右雙邊　一册　存一卷(一)

460000－8502－0000502　40097
庾開府集二卷　(北周)庾信撰　(明)張溥閲　清光緒十八年(1892)善化章經濟堂刻漢魏六朝百三名家集本　九行十八字小字雙行同白口左右雙邊　三册

460000－8502－0000503　40098
典三賸稿二卷　(清)周寅清撰　清同治十年(1871)萃文堂刻本　十行十九字小字雙行同白口左右雙邊　二册

460000－8502－0000504　40100
南園後五先生詩二十五卷首一卷　(明)歐大任等撰　(清)檀萃輯　清同治九年(1870)南海陳氏樵山草堂刻本　十一行二十一字小字雙行同上下黑口左右雙邊　二册　存八卷(一至八)

460000－8502－0000505　40099
唐丞相曲江張文獻公集十二卷首一卷千秋金鑒錄五卷　(唐)張九齡撰　清光緒十六年(1890)鏡芙精舍刻本　九行十八字白口四周雙邊　一册　存七卷(唐丞相曲江張文獻公集十一至十二、千秋金鑒錄五卷)

460000－8502－0000506　40101
韓昌黎詩集編年箋注十二卷　(唐)韓愈撰　(清)方世舉考訂　清乾隆二十三年(1758)德州盧見曾雅雨堂刻本　十行二十三字小字雙行同白口四周單邊　五册

460000－8502－0000507　40102
杜詩詳注二十五卷首一卷附編二卷　(唐)杜甫撰　(清)仇兆鰲輯注　清刻本　十行二十二字小字雙行同白口左右雙邊　十四册　存十六卷(一至十二、二十四,首一卷,附編二卷)

460000－8502－0000508　40103
杜詩集說二十卷末一卷　(唐)杜甫撰　(清)江浩然纂輯　(清)江壎校　清乾隆刻本　九行二十一字小字雙行同白口左右雙邊　二册　存五卷(一至二、十九至二十,末一卷)

460000－8502－0000509　40104
海雅堂集六編八十卷　(清)淩揚藻撰　清道光八年(1828)刻本　十行十九字小字雙行二十八字白口四周單邊　二册　存十一卷(一編一至六、二編十二至十六)

460000－8502－0000510　50016
通齋全集　(清)蔣超伯撰　清同治三年(1864)高凉郡齋刻本　十行二十一字小字雙行三十三字白口四周雙邊　二册　存二種七卷(通齋詩集一至五、曉瀛遺稿一至二)

460000－8502－0000511　40105
陶淵明文集十卷　(晉)陶潛撰　清光緒五年(1879)俞氏刻胡伯薊臨汲古閣蘇書本　九行十五字小字雙行同白口左右雙邊　三册

460000－8502－0000512　40107
涵村詩集十卷　(清)秦文超撰　清光緒六年(1880)刻本　八行二十字小字雙行同白口左右雙邊　三册

460000－8502－0000513　40108
紅荔山房吟稿二卷　(清)唐金華撰　清咸豐十年(1860)江門臨江閣刻本　八行二十一字

小字雙行同白口四周雙邊　一册

460000－8502－0000514　50027

西學大成十二編五十六種　(清)王西清　(清)盧梯青輯　清光緒石印本　二十四行五十五字小字雙行同白口四周雙邊　六册　存二十九種六十六卷(經天該一、揆日候星紀要一、五星紀要一、弧三角舉要一、斜弧三邊求角補術一、橢圓正術一、橢圓求周術一、測圓密率一至三、天學啟蒙一、地理全志一至五、地學舉要一、繪地法原一、航海簡法一至二、西使紀程一、鐵路紀略一、列國歲計政要二至十二、化學啟蒙一、化學初階一至二、化學分原一至八、化學鑒原續編一至四、井礦工程三、開煤要法一至二、電學源流一、電學綱目一、電學入門一、電學問答一、光學一至二、量光力器圖說一、聲學一至八)

460000－8502－0000515　40106

粵東觀海集六卷　(清)李調元編　清乾隆刻本　十行二十四字小字雙行同白口左右雙邊　四册

460000－8502－0000516　40109

循陔集八卷　(清)陳其錕撰　清刻本　十行二十一字小字雙行同上下黑口左右雙邊　一册

460000－8502－0000517　40111

補讀書齋遺稿十卷　(清)沈維鐈撰　清光緒元年(1875)廣州刻本　十行二十二字小字雙行同白口四周雙邊　三册　存七卷(一至四、八至十)

460000－8502－0000518　40112

定盦文集三卷續集四卷補二卷別集二卷補編四卷　(清)龔自珍撰　清光緒二十三年(1897)萬本書堂刻本　十二行二十四字小字雙行同白口左右雙邊　四册

460000－8502－0000519　40113

國朝嶺海詩鈔二十四卷　(清)淩揚藻評輯　清道光刻本　十行十九字小字雙行二十八字白口四周單邊　一册　存三卷(一至三)

460000－8502－0000520　40114

七修類稿五十一卷續稿七卷　(明)郎瑛撰　清光緒六年(1880)廣州翰墨園刻本　九行二十字小字雙行同上下黑口左右雙邊　十二册

460000－8502－0000521　40115

二思齋詩鈔六卷　(清)何文明撰　清光緒七年(1881)閩南節署刻本　九行二十一字小字雙行同上黑口四周雙邊　一册

460000－8502－0000522　40116

龍壁山房詩草十二卷　(清)王錫振撰　清咸豐九年(1859)京師馬平王拯刻本　十行二十一字小字雙行同白口四周雙邊　二册

460000－8502－0000523　40118

望溪先生文集十八卷　(清)方苞撰　(清)戴鈞衡編　清咸豐刻本　十一行二十一字小字雙行同白口四周雙邊　一册　存三卷(十四至十六)

460000－8502－0000524　40119

兩當軒詩鈔十四卷詞鈔二卷　(清)黃景仁撰　清蓓古堂刻本　十一行二十三字小字雙行同白口左右雙邊　四册

460000－8502－0000525　10139

新訂四書補注備旨十卷　(明)鄧林撰　(清)鄧煜編　(清)祁文友重校　(清)杜定基增訂　清刻本　三欄下欄十一行三十二字小字雙行同白口四周單邊　一册　存一卷(下孟三)

460000－8502－0000526　40120

湖海詩傳四十六卷　(清)王昶輯　清同治四年(1865)刻本　十二行二十三字小字雙行三十五字上下黑口左右雙邊　二册　存九卷(二十二至二十三、二十五至三十一)

460000－8502－0000527　40121

金粟影菴存稿十三卷　(清)顧澍撰　清嘉慶二十二年(1817)刻本　十行二十一字小字雙行同上下黑口左右雙邊　一册

460000－8502－0000528　40123

載酒集四卷　(清)陳其錕撰　清刻本　十行二十一字小字雙行同上下黑口左右雙邊

一冊

460000－8502－0000529　20209

瓊崖志一卷續志一卷　王國憲編　清末民國初瓊山王國憲稿本　十一行二十二字小字雙行同下黑口四周雙邊　二冊

460000－8502－0000530　40124

板橋集六編六卷　(清)鄭燮撰　清刻本　十行十九字小字雙行同白口左右雙邊　二冊

460000－8502－0000531　40125

子良詩存二十一卷　(清)馮洵撰　清同治刻本　九行二十一字小字雙行同下黑口四周雙邊　三冊　存六卷(七至八、十一至十二、十五至十六)

460000－8502－0000532　40127

范文正公集二十卷別集四卷褒賢集五卷補編五卷年譜一卷年譜補遺一卷拾遺事錄四卷遺跡一卷　(宋)范仲淹撰　清道光吳郡義莊重刻歲寒堂本　十一行二十一字小字雙行不等白口左右雙邊　七冊

460000－8502－0000533　40126

香蘇山館詩鈔三十六卷　(清)吳嵩梁撰　清道光刻本　十二行二十四字小字雙行同上下黑口四周單邊　八冊　存三十卷(古體詩鈔一至十四、今體詩鈔一至十六)

460000－8502－0000534　40128

淵雲墨妙山房詩鈔二卷　(清)伍秉鏞撰　(清)伍元莪　(清)伍元薇校　清道光南海伍氏刻本　七行十七字小字雙行同白口四周雙邊　一冊

460000－8502－0000535　40129

後山集鈔三卷　(宋)陳師道撰　(清)紀昀編　清刻本　十行二十一字小字雙行同白口四周單邊　一冊

460000－8502－0000536　40130

妙吉祥室詩鈔十三卷　(清)朱葵之撰　清光緒刻本　十一行二十一字小字雙行不等白口左右雙邊　五冊

460000－8502－0000537　40131

忠雅堂文集十二卷　(清)蔣士銓撰　清同治九年(1870)曾孫蔣志章益州薇署刻本　十二行二十四字上下黑口左右雙邊　六冊

460000－8502－0000538　40134

粟香隨筆八卷　(清)金武祥撰　清光緒刻本　八行二十字小字雙行同白口左右雙邊　四冊

460000－8502－0000539　40133

王臨川文集四卷　(宋)王安石撰　清宣統二年(1910)上海會文堂石印本　十三行二十八字小字雙行同白口左右雙邊　二冊　存二卷(一、三)

460000－8502－0000540　40135

犢山文稿不分卷　(清)周鎬撰　清咸豐八年(1858)刻本　九行二十五字小字雙行不等白口四周單邊　四冊

460000－8502－0000541　40136

增補蘇批孟子二卷附年譜一卷　(宋)蘇洵批點　(清)趙大浣增補　清嘉慶十七年(1812)朱墨套印本　九行二十字小字雙行四十字白口左右雙邊　二冊

460000－8502－0000542　20210

廿一史約編八卷首一卷　(清)鄭元慶撰　清末石印本　十二行三十一字小字雙行同白口四周雙邊　一冊　存二卷(石、絲)

460000－8502－0000543　40138

梅水詩傳十卷　(清)張煜南　(清)張鴻南輯　(清)張芝田　(清)劉燕勳編　清光緒二十七年(1901)刻本　十一行二十一字小字雙行同白口左右雙邊　一冊　存一卷(六)

460000－8502－0000544　40132

歐陽文忠公全集一百五十三卷首一卷附錄五卷　(宋)歐陽修撰　(清)歐陽衡校刊　清嘉慶刻本　十行二十四字小字雙行同白口左右雙邊　二十冊　存一百三十四卷(一至一百三十三,首一卷)

460000－8502－0000545　40139

敦拙堂詩集十三卷 （清）陳奉茲撰　清刻本　十行二十一字小字雙行同白口左右雙邊　三冊

460000－8502－0000546　40140

鐵堂詩鈔二卷 （清）許珌撰　（清）吳鎮輯　（清）鄭開禧校　清刻本　十行二十一字小字雙行同上下黑口左右雙邊　一冊

460000－8502－0000547　40141

司馬溫公文集十四卷 （宋）司馬光撰　（清）張伯行重訂　清刻本　十行二十二字小字雙行同白口四周單邊　二冊　存四卷（五至六、九至十）

460000－8502－0000548　40143

謝程山集十八卷首一卷 （清）謝文洊撰　（清）謝昌賢編　清道光劉煜征刻本　九行二十三字小字雙行同白口四周單邊　六冊　存十三卷（一至三、十至十八，首一卷）

460000－8502－0000549　50017

正誼堂全書 （清）張伯行輯　（清）楊濬重輯　清同治五年（1866）福州正誼書院刻八年至九年（1869－1870）增刻本　十行二十二字白口左右雙邊　二十三冊　存十八種九十八卷（二程文集一至十二，張橫渠先生文集一至十二，羅豫章先生文集四至十，黃勉齋先生文集五至八，薛敬軒先生文集一至四，胡敬齋先生文集一至三，讀禮志疑一至六，讀朱隨筆一至四，陸稼書先生問學錄一、陸稼書先生松陽鈔存一，高東溪先生遺集一至二，熊勿軒先生文集一至六，吳朝宗先生聞過齋集一至四，湯潛庵先生集一至二，陸稼書先生文集一至二，道統錄一至二、附錄一，朱子語類輯略一至六，唐宋八大家文鈔一至十九）

460000－8502－0000550　40142

宋王忠文公文集五十卷目錄四卷年譜一卷 （宋）王十朋撰　（清）唐傳鉎編　清光緒二年（1876）梅溪書院刻本　十一行二十一字小字雙行同白口四周單邊　十冊　存四十五卷（一至三十二、三十九至四十六，目錄四卷，年譜一卷）

460000－8502－0000551　20213

增廣古今人物論三十六卷 （明）鄭賢輯　**續編十二卷** （清）葉丁曜輯　清末石印本　十八行三十七字小字雙行同白口四周雙邊　三冊　存十三卷（增廣古今人物論九至十三、三十二至三十六，續編三至五）

460000－8502－0000552　40146

晦庵先生朱文公文集一百卷續集五卷別集七卷 （宋）朱熹撰　清康熙刻本　十二行二十四字下黑口四周單邊　四冊　存十四卷（晦庵先生朱文公文集九十七至一百、續集三至五、別集七卷）

460000－8502－0000553　40145

寄影軒詩鈔十八卷 （清）張觀美撰　清光緒四年（1878）刻本　九行二十一字小字雙行同白口四周單邊　一冊　存三卷（一至三）

460000－8502－0000554　40037

皇朝經世文編一百二十卷姓名總目二卷 （清）賀長齡輯　清末鉛印本　二十三行四十八字小字雙行同白口四周雙邊　四冊　存四十卷（四十至七十九）

460000－8502－0000555　40137

唐詩三百首注疏六卷 （清）蘅塘退士編　（清）章燮注　清刻本　八行二十字小字雙行同白口四周雙邊　一冊　存二卷（三至四）

460000－8502－0000556　10140

論語注疏解經二十卷校勘記二十卷 （三國魏）何晏集解　（宋）邢昺疏　（清）阮元審定　（清）盧宣旬校　清嘉慶二十年（1815）阮氏刻本　十行十八字小字雙行二十三字上下黑口左右雙邊　三冊　存三十卷（論語注疏解經一至五、十一至二十，校勘記一至五、十一至二十）

460000－8502－0000557　40144

國朝名人書劄二卷 吳曾祺輯　清宣統元年（1909）上海商務印書館鉛印本　十四行三十四字白口四周雙邊　一冊　存一卷（二）

460000－8502－0000558　10147

［經義文府］　(清)□□輯　清廣州雙門底從新書局石印本　十四行三十一字白口四周單邊　一册　存一卷(二十二)

460000－8502－0000559　40150
東萊先生古文關鍵二卷　(宋)吕祖謙撰　清粤東居稽書莊刻本　八行二十一字小字雙行同白口左右雙邊　一册　存一卷(上)

460000－8502－0000560　40153
王臨川全集一百卷目録二卷　(宋)王安石撰　清光緒九年(1883)聽香館刻本　十一行二十二字上下黑口左右雙邊　十一册　存八十卷(十至六十六、七十三至八十八、九十四至一百)

460000－8502－0000561　40154
重訂李義山詩集箋注三卷附年譜一卷詩話一卷　(唐)李商隱撰　(清)朱鶴齡箋注　(清)程夢星删補　清紅杏山房刻本　十行二十一字小字雙行同上下黑口四周單邊　三册

460000－8502－0000562　40155
中谿家傳彙稿十卷首一卷　(明)李元陽撰　清刻本　十行二十一字下黑口四周雙邊　一册　存一卷(九)

460000－8502－0000563　40152
蘇文忠詩合注五十卷首一卷附年譜一卷　(宋)蘇軾撰　(清)馮應榴輯訂　清刻本　十一行二十六至二十七字小字雙行三十四字白口左右雙邊　五册　存十一卷(一至六、十二至十四,首一卷,年譜一卷)

460000－8502－0000564　40156
鮑參軍集二卷　(南朝宋)鮑照撰　(明)張溥閲　清光緒十八年(1892)善化章經濟堂刻漢魏六朝百三名家集本　九行十八字小字雙行同白口左右雙邊　一册

460000－8502－0000565　40158
寶研堂文鈔二卷　(清)李實撰　清道光二十年(1840)刻本　十行二十一字小字雙行同白口四周雙邊　一册　存一卷(一)

460000－8502－0000566　40157
趙清獻公集十卷目録二卷　(宋)趙抃撰　明刻本　九行二十字小字雙行同白口四周單邊　四册

460000－8502－0000567　40159
白香山詩長慶集二十卷後集十七卷補遺二卷　(唐)白居易撰　(清)汪立名編　**年譜一卷**　(清)汪立名撰　清康熙古歙汪氏一隅草堂刻本　十二行二十一字小字雙行三十二字白口左右雙邊　六册

460000－8502－0000568　40160
楊文襄公文集一卷詩集一卷　(明)楊一清撰　清宣統三年(1911)明滇南五名臣遺集刻本　十一行二十二字小字雙行同白口四周雙邊　一册　存一卷(詩集一卷)

460000－8502－0000569　40161
岳忠武王文集八卷　(宋)岳飛撰　(清)何熠等鑒定　清末石印本　十四行三十一字小字雙行同白口四周雙邊　二册　存六卷(二至七)

460000－8502－0000570　50018
三唐人集三種　(清)馮焌光輯　清光緒元年(1875)讀有用書齋刻本　九行十九字白口左右雙邊　六册

460000－8502－0000571　40162
楊忠愍公全集四卷　(明)楊繼盛撰　(清)毛大可鑒定　(清)章鈺重訂　清康熙三十七年(1698)蕭山章氏敬一齋刻本　九行二十字小字雙行同側注小字十九字白口四周雙邊　二册

460000－8502－0000572　40163
樂志堂文集十八卷　(清)譚瑩撰　清咸豐九年(1859)吏隱園刻本　十行二十一字小字雙行同上下黑口四周雙邊　六册

460000－8502－0000573　40164
靈州山人詩録六卷　(清)徐灝撰　清同治刻本　十一行二十一字小字雙行同白口左右雙邊　一册　存二卷(四至五)

460000－8502－0000574　50019

說劍堂集十四種　潘飛聲撰　清光緒刻本　十二行二十四字白口左右雙邊單黑魚尾　五冊　存十種十卷(老劍文稿一、西海紀行一、天外歸槎錄一、遊薩克遜日記一、香海集一、遊樵漫草一、悼亡百韻一、論粵東詞絕句一、柏林竹枝詞一、海上秋吟一)

460000－8502－0000575　40165

恩餘堂經進初稿十二卷　(清)彭元瑞撰　清刻本　八行十九字小字雙行同白口四周雙邊　三冊　存九卷(一至五、九至十二)

460000－8502－0000576　40167

學海堂集初集十六卷二集二十二卷三集二十四卷四集二十八卷　(清)阮元等輯　清光緒十六年(1890)啟秀山房刻本　十行二十字小字雙行同白口和下黑口不等左右雙邊　六冊　存十四卷(學海堂集初集三至四,二集一至二、十一,三集三至四、八至九、十二,四集一至三、七)

460000－8502－0000577　40166

曝書亭集八十卷目錄一卷　(清)朱彝尊撰

笛漁小稿十卷　(清)朱昆田撰　清光緒十五年(1889)會稽陶氏寒梅館刻本　十二行二十三字小字雙行同白口左右雙邊　二冊　存七卷(一、二十三至二十八)

460000－8502－0000578　40169

嘯劍山房詩鈔十卷附試帖一卷　(清)文星瑞撰　清同治九年(1870)羊城刻本　十行二十一字小字雙行同白口左右雙邊　四冊

460000－8502－0000579　40170

東洲艸堂詩鈔二十七卷　(清)何紹基撰　清同治六年(1867)長沙無園刻本　十二行二十四字小字雙行同上下黑口四周單邊　六冊

460000－8502－0000580　40168

澹香齋試帖一卷　(清)王廷紹撰　清同治十二年(1873)廣州倅署刻本　九行十八字小字雙行同上下黑口四周雙邊　一冊

460000－8502－0000581　40171

青芝山館駢體文集二卷　(清)樂鈞撰　清光緒十六年(1890)金峨山館刻本　十行二十一字小字雙行同上下黑口左右雙邊　一冊

460000－8502－0000582　50020

重刊船山遺書　(清)王夫之撰　清同治四年(1865)湘鄉曾氏金陵刻本　十行二十二字小字雙行同上下黑口左右雙邊　一冊　存五種六卷(瀟湘怨詞一,詩譯一,夕堂永日緒論內編一、外編一,南窗漫記一,龍舟會雜劇一)

460000－8502－0000583　40173

詁經精舍課藝七集十二卷　(清)俞樾編　清光緒二十一年(1895)吳受福、孫樹禮刻本　十行二十一字小字雙行同白口左右雙邊　二冊　存六卷(四至六、十至十二)

460000－8502－0000584　40174

知足齋詩集二十卷知足齋詩續集四卷知足齋進呈文稿二卷知足齋文集六卷年譜三卷　(清)朱珪撰　清嘉慶刻本　十行二十一字小字雙行同白口左右雙邊　十二冊　存三十卷(知足齋詩集一至四、七至十二、十六至二十,知足齋詩續集四卷,知足齋進呈文稿二卷,知足齋文集六卷,年譜三卷)

460000－8502－0000585　30034

數學上編十三卷答數一卷　(清)曹汝英撰　清光緒三十年(1904)上海德新書局石印本　十行二十五字小字雙行同白口四周單邊　一冊　存四卷(一至四)

460000－8502－0000586　40175

南宋雜事詩七卷　(清)沈嘉轍撰　清刻本　十一行二十一字小字雙行二十八字白口左右雙邊　三冊　存六卷(二至七)

460000－8502－0000587　40176

樊南文集箋注八卷　(唐)李商隱撰　(清)馮浩編訂　清刻本　十一行二十五字小字雙行三十三至三十四字白口左右雙邊　三冊　存七卷(二至八)

460000－8502－0000588　40177

詁經精舍文續集八卷　(清)羅文俊輯　清道光刻本　十行二十字白口四周雙邊　一冊

存二卷(一至二)

460000－8502－0000589　10138
新增廣廣策府統宗□□卷　(清)頌芬室主人輯　清石印本　二十七行五十八字白口四周雙邊　三十七册　存五十九卷(一至八、十三至三十六、三十八、四十至五十四、五十八至六十七、七十四)

460000－8502－0000590　40179
增廣賦海大全三十卷　(清)□□輯　清石印本　三十行五十二字小字雙行同白口四周單邊　一册　存一卷(九)

460000－8502－0000591　40180
御選唐宋詩醇四十七卷　(清)高宗弘曆編　清刻本　九行十九字小字雙行同白口四周單邊　五册　存十二卷(十五至十八、二十七至三十四)

460000－8502－0000592　40178
鮚埼亭集三十八卷首一卷外編五十卷全謝山先生經史問答十卷　(清)全祖望撰　(清)史夢蛟校　清同治十一年(1872)姚江借樹山房刻本　十行二十一字小字雙行同白口左右雙邊　十四册　存五十五卷(一、三至十六、三十二至三十五,首一卷;外編一至十二、二十八至四十六;全謝山先生經史問答七至十)

460000－8502－0000593　40181
味根山房詩鈔九卷　(清)史善辰撰　清道光刻本　八行二十字上下黑口左右雙邊　二册　存五卷(一至五)

460000－8502－0000594　50021
鄒叔子遺書　(清)鄒漢勛撰　清光緒刻本　九行二十一字上下黑口四周雙邊　十一册　存六種二十卷(讀書偶識三至十、附一,五韻論下,紅崖碑釋文一,南高平物產記一至二,學藝齋文存一至二、五至八,學藝齋詩存一)

460000－8502－0000595　40182
唐詩合選詳解十二卷　(清)劉文蔚注　清光緒五年(1879)刻本　十行二十四字小字雙行同白口四周單邊　四册　存八卷(一至二、五至六、九至十二)

460000－8502－0000596　40183
賦鈔箋略十五卷　(清)王治堂輯　(清)雷琳　(清)張杏濱箋　清刻本　九行十九字小字雙行二十九至三十一字白口左右雙邊　五册　存十三卷(三至十五)

460000－8502－0000597　40184
劍南詩鈔六卷　(宋)陸游撰　(清)楊大鶴選　清刻本　十行十八字小字雙行同白口左右雙邊　三册

460000－8502－0000598　40236
西昌王抑菴集四十卷　(明)王直撰　清同治六年(1867)王啟鑠刻本　十行二十四字小字雙行同白口左右雙邊　七册　存二十八卷(一至十一、十六至二十八、三十七至四十)

460000－8502－0000599　40185
震川先生集三十卷別集十卷　(明)歸有光撰　清光緒元年(1875)刻本　十行二十字小字雙行同白口左右雙邊　十册　存三十四卷(震川先生集三十卷、別集一至四)

460000－8502－0000600　40186
湖南女士詩鈔所見初集八卷　(清)沈栗仲閲　(清)毛國姬編　(清)毛國翰校　清道光十四年(1834)刻本　十行二十二字小字雙行同上黑口左右雙邊　一册　存四卷(一至四)

460000－8502－0000601　20199
國朝詩人徵略六十卷　(清)張維屏輯　清道光刻本　十行二十二字小字雙行同上下黑口左右雙邊　七册　存三十八卷(十四至三十四、三十六至五十二)

460000－8502－0000602　40227
全唐詩三十二卷　(清)聖祖玄燁編　清光緒十三年(1887)上海同文書局石印本　二十二行四十二字小字雙行字數不等白口左右雙邊　三册　存三卷(八、三十、三十二)

460000－8502－0000603　40230
古文筆法二十卷　(清)李扶九輯　清宣統二年(1910)上海會文堂石印本　上下兩欄下欄

十六行三十字小字雙行四十五字下黑口左右雙邊　一冊

460000－8502－0000604　40189
八銘塾鈔初集　(清)吳懋政編　清刻本　九行二十五字小字雙行同白口四周單邊　四冊

460000－8502－0000605　40190
隨園續同人集　(清)袁枚撰　清刻本　十行二十一字小字雙行同上下黑口左右雙邊　三冊　存八類(一至八)

460000－8502－0000606　40191
八代詩選二十卷　王闓運撰　清光緒刻本　十行二十二字小字雙行同下黑口左右雙邊　四冊　存六卷(六至七、十六至十九)

460000－8502－0000607　40192
八銘塾鈔二集　(清)吳懋政編　清刻本　九行二十五字小字雙行同側注小字不等白口四周單邊　五冊

460000－8502－0000608　40196
江左三大家詩鈔　(清)顧有孝等輯　(清)錢謙益等撰　清羊城雙門底廣雅堂刻本　十一行二十一字小字雙行同上下黑口左右雙邊　三冊

460000－8502－0000609　40193
四忠遺集三十九卷　(清)朱璘輯　(三國蜀)諸葛亮等撰　清同治七年(1868)楚醴景萊書室刻本　九行二十四字小字雙行同白口四周雙邊　十五冊　存三十八卷(諸葛武侯集四卷、首一,文信國公集一至二十、首一,楊忠湣公集一至五、末一,文忠正公集一至四、首一、末一)

460000－8502－0000610　40194
國朝六家詩鈔八卷　(清)劉執玉輯　清光緒十三年(1887)汗青簃刻本　十行二十一字小字雙行同上下黑口四周單邊　四冊　存四種六卷(阮亭詩鈔一至二、秋穀詩鈔一、竹垞詩鈔一、初白詩鈔一至二)

460000－8502－0000611　40195
浙西六家詩鈔六卷　(清)吳應和　(清)馬洵編　清道光七年(1827)紫微山館刻本　九行十九字小字雙行同上下黑口左右雙邊　三冊　存五卷(一至三、五至六)

460000－8502－0000612　20196
九朝紀事本末六百五十八卷　(清)□□輯　清光緒二十八年(1902)上海書局石印本　二十行四十字小字雙行同白口四周雙邊　四冊　存四種一百五十三卷(西夏紀事本末一至三十六、首一至二,遼史紀事本末一至四十,金史紀事本末一至五十二,宋史紀事本末三十一至五十三)

460000－8502－0000613　40197
吳詩集覽二十卷　(清)吳偉業撰　清刻本　九行二十一字小字雙行同下黑口四周雙邊　七冊　存七卷(一、七至八、十、十二至十三、十五)

460000－8502－0000614　40199
初唐四傑集四種　(清)項家達輯　清同治十二年(1873)叢雅居刻本　九行二十一字小字雙行同白口四周雙邊　八冊

460000－8502－0000615　20204
國朝先正事略六十卷首一卷　(清)李元度纂　(清)許時庚重校　清光緒十二年(1886)小春上浣鉛印本　十四行四十二字小字雙行同白口四周雙邊　八冊　存三十八卷(一至三十七、首一卷)

460000－8502－0000616　50022
隨園三十六種　(清)袁枚撰輯　清光緒十八年(1892)上海圖書集成印書局鉛印本　十三行四十字白口四周單邊　二十六冊　存二十八種一百三十卷(小倉山房外集一至八;小倉山房詩集七至十七、三十一至三十七,補遺二;袁太史時文一;小倉山房尺牘六至九;隨園詩話一至四;隨園隨筆一至二十;新齊諧五至十一、續十;續同人集一至十七;紅豆村人詩稿一至十四;筱雲詩集一至二;繡餘吟稿一;樓居小草一;素文女子遺稿一;閩南雜詠一;湘痕閣詩稿一至二、詞稿一;瑤華閣詩草一、詞鈔一、補遺一;隨園女弟子詩選一至六;

飲水詞鈔一至二;箏船詞一;捧月樓詞一至二;綠秋草堂詞一;玉山堂詞一;崇睦山房詞一;過雲精舍詞一至二;碧梧山館詞一至二;湄君詩集一至二;隨園瑣記一至二;涉洋管見一)

460000－8502－0000617　50023

廣雅書局叢書一百六十二種　(清)廣雅書局輯　清光緒廣雅書局刻本　十一行二十四字小字雙行同上下黑口四周單邊　三十六册　存二十二種九十一卷(尚書伸孔篇一,禹貢班義述一至三、附漢糜水入尚龍溪考一卷,毛詩天文考一,禮記天算釋一,春秋規過考信一至三,春秋述義拾遺一至八、附河間劉氏書目考一,輶軒使者絕代語釋別國方言箋疏一至十三、附校勘記一,漢碑征經一,吳氏遺箸一至五、附錄一卷,句溪雜箸一至六,劉氏遺書一至八,愈愚錄一至六,學詁齋文集一至二,廣經室文鈔一,陳司業遺書一至三,東塾遺書一至九,史記三書正訛一至三,史表功比說一,史漢駢枝一,人表考一至二、五至九,史記天官書補目一,楚漢諸侯疆域志一至三)

460000－8502－0000618　40201

香屑集十八卷首一卷末一卷　(清)黃之雋集　(清)古愚校注　清廣州雙門底九經閣刻本　十行二十一字小字雙行同上下黑口左右雙邊　六册　存六卷(三、九至十一、十三至十四)

460000－8502－0000619　30035

西學富強叢書　(清)張蔭桓輯　清光緒石印本　上下兩欄每欄二十行二十二字小字雙行同白口四周雙邊　一册　存四種十三卷(前敵須知二至四、營城揭要一至二、海軍調度要言一至三、南北花旗戰紀一至五)

460000－8502－0000620　40203

胡文忠公遺集八十六卷首一卷　(清)胡林翼撰　清刻本　九行二十字小字雙行同下黑口四周雙邊　三册　存五卷(一至四、首一卷)

460000－8502－0000621　40204

胡文忠公遺集八十六卷首一卷　(清)胡林翼撰　清同治六年(1867)刻本　十行二十字小字雙行同上下黑口四周雙邊　六册　存十七卷(六十至六十五、七十一至七十五、七十九至八十四)

460000－8502－0000622　40205

賦鈔箋略十五卷　(清)雷琳　(清)張杏濱箋　清同治二年(1863)遠安堂刻本　九行十九字小字雙行三十至三十一字白口左右雙邊　一册　存二卷(一至二)

460000－8502－0000623　40202

惜抱軒今體詩選九卷　(清)姚鼐撰　清同治七年(1868)湘鄉曾氏刻本　十行二十二字小字雙行同上下黑口左右雙邊　二册

460000－8502－0000624　10141

欽定詩經傳說彙纂二十一卷首二卷詩序二卷　(清)王鴻緒等撰　清刻本　八行十八字小字雙行單行二十二字,小字雙行同白口四周單邊　十册　存十三卷(欽定詩經傳說彙纂一至二、四、六至七、十、十三至十四、十八、二十至二十一,詩序二卷)

460000－8502－0000625　40206

古文淵鑒六十四卷　(清)徐乾學輯評　清刻本　九行二十字小字雙行同上下黑口四周單邊　二十二册　存三十七卷(三至八、十至十一、十四至十六、十八、二十一、二十四至二十七、二十九至三十、三十九至四十、四十三至五十、五十二至五十七、六十三至六十四)

460000－8502－0000626　40209

楚庭耆舊遺詩前集二十一卷後集二十一卷續集三十二卷　(清)伍崇曜輯　清道光二十三年(1843)南海伍氏刻本　十一行二十二字小字雙行同上下黑口左右雙邊　九册　存五十七卷(楚庭耆舊遺詩前集二十一卷,後集一至五、十五至二十一,續集一至十五、二十四至三十二)

460000－8502－0000627　40208

文選六十卷　(南朝梁)蕭統選　(唐)李善注　(清)葉樹藩訂　清羊城翰墨園刻朱墨套印本　十二行二十五字小字雙行三十七字白口

左右雙邊　十一冊　存五十五卷(一至二十八、三十四至六十)

460000－8502－0000628　40211
國朝文錄續編五十種　(清)李祖陶撰　清同治七年(1868)刻本　十行二十二字白口左右雙邊　二十七冊　存四十一種五十三卷(姚端恪公文錄一至二、變雅堂文錄一、白茅堂文錄一至二、砥齋文錄一、聰山文錄一、改亭文錄一至三、魏伯子文錄一、河東文錄一、榆溪集選一、庸書文錄一、白石山房文錄一、三魚堂文錄一、蒼峴山人文錄一、憺園文錄二、百尺梧桐閣文錄一、飴山文錄一、可儀堂文錄一、趙忠毅公文錄二、白田草堂文錄一、梅莊文錄一、梅崖居士集文錄一至二、四知堂文錄一、孺廬先生文錄一、雙桂堂文錄一至二、松泉文錄一、集虛齋文錄一、歸愚文錄一、果堂文錄一、培遠堂文錄一、香國集文錄一、小倉山房文錄一至二、尊聞居士集一至二、叢桂堂文錄一、海崖文錄一、切問齋文錄一至二、經韻樓集文錄一至二、更生齋文錄一、頤彩堂文錄一、崇百藥齋文錄一、學福齋文錄一至二、左海文錄一至二)

460000－8502－0000629　40212
唐人賦鈔六卷　(清)程國仁　(清)伊秉綬鑒定　(清)邱先德編　(清)邱士超注　清嘉慶廣州十八甫允經樓刻本　九行二十字小字雙行同側注小字十九字白口四周雙邊　二冊　存二卷(一、三)

460000－8502－0000630　40210
唐駢體文鈔十七卷　(清)陳均輯　清嘉慶刻本　十一行二十四字白口左右雙邊　二冊　存九卷(一至九)

460000－8502－0000631　40213
修竹齋試帖輯注二卷　(清)那清安撰　清末刻本　九行二十二字小字雙行同側注小字同上下黑口四周雙邊　一冊　存一卷(二)

460000－8502－0000632　40214
駢體文鈔三十一卷　(清)李兆洛輯　清道光合河康氏家塾刻本　十三行二十二字上下黑口左右雙邊　三冊　存八卷(二十四至三十一)

460000－8502－0000633　50024
國朝文錄初編四十種　(清)李祖陶輯　清道光十九年(1839)瑞州府鳳儀書院刻本　九行二十五字白口四周雙邊　十五冊　存十種三十九卷(石莊先生文錄一至三、南雷文錄一至三、壯悔堂文錄一至二、恥躬堂文錄一至二、四照堂文錄一至二、湘帆堂文錄一、水田居文錄一至二、愚山先生文錄一至二、午亭文錄一至三、張文貞公文錄一至二、帶經堂集文錄一至二、鄭靜庵先生文錄一、湛園未定稿文錄一至三、居業齋文錄一、邵青門文錄一至三、海峰先生文錄一至二、潛研堂文錄一至二、厚岡文錄一至三)

460000－8502－0000634　40215
皇朝駢文類苑十四卷首一卷　(清)姚燮輯　(清)張壽榮校　清光緒七年(1881)刻本　九行二十字小字雙行同上下黑口左右雙邊　十九冊

460000－8502－0000635　40216
文粹一百卷補遺二十六卷　(宋)姚鉉纂　清光緒十六年(1890)杭州許氏榆園刻本　十四行二十五字小字雙行同上下黑口左右雙邊　二十冊　存一百六卷(文粹一至六十三、六十五至一百,補遺七至十三)

460000－8502－0000636　40217
古文辭類纂七十四卷　(清)姚鼐編　清光緒十年(1884)行素草堂刻本　十三行二十二字小字雙行同上下黑口左右雙邊　五冊　存四十五卷(一至二十八、三十至四十六)

460000－8502－0000637　50025
漢魏六十名家　(明)楊鶚鑒定　(明)張運泰　(明)余元熹彙評　明末刻本　九行二十五字小字雙行不等側注小字不等白口四周單邊　十三冊　存二十八種三十四卷(韓詩外傳五至十、晁家令集一、春秋繁露一、白虎通德論一至二、史記纂一、王子淵集一、翁孫集一、說苑一、京氏易傳一、劉子駿集一、揚子法言

一、馮曲陽集一、班叔皮集一、論衡一、曹大家集一、忠經一、昌言一、前漢書一、中論一、心書一、蔡中郎集一、申鑒一、曹孟德集一、曹子桓集一、曹子建集一、人物志一、阮嗣宗集一、嵇中散集一)

460000－8502－0000638　40220

古文七種　(清)儲欣評　清乾隆刻本　八行二十五字小字雙行同白口左右雙邊　十一册　存六種二十八卷(戰國策一至五,公羊傳選一,左傳選二至五、九至十四,兩漢文選三至四,史記文選三至四,唐宋八大家類選一至四、十一至十四)

460000－8502－0000639　20200

元經薛氏傳十卷　(隋)王通撰　(唐)薛收傳　(宋)阮逸注　明刻本　九行二十字小字雙行同白口左右雙邊　二册

460000－8502－0000640　40218

御選唐宋文醇五十八卷　(清)高宗弘曆選　清光緒三年(1877)浙江書局刻本　九行二十二字白口左右雙邊　十四册　存三十六卷(一至十、十七至十九、二十三至四十五)

460000－8502－0000641　40219

古棠書屋叢書　(清)孫澍　(清)孫錤輯　清道光鵝溪孫氏古棠書屋刻本　十一行二十一字小字雙行同白口四周雙邊　五册　存四種二十二卷(岳容齋詩集一至四、掣鯨堂詩選一至九、童山詩選一至五、粤東皇華集一至四)

460000－8502－0000642　40222

古文析義十六卷　(清)林雲銘評注　清康熙佛山翰寶樓刻本　九行二十一字小字雙行同白口左右雙邊　十五册　存十五卷(一至十五)

460000－8502－0000643　10142

論語正義二十四卷　(清)劉寶楠撰　清刻本　十行二十三字小字雙行同白口左右雙邊　三册　存十卷(十至十九)

文昌市圖書館古籍普查登記目録

全國古籍普查登記目録

國家圖書館出版社
National Library of China Publishing House

460000－8503－0000001　118.2/1

佩文韻府一百六卷拾遺一百六卷　(清)張玉書等編　(清)張廷玉等拾遺　清光緒二十四年(1898)上海點石齋石印本　上中下三欄上欄三十六行二十五字小字雙行同白口四周雙邊　二十四册

460000－8503－0000002　117.2/1

皇朝五經彙解二百七十卷　(清)抉經心室主人編　清光緒十四年(1888)鴻文書局石印本　四十行六十六字白口四周單邊　十四册　存二百四十三卷(一至九十二、一百七至二百五十七)

460000－8503－0000003　11/1

經學輯要二十四卷　(清)吴穎炎輯　清光緒十三年(1887)點石齋石印本　二十四行五十五字小字雙行同白口四周單邊　三十册　存二十三卷(二至十七下、十八下至二十四下)

460000－8503－0000004　117.2/3

御纂五經　(清)李光地等纂輯　清光緒二十八年(1902)上海寶文書局石印本　二十四行五十八字小字雙行同白口四周單邊　八册　存五種一百十五卷(御纂周易折中一至二十二、首一卷,欽定詩經傳說匯纂一至二十一、首二卷,欽定書經傳説匯纂一至二十一、首二卷,欽定禮記義疏四十三至六十三,欽定春秋傳説匯纂十七至三十八)

460000－8503－0000005　116.5/2

四書講義困勉録三十七卷續録六卷附録一卷　(清)陸隴其纂輯　(清)陸公鏐編次　清乾隆四年(1739)刻本　十二行二十二字白口四周雙邊　十五册

460000－8503－0000006　23.1/2

尺木堂綱鑑易知録二十卷　(清)吴乘權　周之炯　周之燦輯　**御撰資治通鑑綱目三編五卷**　(清)張廷玉等撰　清光緒二十九年(1903)上海石印本　二十四行五十六字小字雙行同白口四周雙邊　五册

460000－8503－0000007　116.5/3

新訂四書補注備旨八卷　(明)鄧林撰　(清)鄧煜編　(清)杜定基增訂　清福芸樓刻本　上中下三欄下欄十一行三十二字小字雙行同白口四周雙邊　三册　存五卷(大學一、中庸一、上論一至二、下孟四)

460000－8503－0000008　42.6/5

三魚堂外集六卷附録一卷　(清)陸隴其撰　清同治九年(1870)浙江書局刻本　十行二十二字白口四周雙邊　一册　存三卷(五至六、附録一卷)

460000－8503－0000009　116.5/4

皇朝四書彙解七十五卷　(清)抉經心室主人編　清光緒石印本　三十一行六十字白口四周單邊　四册　存五十三卷(十至六十二)

460000－8503－0000010　117.2/2

皇朝五經彙解二百七十卷　(清)抉經心室主人編　清光緒十四年(1888)鴻文書局石印本　四十行六十六字白口四周單邊　十四册　存二百五十卷(一至二十、四十一至二百七十)

460000－8503－0000011　211.4/1

中外大略四十八卷　(清)羅傳瑞編　清光緒二十三年(1897)東粤經韻樓鉛印本　十一行二十七字黑口四周單邊　十五册

460000－8503－0000012　217.2/2

欽定四庫全書簡明目録二十卷首一卷　(清)紀昀等編　清刻本　九行二十一字小字雙行同白口左右雙邊　八册

460000－8503－0000013　22.2/1

繹史一百六十卷世系圖一卷年表一卷　(清)馬驌撰　清光緒二十三年(1897)武林尚友齋石印本　十六行三十六字小字雙行不等白口左右雙邊　二十四册

460000－8503－0000014　24.1/1

歷朝紀事本末九種六百五十八卷　(清)陳如升　(清)朱記榮輯　清光緒二十五年(1899)上海慎記書莊石印本　十八行三十六字小字雙行同白口四周單邊　三十二册

460000－8503－0000015　24.1/4

御批歷代通鑑輯覽一百二十卷　(清)傅恒纂　清光緒三十年(1904)上海圖書集成局鉛印本　十四行四十二字小字雙行四十三字白口四周雙邊　二十四冊

460000－8503－0000016　118.1/1
康熙字典十二集檢字一卷辨似一卷等韻一卷總目一卷備考一卷補遺一卷　(清)張玉書等纂　清光緒十三年(1887)上海點石齋石印本　十六行二十四字小字雙行四十八字白口四周雙邊　五冊　存十集(子至丑、巳至亥)

460000－8503－0000017　118.1/2
康熙字典十二集總目一卷檢字一卷辨似一卷等韻一卷備考一卷補遺一卷　(清)張玉書等纂　清刻本　行字不等小字雙行不等白口四周雙邊　一冊　存一集(巳集上)

460000－8503－0000018　118.1/4
康熙字典十二集等韻一卷備考一卷補遺一卷　(清)張玉書等纂　清光緒三十二年(1906)商務印書館石印本　十六行二十四字小字雙行四十八字白口四周雙邊　二冊　存三集二卷(子至丑、亥,備考一卷,補遺一卷)

460000－8503－0000019　116.5/1
松陽講義十二卷　(清)陸隴其撰　(清)侯銓　(清)席永恂　(清)王前席編次　清康熙刻本　十一行二十字黑口左右雙邊　四冊

460000－8503－0000020　22.1/1
史記菁華錄六卷　(漢)司馬遷撰　(清)姚苧田選注　清光緒十八年(1892)粵東文陞閣刻朱墨套印本　九行二十字小字雙行同黑口左右雙邊　六冊

460000－8503－0000021　42.2/2
昌黎先生集四十卷外集十卷遺文一卷　(唐)韓愈撰　(宋)廖瑩中輯注　**韓集點勘四卷**　(清)陳景雲點勘　清宣統三年(1911)石印本　十二行二十八字小字雙行同白口四周雙邊　五冊

460000－8503－0000022　312.1/1
東塾讀書記二十五卷　(清)陳澧撰　清光緒刻本　十二行二十四字小字雙行同上下黑口四周單邊　五冊　存十九卷(一至十二、十五至二十一)

460000－8503－0000023　23.1/1
司馬溫公稽古錄二十卷　(宋)司馬光撰　清同治十一年(1872)湖北崇文書局刻本　九行十九字小字雙行同白口四周雙邊　四冊

460000－8503－0000024　29.2/1
文史通義八卷　(清)章學誠撰　清道光十三年(1833)刻本　九行二十一字黑口左右雙邊　七冊

460000－8503－0000025　42.2/4
河東先生文集六卷　(唐)柳宗元撰　清宣統二年(1910)上海會文堂書局石印本　十五行三十二字白口四周雙邊　三冊

460000－8503－0000026　42.7/3
張楊園先生全集　(清)張履祥撰　清同治十一年(1872)影山草堂刻本　十行二十四字小字雙行無黑口左右雙邊　六冊　存十二種二十二卷(楊園先生備忘一至四、楊園先生初學備忘一至二、楊園先生願學記一、楊園先生問目一、楊園先生訓子語一、楊園先生言行文稿一至三、楊園先生答問一、楊園先生語一、楊園先生近古錄一至四、楊園先生言行見聞錄一、楊園先生喪祭雜說一、楊園先生補農書一至二)

460000－8503－0000027　222.1/1
史記一百三十卷　(漢)司馬遷撰　(南朝宋)裴駰集解　(唐)司馬貞索隱　(唐)張守節正義　清末羊城駱氏翰墨園刻本　十一行二十二字小字雙行同黑口四周雙邊雙　三十冊

460000－8503－0000028　51.2/1
藝林瑤圃　(清)席樹馨選　(清)潘正模　席之璜　馮樹清　席之琮校　清光緒刻本　九行二十五字小字雙行同白口左右雙邊上下雙欄　六冊　存十二種(唐宋八大家、唐四六、宋四六、責備余談、謝華啟秀、急就章考異、廿四詩品、六書、序騷、十七史論贊、古文品外錄、文選補遺)

460000－8503－0000029　42.2/1
韓昌黎詩集編年箋注十二卷　(唐)韓愈撰　(清)方世舉考訂　清乾隆二十三年(1758)德州盧見曾雅雨堂刻本　十行二十三字小字雙行同白口四周單邊　六册

460000－8503－0000030　42.3/1
東坡詩選十二卷　(宋)蘇軾撰　(明)譚元春選　**年譜一卷**　(宋)王宗稷撰　明天啓文盛堂刻本　八行十七字白口四周單邊　三册　存八卷(一至八)

460000－8503－0000031　31/2
二十五子彙函　(清)鴻文書局輯　清光緒十九年(1893)上海鴻文書局石印本　二十四行五十八字小字雙行同黑口左右雙邊　八册　存二十二種(老子道德經,董子春秋繁露,楊子法言,文子纘義,黄帝内經素問、素問遺篇,黄帝内經靈樞,吕氏春秋,竹書紀年,商君書,韓非子,淮南子,莊子,文中子,山海經,晏子春秋,管子,列子,荀子,尸子,孫子十家注,孔子集語,賈子新書)

460000－8503－0000032　210.1/1
校正尚友録二十二卷　(明)廖用賢編纂　(清)張伯琮補輯　清光緒二十九年(1903)上海通文書局石印本　十四行二十四字小字雙行四十八字白口四周單邊　四册　存十卷(一至五、十至十四)

460000－8503－0000033　210.1/3
校正遼金元明尚友録十卷　(清)張兆蓉編纂　清光緒二十九年(1903)上海慎記書莊石印本　十四行二十四字小字雙行四十八字白口四周雙邊　二册

460000－8503－0000034　210.1/2
校正尚友録全集二十二卷　(明)廖用賢編纂　(清)張伯琮補輯　清光緒二十九年(1903)上海慎記書莊石印本　十四行二十四字小字雙行四十八字白口四周單邊　十二册　存十八卷(一至五、八至十四、十七至二十二)

460000－8503－0000035　118.1/3
康熙字典十二集附備考一卷補遺一卷　(清)張玉書等纂　清光緒十六年(1890)上海鴻寶齋石印本　二十行二十九字小字雙行五十八字白口四周雙邊　六册

460000－8503－0000036　311.1/1
三通考輯要三種　(清)湯壽潛輯　清光緒二十五年(1899)通雅堂藏版圖書集成局鉛印本　十四行四十二字小字雙行同白口四周單邊　十九册　存五十卷(文獻通考輯要十三至十九、二十三至二十四,欽定續文獻通考一、六至二十六,皇朝文獻通考輯要一至六、十至十二、十七至二十六)

460000－8503－0000037　29.1/1
史通通釋二十卷　(清)浦起龍釋　(清)方懋福　蔡焯　蔡龍孫參釋　清光緒十九年(1893)上海文瑞樓石印本　十二行二十八字小字雙行同白口左右雙邊　四册

460000－8503－0000038　116.5/5
四書注疏大全合纂三十七卷　(明)張溥纂　明崇禎刻本　八行十八字小字雙行同白口左右雙邊　十六册

460000－8503－0000039　42.7/2
飲冰室壬寅癸卯全集　梁啟超撰　清光緒三十年(1904)東京新智學社石印本　十七行三十六字白口四周雙邊　九册　存十八卷(壬寅一至六、九至十六,癸卯一至四)

460000－8503－0000040　101/2
宋本十三經注疏附校勘記十三種四百十六卷　(清)阮元撰　(清)盧宣旬摘錄校勘記　(清)汪文臺識語　清光緒十三年(1887)上海脈望仙館石印本　二十行三十四字小字雙行四十六字白口四周單邊　十三册　存三百二十六卷(附釋音春秋左傳注疏一至六十、校勘記一至六十,監本附音春秋公羊注疏一至二十八、校勘記一至二十八,監本附音春秋穀梁注疏一至二十、校勘記一至二十,論語注疏解經一至二十、校勘記一至二十,孝經注疏一至九、校勘記一至九,爾雅疏一至十、校勘記一至十,孟子注疏解經一至十四、校勘記一至十四,附十三經注疏校勘記識語一至四)

460000－8503－0000041　101/1

宋本十三經注疏附校勘記十三種四百十六卷　(清)阮元撰　(清)盧宣旬摘錄校勘記　(清)汪文臺識語　清光緒十三年(1887)上海脈望仙館石印本　二十行三十四字小字雙行四十六字白口四周單邊　十九册

460000－8503－0000042　222.1/7

三國志六十五卷　(晉)陳壽撰　(南朝宋)裴松之注　明崇禎毛氏汲古閣刻本　十二行二十五字小字雙行三十七字白口左右雙邊　十册　存五十三卷(四至三十、四十至六十五)

460000－8503－0000043　32.2/1

策學備纂三十二卷首一卷目錄三十二卷　(清)蔡啟盛　(清)吳頴炎輯　清光緒二十年(1894)袖海山房石印本　四十二行七十五字白口四周單邊　二十八册

460000－8503－0000044　43.1/1

文選六十卷　(南朝梁)蕭統選　(唐)李善注　(清)何焯評　(清)葉樹藩訂　清末羊城翰墨園朱墨套印本　十二行二十五字小字雙行三十七字白口左右雙邊　十二册

460000－8503－0000045　210.2/1

陸稼書先生年譜定本二卷附錄一卷　(清)吳光酉輯　清雍正四年(1726)清風堂刻乾隆六年(1741)增刻本　十行二十三字小字雙行同黑口左右雙邊　二册

460000－8503－0000046　52.2/1

增訂漢魏叢書八十六種　(清)王謨輯　清乾隆五十六年(1791)金溪王氏刻本　九行二十字小字雙行同白口左右雙邊　五十六册　存七十七種四百二卷(焦氏易林一至四,易傳中至下,關氏易傳一,周易略例一,古三墳一,汲塚周書一至十,詩傳孔氏傳一,詩說一,韓詩外傳一至五,春秋繁露一至十七,方言一至十三,博雅一至十,釋名一至四,竹書紀年一至二,穆天子傳一至六,越絕書二至十五,吳越春秋一至六,西京雜記一至六,漢武帝內傳一,飛燕外傳一,雜事秘辛一,華陽國志一至十四,十六國春秋一至十六,元經薛氏傳一至十,羣輔錄一,英雄記鈔一,高士傳一至三,蓮社高賢傳一,神仙傳一至十,孔叢一至二、附詰墨一,新語一至二,新書一至十,新序一至十,說苑一至二十,淮南鴻烈解一至二十一,鹽鐵論一至十二,法言一至十,申鑒一至五,論衡一至六、八至十一、十七至三十,毛詩草木鳥獸蟲魚疏上,潛夫論七至九,中論一至二,中說一至二,風俗通義一至九,人物志一至三,新論一至十,顏氏家訓一至二,參同契一,陰符經一,風后握奇經一,素書一,心書一,古今注一至三,博物志一至十,文心雕龍一至十,詩品一至三,書品一,尤射一,拾遺記一至十,述異記一至二,續齊諧記一,搜神記一至八,搜神後記一至二,還冤記一,神異經一,海內十洲記一,別國洞冥記一至四,枕中書一,佛國記一,伽藍記一至五,三輔黃圖一至六,水經一至二,竹譜一,禽經一,古今刀劍錄一,鼎祿一,天錄閣外史一至八)

460000－8503－0000047　42.7/1

十駕齋養新錄二十卷餘錄三卷　(清)錢大昕撰　清嘉慶刻本　十行二十三字小字雙行同白口四周單邊　四册　存十七卷(十駕齋養新錄七至二十、餘錄三卷)

460000－8503－0000048　43.2/1

古唐詩合解十二卷古詩四卷　(清)王堯衢注　(清)李模　(清)李桓校　清同治九年(1870)令德堂刻本　九行二十四字小字雙行同白口四周單邊　二册　存九卷(古唐詩合解一至九)

460000－8503－0000049　43.2/2

古唐詩合解十二卷古詩四卷　(清)王堯衢注　(清)李模　(清)李桓校　清光緒十二年(1886)老二酉堂刻本　十行二十一字小字雙行同白口四周雙邊　二册　存十一卷(古唐詩合解一至四、十至十二,古詩四卷)

460000－8503－0000050　42.6/1

湄邱集二卷首一卷附錄一卷　(明)邢宥撰　清道光二十一年(1841)瓊州邢氏刻本　九行二十一字白口四周雙邊　一册

460000－8503－0000051　52.1/1

正誼堂全書　(清)張伯行輯　(清)楊濬重輯　清同治五年(1866)福州正誼書院刻八年至九年(1869－1870)增刻本　十行二十二字小字雙行同白口左右雙邊　十一册　存八種五十八卷(司馬溫公文集一至二,周濂溪先生全集一至五、十至十三,薛敬軒先生文集一至十,許魯齋先生集一至六,李延平先生文集一至四,近思錄九至十四,濂洛關閩書一至十四,方正學先生文集一至七)

460000－8503－0000052　63/1

京師大學堂講義初編　(清)京師大學堂編　清光緒二十四年至宣統三年(1898－1911)鉛印本　十二行三十二字黑口四周雙邊　四册　存六種(京師大學堂心理學講義、京師大學堂倫理學講義、京師大學堂經學科講義、京師大學堂中國地理講義、京師大學堂經濟學講義、京師大學堂史學科講義)

460000－8503－0000053　63/2

京師大學堂講義二編　(清)京師大學堂編　清光緒二十四年至宣統三年(1898－1911)鉛印本　十二行三十二字黑口四周雙邊　二册　存二種(京師大學堂中國史講義、京師大學堂心理學講義)

460000－8503－0000054　63/3

兩廣初級師範簡易科館講義十一種　(清)兩廣初級師範簡易科館編　清光緒三十二年(1906)廣東學務公所鉛印本　十三行三十七字下黑口四周雙邊　十七册　存十種(兩廣初級師範簡易科館修身講義、中國文學講義、中國史、西洋史、地理、教授法、教育原理、教育心理學、教育史下、學堂管理法)

460000－8503－0000055　63/4

兩廣初級師範簡易科館講義十一種　(清)兩廣初級師範簡易科館編　清光緒三十二年(1906)廣東學務公所鉛印本　十三行三十七字下黑口四周雙邊　七册　存九種(教育史、各科教授法撮要、心理學、論理學、地理學、平面幾何學第三編、物理學、植物學、簡易科植物學)

460000－8503－0000056　63/5

兩廣師範學堂國文讀本　(清)兩廣師範學堂編　清光緒三十二年至三十三年(1906－1907)鉛印本　十三行三十七字下黑口四周雙邊　一册　存三編(元文、宋文、唐文)

460000－8503－0000057　63/6

兩廣師範學堂講義:中國文學講義　(清)兩廣師範學堂編　清光緒三十二年至三十三年(1906－1907)鉛印本　十三行三十七字下黑口四周雙邊　一册　存二編(一至二)

460000－8503－0000058　63/7

兩廣師範學堂講義:中國文學講義　(清)兩廣師範學堂編　清光緒三十二年至三十三年(1906－1907)鉛印本　十三行三十七字下黑口四周雙邊　一册

460000－8503－0000059　63/8

兩廣師範學堂心理學講義　(清)兩廣優級師範學堂編　清光緒三十四年(1908)鉛印本　十三行三十七字下黑口四周雙邊　一册

460000－8503－0000060　222.1/6

後漢書一百二十卷　(南朝宋)范曄撰　(南朝梁)劉昭補志　(唐)李賢注　清光緒二十六年(1900)煥文書局石印本　二十二行四十二字小字雙行同白口四周雙邊　八册

460000－8503－0000061　222.1/8

三國志六十五卷　(晉)陳壽撰　(南朝宋)裴松之注　清光緒二十九年(1903)上海點石齋石印本　二十二行五十字小字雙行七十四字白口四周單邊　四册

460000－8503－0000062　222.1/3

漢書一百卷　(漢)班固撰　(唐)顏師古注　清光緒二十九年(1903)上海點石齋石印本　二十二行五十五字小字雙行七十四字白口四周單邊　八册

460000－8503－0000063　222.1/4

後漢書一百二十卷　(南朝宋)范曄撰　(唐)李賢注　(晉)司馬彪續志　(南朝梁)劉昭注補　清光緒二十九年(1903)上海點石齋石印

本　二十二行五十字小字雙行七十四字白口四周單邊　六册

460000－8503－0000064　215.2/1

[道光]廣東通志三百三十四卷首一卷　（清）阮元等修　（清）陳昌齊等纂　清同治三年(1864)刻本　十一行二十一字小字雙行同黑口四周雙邊　十三册　存四十三卷(一、八至十、十七至十九、一百五十五至一百五十七、一百六十三至一百六十五、一百七十八至一百八十二、一百八十九至二百一、二百四十至二百四十二、二百五十五至二百五十九、三百二十五至三百二十七,首一卷)

460000－8503－0000065　43.2/1

文選六十卷　（南朝梁）蕭統選　（唐）李善注　**文選考異十卷**　（清）胡克家撰　清宣統三年(1911)上海會文堂書局石印本　十三行二十七字小字雙行同黑口左右雙邊　五册　存四十七卷(文選一至八、二十五至四十三、五十一至六十,文選考異十卷)

460000－8503－0000066　312.1/2

讀書雜志十種八十二卷餘編二卷　（清）王念孫撰　清末刻本　十行二十一字小字雙行同白口四周雙邊　十一册　存五種三十九卷(讀書雜志四漢書九至十、十四至十六,讀書雜志五管子一至十,讀書雜志七墨子二至六,讀書雜志八荀子一至八,讀書雜志九淮南内篇一、十二至二十一)

460000－8503－0000067　31/1

二十五子彙函　（清）鴻文書局輯　清光緒十九年(1893)上海鴻文書局石印本　二十四行五十八字小字雙行同黑口左右雙邊　六册　存十七種二百七十七卷(孔子集語一至十七,老子道德經一至二、附音義一,管子一至二十四,荀子一至二十、附校勘補遺一,文子纘義一至十二,商君書一至五、附考一,吕氏春秋一至二十六、附考一,韓非子一至二十、附識誤一至三,尉繚子一至二,竹書紀年統箋一至十二、前編一、雜述一,淮南子一至二十一,董子春秋繁露一至十七、附錄一,揚子法言一至十三、附音義一,賈子新書一至十,文中子中説一至十,黄帝内經素問一至二十四、素問遺篇一、靈樞一至十二,山海經一至十八)

460000－8503－0000068　210.1/4

海國尚友錄八卷　（清）吴佐清輯　清光緒二十九年(1903)上海奎章書局石印本　十五行三十字小字雙行無四周單邊　四册

460000－8503－0000069　42.6/2

白沙子全集六卷首一卷附錄一卷　（明）陳獻章撰　（清）顧嗣協校正　（清）何九疇重編　清康熙四十九年(1710)何九疇刻本　十一行二十一字小字雙行同黑口左右雙邊　五册

460000－8503－0000070　43.3/1

國朝嶺海詩抄二十四卷　（清）凌揚藻評輯　清道光刻本　十行十九字小字雙行二十八字白口四周單邊　三册　存八卷(十至十二、十九至二十三)

460000－8503－0000071　42.6/4

三魚堂文集十二卷首一卷　（清）陸隴其撰　清同治九年(1870)浙江書局刻本　十行二十二字白口四周雙邊　一册　存五卷(八至十二)

460000－8503－0000072　42.2/3

玉谿生詩詳注三卷　（唐）李商隱撰　清刻本　十一行二十一字小字雙行三十三字白口左右雙邊　一册　存一卷(二)

460000－8503－0000073　215.2/2

[光緒]花縣志四卷　（清）王永名輯　（清）裘孔文考訂　（清）謝金度等校　清光緒十六年(1890)省城學院前璧經堂刻本　九行十八字白口四周單邊　一册　存一卷(一)

460000－8503－0000074　42.6/3

白沙子全集十卷首一卷末一卷　（明）陳獻章撰　清乾隆三十六年(1771)碧玉樓刻本　十行二十一字小字雙行同白口四周雙邊　一册　存一卷(九)

460000－8503－0000075　217.2/1

欽定四庫全書總目二百卷首四卷總目一卷　（清）紀昀等編　清同治七年(1868)廣東書局

刻本　九行二十一字白口左右雙邊　四十三冊　存七十八卷(十四至十七、二十四至二十五、二十八至二十九、三十六至四十二、四十七、五十一至五十二、五十五至五十六、六十七至六十八、七十三至七十八、八十六至九十、九十六至九十七、一百四、一百九至一百十、一百二十至一百二十一、一百二十六至一百二十八、一百三十二至一百三十六、一百四十一至一百四十二、一百四十五至一百四十六、一百五十三至一百五十六、一百五十九至一百六十三、一百六十六、一百七十至一百七十二、一百七十四至一百七十五、一百八十至一百八十一、一百八十四、一百九十至一百九十一、一百九十五至一百九十七、一百九十九至二百,首四)

460000－8503－0000076　43.3/2

青南興頌六卷首一卷續刻一卷　(清)鍾斯盛等編　清咸豐八年(1858)刻本　十行二十一字白口四周雙邊　一冊　存一卷(六)

460000－8503－0000077　48.1/1

閱微草堂筆記二十四卷　(清)紀昀撰　清嘉慶五年(1800)北平盛時彥刻本　十行二十一字黑口四周雙邊　四冊　存九卷(十一至十六、十九至二十一)

460000－8503－0000078　212.3/1

三魚堂日記十卷　(清)陸隴其撰　(清)柳樹芳校刊　清同治九年(1870)浙江書局刻本　十行二十二字白口四周雙邊　一冊　存三卷(六至八)

460000－8503－0000079　12.4/1

增注字類標韻六卷　(清)華綱輯　(清)范多珏重訂　清光緒十四年(1888)刻本　九行字數不等白口四周雙邊　三冊

460000－8503－0000080　24.1/2

御批歷代通鑑輯覽一百二十卷　(清)傅恒纂　清光緒二十九年(1903)通文書局石印本　十六行三十四字小字雙行同四周雙邊　二十一冊　存八十卷(一至二十二、三十一至五十、五十八至九十、一百十六至一百二十)

460000－8503－0000081　63/9

兩廣優級師範學堂章程　(清)兩廣優級師範學堂編　清光緒三十四年(1908)廣東學務公所鉛印本　十二行三十二字下黑口四周雙邊　一冊

460000－8503－0000082　63/10

兩廣優級師範學堂經學講義　(清)黎承鋆撰　清光緒三十四年(1908)鉛印本　十三行三十七字下黑口四周雙邊　一冊　存五種(經學、春秋、春秋三傳、春秋三傳源流、三禮總義)

460000－8503－0000083　63/11

兩廣優級師範學堂經學講義　(清)黎承鋆撰　清光緒三十四年(1908)鉛印本　十三行三十七字下黑口四周雙邊　一冊　存五種(經學、春秋、春秋三傳、春秋三傳源流、三禮總義)

460000－8503－0000084　63/12

兩廣優級師範學堂公共科講義:文學史概　黃節撰　清光緒三十四年(1908)鉛印本　十三行三十七字下黑口四周雙邊　二冊

460000－8503－0000085　63/13

兩廣優級師範學堂講義:論理學　(清)兩廣優級師範學堂編　清光緒三十四年(1908)鉛印本　十三行三十七字下黑口四周雙邊　二冊

460000－8503－0000086　63/14

兩廣優級師範學堂倫理學講義　(清)兩廣優級師範學堂編　清光緒三十四年(1908)鉛印本　十三行三十七字下黑口四周雙邊　一冊

460000－8503－0000087　25.2/1

本朝史講義　(清)京師譯學館編　清光緒三十二年(1906)京師譯學館鉛印本　十三行三十一字下黑口四周單邊　二冊

460000－8503－0000088　116.2/1

大學衍義四十三卷　(宋)真德秀彙輯　**大學衍義補一百六十卷首一卷總目一卷**　(明)丘濬撰　(明)陳仁錫評閱　明崇禎五年(1632)

刻本　十行二十字小字雙行同白口四周單邊　二十九冊

460000－8503－0000089　42.7/4

袁文箋正十六卷　（清）袁枚撰　（清）石韞玉箋　清光緒二十二年（1896）雙門底九經閣刻本　十一行二十二字小字雙行同下黑口四周雙邊　五冊

460000－8503－0000090　316.4/1

三命通會十二卷　（明）萬民英撰　清宣統元年（1909）上海江左書林石印本　二十一行四十五字白口四周雙邊　一冊　存三卷（一至三）

460000－8503－0000091　221.1/1

欽定四史四百十五卷　（清）武林竹簡齋編　清光緒三十一年（1905）武林竹簡齋四次石印本　二十行四十二字小字雙行同左右雙邊　二十八冊

460000－8503－0000092　222.1/2

史記一百三十卷　（漢）司馬遷撰　（南朝宋）裴駰集解　（唐）司馬貞索隱　（唐）張守節正義　清光緒二十九年（1903）上海點石齋石印本　二十二行五十字小字雙行七十七字白口四周單邊　六冊

460000－8503－0000093　222.1/5

後漢書一百二十卷　（南朝宋）范曄撰　（唐）李賢注　（晉）司馬彪續志　（南朝梁）劉昭注補　清光緒二十九年（1903）上海點石齋石印本　二十二行五十字小字雙行七十四字白口四周單邊　四冊　存五十六卷（一至十六、十九至二十四、五十七至七十四、七十五至九十）

460000－8503－0000094　24.1/1

御批歷代通鑑輯覽一百二十卷　（清）傅恒纂　清光緒石印本　十四行四十二字小字雙行同白口四周單邊　十六冊　存八十二卷（六至十二、十八至三十二、三十八至五十六、六十一至六十五、七十八至一百十三）

460000－8503－0000095　24.1/3

御批歷代通鑑輯覽一百二十卷　（清）傅恒纂　清光緒三十年（1904）育文書局石印本　十七行三十八字小字雙行同白口四周雙邊　二十四冊

460000－8503－0000096　24.1/2

九朝紀事本末九種六百五十八卷　（清）□□輯　清光緒二十八年（1902）上海書局石印本　二十行四十字白口四周雙邊　十一冊　存七種三百二十四卷（宋史紀事本末四十三至一百九、遼史紀事本末一至四十、金史紀事本末一至五十二、西夏紀事本末一至三十六、元史紀事本末一至二十七、明史紀事本末一至八十、三藩紀事本末一至二十二）

海南大學圖書館古籍普查登記目録

全國古籍普查登記目録

國家圖書館出版社
National Library of China Publishing House

460000－8541－0000001　11./1

十三經注疏十三種三百四十六卷附考證　清同治十年(1871)廣東書局重刻本　十行二十一字小字雙行同白口左右雙邊　一百二十册

460000－8541－0000002　118.1/2

康熙字典十二集附備考一卷補遺一卷　(清)張玉書等纂　清光緒九年(1883)上海點石齋石印本　上中下三欄下欄二十四行十二字小字雙行二十四字白口四周雙邊　四册

460000－8541－0000003　211.1/1

皇朝文獻通考三百卷　(清)嵇璜等纂　清光緒二十八年(1902)上海鴻寶書局石印本　二十二行四十八字小字雙行同白口四周單邊　三十二册

460000－8541－0000004　215.2/1

[乾隆]貴州通志四十六卷首一卷　(清)鄂爾泰　(清)張廣泗修　清乾隆六年(1741)刻本　十一行二十一字小字雙行同白口四周雙邊　三十二册

460000－8541－0000005　215.2/2

[乾隆]潮州府志四十二卷首一卷　(清)周碩勳輯　清光緒十九年(1893)潮郡保安總局刻本　十行二十字小字雙行同白口四周雙邊　一册　存一卷(首一卷)

460000－8541－0000006　215.2/3

[光緒]昆明縣志十卷　(清)戴絅帆輯　清光緒三十年(1904)刻本　十行二十一字小字雙行同白口四周雙邊　六册

460000－8541－0000007　215.3/1

鼎湖山慶雲寺志八卷首一卷　(清)丁易修　(清)釋成鷲纂　清康熙刻本　九行十九字左右雙邊　四册

460000－8541－0000008　215.6/1

羅浮山志會編二十二卷首一卷　(清)宋廣業輯　(清)宋志益校　清康熙刻本　九行二十字小字雙行同白口左右雙邊　十册

460000－8541－0000009　32.2/1

大學衍義補一百六十卷首一卷　(明)丘濬撰　(明)陳仁錫評閱　明崇禎刻本　十行二十字小字雙行同白口四週單邊　三十册

460000－8541－0000010　42.7/1

梅村詩集箋注十八卷　(清)吳偉業撰　(清)吳翌鳳箋注　清嘉慶十九年(1814)嚴榮滄浪吟榭刻本　十行二十一字小字雙行同白口左右雙邊　十册

460000－8541－0000011　42.7/2

朱九江先生集十卷首一卷　(清)朱次琦撰　(清)簡朝亮纂　清光緒二十三年(1897)讀書草堂刻本　十一行二十四字小字雙行同白口左右雙邊　四册

460000－8541－0000012　43.2/2

續古文辭類纂三十四卷　王先謙纂　清光緒八年(1882)長沙王氏刻本　十三行二十二字小字雙行同上下黑口左右雙邊　十二册

460000－8541－0000013　43.2/3

古文辭類纂七十四卷　(清)姚鼐纂　清光緒十八年(1892)湖南文章書局刻本　十三行二十二字小字雙行同上下黑口左右雙邊　二十册

460000－8541－0000014　52.1/1

九通全書九種　(清)□□輯　清光緒二十七年(1901)上海圖書集成局鉛印本　十六行四十三字小字雙行同白口四周單邊　二百五十四册　存八種二千二十六卷(通典一至二百，通志一至二百、附考證上中下，文獻通考一至三百四十八、附考證上中下，皇朝通典一至一百，皇朝通志一至一百二十六，欽定續通典一至一百五十，欽定續通志一至六百四十，欽定續文獻通考一至二百五十、附六通訂誤一至六)

海南師範大學圖書館古籍普查登記目録

全國古籍普查登記目録

國家圖書館出版社
National Library of China Publishing House

460000－8542－0000001　015039
古今圖書集成一萬卷目錄三十二卷　（清）陳夢雷輯　（清）蔣廷錫校　清光緒十年（1884）上海圖書集成印書局鉛字本　十二行三十八字白口四周單邊　一千六百二十八册

460000－8542－0000002　016667
十三經注疏十三種三百四十六卷附考證（清）瑞麟總纂　（清）鍾謙鈞校刊　清同治十年（1871）廣東書局重刻本　十行二十一字小字雙行同白口左右雙邊　一百二十册

460000－8542－0000003　030887
韻府拾遺一百六卷　（清）張廷玉等編　清光緒石印本　二十四行五十字小字雙行同白口四周雙邊　一册　存十六卷（四十四至五十九）

460000－8542－0000004　016907
宋本十三經注疏附校勘記十三種四百十六卷　（清）阮元撰　（清）盧宣旬摘錄校勘記　清光緒十三年（1887）脈望仙館石印本　二十行大字不等白口四周單邊　三十二册

460000－8542－0000005　016939
十三經注疏附校勘記十三種四百十六卷（清）阮元撰　（清）盧宣旬摘錄校勘記　清光緒二十四年（1898）上海點石齋石印本　二十行四十六字小字雙行同白口四周雙邊　二十册　存十二種七百八十二卷（附釋音尚書注疏一至二十、附校勘記一至二十，附釋音周禮注疏一至四十二、附校勘記一至四十二，附釋音毛詩注疏一至七十、附校勘記一至七十，儀禮注疏一至五十、附校勘記一至五十，附釋音禮記注疏十四至六十三、附校勘記十四至六十三，附釋音春秋左傳注疏五至六十、附校勘記五至六十，監本附釋音春秋公羊注疏一至二十八、附校勘記一至二十八，監本附音春秋穀梁注疏一至二十、附校勘記一至二十，論語注疏解經一至二十、附校勘記一至二十，孝經注疏一至九、附校勘記一至九，爾雅注疏一至十、附校勘記一至十，孟子注疏解經一至十四、附校勘記一至十四，十三經注疏校勘記識語一至四）

460000－8542－0000006　016959
宋本十三經注疏附校勘記十三種四百十六卷　（清）阮元撰　（清）盧宣旬摘錄校勘記　清光緒十三年（1887）脈望仙館石印本　二十行大字不等白口四周單邊　十八册　存八種一百八十九卷（附釋音周禮注疏卷二十三至四十二附校勘記，儀禮注疏五十卷附校勘記，附釋音禮記注疏卷十一至六十三附校勘記，監本附音春秋穀梁注疏二十卷附校勘記，爾雅注疏十卷，孟子注疏解經十四卷附校勘記，監本附釋音春秋公羊注疏一至十四、二十五至二十八附校勘記，附十三經注疏校勘記識語四卷）

460000－8542－0000007　016977
子書百家　（清）崇文書局輯　清光緒元年（1875）湖北崇文書局刻本　十二行二十四字上下黑口四周雙邊　八十二册

460000－8542－0000008　017059
子書百家　（清）崇文書局輯　清光緒元年（1875）湖北崇文書局刻本　十二行二十四字上下黑口四周雙邊　十六册　存二十八種一百十八卷（孔子家語一至十，孔子集語一至二，荀子上至中，鹽鐵論一至二，揚子法言一，方言一至十三，潛夫論一至十，素履子一至三，胡子知言一至六、附錄一、疑義一，薛子道論一至三，海樵子一，風后握奇經一、附握奇經續圖一、八陣總述一，六韜一至三，孫子一至三，吳子一至二，司馬法一，管子一至八，太玄經一至五，焦氏易林一至二，呂氏春秋一至十，淮南鴻烈解一至八，論衡一至六，莊子南華真經一至三、札記一，莊子闕誤一，天隱子一，無能子一至三，胎息經一，至游子一至二）

460000－8542－0000009　017075
二十二子　（清）浙江書局輯　清光緒浙江書局刻本　九行二十一字小字雙行同白口左右雙邊　八十三册

460000－8542－0000010　031850
大學衍義補一百六十卷首一卷　（明）丘濬撰　（明）陳仁錫評閱　清刻本　十行二十字小字雙行同白口四周單邊　二十四册　存九十九卷（四至六十一、六十七至七十四、七十九至八十七、九十二至九十五、一百一至一百四、一百十二至一百十五、一百二十至一百二十三、一百四十至一百四十三、一百五十三至一百五十六）

460000－8542－0000011　017172

皇清經解一千四百八卷　（清）阮元輯　清道光九年（1829）廣東學海堂刻咸豐十一年（1861）增刻本　十一行二十四字小字雙行同白口左右雙邊　三百四十八册　存一千三百六十一卷（一至三十三、三十七至二百六十三、二百六十七至三百三十四、三百四十至六百四十三、六百四十五至八百三十二、八百四十至一千五十八、一千七十至一千七十七、一千八十八至一千九十一、一千九十六至一千二百五十四、一千二百五十八至一千四百八）

460000－8542－0000012　017520

皇清經解縮版編目十六卷　（清）陶治元編（清）李師善　（清）王鳳藻分輯　清光緒十七年（1891）上海鴻寶齋石印本　二十四行七十字小字雙行同白口四周單邊　一册

460000－8542－0000013　031585

六如居士全集七卷補遺一卷　（明）唐寅撰（清）唐仲冕輯　（清）魏標校　清嘉慶六年（1801）刻本　十行二十一字小字雙行同白口左右雙邊　四册

460000－8542－0000014　017706

皇清經解續編二百九種　王先謙編　清光緒十四年（1888）南菁書院刻本　十一行二十四字白口左右雙邊　二百二十册　存一百八十一種一千三百二十九卷（詩經稗疏一至四，春秋稗疏一至二，四書稗疏一至三，春秋占筮書一至三，續詩傳鳥名一至三，白鷺洲主客說詩一，郊社禘祫問一，大小宗通繹一，孝經問一，禮記偶箋一至三，尚書古文疏證一至九，易圖明辨一至十，春秋長歷一至十，春秋大事表一至六十六、輿圖一，易例一至二，易漢學一至八，明堂大道錄一至八，卦氣解一，周官記一至五，周官說一至二，周官說補一至三，儀禮管見一至十七，爾雅補郭一至二，鄭氏儀禮目錄校證一，深衣釋例一至三，逸周書雜志一至四，爾雅古義一至二，爾雅釋地四篇注一，車制攷一，羣經義證一至八，釋服一至二，孟子四攷一至四，周頌口義二至三，五經小學述一至二，詩書古訓一至十，春秋左傳詁一至二十，左通補釋一至三十二，周易述補一至五，易圖條辨一，虞氏易事一至二，虞氏易言一至二，虞氏易候一，儀禮圖一至六，讀儀禮記一至二，書序述聞一，尚書今古文集解一至三十、附校勘記一，卦本圖考一，尚書大傳輯校一至三，禹貢鄭注釋一至二，羣經宮室圖一至二，隸經文一至四，說文聲類一至十六、聲類出入表一，周易攷異一至二，尚書略說一至二，尚書譜一，大學古義說一至二，論語說義一至十，孟子趙注補正一至六，小爾雅訓纂一至六，過庭錄一至五，毛詩傳箋通釋一至三十二，毛詩後箋一至三十，儀禮古今文疏義一至十七，讀書叢錄一，爾雅匡名一至二十，周官故書攷一至四，儀禮今古文異同疏證一至五，論語魯讀攷一，頑石盧經說一至十，周禮學一至二，儀禮學一，易經異文釋一至六，詩經異文釋一至十六，春秋左傳異文釋一至十，春秋公羊傳異文釋一，春秋穀梁傳異文釋一，夏小正分箋一至四，夏小正異義一至二，春秋左氏古義一至六，儀禮經注疏正譌一至十七，周易虞氏略例一，論語孔注辨偽一至二，說文諧聲譜一至九，春秋穀梁傳時月日書法釋例一至四，求古錄禮說一至十五、補遺一，鄉黨正義一，說文解字音均表一至十七、首一，儀禮正義一至四十，禘祫問答一，實事求是齋經義一至二，十三經詁答問一至六，左傳舊疏考正一至八，春秋朔閏異同一至二，春秋左傳賈服注輯述一至二十，喪禮經傳約一，詩毛氏傳疏一至三十，釋毛詩音一至四，毛詩說一，毛詩傳義類一，鄭氏箋攷徵一，公羊逸禮攷徵一，周禮注疏小箋一至五，大戴禮注補一至十三、附錄一，癸巳類稿一至六，癸巳存稿一至四，尚書餘論一，禹貢錐指正誤一，詩譜攷正一，孝經徵文一，齊詩翼氏學一至四，公羊禮疏一至十一，公羊問答一至二，春秋繁露注一至十七，周易姚氏學一至十六，春秋公羊傳曆譜一至十一，論語古注集箋一至二十，虞氏易消息圖說一，大誓答問一，春秋決事比一，輪輿私箋一至二、附圖一，儀禮私箋一至八，巢經巢經說一，禹貢圖一，東塾讀書記一至十，春秋古經說一至二，穀梁禮證一至二，說文聲讀表一至七，學禮管釋一至十八，穀梁大義述一至三十，春秋釋一，攷工記攷辨一至八，逸周書集訓校釋一至十、逸文一，詩地理徵一至七，喪服會通說一至四，讀儀禮錄一，論語正義一至二十四、附錄一，釋穀一至四，今文尚書經說攷一至三十八，尚書歐陽夏侯遺說攷一，三家詩遺說攷三種一至四十九，毛詩鄭箋改字說一至四，詩經四家異文攷一至五，齊詩翼氏學疏證一至二，禮堂經說一至二，禮記鄭讀攷一至六，爾雅經注集證一至三，公羊義疏一至七十六，白虎通疏證一至十二，禮經通論一，周易爻辰申鄭義一，禹貢鄭氏略例一，書古徵一至十二，詩古徵一至十七，讀書偶識一至十、附一，劉貴陽經說一，穀梁補注一至二十四，周易舊疏考正一，尚書舊疏考正一，讀易漢學私記一，孟子音義攷證一至二，達齋叢說一，周易互體徵一，九族考一，詩名物證古一，士昏禮對席圖一，禮記異文箋一，禮記鄭讀考一，羣經平議一至三十五，古書疑義舉例一至七，禹貢說一，周易釋爻例一，尚書曆譜一至二，禹貢班義述一至三，禮說略一至三，經說略一至二，漢孳室文鈔一至二，昏禮重別論對駁義一至二，隸經賸義一，毛詩譜一，駮春秋名字解詁一，經述一至三）

460000－8542－0000015　018572

石經彙函十種　王秉恩輯　清光緒十六年（1890）四川尊經書局刻本　十一行二十四字小字雙行同上下黑口左右雙邊　十四冊　存七種四十二卷（石經考異一至二、唐石經校文一至十、後蜀毛詩石經殘本一、北宋汴學二體石經記一、石經考文提要一至十三、石經補攷一至十一、儀禮石經校勘記一至四）

460000－8542－0000016　018962

粵雅堂叢書三編　（清）伍崇曜輯　清道光至光緒南海伍氏刻本　九行二十一字上下黑口左右雙邊　三百九十一冊　存一百七十九種一千二百九十四卷（南部新書一至十，中吳紀聞一至六，志雅堂雜鈔一至二，焦氏筆乘一至六、續一至八，東城雜記一至二，奉天錄一至四，咸淳遺事一至二，昭忠錄一，月泉吟社一，谷音一至二，河汾諸老詩集一至八，揭文安公文粹一至二，玉笥集一至十，潞水客談一、附錄一，陶庵夢憶一至八，天香閣隨筆一至二，天香閣集一，芻蕘奧論一至二，唐史論斷一至三，叔苴子內篇一至六、外篇一至二，西洋朝貢典錄一至三，五代詩話一至十，易圖明辨三至七、四書逸箋一至六，古韻標準一至四、詩韻舉例一，四聲切韻表一、凡例一，緒言一至三，聲類一至四，宋遼金元四史朔閏考一至二，國史經籍志一至五、附錄一，文史通義一至八，校讎通義一至三，經義考補正一至十二，小石帆亭五言詩續鈔一至八、首一，蘇詩補注一至八、附志道集一，石洲詩話一至八，北江詩話一至六、玉山草堂續集一至六，虎鈐經一至二十，打馬圖經一，敍古千文一，草廬經略一至十二，字觸一至六，今世說一至八，飲水詩集一、詞集一，雙溪集一至十五、附遺言一，日湖漁唱一、補遺一、續補遺一，瑟譜一至六，秋笳集一至八、附錄一，燕樂考原一至六，絳雲樓書目一至四，述古堂藏書目一至四、宋板書目一，石柱記箋釋一至五，林屋唱酬錄一，焦山紀遊集一，沙河逸老小稿一至六、嶰谷詞一，南齋集一至六、詞一至二，九國志一至十二，胡子知言一至六、疑義一、附錄一，蒿庵閒話一至二，後漢書補注一至二十四，後漢書補表一至八，詩書古訓一至六，十三經音略一至十三、附錄一，說文聲系一至十四，鄭志一至三、附錄一，文館詞林殘一至四，兩京新記殘一，新譯大方廣佛華嚴經音義一至四，道德真經註一至四，太上感應篇注一至二，歷代帝王年表一至三，紀元編一至三、末一卷，中興禦侮錄一至二，襄陽守城錄一，宋季三朝政要一至五、附錄一，詞源一至二，精選名儒草堂詩餘一至三，樓山堂集一至二十七，朱子年譜一至四、考異一至四，韓柳年譜一至八，韓文類譜一至七，疑年錄一至四、續疑年錄一至四，米海嶽年譜一、元遺山先生年譜一至三、附墓圖記略一，崇文總目一至五、補遺一、附錄一，蕘竹堂書目一至六，蕘竹堂碑目一至六，寒山堂金石林時地考一至二，勝飲編一至十八，采硫日記一至三，嵩洛訪碑日記一，通志堂經解目錄一，蘇米齋蘭亭考一至八，石渠隨筆一至八，周官新義一至十六、附考工記解一至二，爾雅新義一至二十、附敘錄一，孫氏周易集解一至十，春秋穀梁傳時月日書法釋例一至四，羣經音辨一至七，詞林韻釋一至二，漢書地理志稽疑一至六，國策地名考一至二十、首一，儀禮石經校勘記一至四，隸經文一至四，樂縣考一至二，國朝漢學師承記一至八、附國朝經師經義目錄一、附國朝宋學淵源記一至二、附記一，顧亭林先生年譜一至四、附錄一，閻潛邱先生年譜一至四，秋園雜佩一，倪文正公年譜一至四，南雷文定前集一至十一、後集一至四、三集一至三、詩歷一至四、世譜一、附錄一，程侍郎遺集一至十、附錄一，李元賓文集文編一至三、外編一至二、續編一，呂衡州集一至十、附考證一，西崑酬倡集一至二，羅鄂州小集一至六、附羅郢州墓誌一、遺文一，樂府雅詞一至六、拾遺一至二，陽春白雪一至八、外集一，揅經室詩錄一至五，孟子音義一至二，兩漢博聞一至十二，春秋五禮例宗一至十，皃易內儀以一至六，皃易外儀一至十五，春秋國都爵姓考一、附補一，儀禮管見一至三、附錄一，孝肅包公奏議一至十，續世說一至十二，寶刻類編一至八，書義主意一至六，羣英書義一至二，焦氏類林一至八，西域釋地一、西陲要略一至四，續談助一至五，益齋亂稿一至十、拾遺一、附集誌一，靜齋至正直記一至四，鳳氏經說一至三，比雅一至十九，廣釋名一至二、首一，乾道臨安志一至十五，京口耆舊傳一至九，輿地碑記目一至四，紹興題名錄一，寶祐登科錄一，河朔訪古記一至三，長物志一至十二，墨志一，唐昭陵石蹟考略一至五、附謁唐昭陵記一，瘞鶴銘考一，小山畫譜一至二，雲中紀程一至二，太清神鑒一至六，漢唐事箋前集一至十二、後集一至八，馭交記一至十二，三國志補注一至六，述學內篇一至三、外篇一、補遺一、別錄一，黔書一至四，續黔書一至八，煙霞萬古樓文集一至六、詩選一至二，仲瞿詩錄一，梅邊吹笛譜一至二、補錄一，帝範一至二，臣軌一至二，羣書治要一至五十，四聲等子一，周易新講義一至十，泰軒易傳一至六，崔舍人玉堂類稿一至二十，西垣類稿一至二、附錄一，唐才子傳一至十，樂經律呂通解一至五，六書轉注錄一至十，延令宋板書目一，墨緣彙觀錄一至四，蜀中名勝記一至三十，補宋書刑法志一，補宋書食貨志一，晉宋書故一，姑溪居士文集一至五十、後集一至二十，授堂文鈔一至八，南北朝文鈔一至二）

460000－8542－0000017　019883

知不足齋叢書二百七種　（清）鮑廷博輯（清）鮑志祖續輯　清乾隆至道光長塘鮑氏刻本　九行二十一字小字雙行同上下黑口左右雙邊　二百二十三冊　存一百八十種七百六十四卷（御覽闕史一至二，古文孝經孔氏傳一，寓簡一至十、附錄一，兩漢刊誤補遺一至十、附錄一，涉史隨筆一，客杭日記一，韻石齋筆談一至二，七頌堂識小錄一，公是先生弟子記一，經筵玉音問答一，碧溪詩話一至十，獨醒雜志一至十、附錄一，梁谿漫志一至十、附錄一，赤雅一至三，諸史然疑一，榕城詩話一至三，入蜀記一至六，猗覺寮雜記一至二，對牀夜語一至五，歸田詩話一至三，南濠詩話一，麓堂詩話一，石墨鐫華一至八，釣磯立談一、附錄一，洛陽搢紳舊聞記一至五，四朝聞見錄一至五、附錄一，金石史一至二，閒者軒帖考一，清虛雜著一至三、補闕一，補漢兵志一，臨漢隱居詩話一，滹南詩話一至三，歸潛志一至十四、附錄一，黃孝子紀程一至二、附傳一、附畫冊一，虎口餘生記一，澹生堂藏書約一、附流通古書約一，苦瓜和尚畫語錄一，玉壺清話一至十，愧郯錄一至十五，碧雞漫志一至五，樂府補題一，蛻巖詞一至二，論語集解義疏一至十，離騷草木疏一至四，游宦紀聞一至十，默記一，南湖集一至十、附錄一至三，蘋州漁笛譜一至二，金樓子一至六，鐵圍山叢談一至六，農書一至三，蠶書一，於潛令樓公進耕織二圖詩一、附錄一，湛淵靜語一至二，責備餘談一至二、附錄一，續孟子一至二，伸蒙子一至三、附家傳一，麟角集一、附録一，蘭亭考一至十二、附羣公帖跋一，蘭亭續考一至二，石刻鋪敘一至二、附録一，江西詩社宗派圖録一、附江西詩派小序一，萬柳溪邊舊話一，詩傳注疏一至三，顔氏家訓一至七、附攷證一，江南餘載一至二，五國故事一至二，故宫遺録一，伯牙琴一、續補一，洞霄詩集一至十四，石湖詞一、補遺一、附和石湖詞一，花外集一，昌武段氏詩義指南一，離騷集傳一，江淮異人録一，慶元黨禁一，酒經一至三，山居新話一，鬼董一至五，墨史一至三，畫訣一，畫筌一，今水經一、表一，佐治藥言一、續一，相臺書塾刊正九經三傳沿革例一，元真子一至三，翰苑羣書一至二，朝野類要一至五，碧血録一至二、附周端孝先生血書貼黄冊一，逍遥集一，百正集一至三，張子野詞一至二、補遺一至二，貞居詞一、補遺一，籟紀一，潛虚一、附潛虚發微論一，袁氏世範一至三、附集事詩鑒一，天水冰山録不分卷、附録一、附鈐山堂書畫記一，新唐書糾繆一至二十、附録一，修唐書史臣表一，洞霄圖志一至六，聱隅子歔欷瑣微論一至二，世緯一至二、附録一，皇宋書録一至三，宣和奉使高麗圖經一至四十、附録一，武林舊事一至十、附録一，錢塘先賢傳贊一、附録一，五代史纂誤一至三，嶺外代答五至十，南窗紀談一，蘇沈内翰良方一至十，浦陽人物記一至二，宜州乙酉家乘一，吳船録一至二，清波雜志一至十二、别志一至三，蜀難敍略一，灊山集一至三、補遺一、附録一，頤菴居士集一至二，文苑英華辯證一至十，詩紀匡謬一，西塘集耆舊續聞一至十，山房隨筆一，勿菴歷算書目一，黄山領要録一至二，世善堂藏書目録一至二，蘆浦筆記一至十，五代史記纂誤補一至四，山靜居畫論一至二，茗香詩論一，孝經鄭註一、附補證一，孝經鄭氏解一，粤行紀事一至三，滇黔土司婚禮記一，三山鄭菊山先生清雋集一，所南翁一百二十圖詩集一、附錦錢餘笑一、附録一，鄭所南先生文集一，重彫足本鑒誡録一至十，侯鯖録一至八，松窗百説一，北軒筆記一，藏海詩話一，吳禮部詩話一，畫墁集一至八、補遺一，澠水燕談録一至十，石湖紀行三録攬轡録一，驂鸞録一、附桂海虞衡志一，北行日録一至二，放翁家訓一，庶齋老學叢談一至三，湛淵遺稿一至三、補一，趙待制遺稿一、附王國器詞一，灤京雜詠一至二，陽春集一，草窗詞一至二、補一至二，吹劍録外集一，宋遺民録五至十五，天地間集一，宋舊宫人詩詞一，竹譜詳録一至七，書學捷要一至二，履齋示兒編一至二十三、附校補一、覆校一，霽山先生集一至五、首一、拾遺一，五行大義一至五，負暄野録一至二，古刻叢鈔一，梅花喜神譜一至二，斜川集一至六、附録一至二、訂誤一，道命録一至十，曲洧舊聞一至二，字通一，輯古算經一至三，雲林石譜一至三、附緺雲石圖記一，夢粱録一至十二、十七至二十，靜春堂詩集一至四、附録一至三、附紅蕙山房吟稿一、附録一，梧溪集一至七、補遺一，困學齋雜録一，克庵先生尊德性齋小集一至三、補遺一，麈史一至三，全唐詩逸一至三，中吳紀聞一至六，廣釋名一）

460000－8542－0000018　020226

文選樓叢書三十二種　（清）阮亨輯　清道光二十二年(1842)儀徵阮亨珠湖草堂刻匯印本

十行二十字小字雙行同白口四周雙邊　一百五冊　存二十九種四百二十一卷（揅經室一集一至十四、二集一至八、三集一至五、四集一至二、四集詩一至十一、續集一至十一、再續集一至七、外集一至五，禮經釋例一至十三、首一，孝經義疏補一至九、首一，詁經精舍文集一至十四，述學一至二，儀禮石經校勘記一至四，七經孟子考文併補遺一至一百九十三，雕菰集一至二十四，蜜梅花館詩録一、文録一，曾子注釋一至四、敘録一，恒言録一至六，揅經室詩録一至五，淮海英靈集甲集一至四、乙集一至四、丙集一至四、丁集一至四、戊集一至四、壬集一、癸集一，定香亭筆談一至四，小滄浪筆談一至四，廣陵詩事一至十，儀鄭堂文一至二，八甎吟館刻燭集一至三，歷代帝王年表不分卷，帝王廟謚年諱譜一，新刊古列女傳五至七、附續列女傳一卷，地球圖説一卷、附補圖一卷，積古齋鐘鼎彝器款識一至十，小琅嬛叢記一至二，漢延熹西嶽華山碑考

一至四，石渠隨筆一至三、七至八，周無専鼎銘攷一，呻吟語選一至二，漑亭述古録一至二）

460000－8542－0000019　020106

式訓堂叢書四十一種　（清）章壽康輯　清光緒會稽章氏刻本　十一行二十一字小字雙行同上下黑口四周單邊　二十四冊　存二十八種九十六卷［古易音訓一至二，傳經表一、通經表一，漢書西域傳補注一至二，晉書地理志新補正一至五，乾道臨安志一至三（原缺四至十五）、札記一，弟子職集解一，呂子校補一至二，竹汀先生日記鈔一至三，經籍跋文一，對策一至六，拜經樓藏書題跋記一至五、附録一，曝書雜記一至三，漑亭述古録一至二，誌銘廣例一至二，金石例補一至二，春秋夏正一至二，家語疏證一至六，鐘山札記一至四，龍城札記一至三，知聖道齋讀書跋一至二，平津館鑒藏記書籍一至三、補遺一、續編一，廉石居藏書記一至二，銅熨斗齋隨筆一至八，癖談一至六，疑年表一、太歲超辰表一至三，後甲集一至二，晚學集一至八、元魏熒陽鄭文公摩崖碑跋一］

460000－8542－0000020　020147

平津館叢書三十八種　（清）孫星衍輯　清光緒十一年(1885)吳縣朱氏槐盧家塾刻本　九行二十一字小字雙行同白口左右雙邊　三十七冊　存三十三種二百五十四卷（六韜一至六、附逸文一，魏武帝註孫子一至三，吳子一至二，司馬灋一至二，黄帝五書五種六卷，漢禮器制度一，漢官一、漢官解詁一，漢舊儀一至二、附補遺一至二，漢官儀一至二，漢官典職儀式選用一，漢儀一，魏三體石經遺字考一，琴操一至二、附補遺一，穆天子傳一至六、附録一，竹書紀年一至二，譙周古史考一，華氏中藏經一至三，素女方一，千金寶要一至六，秘授清寧丸方一，寰宇訪碑録一至十二、附刊謬一，古刻叢鈔一，建立伏博士始末一至二，三輔黄圖一，説文解字六至十五，渚宫舊事一至五、附補遺一，孔子集語一至十七，梅氏古文尚書考異一至六，續古文苑一至二十，古文尚書馬鄭注一至十，尚書逸文一至二，抱樸子内篇一至二十、外篇一至五十、附篇一至十，尚書今古文注疏一至三十）

460000－8542－0000021　020328

春暉堂叢書十二種　（清）徐渭仁輯　清同治上海徐氏刻本　九行二十二字小字雙行同上下黑口四周雙邊　十八冊　存十一種三十六卷（來齋金石刻考略一至三、寓意録一至四、煙霞萬古樓詩選一至二、仲瞿詩録一、秋紅丈室遺詩一、陔南池館遺集一至二、雙樹生詩草一、紀半樵詩一、思適齋集一至十八、儀鄭堂殘稾一至二、賜硯齋題畫偶録一）

460000－8542－0000022　018912

十萬卷樓叢書三編五十一種　（清）陸心源輯　清光緒歸安陸氏刻本　十行十九字小字雙行二十六字上下黑口四周雙邊　二十八冊　存二十五種一百五十七卷（明本排字九經直音一至二、補遺一，周秦刻石釋音一，切韻指掌圖一、附檢圖之例一，許國公奏議一至三，歲時廣記十一至十五、圖説一、末總載一，衍極一至三，書經注一至四，資治通鑑釋文一至五，東萊呂紫微師友雜誌一，東萊呂紫微雜説一，可書一，東原録一，地理葬書集注一、附葬書問對一，太上老子道德經集解一至二，夷堅志甲集一至二十、乙集一至二十、丙集一至二十、丁集一至二十，靖康要録一至三、七至十二，寶刻叢編一至六，至書一，宋徽宗聖濟經七至十，衛生家寶産科備要一至八，續談助一至五，續考古圖釋文一，雲煙過眼録一至二，雲煙過眼録續集一，新編分門古今類事一至四）

460000－8542－0000023　018940

小萬卷樓叢書十七種　（清）錢培名輯　清光緒四年(1878)金山錢氏刻本　十行二十字白口左右雙邊　十冊

460000－8542－0000024　019353

粤雅堂叢書三編　（清）伍崇曜輯　清道光至光緒間南海伍氏刻本　九行二十一字上下黑口左右雙邊　八十二冊　存五十四種四百五卷（南部新書一至十，天香閣隨筆一至二，天香閣集一，芻蕘奥論一至二，唐史論斷上，五代詩話四至七,石洲詩話一至八,雙溪集一至七,絳雲樓書目一至四,述古堂藏書目一至四、宋板書目一,九國志七至十二,後漢書補注一至二十四,後漢書補表一至八,詩書古訓一,十三經音略一至十三、附錄一,太上感應篇注一至二,歷代帝王年表一至三,紀元編一至三、末一,崇文總目四至五、補遺一、附錄一,勝飲編一至十八,采硫日記一至三,嵩洛訪碑日記一,通志堂經解目錄一,群經營辨一至七,漢書地理志稽疑五至六,南雷文定詩曆一至二,西昆酬倡集一至二,兩漢博聞六至十一,春秋五禮例宗一至十,儀禮管見卷上之四至六、中、下,孝肅包公奏議一至十,寶刻類編一至八,焦氏類林一至七,漢唐事箋前集一至十二、後集一至八,駁交記一至十二,述學內篇一至三、外篇一、補遺一、別錄一,黔書一至四,續黔書三至八,煙霞萬古樓文集五至六、詩選一至二、仲瞿詩錄一,群書治要一至五十,四聲等子一,周易新講義一至三、七至十,泰軒易傳一至六,崔舍人玉堂類稿一至二十、西垣類稿一至二、附錄一,唐才子傳一至五,樂經律呂通解一至二,六書轉注錄一至十,延令宋板書目一,墨緣彙觀錄一至三,蜀中名勝記十三至十八,補宋書刑法志一,補宋書食貨志一,晉宋書故一,姑溪居士文集一至三十五、後集一至十)

460000－8542－0000025　019435

南雷文定前集十一卷後集四卷三集三卷詩曆四卷世譜一卷附錄一卷　(清)黃宗羲撰　清咸豐三年(1853)南海伍氏刻粵雅堂叢書本　九行二十一字上黑口左右雙邊　三冊　存五卷(南雷文定前集一至五)

460000－8542－0000026　020130

式訓堂叢書四十一種　(清)章壽康輯　清光緒會稽章氏刻本　十一行二十一字小字雙行同上下黑口四周單邊　十冊　存十五種五十卷(古易音訓一至二,傳經表一、通經表一,漢書西域傳補注一至二,經籍跋文一,對策一至六,拜經樓藏書題跋記一至三,誌銘廣例一至二,金石例補一至二,春秋夏正一至二,鍾山札記一至四,龍城札記一至三,平津館鑒藏記書籍一至三、補遺一、續編一,廉石居臧書記一至二,銅熨斗齋隨筆一至八,瓣談一至六)

460000－8542－0000027　020140

揅經室集一集十四卷二集八卷三集五卷四集二卷詩十一卷續集十一卷再續集六卷外集五卷　(清)阮元撰　清道光刻文選樓叢書本　十行二十字小字雙行同白口四周雙邊　七冊　存十七卷(揅經室集一集一至三、二集三至七、四集詩一至三、續集一、再續集一至二、外集三至五)

460000－8542－0000028　057381

詩韻辨字略五卷　(清)秦端崖輯　清嘉慶二十四年(1819)江漢書院刻本　九行字數不等白口四周雙邊　一冊

460000－8542－0000029　017555

皇清經解續編二百九種一千四百三十卷　王先謙編　清光緒十四年(1888)南菁書院刻本　十一行二十四字小字雙行同白口左右雙邊　一百五十一冊　存九十九種六百九十五卷(九經誤字一,周易稗疏一至四,詩經稗疏一至四,春秋稗疏一至二,四書稗疏一至三,春秋占筮書一至三,續詩傳鳥名一至三,白鷺洲主客說詩一,郊社禘祫問一,大小宗通繹一,孝經問一,禮記偶箋一至三,尚書古文疏證一至九,春秋長曆一至十,儀體釋宮增注一,儀禮釋例一,禮記訓義擇言一至八,春秋大事表一至六十六、輿圖一,天子肆獻祼饋食禮纂一至二,朝廟宮室考並圖一、附田賦考,易例一至二,易漢學一至八,明堂大道錄一至八,禘說一至二,晚書訂疑一至三,卦氣解一,周官記一至五,周官說一至二,周官說補一至三,儀禮管見一至十七,爾雅補郭一至二,鄭氏儀禮目錄校證一,深衣釋例一至三,詩聲類一至十二、詩聲分例一,經傳小記一,國語補校一,車制考一,群經義證一至八,釋服一至二,孟子四考一至四,毛詩考證一至四,毛詩周頌口義一至三,五經小學述一至二,詩書古訓一至十,春秋左傳詁一至二十,左通補釋一至三十二,周易述補一至五,易圖條辨一,虞氏易事一至二,虞氏易言一至二,虞氏易候一,儀禮

圖一至六,讀儀禮記一至二,書序述聞一,尚書今古文集解十二至三十、附校勘記一,卦本圖考一,尚書大傳輯校一至三,禹貢鄭注釋一至二,群經宮室圖一至二,隸經文一至四,說文聲類一至十六、聲類出入表一,周易考異一至二,尚書略說一至二,尚書譜一,大學古義說一至二,孟子趙注補正一至六,小爾雅訓纂一至六,過庭錄一至五,毛詩傳箋通釋一至三十二,毛詩後箋一至三十,儀禮古今文疏義一至十七,讀書叢錄一,爾雅匡名一至二十,周官故書考一至四,儀禮今古文異同疏證一至五,論語魯讀考一,頑石廬經說一至十,周禮學一至二,儀禮學一,易經異文釋一至六,詩經異文釋一至十六,春秋左傳異文釋一至十,春秋公羊傳異文釋一,春秋穀梁傳異文釋一,夏小正分箋一至四,夏小正異義一至二,春秋左氏古義一至六,春秋左氏傳補注一至十二,春秋左氏傳地名補注一至十二,儀禮經注疏正譌一至十七,周易虞氏略例一,論語孔注辨偽一至二,國語發正一至二十一,說文諧聲譜一至九,春秋穀梁傳時月日書法釋例一至四,求古錄禮說一至十五、補遺一,鄉黨正義一,說文解字音均表一至十七、首一,儀禮正義一至四十)

460000－8542－0000030　020221

義門讀書記五十八卷　(清)何焯撰　(清)蔣維鈞編　清乾隆三十四年(1769)長洲蔣氏刻本　十四行二十二字小字雙行同上下黑口左右雙邊　五冊　存三十三卷(四書一至六、詩一至二、左氏春秋一至二、公羊春秋一、穀梁春秋一、史記上、前漢書一至六、後漢書一至五、三國志一至三、五代史一、昌黎集一、杜工部集五至六、李義山詩集一至二)

460000－8542－0000031　021012

說鈴二集五十三種　(清)吳震方輯　清嘉慶四年(1799)刻本　九行二十一字上下黑口左右雙邊　二十三冊　存五十種六十三卷(冬夜箋記一、隴蜀餘聞一、安南雜記一、奉使俄羅斯日記一、筠廊偶筆一至二、金鰲退食筆記一至二、扈從西巡日錄一、塞北小鈔一、松亭行紀一至二、天祿識餘一至二、西征紀略一、滇行紀程一、東還紀程一、絕域紀略一、揚州鼓吹詞序一、粵述一、粵西偶記一、滇黔紀遊一、京東考古錄一、山東考古錄一、救文格論一、雜錄一、守汴日志一、坤輿外紀一、臺灣紀略一、臺灣雜記一、安南紀遊一、峒谿纖志一、泰山紀勝一、匡廬紀遊一、登華記一、遊雁蕩山記一、甌江逸志一、嶺南雜記一至二、讀史吟評一、湖壖雜記一、談往一、板橋雜記一至三、簪雲樓雜說一、天香樓偶得一、蚓庵瑣語一、見聞錄一、冥報錄一至二、現果隨錄一、果報聞見錄一、信徵錄一、曠園雜誌一至二、述異記一至三、蓴鄉贅筆一至三、觚賸一)

460000－8542－0000032　020442

咫進齋叢書三集三十七種　(清)姚覲元輯　清光緒九年(1883)歸安姚氏刻本　十三行二十二字小字雙行同上黑口左右雙邊　九冊　存十七種四十卷(春秋公羊禮疏一至四,說文答問疏證一至六、附墓誌銘,瘞鶴銘圖考一,蘇齋唐碑選一,姚氏藥言一,大雲山房十二章圖說一至二,大雲山房雜記一至二,棠湖詩稿一,春草堂遺稿一,小爾雅疏證一至五,說文檢字一至二、補遺一,古今韻攷一至四,前徽錄一,三十五舉一、附校勘記一,再續三十五舉一,安吳論書一,說文新附攷一至四)

460000－8542－0000033　020424

國朝文錄初編四十種續編五十種　(清)李祖陶輯　清道光十九年(1839)瑞州府鳳儀書院刻同治七年(1868)續刻本　九行二十五字小字雙行不等白口四周雙邊　二十冊　存三十九種六十六卷(南雷文錄一至三、壯悔堂文錄一至二、恥躬堂文錄一至二、四照堂文錄一至二、湘帆堂文錄一、水田居文錄一至二、潛庵先生遺藁文錄一至二、愚山先生文錄一至二、午亭文錄一至三、朱文端公文集一至二、孫文定公文錄一、鮚埼亭集文錄一至四、鹿洲文錄一至三、白鶴堂文錄一、厚岡文錄一至二、陶士升先生荑江文錄一、劉寄庵文錄一至二、姚端恪公文錄一至二、變雅堂文錄一、白茅堂文錄一至二、砥齊文錄一、聰山文錄一、改亭文錄一至三、三魚堂文錄一、蒼峴山人文錄一、憺園文錄一至二、趙忠毅公文錄一至二、白田草堂文錄一、梅莊文錄一、梅崖居士集文錄一至二、四知堂文錄一、孺廬先生文錄一、雙桂堂文錄一至二、松泉文錄一、香國集文錄一、小倉山房文錄一至二、韞山堂文錄一、竹香齊文錄一、養一齊文錄一)

460000－8542－0000034　020190

王氏叢書　王先謙編　清光緒十八年(1892)思賢講舍刻本　十一行二十四字小字雙行同上下黑口左右雙邊　三十一冊　存十四種一百二十四卷(晉書地理志新補正五卷,荀子集解二十卷,長安志二十卷,世說新語三卷、附釋名一卷,世說新語佚文一卷,世說新語考證一卷,世說新語校刊小識一卷、補一卷,世說新語引用書目一卷,潛夫論十卷,周易集解簒疏三十六卷、首一卷,鹽鐵論十卷、附校勘小識一卷,六藝綱目二卷、附錄一卷,三輔黃圖六卷、附補遺一卷,晉太康三年地志一卷、晉書地道記一卷)

460000－8542－0000035　020359

國朝耆獻類徵初編四百八十卷首二百四卷目錄二十卷通檢十卷國朝賢媛類徵初編十二卷　(清)李桓輯　清光緒十年至十六年(1884－1890)湘陰李氏刻本　十行二十五字小字雙行同白口四周雙邊　六十冊　存一百四十卷(十五至十六、八十五至八十六、一百三十八至一百三十九、一百五十九至一百六十、一百八十九至一百九十、二百五至二百六、二百十一至二百十四、二百十九至二百二十、二百二十七至二百二十八、二百三十一至二百三十二、二百四十一至二百四十二、二百五十一至二百五十二、二百五十九至二百六十、二百六十五至二百六十八、二百八十九至二百九十四、三百一至三百四、三百七至三百八、三百十三至三百二十、三百二十七至三百三十、三百三十三至三百三十四、三百四十九至三百五十、三百九十五至四百、四百七至四百八、四百十五至四百十六、四百十九至四百二十二、四百四十五至四百四十六、四百六十一至四百六十四、四百六十七至四百七十二,首一至五、一百四至一百十八、一百三十六至一百四十四、一百九十三至二百四,目錄一至六,通檢一至三,國朝賢媛類徵初編一至二、十一至十二)

460000－8542－0000036　020451

咫進齋叢書三集三十七種　(清)姚覲元輯　清光緒九年(1883)歸安姚氏刻本　十三行二十二字小字雙行同上黑口左右雙邊　九冊　存十七種(春秋公羊禮疏一至二,瘞鶴銘圖考一,蘇齋唐碑選一,姚氏藥言一,咽喉脈證通論一,務民義齋算學七種,大雲山房十二章圖說一至二,大雲山房雜記一至二,棠湖詩稿一,春艸堂遺稿一,說文引經攷上,說文檢字一至二、補遺一,古今韻攷一至四,前徽錄一,中州金石目一至四、補遺一,違礙書目一,慎疾芻言一)

460000－8542－0000037　020923

漢學堂叢書二百十五種　(清)黃奭輯　清道光甘泉黃氏刻光緒印本　九行十七字上下黑口四周單邊　七十六冊　存一百九十六種二百二十一卷(子夏易傳一,易章句一,易章句一,易傳一,易章句一,易注一,易章句一,易注一,易述一,九家易集注一,易義一,易注一,易義一,易注一,易集解一,易注一,易注一,乾坤義一,系辭義疏一,易注一,易注一,周易講疏一,易注一,易探玄一,易音注一,尚書章句一,尚書義疏一,魯詩傳一,齊詩傳一,毛詩注一,毛詩注一,毛詩申鄭義一,毛詩異同評一,周官傳一,周官注一,儀禮喪服經傳一,儀禮喪服注一,喪服變除圖一,禮記解詁一,月令章句一,三禮圖一,三禮義宗一,春秋左氏解詁一,春秋左氏傳解誼一,春秋土地名一,春秋左氏傳述義一,春秋盟會圖一,春秋穀梁傳注一,穀梁傳例一,春秋後傳一,五經通義一,爾雅古義一至十二,辨釋名一,倉頡篇一,凡將篇一,通俗文一,勸學篇一,古今字詁一,埤倉一,字指一,文字集略一,字略一,音譜一、附聲譜一,韻略一,開元文字音義一,唐韻一至二,韻海鏡源一,切韻一,河圖緯一,河圖括地象一、附括地圖,河圖帝覽嬉一,河圖稽命徵一,河圖稽耀鉤一,龍魚河圖一,河圖始開圖一,雒書一,雒書甄曜度一,雒書靈准聽一,雒書摘六辟一,易緯一,易乾鑿度鄭氏注一,易乾坤鑿度鄭氏注一,易是類謀鄭氏注一，易坤靈圖鄭氏注一，易乾元序制記鄭氏注一，尚書璇機鈐一，尚書帝命驗一，尚書刑德放一，尚書運期授一，詩緯一，詩含神霧一，詩推度災一，禮緯一，禮含文嘉一，禮稽命徵一，樂緯一，春秋說題辭一，春秋元命苞一，春秋文耀鉤一，春秋運斗樞一，春秋感精符一，春秋合誠圖一，春秋考異郵一，春秋保乾圖一，春秋佐助期一，春秋握誠圖一，春秋潛潭巴一，春秋命厤序一，春秋內事一，論語摘輔象一，論語摘衰聖一，孝經一，孝經鉤命決一，孝經援神契一，孝經緯一，孝經內記圖一，河圖聖洽符一，論語撰考讖、論語陰嬉讖、論語崇爵讖、論語素王受命讖、論語紀滑讖、論語讖一，論語比考讖一，孝經雌雄圖一，遁甲開山圖一，典論一，物理論一，六韜一，法經一，公羊治獄一，范子計然一，神農本草經一至三，乾象術一，易元包一，淮南王萬畢術一，鐘律書一，琴操一，古今樂錄一，魏皇覽一，逸莊子一，莊子注一，漢後書一，後漢書注一，後漢書一，後漢書一，晉書一，晉書一，晉中興書一、附徵祥說，晉書一，晉書一，竹書紀年一，後漢記一，晉書一、附惠帝起居注一，晉紀一，漢晉春秋一，晉紀一，晉陽秋一，晉紀一，晉安帝紀一，晉紀一，續晉陽秋一，晉起居注一，衆家晉史一，尚書百兩篇一，國語解詁一，國語注一，國語注一，國語章句一，國語注一，春秋後語一，楚漢春秋一，伏侯古今注一，英雄記一，戰略一，九州春秋一，晉諸公贊一，晉後略一，晉八王故事一，晉四王遺事一，喪服要記一，三輔決錄一，孝子傳一，孝子傳一，孝子傳一，唐明皇月令注解一，晉太康三年地記一，晉書地道記一，括地志一，漢官解詁一，漢官一，漢官儀一，漢官典儀一，漢儀一，晉百官名一，晉公卿禮秩一、附晉故事一，晉百官表注一，石渠禮論一，漢舊儀一，問禮俗一，高密遺書十種十一卷）

460000－8542－0000038　020877

廣漢魏叢書八十種　（明）何允中輯　清嘉慶刻本　九行二十字小字雙行同白口左右雙邊　四十七册　存五十種二百二十三卷（易傳一至三，周易略例一，古三墳一，詩傳孔氏傳一，韓詩外傳一至十，大戴禮記一至十三，白虎通一至四、補遺一、又闕文一，獨斷一，忠經一，孝傳一，吳越春秋四至六，越絕書一至十五，鄴中記一，竹書紀年一，穆天子傳一至六，漢武帝内傳一至二，飛燕外傳一，參同契一，陰符經一，素書一，心書一，孫子一至二，新語一至二，新書一至十，新序一至十，新論一至十，孔叢一至二、附詰墨一，法言一至十，申鑒一至五，中論一至二，中說一至二，潛夫論一至十，神異經一，海內十洲記一，述異記一至二，別國洞冥記一至四，西京雜記一至六，拾遺記一至十，風俗通義一至十，人物志一至三，文心雕龍一至十，詩品一至三，顏氏家訓一至七、附考證一，鹽鐵論一至十二，三輔黃圖一至六、補遺一，水經一至二，星經一至二，荊楚歲時記一，南方草木狀一至三，竹譜一）

460000－8542－0000039　020441

三長物齋詩略五卷夏小正試帖一卷　（清）黃本驥撰　清道光湘陰蔣環刻光緒四年（1878）古香書閣印三長物齋叢書本　十行二十一字小字雙行同白口四周雙邊　一册

460000－8542－0000040　020488

函海　（清）李調元輯　清光緒七年至八年（1881－1882）廣漢鍾登甲樂道齋刻本　十行二十字白口四周雙邊　四十七册　存七十三種三百十二卷（長短經六至九，說文解字韻譜一至四，素履子一至三，廣成子解一，蜀檮杌一至二，金華子雜編一至二，敷文鄭氏書說一，洪範統一一，蘇氏演義一至二，程氏考古編一至十，唐史論斷一至三，藏海詩話一，益州名畫錄一至三，韓氏山水純全集一，樂府侍兒小名錄一至二，諸家藏書簿一至十，農書一至三，芻言一至三，常談一，張氏可書一，珍席放談一至二，鶴山筆錄一，州縣提綱一至四，辯誣筆錄一，家訓筆錄一，舊聞證誤一至四，建炎以來朝野雜記甲集十八至二十、乙集一至五，建炎筆錄一至三，諸蕃志一至二，省心雜言一，龍洲集一至十，燕魏雜記一，龍龕手鑑一至四，雪履齋筆記一，日聞錄一，鳴鶴餘音一、附錄一，吳中舊事一，夾漈遺稿一至三，詩音辯略一至二，法貼神品目一，名畫神品目一,墨池瑣錄一至四,麗情集一、厈麗情集一,墐戶錄一,異魚圖贊補一至三、異魚贊閏集一,雲南山川志一,滇載記一,玉名詁一,俗言一,升庵年譜一,金石存一至十五,粵風一至四,鄭氏古文尚書證訛一至十一,童山詩音說一至四,左傳官名考一至二,春秋三傳比一至二,春秋左傳會要一至四,尚書古字辨異一,南越筆記十一至十六,通俗編六至十一、十八至二十五,雨村詩話一至二,賦話一至十,雨村詞話一至四,雨村曲話一至二,諸家藏畫簿七至十,方言藻一至二,奇字名一至十二,井蛙雜記一至六,蜀雅一至十二,全五代詩九至二十二、三十一至五十二、六十一至七十五,醒園錄一至二,粵東皇華集一至四,羅江縣志一至十)

460000－8542－0000041　016787

十三經注疏十三種三百四十六卷附考證　(清)瑞麟總纂　(清)鍾謙鈞校勘　清同治十年(1871)廣東書局重刻乾隆武英殿本　十行二十一字小字雙行同白口左右雙邊　一百二十冊

460000－8542－0000042　020184

王益吾所刻書十一種　王先謙編　清光緒九年(1883)長沙王氏刻本　八行二十四字小字雙行同白口四周雙邊　六冊　存五種十二卷(魏鄭公諫錄一至五、魏鄭公諫續錄一至二、魏文貞公故事拾遺一至三、魏文貞公年譜一、新舊唐書合注魏徵列傳一)

460000－8542－0000043　020999

說鈴二集五十三種　(清)吳震方輯　清嘉慶二十四年(1819)寶善堂刻本　九行二十一字上下黑口左右雙邊　十三冊　存五十種六十三卷(冬夜箋記一、隴蜀餘聞一、安南雜記一、奉使俄羅斯日記一、筠廊偶筆一至二、金鰲退食筆記一至二、扈從西巡日錄一、塞北小鈔一、松亭行紀一至二、天祿識餘一至二、西征紀略一、滇行紀程一、東還紀程一、絕域紀略一、揚州鼓吹詞序一、粵述一、粵西偶記一、滇黔紀遊一、京東考古錄一、山東考古錄一、救文格論一、雜錄一、守汴日志一、坤輿外紀一、臺灣紀略一、臺灣雜記一、安南紀遊一、峒谿纖志一、泰山紀勝一、匡廬紀遊一、登華記一、遊雁蕩山記一、甌江逸志一、嶺南雜記一至二、讀史吟評一、湖壖雜記一、談往一、板橋雜記一至三、簪雲樓雜說一、天香樓偶得一、蚓庵瑣語一、見聞錄一、冥報錄一至二、現果隨錄一、果報聞見錄一、信徵錄一、曠園雜志一至二、述異記一至三、尊鄉贅筆一至三、觚賸一)

460000－8542－0000044　020860

雙槐歲鈔十卷附錄一卷　(明)黃瑜撰　清道光十一年(1831)南海伍氏刻嶺南遺書本　十一行二十二字小字雙行同上下黑口四周單邊　三冊

460000－8542－0000045　020840

嶺南遺書　(清)伍元薇　(清)伍崇耀輯　清道光十一年至三十年(1831－1850)南海伍氏粵雅堂文字歡娛室刻同治二年(1863)增刻本　十一行二十二字小字雙行同上下黑口四周單邊　三十五冊　存三十一種一百六十八卷(雙槐歲鈔九至十、附錄一,廣州人物傳七至十四,翰林記一至九,革除遺事節本一至六,百越先賢志一至四,劉希仁文集一、附錄一,理學簡言一,疑耀二至六,春秋詩話一至五,崔清獻公集一至五、附錄一,崔清獻公言行錄一至三,羅浮志一至十,小學古訓一,龐氏家訓一,昭代經濟言五至七,周易爻物當名一至二,史見一至二,迂言百則一,賡和錄一至二,周易略解一至五,重訂三家詩拾遺一至七,潛虛述義一至四、考異一,五山志林一至三,南漢紀一至五,端溪硯史一至三,粵詩蒐逸一至四,補後漢書藝文志一至四,補三國藝文志一至四,毛詩通考一至三十,毛詩識小一至十七,蠡勺編一至三、八至十一)

460000－8542－0000046　021135

廣雅書局叢書一百六十二種　(清)廣雅書局輯　清光緒廣雅書局刻本　十一行二十四字小字雙行同上下黑口四周單邊　二十七冊　存二十二種九十一卷(三國職官表上、下,宋州郡志校勘記一,魏書校勘記一,晉書校勘記二至五，補晉兵志一，新舊唐書互證一至五，諸史考異一至七、十四至十八，人表考三至九、補一、附錄一，補三國藝文志一至四，三國志辨疑一至三，補遼金元藝文志一，愈愚錄一至六，爾雅匡名九至二十，孟子趙注補正一至六，孟子劉注一，陳司業遺書掌錄一至二，學詁齋文集一至二，後漢書補表一至八，補續漢書藝文志一，後漢郡國令長攷一，後漢書補注續一，三國志攷證一至八）

460000－8542－0000047　021527

滂喜齋叢書四函五十種　（清）潘祖蔭輯　清同治、光緒間吳縣潘氏京師刻本　十一行二十三字小字雙行同上下黑口左右雙邊　二十六冊　存四十七種九十二卷（虞氏易消息圖說初稾一；大誓答問一；求古錄禮說補遺一、續一；公羊逸禮考徵一；喪禮經傳約一；京畿金石考一至二；止觀輔行傳宏決一；炳燭編一至四；橋西雜記一；蕙西先生遺稿一；張文節公遺集一至二；越三子集三種亢藝堂集一至三、陳比部遺集一至三、西鳧草一；啗敢覽館稿一；卦本圖攷一；尚書序錄一；春秋左氏古義一至六；說文管見一至三；古韻論一至三；鹽法議略一；黃帝內經素問校義一；藝芸書舍宋元本書目一至二；玉井山館筆記一；舊遊日記一；宋四家詞選一；癸酉消夏詩一；南苑唱和詩一；別雅訂一至五；許印林遺著一；鈕非石遺文一；炳燭室雜文一；天馬山房詩別錄一；沈四山人詩錄一至六、附錄一；吳郡金石目一；稽瑞樓書目一至四；懷舊集一至二；愛吾廬文鈔一；劉貴陽說經殘稿一；劉氏遺箸一；寶鐵齋金石文跋尾一至三；百塼考一；簠齋傳古別錄一；陳簠齋丈筆記一、手劄一；鮑臆園丈手劄一；幽夢續影一；徐元歎先生殘稾一；二苕詩集二種萬卷書屋詩存一，楙花盦詩一至二、附錄一、外集一；石氏喬梓詩集二種聽雨樓詩一，葵青居詩錄一、附夢蝖草一）

460000－8542－0000048　021104

經訓堂叢書二十一種　（清）畢沅輯　清光緒十三年（1887）上海大同書局石印本　十四行三十三字小字雙行同白口四周雙邊　七冊　存十二種八十六卷（山海經一至十八，夏小正攷注一，老子道德經攷異一至二，晏子春秋一至七、附晏子春秋音義一至二，釋名疏證一至八、釋名補遺一、續釋名一，釋名疏證一至八、補遺一、續釋名一，王隱晉書地道記一，晉太康三年地記一，晉書地理志新補正一至五，三輔黃圖一至六、補遺一，長安志一至十四，關中金石記一至八）

460000－8542－0000049　021553

滂喜齋叢書四函五十種　（清）潘祖蔭輯　清同治、光緒間吳縣潘氏京師刻本　十一行二十三字小字雙行同上下黑口左右雙邊　十三冊　存三十五種六十九卷（虞氏易消息圖說初稾一；大誓答問一；求古錄禮說補遺一、續一；公羊逸禮考徵一；喪禮經傳約一；京畿金石考一至二；止觀輔行傳宏決一；橋西雜記一；蕙西先生遺稿一；張文節公遺集一至二；越三子集三種亢藝堂集一至三、陳比部遺集一至三、西鳧草一；啗敢覽館稿一；壬申消夏詩一；春秋左氏古義三至六；說文管見一至三；古韻論一至三；鹽法議略一；黃帝內經素問校義一；藝芸書舍宋元本書目一至二；玉井山館筆記一；舊遊日記一；宋四家詞選一；癸酉消夏詩一；南苑唱和詩一；別雅訂一至五；許印林遺著一；非石日記鈔一；鈕非石遺文一；炳燭室雜文一；天馬山房詩別錄一；沈四山人詩錄一至六、附錄一；吳郡金石目一；稽瑞樓書目一至四；二苕詩集二種萬卷書屋詩存一，楙花盦詩一至二、附錄一、外集一；石氏喬梓詩集二種聽雨樓詩一）

460000－8542－0000050　021566

滂喜齋叢書四函五十種　（清）潘祖蔭輯　清同治、光緒間吳縣潘氏京師刻本　十行二十三字小字雙行同上下黑口左右雙邊　二十五冊　存四十七種九十二卷（公羊逸禮考徵一；京畿金石考一至二；喪禮經傳約一；止觀輔行傳宏決一；炳燭編一至四；橋西雜記一；蕙西先生遺稿一；張文節公遺集一至二；越三子集三種亢藝堂集一至三、陳比部遺集一至三、西鳧草一；啗敢覽館稿一；壬申消夏詩一；卦本圖攷一；尚書序錄一；春秋左氏古義一至六；說文管見一至三；古韻論一至三；鹽法議略一;黄帝内經素問校義一;藝芸書舍宋元本書目一至二;玉井山館筆記一、舊遊日記一;宋四家詞選一;癸酉消夏詩一;南苑唱和詩一;別雅訂一至五;許印林遺著一;非石日記鈔一;鈕非石遺文一;炳燭室雜文一;天馬山房詩別錄一;吳郡金石目一;沈四山人詩錄一至六、附錄一;稽瑞樓書目一至四;懷舊集一至二;愛吾廬文鈔一;劉貴陽說經殘稿一;劉氏遺箸一;寶鐵齋金石文跋尾一至三;百塼考一;簠齋傳古別錄一;陳簠齋丈筆記一、手劄一;鮑臆園丈手劄一;幽夢續影一;徐元歎先生殘稾一;二茗詩集二種萬卷書屋詩存一,楙花盦詩一至二、附錄一、外集一;石氏喬梓詩集二種聽雨樓詩一,葵青居詩錄一、附夢蜨草一;小草庵詩鈔一;日本金石年表一)

460000－8542－0000051　021056

心矩齋叢書八種　(清)蔣鳳藻輯　清光緒長洲蔣氏刻本　十一行二十一字上下黑口左右雙邊　十四冊　存六種四十卷(漢志水道疏證一至四、姑蘇名賢小記一至二、蘇詩查注補正一至四、鐵橋漫稿一至八、春秋左氏傳地名補注一至十二、札樸一至十)

460000－8542－0000052　021055

心矩齋叢書八種　(清)蔣鳳藻輯　清光緒長洲蔣氏刻本　十一行二十一字上下黑口左右雙邊　三冊　存三種十八卷(漢志水道疏證一至四、姑蘇名賢小記一至二、春秋左氏傳地名補注一至十二)

460000－8542－0000053　021163

湖北叢書三十種　(清)趙尚輔輯　清光緒十七年(1891)三餘草堂刻本　十一行二十行小字雙行同上下黑口四周單邊　二十九冊　存二十三種一百二十五卷(易領一至四,周易集解纂疏五至十,易筮遺占一,易象通義三至六,尚書辨解一至十,毛詩原解一至二十三,春秋非左一至二,春秋楚地答問一,論語類考一至二十,孟子雜記一至四,孟子要略一至五、附錄一,孔子家語疏證一至四、十,伸顧一、附札記一,學統一至四,江漢叢談一至二,雲杜故事一,導江三議一,姓觿一至五,名疑集一至四,繹志一至五,讀書說一至四、附胡承諾年譜一,平書一至八,樞言一、續一)

460000－8542－0000054　021271

功順堂叢書十八種　(清)潘祖蔭輯　清光緒吳縣潘氏刻本　九行二十二字上下黑口左右雙邊　十六冊　存十六種五十一卷(春秋左氏傳補注一至四、八至十二,春秋左氏傳地名補注六至十二,周人經說一至二,王氏經說一至三,論語孔注辨僞一至二,爾雅補注殘本一,急就章考證一,國史考異一至六,平定羅刹方略一至四,西清筆記一至二,涇林續記一,廣陽雜記一至五,無事為福齋隨筆一至二,范石湖詩集注一至三,半氈齋題跋一至二,南澗文集二)

460000－8542－0000055　021591

海山仙館叢書五十六種　(清)潘仕成輯　清道光、咸豐間番禺潘氏刻光緒補刻本　九行二十一字小字雙行同上下黑口左右雙邊　九十五冊　存四十一種四百十五卷(四書逸箋一至六,一切經音義一至二十五,古史輯要一至六、首一,史記短長說一至二,順宗實錄一至五,九國志一至十二,庚申外史一至二,二十二史感應錄一至二,廣名將傳一至六,高僧傳三至十三,酌中志一至二十四,火攻挈要一至三、圖一,慎守要錄一至六,明夷待訪錄一,考古質疑一至六,隱居通議一至三十一,洞天清祿集一,調燮類編二至四,菰中隨筆一,雲谷雜紀一至四、首一、末一,龍筋鳳髓判一至四,桂苑筆耕集一至二十,敬齋古今黈五至八,晁具茨先生詩集一至十五,揭曼碩詩一至三,青藤書屋文集一至三十、補遺一,婦人集一、附補一,漁隱叢話一至六十、後集一至四十,四溟詩話三至四,宋四六話一至十二,詞苑叢談四至十二,讀畫錄一至四,續三十五舉一,茶董補一至二,酒顛補一至三,尺牘新鈔一至十二,顏氏家藏尺牘一至四、姓氏考一,女科一至二、產後編一至二,海錄一,新釋地理備考全書一至十,全體新論一至十)

460000－8542－0000056　021685

海山仙館叢書五十六種　(清)潘仕成輯　清

道光、咸豐間番禺潘氏刻光緒補刻本　九行二十一字小字雙行同上下黑口左右雙邊　四十二册　存二十一種一百七十二卷(讀書敏求記一至四,一切經音義一至三、十三至二十一,古史輯要一至二、首一,靖康傳信錄一至三,庚申外史一至二,廣名將傳一至十七,高僧傳一至十三,慎守要錄一至九,明夷待訪錄一,隱居通議七至二十六,調燮類編一至四,雲谷雜紀一至四、首一、末一,桂苑筆耕集十四至二十,晁具茨先生詩集一至十五,徐文長文集一至六、十九至二十四,漁隱叢話一至八,四溟詩話一至四,宋四六話一至十二,詞苑叢談一至十二,尺牘新鈔三至九,顏氏家藏尺牘三)

460000－8542－0000057　021403

郝氏遺書三十三種　(清)郝懿行撰　清嘉慶至光緒刻本　九行二十一字上下黑口左右雙邊　七十七册　存三十二種二百二十四卷(春秋說略一至十二,春秋比一至二,爾雅郭注義疏一至十九,山海經箋疏一至十八、圖贊一、訂訛一、敘錄一,列女傳補注一至八、敘錄一、校正一,列仙傳校正本一、贊一,夢書一,詩說一至二,詩經拾遺一,書說一至二,易說二至十二、便錄一,詩問一至七,禮記箋一至四十九,竹書紀年校正一至十四,補宋書刑法志一,補宋書食貨志一,宋瑣語不分卷,荀子補注一至二,寶訓一至八,蜂衙小記一,燕子春秋一,記海錯一,證俗文一至十九,曬書堂文集一至十二、外集一至二、別集一,曬書堂閨中文存一,曬書堂筆記一至二,曬書堂時文一,曬書堂筆錄一至六,曬書堂詩鈔一至二、試帖一、詩餘一,和鳴集一,祭財神詩一,梅叟閑評一至四)

460000－8542－0000058　021480

古逸叢書二十六種　(清)黎庶昌輯　清光緒遵義黎氏日本東京使署影刻本　四十册　存二十三種一百九十三卷(爾雅一至三,春秋穀梁傳一至十二、附考異一,論語一至十,老子道德經一至二,荀子一至十五,南華真經注疏一至十,楚辭集注一至八、楚辭辯證一至二、楚辭後語一至六,尚書釋音一至二,玉篇殘一至四、又續一至二,廣韻一至五、附校劄一,廣韻一至五,玉燭寶典一至十一,文館詞林殘一至十四,雕玉集殘一至二,姓解一至三,韻鏡一,史略一至六,漢書食貨志一,急就篇一,杜工部草堂詩箋一至四十、外集一、補遺一至十、傳序碑銘一、目錄一至二、年譜一至二、詩話一至二,碣石調幽蘭一,天臺山記一,太平寰宇記殘一至六)

460000－8542－0000059　021870

樂善堂全集定本二十四卷　(清)高宗弘曆撰　清乾隆二十四年(1759)地方布政司仿武英殿本刻本　九行十七字白口四周雙邊　六册

460000－8542－0000060　022359

率祖堂叢書九種附六種　(宋)金履祥撰　清光緒十三年(1887)鎮海謝駿德補刻本　三册　存四種十卷(尚書表注一至二、宋金仁山先生大學疏義一、論語集注攷證一至四、仁山先生金文安公文集一至三)

460000－8542－0000061　021836

稗海　(明)商濬輯　清康熙振鷺堂刻本　九行二十字小字雙行同白口四周單邊　三十七册　存三十一種一百七十七卷(博物志一至十;西京雜記一至六;王子年拾遺記一至十;述異記一至二;獨異志一至三;杜陽雜編一至三;東觀奏記一至三;因話錄一至六;夢溪筆談一至十六、二十一至二十六;嬾真子一至五;歸田錄一至二;東坡先生志林七至十二;冷齋夜話一至十;老學庵筆記二至十;雲麓漫抄一至四;石林燕語一至八;避暑錄話一至二;墨客揮犀七至十;清波雜誌下;遂昌雜錄一;酉陽雜俎一至十四、十六至二十;宣室志一至十、補遺一;河東先生龍城錄一至二;侯鯖錄五至六;鶴林玉露五至八、十三至十六,補遺一;儒林公議一至二;桯史一至五;厚德錄一至四;癸辛雜識後集一;螢雪叢說一至二;孫公談圃一至三)

460000－8542－0000062　021750

武林往哲遺著二編六十種　(清)丁丙輯　清光緒錢塘丁氏嘉惠堂刻本　十一行二十一字小字雙行同白口左右雙邊　八十六册

460000－8542－0000063　021900

春在堂全書　（清）俞樾撰　清光緒二十三年(1897)石印本　上下兩欄每欄二十行二十一字小字雙行同白口左右雙邊　三十二冊　存三十三種四百一卷（羣經平議一至三十五，諸子平議一至三十五，第一樓叢書一至九，曲園雜纂一至五十，俞樓襍纂一至五十，賓萌集一至六、補一，賓萌外集一至四，春在堂襍文一至二、續編一至五、三編一至四、四編一至八，春在堂詩編一至十五，春在堂詞錄一至三，春在堂隨筆一至十，春在堂尺牘一至六，楹聯錄存一至三，四書文一，右臺仙館筆記一至十六，茶香室叢鈔一至二十三、目錄一，茶香室續鈔一至二十五、目錄一，茶香室三鈔一至二十九、目錄一，茶香室經説一至十六，金剛般若波羅蜜經注一至二，太上感應篇纘義一至二，遊藝錄一至六，小蓬萊謠一，袖中書一至二，東瀛詩記一至二，新定牙牌數一，慧福樓幸草一，春在堂全書錄要一，春在堂全書校勘記一，曲園自述詩一，瓊英小錄一，經課續編一至七，九九銷夏錄一至十四）

460000－8542－0000064　021932

春在堂全書　（清）俞樾撰　清光緒三年(1877)刻本　十行二十一字小字雙行同上下黑口左右雙邊　四十七冊　存十三種一百八十四卷（羣經平議一至三十五，諸子平議一至三十五，第一樓叢書一至三十，曲園雜纂一至四十一，賓萌集一至五，春在堂襍文一至二、續編一至五，春在堂詩編一至八，春在堂詞錄一至三，春在堂隨筆一至六，春在堂尺牘一至四，太上感應篇纘義一至二，袖中書一至二，遊藝錄一至六）

460000－8542－0000065　022336

晦庵先生朱文公文集一百卷續集十一卷別集十卷目錄二卷　（宋）朱熹撰　清同治十二年(1873)六安塗氏求我齋仿明嘉靖刻本　十二行二十二字小字雙行同白口左右雙邊　十五冊　存三十三卷（晦庵先生朱文公文集一至三、八至十一、十九至二十二、三十九至四十、五十至五十一、五十四至五十五、六十、六十五至六十七、七十三至七十四、七十七至七十九、八十六至八十八、九十二至九十五上）

460000－8542－0000066　022350

番禺陳氏東塾叢書　（清）陳澧撰　清咸豐至光緒刻本　十一行二十八字小字雙行同上下黑口左右雙邊　三冊　存二種十一卷（漢儒通義一至七、漢書地理志水道圖説一至四）

460000－8542－0000067　022380

補寰宇訪碑錄五卷　（清）趙之謙纂集　（清）沈樹鏞校勘　**失編附刊誤一卷**　羅振玉撰　清光緒十二年(1886)吳縣朱氏刻本　十一行二十一字小字雙行同上下黑口左右雙邊　一冊

460000－8542－0000068　021999

南菁書院叢書八集四十一種　王先謙　繆荃孫輯　清光緒十四年(1888)江陰南菁書院刻本　九行二十五字白口四周單邊雙邊兼有　四十冊

460000－8542－0000069　021876

叢睦汪氏遺書十九種　（清）汪篔輯　清光緒十二年(1886)錢塘汪氏長沙刻本　十二行二十四字小字雙行同下黑口左右雙邊　十三冊　存十二種四十六卷（春星堂詩集五至十、春星堂續集一至十、重閬齋文集一至二、上湖紀歲詩編一至二、上湖分類文編補鈔一、觀象居易傳箋一至四、文選理學權輿一至六、孫文志疑一至十、蘇詩選評箋釋五至六、金絲錄一、葉戲原起一、詩序辨正首一）

460000－8542－0000070　022381

鍼灸甲乙經十二卷　（晉）皇甫謐撰　（宋）林億等校正　清光緒十三年(1887)行素草堂刻本　十二行二十字白口左右雙邊　二冊

460000－8542－0000071　022362

湖州叢書十二種　（清）陸心源輯　清光緒湖城義塾刻本　九行二十字小字雙行同上下黑口四周雙邊　五冊　存六種二十卷（周官故書攷一至四、論語魯讀攷一、儀禮古今文異同一至五、爾雅匡名一至二、娛親雅言一至四、悔庵學文一至四）

460000－8542－0000072　022448

二十二子　(清)浙江書局輯　清光緒浙江書局刻本　九行二十一字小字雙行同白口左右雙邊　五十六冊　存十七種二百三十一卷(董子春秋繁露一至十七、附錄一;晏子春秋一至七、附音義一至二、校勘記一至二;孔子集語一至十七;荀子一至二、七至十,附校勘補遺一;揚子法言一至十三、附音義一;新書一至十;文中子中說一至十;管子一至二十四;莊子一至十;文子纘義一至十二;竹書紀年統箋一至十二、前編一、雜述一;商君書一至五、附考一;韓非子一至二十、附識誤一至三;補注黄帝内經素問遺篇一、靈樞一至十二;尸子一至二、存疑一;淮南子一至二十一;山海經一至十八)

460000－8542－0000073　022286

懷豳雜俎叢書十二種　徐乃昌輯　清光緒、宣統間南陵徐氏刻本　十行二十字小字雙行同白口左右雙邊　十冊

460000－8542－0000074　024646

歷代名臣言行錄二十四卷　(清)朱桓輯　(清)潘永季校定　(清)許時庚重校　清光緒鉛印本　十五行四十四字小字雙行同白口四周雙邊　一冊　存二卷(二十一至二十二)

460000－8542－0000075　022585

藝海珠塵二百六種　(清)吴省蘭輯　清嘉慶南匯吴氏聽彝堂刻本　十行二十一字小字雙行同白口左右雙邊　三十九冊　存一百五十八種三百三卷(易象意言一,詩論一,春秋或辯一,春秋三傳異同考一,春秋識小錄三種九卷,官韻考異一,續方言一至二,續方言補正一至二,七十二候考一,江漢叢談一至二,說叩一,夾漈遺稾一至三,可儀堂文集一至二,聲調譜一,談龍錄一,春秋經玩三種四卷,五經贊一,婦學一,天問略一,海國聞見錄一、附圖一,備邊屯田車銃議一、車銃圖一、倭情屯田議一,番社采風圖考一,維西見聞紀一,金川瑣記一至六,朝鮮志一至二,至遊子一至二,夢占逸旨一至八,五總志一,孔氏談苑一至五,讀書偶見一,學福齋雜著一,岳忠武王集一,丁孝子詩集一至三,圭塘欸乃集一,刻燭集一,鄭敷文書說一,舜典補亡一,論語筆解一至二,論語絕句一,孟子外書四篇一至四,駁五經異義一、補遺一,駢字分箋一至二,武宗外紀一,勝朝彤史拾遺記一至六,蜀檮杌一至二,東南防守利便一至三,炳燭偶鈔一,讀史論略一,異魚圖贊一至四,龜經一,古算器考一,歷學疑問補一至二,半村野人閒談一,抱璞簡記一,一椶居詩稿一至二,春秋傳說例一,饗禮補亡一,魯齋述得一,唐史論斷一至三,滇載記一,奉使俄羅斯行程錄一,外國竹枝詞一,異域竹枝詞一至三,海潮說一至三,三垣疏稿一至三,閩中海錯疏一至三,伸蒙子一至三,廣成子解一,二儀銘補注一,歷學答問一,蘇氏演義一至二,投甕隨筆一,風月堂雜識一,學圃餘力一,王義士輞川詩鈔一至六,北郊配位尊西嚮議一,昏禮辨正一,大小宗通繹一,四書索解一至四,紀元要略一至二、附補一,山海經補注一,海潮輯說一至二,吾師錄一,聰訓齋語一至二,恆產瑣言一,中星表一,木棉譜一,宜齋野乘一,東原錄一,文錄一,呵凍漫筆一至二,墨畬錢鎛一,瓠里子筆談一,洗硯新錄一,蓉塘記聞一,夏内史集一至九、附錄一,易緯乾坤鑿度一至二,易緯是類謀一,洪範統一一,說學齋經說一,辨定嘉靖大禮議一至二,儒林譜一,雲間第宅志一,恥言一至二,修慝餘編一、太元解一,潛虛解一,素履子一至三,握奇經解一,黄帝授三子玄女經一,冐紫錄一,東臯雜鈔一至三,茶餘客話一至十二,古今風謠一,古今諺一,聲調譜拾遺一,古詩十九首解一,易稽覽圖一至二,詩說一,詩疑一至二,左氏蒙求注一,匡謬正俗一至八,皇朝武功紀盛一至四,山海經圖贊一,明洪武四年進士登科錄一,社事始末一,淞故述一,南華經傳釋一,經天該一,地理古鏡歌一,翻卦挨星圖訣考著一,蘇沈良方一至八,一草亭目科全書一,雲仙散錄一,燕魏雜記一,叩舷憑軾錄一,交行摘稿一,貞蕤稾略文一、詩一,拜經樓詩話一至四,正易心法一,學校問一,郊社禘祫問一,小國春秋一,小兒語一,續小兒語一,捕蝗考一,滇南新語一,

松江衢歌一，淞南樂府一，遠鏡説一，滇南憶舊録一，紀聽松菴竹鑪始末一，雜詠百二十首一至二，月山詩集一至四，月山詩話一，鐮山草堂詩合鈔一至二，四繪軒詩鈔一，杜詩雙聲疊韻譜括略一至八）

460000－8542－0000076　022367

槐廬叢書五編四十六種　（清）朱記榮輯　清光緒吴縣朱氏槐廬家塾刻本　十一行二十一字小字雙行同上下黑口四周單邊　十五册　存十六種五十七卷（弟子職集解一，吕子校補一至二，竹汀先生日記鈔一至三，金石三例續編一至十，古易音訓一至二，京畿金石考一，芳茂山人文集一至三、九至十二，爾雅漢注一至三，歷代帝王宅京記一至六、十四至二十，求古録一，圖書精意識一，漢魏六朝墓銘纂例一至四，孟子時事略一，讀孟質疑一至二，何氏心傳一，遜志堂雜鈔一至五）

460000－8542－0000077　022767

粤十三家集　（清）伍元薇輯　清道光二十年(1840)南海伍氏詩雪軒刻本　九行二十一字上下黑口左右雙邊　三十册

460000－8542－0000078　023251

重刊二十四史三千一百八十六卷　（清）弘晝等編　清同治八年(1869)嶺南葄古堂刻本　十行二十一字小字雙行同字白口左右雙邊　四百三十七册　存二十種一千六百五十八卷（史記一百三十卷附考證；前漢書二至十六、二十一至二十八、三十一至三十四、四十四至五十一、五十八至六十五、七十六至八十三附考證；後漢書四十六至五十四、六十二至七十八、八十三至八十七、九十五至九十九、一百十八至一百二十附考證；三國志六十五附考證；晉書一至六、二十至一百三十，音義三卷附考證；宋書二十四至二十九、三十四至四十四附考證；魏書九至一百十四附考證；北齊書卷十六至二十四附考證；周書五十卷附考證；隋書一至二十四、三十一至三十三附考證；南史四十八至五十九附考證；北史八至十二、二十四至三十一、三十七至六十六附考證；舊唐書一至一百七十六、一百九十九至二百附考證；唐書一、二十六至七十四、七十六至八十七、九十四至一百十一、一百十七至一百三十五、一百四十二至二百、二百五至二百十五、二百十九至二百二十五，釋音二十五卷附考證；舊五代史一至三、十九至三十六附考證；宋史九十八至一百四十三、一百四十九至一百五十二、一百五十七至一百七十一、一百七十五至二百十二、二百十五至二百十六、二百十九至二百二十二、二百二十九至二百三十六、二百六十三至二百九十二、三百三十五至三百五十四、四百至四百四十二、四百四十七至四百七十一、四百八十至四百八十四附考證；遼史一至六十二、九十二至一百十五，解語一至五附考證；金史十一至二十六、三十七至四十六、七十七至一百二附考證；元史一至十九、二十三至六十九，元史語解二十四卷附考證；明史八十七至八十九、一百十一至一百十二、一百二十一至一百三十三、一百六十三至一百六十七、一百八十三至二百十五、二百三十五至二百五十七、二百七十七至三百十、三百三十至三百三十二）

460000－8542－0000079　022624

聚學軒叢書六十種　劉世珩輯　清光緒貴池劉氏刻本　十一行二十一字小字雙行同上下黑口左右雙邊　九十三册　存五十三種二百四十六卷（毛詩草木鳥獸蟲魚疏校正一至二，晉泰始笛律匡謬一，古經天象考一至十二、圖説一、緒説一，國志蒙拾一至二，金石文字辨異一至七、九至十二，歲星表一，質疑删存一至三，清白士集校補一至四，尚書隸古定釋文一至八、附隸古定經文一至二，春秋三家異文覈一，左傳杜注辨證一至六，古墨齋金石跋一至六，安徽金石略一至十，讀史札記一、附論學劄説十則一，松崖文鈔一至二，周易通論月令一至二，尚書義考一至二，晚書訂疑一至三，宮室考一，四書是訓一至十五，四書拾義一至五，竹書紀年一至二，鐵橋金石跋一至四，金石萃編補目一至三，元碑存目一，松崖筆記一至三卷，九曜齋筆記一至三，丙辰札記一，周禮補注一至六，説文解字通正一至十四，説文管見一至三，小爾雅義證一至十三、補遺一,周公年表一,元耶律文正公西遊錄略注補一,隋唐刻石拾遺一至二,關中金石記隋唐石刻原目一,括蒼金石志補遺一至四,大玄闡秘二至十、首一、附編一、外編一,交翠軒筆記一至四,退餘叢話一至二,讀易漢學私記一,春秋亂賊考一,說文解字述誼一至二,說文辨疑一,周秦名字解故補一,盛京疆域考一至六,南江書錄一,南邨帖考一至四,意林注五卷、逸文一、附編一,瑟榭叢談一至二,聚星札記一,古柏齋讀書雜識一,文選箋證一至三十二,落帆樓文遺稿一至二)

460000－8542－0000080　022689

聚學軒叢書六十種　劉世珩輯　清光緒貴池劉氏刻本　十一行二十一字小字雙行同上下黑口左右雙邊　六冊　存七種十六卷(古經天象考一至二、四至五,讀史札記一、附論學劄說十則一,周易虞氏略例一,周易倚數錄一至二、附圖一,周公年表一,元耶律文正公西遊錄略注補一,交翠軒筆記一至四)

460000－8542－0000081　022925

全上古三代秦漢三國六朝文七百四十六卷　(清)嚴可均輯　清光緒十三年至十九年(1887－1893)廣州廣雅書局刻本　十三行二十五字白口四周單邊　一百冊　存七百四十一卷(全上古三代文一至十六、全秦文一、全漢文一至六十三、全後漢文一至一百六、全三國文一至七十五、全晉文一至一百六十七、全宋文一至六十四、全齊文一至二十六、全梁文一至七十四、全陳文一至十八、全後魏文一至六十、全北齊文一至十、全後周文一至二十四、全隋文一至三十六、先唐文一)

460000－8542－0000082　022275

龍威秘書一百七十一種　(清)馬俊良輯　清乾隆五十九年(1794)石門馬氏大酉山房刻本　九行二十字上下黑口左右雙邊　一冊　存二種二卷(八紘譯史四、八紘荒史一)

460000－8542－0000083　023243

金文最一百二十卷　(清)張金吾輯　(清)潘乃成初校　(清)劉昌齡覆校　清光緒八年(1882)粵雅堂刻本　十行二十字小字雙行同白口四周雙邊　八冊　存三十六卷(一至十一、十八至三十四、八十一至八十五、一百十七至一百二十)

460000－8542－0000084　023739

方輿類纂二十八卷首一卷　(清)顧祖禹撰　(清)溫汝能編　清嘉慶十八年(1813)山壽齋刻本　十行二十一字小字雙行同白口左右雙邊　二十八冊　存二十七卷(一至二十四、二十六至二十七,首一卷)

460000－8542－0000085　023025

全上古三代秦漢三國六朝文七百四十六卷　(清)嚴可均輯　清光緒十三年至十九年(1887－1893)廣州廣雅書局刻本　十三行二十五字小字雙行同上下黑口四周單邊　十九冊　存一百六十六卷(全宋文一至九、全梁文十至十六、全後魏文五十二至六十、全晉文二十七至一百六十七)

460000－8542－0000086　023767

資治通鑑二百九十四卷　(宋)司馬光撰　(元)胡三省音注　**通鑑釋文辯誤十二卷**　(元)胡三省撰　清同治八年(1869)江蘇書局刻本　十行二十字小字雙行同上下黑口四周雙邊　八十冊　存二百四十卷(資治通鑑一至九十六、一百至一百二、一百二十四至一百二十六、一百三十一至一百三十五、一百四十二至一百四十五、一百四十九至一百八十三、一百八十七至一百九十一、二百一至二百九、二百十六至二百二十五、二百三十一至二百九十四,通鑑釋文辯誤一至六)

460000－8542－0000087　022797

涵芬樓古今文鈔一百卷　吳曾祺纂錄　清宣統二年(1910)上海商務印書館鉛印本　十二行三十一字下黑口四周雙邊　一百冊

460000－8542－0000088　017521

皇清經解一百九十卷　(清)阮元輯　(清)嚴傑重輯　清光緒十七年(1891)鴻寶齋石印本　三欄每欄三十三行二十四字小字雙行同白口四周單邊　三十四冊

460000－8542－0000089　023044

欽定全唐文一千卷目錄三卷　(清)董誥等編校　清光緒二十七年(1901)廣雅書局刻本　十三行二十五字下黑口四周單邊　一百九十九冊　存九百九十五卷(六至一千)

460000－8542－0000090　024042

御批歷代通鑑輯覽一百二十卷　(清)傅恒纂　清同治十一年(1872)湖北崇文書局刻本　十一行二十二字小字雙行同白口四周雙邊　六十冊

460000－8542－0000091　024102

御批歷代通鑑輯覽一百二十卷　(清)傅恒纂　清光緒二十五年(1899)美華賓記石印本　二十一行四十八字小字雙行同白口四周雙邊　十冊

460000－8542－0000092　023922

續資治通鑑長編五百二十卷　(宋)李燾撰　清光緒七年(1881)浙江書局刻本　十二行二十一字小字雙行同白口左右雙邊　一百二十冊

460000－8542－0000093　024122

資治通鑑地理今釋十六卷　(清)吳熙載撰　清光緒八年(1882)江蘇書局刻本　十行二十字小字雙行同上下黑口四周雙邊　一冊　存十一卷(六至十六)

460000－8542－0000094　058628

周易孔義集説二十卷　(清)沈起元撰　清光緒八年(1882)江蘇書局刻本　十行二十二字小字雙行同白口四周雙邊　六冊

460000－8542－0000095　023847

續資治通鑑二百二十卷　(清)畢沅纂修　清同治八年(1869)江蘇書局刻本　十行二十一字小字雙行同白口四周雙邊　五十四冊

460000－8542－0000096　024144

皇朝通典一百卷　(清)高宗弘曆敕纂　清光緒浙江書局刻本　九行二十一字小字雙行同白口左右雙邊　二十八冊　存九十三卷(六至五十六、五十九至一百)

460000－8542－0000097　024172

欽定續通典一百五十卷　(清)嵇璜纂　清光緒十二年(1886)浙江書局刻本　九行二十一字小字雙行同白口左右雙邊　二十七冊　存一百十六卷(十七至十九、二十三至六十八、八十至一百四十六)

460000－8542－0000098　024199

皇朝通志一百二十六卷　(清)稽璜纂　清光緒八年(1882)浙江書局刻本　九行二十一字小字雙行同白口左右雙邊　二十八冊　存一百十六卷(五至十七、二十四至一百二十六)

460000－8542－0000099　024304

文獻通考詳節二十四卷　(元)馬端臨撰　(清)嚴虞惇節錄　清光緒二十八年(1902)湖南益友書莊刻本　十三行二十七字白口左右雙邊　十冊

460000－8542－0000100　024227

皇朝文獻通考三百卷　(清)嵇璜纂　清光緒八年(1882)浙江書局刻本　九行二十一字白口左右雙邊　七十七冊　存二百五卷(一至三、十至十二、十六至四十四、四十七至四十九、五十九至六十五、七十一至九十四、一百三至一百四、一百八至一百二十四、一百三十二至一百三十三、一百四十三至一百四十四、一百六十六至一百九十一、一百九十四至二百十六、二百二十二至二百三十一、二百三十五至二百五十九、二百六十三、二百七十一至二百八十三、二百八十六至三百)

460000－8542－0000101　023901

續資治通鑑長編五百二十卷　(宋)李燾撰　清光緒七年(1881)浙江書局刻本　十二行二十一字小字雙行同白口左右雙邊　二十一冊　存一百六十七卷(一至一百六十七)

460000－8542－0000102　024478

皇朝通典一百卷　(清)嵇璜纂　清光緒八年(1882)浙江書局刻本　九行二十一字小字雙行同白口左右雙邊　十四冊　存六十八卷(一至十四、十九至六十一、六十七至七十、八十至八十六)

460000－8542－0000103　024450

皇朝通典一百卷　(清)嵇璜纂　清光緒八年(1882)浙江書局刻本　九行二十一字小字雙行同白口左右雙邊　二十八册　存六十四卷(八至二十五、四十至四十一、四十五至四十七、五十至七十、七十二至七十三、八十至九十七)

460000－8542－0000104　024314

文獻通考三百四十八卷附考證三卷　(元)馬端臨撰　清光緒二十二年(1896)浙江書局刻本　九行二十一字小字雙行同白口左右雙邊　一百十二册　存二百七十六卷(三至六、十九至二十六、四十五至五十、五十三至五十四、六十三至七十六、八十一至二百四十五、二百五十二至二百七十五、二百七十九至三百、三百九至三百十九、三百三十二至三百四十八,考證三卷)

460000－8542－0000105　024426

三通考輯要七十六卷　(清)湯壽潛輯　清光緒二十五年(1899)通雅堂藏版圖書集成局鉛印本　十四行四十二字小字雙行同白口四周單邊　二十四册　存五十四卷(文獻通考輯要一至九、十一下至十八,欽定續文獻通考輯要五至二十六,皇朝文獻通考輯要一至五、十七至二十六)

460000－8542－0000106　024492

欽定續文獻通考二百五十卷　(清)嵇璜纂　清光緒十三年(1887)浙江書局刻本　九行二十一字小字雙行同白口左右雙邊　十九册　存四十六卷(一至二、十五至十七、二十至五十六、六十六至六十九)

460000－8542－0000107　024575

明通鑑九十卷首一卷目録二十卷前編四卷附編六卷　(清)夏燮編輯　清同治十二年(1873)宜黄官廨刻本　十行二十一字小字雙行同白口四周雙邊　三十册　存七十六卷(一至二十一、三十二至三十七、四十一至五十五、六十至六十六、六十九至七十四、八十五至九十,目録六至八、十五至十六,前編四卷,附編六卷)

460000－8542－0000108　024541

欽定續文獻通考二百五十卷　(清)嵇璜纂　清光緒十三年(1887)浙江書局刻本　九行二十一字小字雙行同白口左右雙邊　三十四册　存一百二十四卷(一至三十三、三十九至六十四、八十九至一百四十五、一百六十三至一百七十)

460000－8542－0000109　024689

二十四史論贊七十八卷　(清)陳闓編輯　清光緒二十年(1894)刻本　九行二十一字小字雙行同下黑口左右雙邊　十八册　存七十一卷(一至四十四、四十七至五十六、六十二至七十八)

460000－8542－0000110　024713

史記論文一百三十卷　(漢)司馬遷撰　(清)吴見思評點　(清)吴興祚參訂　清康熙刻本　九行二十一字小字雙行同白口左右雙邊　二十四册

460000－8542－0000111　024773

欽定四庫全書簡明目録二十卷首一卷　(清)紀昀等編　清同治七年(1868)廣東書局刻本　九行二十一字小字雙行同白口左右雙邊　一册　存一卷(十五)

460000－8542－0000112　024774

欽定四庫全書總目二百卷首四卷　(清)紀昀等編　清光緒刻本　九行二十一字小字雙行同白口左右雙邊　八册　存十八卷(五十九至六十、六十七至七十、七十五至七十六、七十九至八十一、八十三至八十七、九十五至九十六)

460000－8542－0000113　024782

欽定四庫全書總目二百卷首四卷　(清)紀昀等編　清同治七年(1868)廣東書局刻本　九行二十一字小字雙行同白口左右雙邊　八册　存二十四卷(四十三至四十四、六十三至六十六、八十四至八十六、九十六至一百二、一百三十二至一百三十四、一百八十五至一百八十六、一百九十六至一百九十八)

460000－8542－0000114　024664

史通削繁四卷　(唐)劉知幾撰　(清)紀昀削繁　(清)浦起龍注　清道光十三年(1833)兩廣節署刻朱墨套印本　十行二十一字小字雙行同白口左右雙邊　四冊

460000－8542－0000115　024679

欽定大清會典一百卷　(清)允祹等纂修　清乾隆二十九年(1764)刻本　十行二十字小字雙行同白口四周雙邊　十冊　存四十八卷(一至七、三十一至五十、五十四至五十九、六十四至七十八)

460000－8542－0000116　024915

經籍舉要一卷　(清)龍啟瑞撰　清光緒十年(1884)濟南經德堂刻本　十一行二十八字小字雙行同上下黑口左右雙邊　一冊

460000－8542－0000117　024790

昭德先生郡齋讀書志二十卷　(宋)晁公武撰　(宋)姚應績編　**趙氏附志二卷**　(宋)趙希弁撰　(清)劉鉅校　清光緒十年(1884)長沙王先謙刻本　八行二十四字小字雙行同白口四周雙邊　十冊

460000－8542－0000118　024124

三通序一卷　(清)蔣德鈞錄　清光緒湘鄉蔣氏龍安郡署刻本　十行二十四字上下黑口左右雙邊　一冊

460000－8542－0000119　024511

文獻通考三百四十八卷附考證三卷　(元)馬端臨撰　清光緒二十二年(1896)浙江書局刻本　九行二十一字小字雙行同白口左右雙邊　三十冊　存一百四十五卷(七十七至八十、八十九至一百三十、一百三十五至一百四十、一百四十六至一百五十、一百七十一下至一百七十五、一百八十七至一百九十三、二百五至二百十一、二百二十六至二百三十一、二百四十四至二百五十六、二百六十一至二百六十八、二百七十九至二百八十二、二百八十九至二百九十三、三百六至三百十九、三百三十至三百四十八)

460000－8542－0000120　024951

宋元舊本書經眼録三卷附錄二卷　(清)莫友芝撰　清同治十二年(1873)獨山莫繩孫刻影山草堂六種本　十行二十一字小字雙行同上下黑口左右雙邊　一冊

460000－8542－0000121　024645

國朝貢舉年表三卷　(清)陳國霖　(清)顧錫中編　清光緒石印本　行款不一大小字數不等白口四周單邊　一冊　存一卷(三)

460000－8542－0000122　024648

光緒二十八年補行庚子辛丑恩正科江南鄉試題名錄一卷　(清)戴鴻慈撰　清光緒刻本　九行二十一字小字雙行同白口四周雙邊　一冊

460000－8542－0000123　024669

欽定大清會典一百卷事例一千二百二十卷首一卷　(清)崑岡等修　(清)吳樹梅等纂　清宣統三年(1911)商務印書館第二次石印本　上下兩欄每欄二十行二十字小字雙行同白口四周雙邊　十冊

460000－8542－0000124　024917

金石錄三十卷　(宋)趙明誠編　(清)黄本驥　(清)蔣環重校　清道光湘陰蔣環刊光緒四年(1878)古香書閣石印本　十行二十一字小字雙行同白口四周雙邊　六冊

460000－8542－0000125　024707

史記菁華錄六卷　(漢)司馬遷撰　(清)姚苧田選注　清光緒十三年(1887)上海蜚英館石印本　九行二十字小字雙行同上下黑口左右雙邊書眉有刊批　六冊

460000－8542－0000126　024916

江陰藝文志二卷　金武祥輯　清光緒十七年(1891)粟香室刻本　八行二十一字小字雙行同白口左右雙邊　一冊

460000－8542－0000127　024850

四庫簡明目錄標注二十卷附錄一卷　(清)邵懿辰撰　清宣統三年(1911)仁和邵氏家祠刻半巖廬所著書本　十行十八字小字雙行同上下黑口左右雙邊　十冊

460000－8542－0000128　024957

彙刻書目十卷續編五卷新編一卷補編一卷 (清)顧修編 (清)陳光照續編 清光緒元年(1875)長洲無夢園陳氏刻本 九行二十一字小字雙行同上下黑口左右雙邊 一册 存二卷(續編一、補編一卷)

460000－8542－0000129 024958
彙刻書目二十卷 (清)顧修編 (清)朱學勤增訂 (清)王懿榮重編 清光緒十五年(1889)上海福瀛書局刻本 十一行二十五字小字雙行同上下黑口左右雙邊 二十册

460000－8542－0000130 024984
洋務經濟通考十六卷 (清)應祖錫纂 (清)徐毓洙 (清)沈維堉校 清光緒二十七年(1901)上海鴻寶齋石印本 二十行四十四字白口四周雙邊 十二册

460000－8542－0000131 025044
唐人説薈二十卷 (清)陳世熙纂 清刻本 九行二十一字白口四周單邊 一册 存一卷(一)

460000－8542－0000132 025025
水經注四十卷首一卷 (漢)桑欽撰 (北魏)酈道元注 王先謙校 **附錄二卷** (清)趙一清錄 清光緒十八年(1892)長沙王氏思賢講舍刻本 十一行二十四字上下黑口左右雙邊 十六册

460000－8542－0000133 024996
朔方備乘六十八卷首十二卷 (清)何秋濤撰 (清)吳壽坤校 清光緒刻本 十六行三十九至四十字小字雙行同白口四周單邊 八册

460000－8542－0000134 025047
漢書地理志校本二卷 (清)汪遠孫校 清同治十年(1871)永康胡氏退補齋刻本 十行二十一字小字雙行不等白口左右雙邊 二册

460000－8542－0000135 025066
嶺海輿圖一卷 (明)姚虞撰 清道光刻嶺南叢書本 十一行二十字小字雙行同下黑口左右雙邊 一册

460000－8542－0000136 025022
水經注四十卷首一卷 (漢)桑欽撰 (北魏)酈道元注 王先謙校 **附錄二卷** (清)趙一清錄 清光緒十八年(1892)長沙王氏思賢講舍刻本 十一行二十四字小字雙行同上下黑口左右雙邊 三册 存十卷(一至六、二十六至二十九)

460000－8542－0000137 025050
沈文肅公政書七卷首一卷 (清)沈葆楨撰 清光緒六年(1880)吳門節署刻本 十行二十四字白口四周雙邊 三册 存四卷(一、三、七,首一卷)

460000－8542－0000138 025049
讀碑小箋一卷 羅振玉撰 清光緒十年(1884)唐風樓刻本 十一行二十一字小字雙行同上下黑口左右雙邊 一册

460000－8542－0000139 025056
海道圖説十五卷圖一卷 (英國)金約翰輯 (英國)傅蘭雅口譯 (清)王德均筆述 清光緒江南機器製造總局刻本 十行二十二字小字雙行同上下黑口左右雙邊 二册 存六卷(一至六)

460000－8542－0000140 028781
列朝詩集六集八十一卷 (清)錢謙益輯 清宣統二年(1910)上海神州國光社鉛印本 十三行三十二字上下黑口四周單邊 四十五册 存六十四卷(甲集前編一至五、十一,甲集一至十五、十七至二十二,乙集一至八,丙集一至二、六、九至十六,丁集一、三至四、六、八至九、十一至十六,閏集一至六)

460000－8542－0000141 025068
江蘇水利圖説二卷 (清)李慶雲編 清宣統二年(1910)石印本 行款不等大小字數不等有輿圖 二册

460000－8542－0000142 025070
水經注釋四十卷首一卷附錄二卷水經注箋刊誤十二卷 (漢)桑欽撰 (北魏)酈道元注 (清)趙一清錄 清乾隆趙氏小山堂刻本 十行二十二字小字雙行同白口左右雙邊 十二册 存十七卷(十九至二十一、三十三至三十

五,附錄二卷,水經注箋刊誤二至十)

460000－8542－0000143　025129

酌中志餘二卷　(明)劉若愚輯　清光緒七年(1881)刻本　九行十八字小字雙行同白口左右雙邊　二冊

460000－8542－0000144　025067

今水經一卷表一卷　(清)黄宗羲撰　清光緒二十年(1894)湖南章經濟堂刻本　十二行二十四字小字雙行同上下黑口四周雙邊　一冊

460000－8542－0000145　025144

新吾呂先生實政錄七卷　(明)呂坤撰　清刻本　九行二十字白口四周雙邊　四冊

460000－8542－0000146　025145

使東述略一卷附使東雜詠一卷　(清)何如璋撰　清光緒刻本　九行二十字下黑口四周雙邊　一冊

460000－8542－0000147　025143

齒錄一卷　(清)□□輯　清宣統二年(1910)刻本　行款不一大小字數不等白口四周雙邊　一冊

460000－8542－0000148　025147

禮書一百五十卷　(宋)陳祥道編　清刻本　十行二十一字小字雙行同白口左右雙邊　一冊　存十一卷(六十七至七十七)

460000－8542－0000149　025148

史論五種　(清)李祖陶撰　清同治刻本　九行二十五字小字雙行同白口四周雙邊　一冊　存三種五卷(後漢書贅語一至三、讀三國志書後一、讀明史雜著一)

460000－8542－0000150　025156

續高士傳四卷附一卷　(清)高兆撰　(清)徐士愷校刊　清光緒十九年(1893)觀自得齋校刻本　十行二十一字上下黑口左右雙邊　一冊　存二卷(一至二)

460000－8542－0000151　025157

出使英法義比四國日記六卷　(清)薛福成撰　清光緒刻本　十行二十一字白口左右雙邊　六冊

460000－8542－0000152　025159

綱鑑擇語十卷　(清)司徒則廬輯　清同治六年(1867)刻本　上下兩欄下欄九行二十二字小字雙行不等白口四周單邊　一冊　存二卷(七至八)

460000－8542－0000153　020549

古今説部叢書十集二百六十六種　(清)國學扶輪社輯　清宣統至民國上海國學扶輪社鉛印本　十三行三十字小字雙行同上下黑口四周單邊　六十冊

460000－8542－0000154　025880

二十四史二十四種　(清)弘晝監理　(清)鄂爾泰　(清)張廷玉輯　清光緒二十年(1894)上海同文書局石印本　十行二十一字小字雙行同白口左右雙邊　九十九冊　存四種四百十四卷(史記一至一百三十、前漢書一至一百、後漢書二至一百二十、三國志一至六十五)

460000－8542－0000155　025173

宋元學案一百卷首一卷考略一卷　(清)黄宗羲撰　(清)黄百家纂輯　(清)全祖望修定　(清)馮雲濠等校刊　清道光刻本　十一行二十四字小字雙行同上下黑口四周雙邊　十七冊　存五十六卷(一至六、十一至十三、十五、十八至二十、二十五至二十八、三十一至四十九、五十三至五十七、六十五至六十七、八十一至八十六、九十三至九十六,首一卷,考略一卷)

460000－8542－0000156　025190

宋元學案一百卷首一卷考略一卷　(清)黄宗羲撰　(清)黄百家纂輯　(清)全祖望修定　(清)馮雲濠等校刊　清光緒五年(1879)長沙寄廬刻本　十一行二十四字小字雙行同上下黑口左右雙邊雙黑魚尾　十九冊　存八十卷(一、四至八、十七至三十、四十二至一百,首一卷)

460000－8542－0000157　025209

兩漢策要十二卷　(宋)陶叔獻撰　清光緒十

三年(1887)上海同文書局石印本　六行十三至十四字小字雙行不等上下黑口四周雙邊　八册　存十一卷(一至二、四至十二)

460000－8542－0000158　025217
三蘇策論十二卷　(清)張紹齡編　清末石印本　二十一行四十八字白口四周雙邊　一册　存二卷(九至十)

460000－8542－0000159　030186
曾文正公全集　(清)曾國藩撰　(清)李國翰輯　清同治、光緒間傳忠書局刻本　十行二十四字小字雙行同上下黑口下黑口兼有左右雙邊　九十五册　存十三種一百三十五卷(曾文正公全集首一,曾文正公奏稿一至二、四至二十二、二十四至三十,經史百家雜鈔一至二十六,經史百家簡編一至二,曾文正公詩集一至四,曾文正公文集一至四,曾文正公書劄一至九、十一至十三、十五至三十三,曾文正公批牘一至六,曾文正公雜著一至四,求闕齋讀書錄一至十,求闕齋日記類鈔一至二,曾文正公年譜一至十二,孟子要略一至五)

460000－8542－0000160　025222
雲間雜誌三卷　(明)□□撰　(清)陸烜訂　清乾隆三十四年(1769)奇晉齋刻本　八行十九字白口左右雙邊　三册

460000－8542－0000161　025246
四朝先賢六家年譜六種　(清)楊希閔編　清光緒四年(1878)新城楊希閔刻本　十一行二十三字小字雙行同白口四周雙邊　一册　存二種(唐陸宣公年譜、宋韓忠獻公年譜)

460000－8542－0000162　025248
歷代名人年譜十卷附存疑一卷　(清)吳榮光撰　(清)瞿樹辰等校　清光緒二年(1876)寶經書坊刻本　行款不一大小字數不等白口四周雙邊　九册　存九卷(一至九)

460000－8542－0000163　025251
右軍年譜一卷叢談一卷　(清)魯一同編　清咸豐六年(1856)刻本　九行二十一字小字雙行同白口四周雙邊　一册

460000－8542－0000164　025253
閻潛丘先生年譜一卷　(清)張穆編　清道光二十七年(1847)壽陽祁氏刻本　十一行二十三字小字雙行同白口左右雙邊　一册

460000－8542－0000165　025255
明史稿三百十卷目錄三卷　(清)王鴻緒撰　清雍正元年(1723)敬慎堂刻本　十一行二十三字白口左右雙邊　八十册

460000－8542－0000166　025336
明史稿三百十卷目錄三卷　(清)王鴻緒撰　清雍正元年(1723)敬慎堂刻本　十一行二十三字白口左右雙邊　七十九册　存三百九卷(一至七十九、八十四至三百十,目錄三卷)

460000－8542－0000167　025415
明史三百三十二卷目錄四卷　(清)張廷玉等撰　清同治八年(1869)嶺南葄古堂刻本　十行二十一字白口左右雙邊　一百十一册　存三百三十四卷(一至八十一、八十四至三百十二,目錄四卷)

460000－8542－0000168　025526
外國列女傳八卷　(清)陳壽彭譯　(清)薛紹徽編　清光緒三十二年(1906)金陵江楚編譯官書總局石印本　十四行二十九字小字雙行同白口四周雙邊　三册

460000－8542－0000169　025529
全地五大洲女俗通考十集二十一卷首一卷　(美國)林樂知纂　(清)任保羅譯　清光緒二十九年(1903)上海華美書局擺鉛印本　十五行四十字小字雙行同白口四周雙邊　十六册　存八集十七卷(第一集上、下,首一卷;第二集上、中;第三集上、下;第五集上、下;第六集上、中、下;第七集上、下;第八集一;第九集上、下)

460000－8542－0000170　025545
元史譯文證補三十卷　(清)洪鈞撰　清光緒二十三年(1897)刻本　十二行二十五字小字雙行三十七字白口左右雙邊　四册　存二十卷(一至六、九至十二、十四至十五、十八、二十二至二十四、二十六至二十七、二十九至三

十)

460000－8542－0000171　025553

荊駝逸史五十一種　(清)陳湖逸士編　清刻本　八行十七字白口四周雙邊　二十四册

460000－8542－0000172　025577

新舊唐書合鈔二百六十卷唐書宰相世系表訂譌十二卷　(清)沈炳震編　**唐書合鈔補正六卷**　(清)丁子復撰　清同治十年(1871)武林吳氏清來堂刻本　十行二十一字小字雙行同上下黑口左右雙邊　一百册

460000－8542－0000173　025677

史記一百三十卷首一卷　(漢)司馬遷撰　(清)徐孚遠　(明)陳子龍測議　明崇禎碧清堂刻本　九行二十字小字雙行同白口左右雙邊有眉批　二十八册

460000－8542－0000174　030750

管子二十四卷　(春秋)管仲撰　(唐)房玄齡注　清光緒二年(1876)浙江書局刻本　九行二十一字小字雙行同白口左右雙邊　一册　存五卷(一至五)

460000－8542－0000175　025712

元書一百二卷首一卷　曾廉撰　清宣統三年(1911)層漪堂刻本　十二行二十五字白口左右雙邊　二十册

460000－8542－0000176　056686

御製全韻詩五卷　(清)高宗弘曆撰　清刻本　七行二十一字小字雙行同白口四周單邊　二册

460000－8542－0000177　056698

東周列國全志一百八回　(明)馮夢龍撰　(清)蔡奡評點　清光緒二十五年(1899)上海久敬齋石印本　二十四行五十二字小字雙行不等上下黑口四周雙邊　八册

460000－8542－0000178　058627

吟花新篇一卷　(清)顧森書撰　清光緒二十五年(1899)刻本　十一行二十一字小字雙行同下黑口左右雙邊　一册

460000－8542－0000179　026038

漢書評林一百卷　(漢)班固撰　(唐)顏師古注　(明)淩稚隆輯校　清光緒十七年(1891)星沙養翮書齋刻本　上下兩欄上欄十行六字下欄十行二十一字小字雙行同白口四周雙邊　三十八册

460000－8542－0000180　026096

漢書疏證三十六卷後漢書疏證三十卷　(清)沈欽韓撰　清光緒二十六年(1900)浙江官書局刻本　十行二十二字小字雙行同白口左右雙邊　三十四册　存五十七卷(漢書疏證一至十七、二十一至二十二、二十七至三十六,後漢書疏證一至八、十一至三十)

460000－8542－0000181　026130

補後漢書藝文志攷十卷首一卷補後漢書藝文志一卷　曾樸纂　清光緒二十一年(1895)常熟曾氏叢書木活字印本　十一行二十四字小字雙行同白口四周雙邊　五册　存十卷(補後漢書藝文志攷十卷)

460000－8542－0000182　026135

後漢書補注二十四卷　(清)惠棟撰　清嘉慶九年(1804)德裕堂刻本　十一行二十三字小字雙行三十五字白口左右雙邊　四册

460000－8542－0000183　026169

前漢書一百卷　(漢)班固撰　(唐)顏師古注　清同治十二年(1873)嶺東使署刻本　十二行二十五字小字雙行三十七字白口左右雙邊　十六册

460000－8542－0000184　026185

前漢書一百卷　(漢)班固撰　(唐)顏師古注　王先謙補注　清末刻本　十六行三十四至三十五字小字雙行同上下黑口四周單邊　二十三册　存九十七卷(四至一百)

460000－8542－0000185　026208

後漢書九十卷續漢志三十卷　(南朝宋)范曄撰　(唐)李賢注　(晉)司馬彪續志　(南朝梁)劉昭注補　清同治十二年(1873)嶺東使署刻本　十二行二十五字小字雙行三十七字白口左右雙邊　十六册

460000－8542－0000186　026224
林文忠公遺集四種　(清)林則徐撰　清光緒三山林氏刻本　九行二十字小字雙行同下黑口四周雙邊　二册　存四種十卷(林文忠公政書東河奏稿一、江蘇奏稿一至三、事略一、林文忠公政書搜遺一,畿輔水利議一、國史一,滇軺紀程一,荷戈紀程一)

460000－8542－0000187　026226
三國志六十五卷　(晉)陳壽撰　清同治九年(1870)金陵書局仿汲古閣刻本　十二行二十五字小字雙行三十七字白口左右雙邊　二册　存七卷(魏書二十四至二十六、吳書五十五至五十八)

460000－8542－0000188　026228
明紀六十卷　(清)陳鶴纂　(清)陳克家補纂　清同治十年(1871)江蘇書局刻本　十一行二十四字小字雙行同上下黑口四周雙邊　三册　存十三卷(三十五至四十七)

460000－8542－0000189　026253
淩忠介公奏疏六卷　(明)淩義渠撰　(清)淩福昌　(清)淩壽柏重校　清光緒四年(1878)烏程淩氏刻本　十一行二十四字小字雙行同白口左右雙邊　二册

460000－8542－0000190　029541
[乾隆]萊州府志十六卷首一卷　(清)嚴有禧修　(清)張桐增修　清乾隆五年(1740)刻本　十行二十四字小字雙行同白口四周雙邊　八册

460000－8542－0000191　026300
臥月軒稿三卷附錄一卷　(清)顧若璞撰　**王節湣公遺集二卷附錄一卷**　(明)王道焜撰　清光緒錢塘丁氏刻武林往哲遺著本　十一行二十一字小字雙行同白口左右雙邊　一册

460000－8542－0000192　026290
籌濟編三十二卷首一卷　(清)楊景仁謹輯　清光緒四年(1878)刻本　九行二十五字小字雙行同白口左右雙邊　六册

460000－8542－0000193　027546
[嘉慶]雷州府志二十卷首一卷　(清)陳昌齊等纂　清嘉慶十六年(1811)刻本　白口四周雙邊　六册　存十二卷(一至二、七至十三、十七至十九)

460000－8542－0000194　026302－026303
宋元本行格表二卷附錄一卷補遺一卷　(清)江標輯　清光緒二十三年(1897)湘中刻本　十一行二十三字小字雙行同上下黑口左右雙邊　二册

460000－8542－0000195　026305
說文引經例辨三卷　(清)雷濬撰　清光緒十年(1884)雷刻八種本　十行二十一字小字雙行同上下黑口四周雙邊　一册

460000－8542－0000196　026306
水流雲在館詩鈔六卷　(清)宋晉撰　清光緒十二年(1886)刻本　十一行二十二字小字雙行同白口左右雙邊　二册

460000－8542－0000197　026308
朱九江先生講學記一卷　簡朝亮纂　清光緒二十三年(1897)刻本　十一行二十四字小字雙行同白口四周雙邊　一册

460000－8542－0000198　026330
國朝先正事略六十卷首一卷　(清)李元度纂　(清)許時庚重校　清光緒十二年(1886)小春上浣鉛印本　十四行四十二字小字雙行同白口四周雙邊　十册

460000－8542－0000199　026340
國朝先正事略六十卷首一卷　(清)李元度纂　(清)許時庚重校　清光緒十七年(1891)上海廣百宋齋鉛印本　十四行四十二字白口四周雙邊　四册

460000－8542－0000200　026344
日下舊聞四十二卷　(清)朱彝尊輯　**補遺**　(清)朱昆田撰　清康熙刻本　十二行二十一字小字雙行同白口四周單邊　十六册

460000－8542－0000201　026359
西漢會要七十卷　(宋)徐天麟撰　清光緒十年(1884)江蘇書局刻本　九行二十一字小字

雙行同白口四周雙邊　二册　存十四卷(一至七、六十四至七十)

460000－8542－0000202　026361
五代會要三十卷　(宋)王溥撰　清光緒十二年(1886)江蘇書局刻本　九行二十一字小字雙行同白口四周雙邊　一册　存六卷(一至六)

460000－8542－0000203　026362
唐會要一百卷　(宋)王溥撰　清光緒十年(1884)江蘇書局刻本　九行二十一字小字雙行同白口四周雙邊　七册　存三十二卷(十七至二十一、二十六至三十、五十一至六十八、八十至八十三)

460000－8542－0000204　026369
四川鹽法志四十卷首一卷　(清)丁寶楨等纂　清光緒刻本　十一行二十二字小字雙行同上下黑口左右雙邊　二十册

460000－8542－0000205　026384、026648
遼金元三史語解三種　(清)高宗弘曆敕撰　清光緒四年(1878)江蘇書局刻本　十二行二十五字小字雙行同白口左右雙邊　二册　存二種十三卷(欽定金史語解一至八、欽定元史語解十至十四)

460000－8542－0000206　026385
補三國疆域志二卷　(清)洪亮吉撰　清光緒十七年(1891)廣雅書局刻本　十一行二十四字小字雙行同上下黑口四周單邊　一册　存一卷(上)

460000－8542－0000207　026407
歷代史纂左編一百四十二卷　(明)唐順之編輯　明刻本　十行二十字小字雙行同白口左右雙邊　一百二十一册　存一百一卷(一至三十八、四十、四十二至五十六、六十二至七十九、八十五、八十八至一百四、一百六、一百十二至一百十三、一百十五、一百十八至一百十九、一百二十四、一百二十九、一百三十四至一百三十五、一百四十一)

460000－8542－0000208　026545
大清搢紳全書　(清)榮寶齋編　清宣統元年(1909)榮寶齋刻本　十四行三十一至三十三字小字雙行不等白口四周雙邊　四册

460000－8542－0000209　026554
錢神志七卷　(清)李世熊撰　清同治十年(1871)木活字印本　九行二十三字小字雙行同白口四周雙邊　七册

460000－8542－0000210　026561
海國圖志一百卷首一卷　(清)魏源撰　清光緒二十一年(1895)上海積山書局石印本　二十行四十四字小字雙行同白口四周雙邊　十四册

460000－8542－0000211　026575
海國圖志續集二十五卷首一卷　(英國)麥高爾輯撰　(美國)林樂知譯　(清)瞿昂來譯　清光緒二十一年(1895)上海書局石印本　二十行四十四字小字雙行同白口四周雙邊　二册

460000－8542－0000212　026583
防海輯要十八卷首一卷　(清)俞昌會編　清道光二十二年(1842)百甓山房刻本　十一行二十二字小字雙行同白口左右雙邊　十册　存十七卷(一至三、五至十二、十四至十八,首一卷)

460000－8542－0000213　026642
歷代循吏傳八卷　(清)朱軾　(清)蔡世遠編　(清)張福昶分纂　清雍正七年(1729)刻本　九行二十二字白口左右雙邊　四册

460000－8542－0000214　058607
尊經書院初集十二卷　王闓運輯　清光緒二十八年(1902)四川尊經書局刻本　九行二十一字小字雙行同上下黑口四周單邊　十二册

460000－8542－0000215　026688
南疆繹史勘本三十卷首二卷繹史紀略補一卷　(清)溫睿臨撰　(清)李瑤勘定　清道光十年(1830)北京琉璃廠半松居士刻本　九行二十字小字雙行同白口左右雙邊　一册　存六卷(二至六、繹史紀略補一卷)

460000－8542－0000216　026690
南皮節相保存國粹疏一卷　（清）張之洞撰　清光緒三十三年（1907）蘇州木活字印本　十二行二十七字下黑口四周單邊　一册

460000－8542－0000217　026699
聖武記十四卷　（清）魏源撰　清道光二十六年（1846）古徽堂刻本　十行二十一字小字雙行同白口四周雙邊　四册　存十卷（一至四、九至十四）

460000－8542－0000218　026711
元豐九域志十卷　（清）王存撰　清光緒八年（1882）金陵書局刻本　十一行二十一字小字雙行同白口左右雙邊　一册　存二卷（一至二）

460000－8542－0000219　026730
粵西溪蠻瑣記四卷附補編一卷　（清）林德均輯　清光緒二十四年（1898）刻本　十行二十字小字雙行同白口左右雙邊　二册

460000－8542－0000220　026734
勝朝殉揚錄三卷　（清）劉寶楠輯　清同治十年（1871）淮南書局刻本　十行二十五字小字雙行同上下黑口左右雙邊　一册

460000－8542－0000221　026776
啟禎兩朝剝複錄三卷　（明）吳應箕纂　清芬陀利迦館鈔本　八行字數不等無邊欄　二册

460000－8542－0000222　026779
羅整庵先生存稾二卷　（明）羅欽順撰　（清）張伯行訂　清同治五年（1866）福州正誼書局刻本　十行二十二字小字雙行同白口左右雙邊　一册

460000－8542－0000223　026785
歷代史略六卷　柳詒徵編纂　清光緒三十一年（1905）中新書局鉛印本　十三行二十八字小字雙行同下黑口四周雙邊　二百四十二册

460000－8542－0000224　027032
大清通禮五十四卷　（清）來保等修　（清）李玉鳴等纂　（清）穆克登額等續修　（清）恒泰等續纂　清光緒九年（1883）江蘇書局刻本　十三行二十一字小字雙行同白口左右雙邊　二册　存十六卷（三至十、四十七至五十四）

460000－8542－0000225　027058
古香齋鑒賞袖珍春明夢餘錄七十卷　（清）孫承澤撰　清光緒九年（1883）廣州惜分陰館刻本　九行二十二字白口四周雙邊　二十册　存五十八卷（一至十四、二十四至四十五、四十九至七十）

460000－8542－0000226　027078
古香齋鑒賞袖珍春明夢餘錄七十卷　（清）孫承澤撰　清光緒七年（1881）南海孔氏刻本　九行二十二字白口四周雙邊　二十四册

460000－8542－0000227　027139
國朝東莞題名錄九卷　蘇澤東纂輯　清光緒十七年至十八年（1891－1892）刻本　十行三十字小字雙行同白口左右雙邊　三册　存七卷（三至九）

460000－8542－0000228　027143
日本國志四十卷首一卷　（清）黃遵憲編纂　清光緒十六年（1890）廣州富文齋刻本　十二行二十四字小字雙行同上下黑口四周雙邊　十六册

460000－8542－0000229　027159
禮書通故五十卷　（清）黃以周撰　清光緒十九年（1893）黃氏試館刻本　十行二十一字小字雙行同上下黑口四周雙邊　三十一册

460000－8542－0000230　027228
國朝名人傳略二十四卷總目一卷　（清）吳修輯　清光緒十年（1884）上海王氏藏修書屋刻本　九行二十字上下黑口左右雙邊　四册

460000－8542－0000231　027244
十七史　（明）毛晉編　明崇禎至清順治琴川毛氏汲古閣刻本　十二行二十五字白口左右雙邊　一百册　存十種六百四十三卷（史記一至三十九，南齊書一至五十九，梁書一至五十六，魏書一至九十一，周書一至五十，隋書一至八十五，南史四十至八十，北史一至十二、十七至一百，唐書七十二下至七十三上、

一百十七至一百三十八、一百四十六至一百七十三,五代史一至七十四)

460000－8542－0000232　027344
十朝東華録一百卷　王先謙編　清光緒二十五年(1899)仿泰西法石印本　二十四行五十字白口四周雙邊　四十四册

460000－8542－0000233　027426
[同治]番禺縣志五十四卷首一卷附録一卷　(清)李福泰總纂　清同治十年(1871)刻本　十二行二十三字小字雙行同白口四周單邊　十六册

460000－8542－0000234　027557
[正德]武功縣志三卷首一卷　(明)康海撰　(清)孫景烈評註　清光緒刻本　十二行二十五字小字雙行同白口四周雙邊　一册

460000－8542－0000235　027621
[同治]深州風土記二十二卷附表五卷　(清)吳汝綸纂修　清光緒二十六年(1900)深州文瑞書院刻本　十行二十二字小字雙行三十三字上下黑口四周雙邊　八册

460000－8542－0000236　027639
[光緒]重修嘉善縣志三十六卷首一卷　(清)江峰青修　(清)顧福仁纂　清光緒二十年(1894)刻本　十一行二十四字小字雙行同白口左右雙邊　十六册

460000－8542－0000237　027662
[咸豐]重修興化縣志十卷　(清)梁園棣修　(清)鄭之僑　(清)趙彦俞纂　清咸豐二年(1852)興化尊經閣刻本　十行二十一字小字雙行同白口左右雙邊　八册

460000－8542－0000238　027670
[嘉慶]松江府志八十四卷首二卷圖一卷　(清)宋如林修　(清)莫晉　(清)孫星衍纂　清嘉慶二十三年(1818)松江府學明倫堂刻本　十行二十二字小字雙行同白口左右雙邊　四十册

460000－8542－0000239　027710
[光緒]松江府續志四十卷首一卷　(清)博潤修　(清)姚光發等纂　清光緒十年(1884)郡齋刻本　十行二十二字小字雙行同白口左右雙邊　二十三册

460000－8542－0000240　027784
[道光]重刊續纂宜荊縣志十卷首一卷　(清)顧名等修　(清)吳德旋纂　清道光二十年(1840)刻本　十行二十二字小字雙行同白口左右雙邊　四册

460000－8542－0000241　027788
[康熙]寧化縣志七卷　(清)祝文郁修　(清)李世熊纂　清同治八年(1869)汀城上十字街李中和軒刻本　九行二十二字小字雙行同白口四周雙邊　八册

460000－8542－0000242　027803
武夷山志二十四卷首一卷　(清)董天工編　(清)羅良嵩等校刊　清道光二十六年(1846)籍溪羅良嵩五夫尺木軒刻本　十行二十二字小字雙行同白口四周雙邊　八册

460000－8542－0000243　27811、027818
[光緒]廣西通志輯要六種　(清)蘇宗經　(清)蘇鳳文等輯　(清)羊復禮　(清)夏敬頤續纂修　清光緒十六年(1890)桂林唐九如堂刻本　十行二十字小字雙行同白口左右雙邊　七册　存五種三十二卷(廣西通志輯要一、五至六、九至十,首一;平桂紀畧一至四;股匪總録一至三;堂匪總録一至十二;廣西昭忠録一至五、八,首一)

460000－8542－0000244　027969
歷代輿地沿革險要圖一卷　楊守敬　饒敦秩撰　清光緒五年(1879)東湖饒氏刻朱墨套印本　行款不一字數不等　一册

460000－8542－0000245　027970
廣東輿地全圖一卷　(清)張人駿編　清光緒二十三年(1897)廣州石經堂石印本　行款不一字數不等　二册

460000－8542－0000246　028564
左文襄公全集七種附二種　(清)左宗棠撰　清光緒刻本　十行二十五字小字雙行同上下

黑口左右雙邊　四十二册　存八種六十九卷（左文襄公奏稿一至十二、十五至二十四、二十七至二十八、三十一至三十二、三十四、三十八至四十一、五十三，左文襄公書牘三至七、十四至二十六，説帖一，左文襄公批札一至七，左文襄公咨札一、告示一，左文襄公謝摺一至二，附張大司馬奏稿一至四，附駱文忠公奏稿一、六至七）

460000－8542－0000247　028606

陸放翁全集　（宋）陸游撰　明崇禎海虞毛氏汲古閣刻本　八行十八字白口左右雙邊　二十一册　存五種八十二卷（渭南文集十六至三十、三十六至四十六，劍南詩稾三至四、九至十二、十五至二十六、三十至四十、四十七至五十三、六十六至七十三，南唐書九至十八，家世舊聞一，齋居紀事一）

460000－8542－0000248　028627

覆瓿集　（清）張文虎撰　清同治十三年至光緒十九年（1874－1893）刻本　十一行二十一字小字雙行同上下黑口四周雙邊　八册　存六種二十五卷（舒蓺室隨筆一至六、續筆一、餘筆一至三，舒蓺室雜著乙編一至二、賸稿一，舒蓺室詩存一至七、索笑詞一至二，存希閣詩録一，夢蟾樓詩録一，州判銜候選訓導張先生形狀一）

460000－8542－0000249　028636

覆瓿集　（清）張文虎撰　清同治十三年至光緒十九年（1874－1893）刻本　十一行二十一字小字雙行同上下黑口四周雙邊　九册　存十一種三十一卷（舒蓺室隨筆一至六、續筆一、餘集一至三，舒蓺室雜著甲編一至二、乙編一至二、賸稿一，舒蓺室詩存一至四，鼠壤餘蔬一，舒蓺室詩續存一，舒蓺室尺牘偶存一，湖樓校書記一、餘記一，西泠續記一，蓮龕尋夢記一，夢因録一，舒蓺室雜存四種：牧篴餘聲一、廋辭偶存一、俗語集對一、記夢四則一）

460000－8542－0000250　028649

王臨川全集一百卷目録二卷　（宋）王安石撰　清光緒九年（1883）聽香館刻本　十一行二十二字上下黑口左右雙邊　一册　存一卷（目録上）

460000－8542－0000251　028653

歐陽文忠公全集一百五十三卷首一卷附録五卷　（宋）歐陽修撰　（清）歐陽衡校刊　清嘉慶二十四年（1819）友善書屋刻本　十行二十四字小字雙行同白口左右雙邊　六册　存二十八卷（一至六、五十九至六十、八十二至八十九、一百十五至一百十八、一百三十一至一百三十七，首一卷）

460000－8542－0000252　028660

東塾集六卷申範一卷　（清）陳澧撰　清光緒十八年（1892）菊坡精舍刻本　十二行二十四字小字雙行同白口四周單邊　三册

460000－8542－0000253　028670

御選唐宋文醇五十八卷　（清）高宗弘曆選　清光緒三年（1877）浙江書局刻本　九行二十二字白口左右雙邊　五册　存二十三卷（一至十八、四十四至四十八）

460000－8542－0000254　028675

金元明八大家文選八種　（清）李祖陶輯　清道光二十五年（1845）泰和孫氏刻本　十行二十五字小字雙行同白口四周雙邊　十四册　存六種四十一卷（吴草廬先生文選一至六、虞道園先生文選一至八、宋景濂先生文選一至七、王陽明先生文選一至七、唐荊川先生文選一至七、歸震川先生文選一至六）

460000－8542－0000255　028776

蘇文忠公詩編註集成四十六卷總案四十五卷首一卷目録一卷附雜綴酌存一卷蘇海識餘四卷牋詩圖一卷　（宋）蘇軾撰　（清）王文誥編注　清光緒十四年（1888）浙江書局刻本　十一行三十字小字雙行同白口左右雙邊　五册　存二十七卷（蘇文忠公詩編註集成二十一至二十六、三十三至四十六，首一卷，雜綴酌存一卷，蘇海識餘四卷，牋詩圖一卷）

460000－8542－0000256　028891

杜詩鏡銓二十卷　（唐）杜甫撰　（清）楊倫輯　清刻本　九行二十字小字雙行三十字白口

左右雙邊　一册　存三卷(十八至二十)

460000－8542－0000257　031399

南菁文鈔二集六卷　(清)黄以周編　(清)林之祺等校　清光緒二十年(1894)刻本　十一行二十一字小字雙行同上下黑口左右雙邊　四册

460000－8542－0000258　028750

欒城先生全集録六卷　(宋)蘇轍撰　清光緒八年(1882)江蘇書局刻本　九行二十五字小字雙行同上下黑口左右雙邊　一册　存三卷(四至六)

460000－8542－0000259　031538

詞律二十卷目次一卷　(清)萬樹撰　清康熙二十六年(1687)萬氏堆絮園刻本　七行二十一字小字雙行同側注小字不等白口左右雙邊　十册

460000－8542－0000260　028689

陳太僕批選八家文抄　(清)陳兆侖輯　清光緒二十六年(1900)天津文美齋石印本　九行二十五字無版框　五册　存七種八卷(韓文選一至二、王文選一、曾文選一、歐文選一、老蘇文選一、大蘇文選一、小蘇文選一)

460000－8542－0000261　028694

淮海英靈集二十二卷　(清)阮元輯録　清嘉慶三年(1798)儀徵阮氏小琅環仙館刻本　十二行二十三字小字雙行同白口左右雙邊　八册　存十八卷(甲集一至四、乙集三至四、丙集一至四、丁集三至四、戊集一至四、癸集一、壬集一)

460000－8542－0000262　028705

曝書亭集八十卷目録一卷　(清)朱彝尊撰

笛漁小稿十卷　(清)朱昆田撰　清光緒十五年(1889)會稽陶氏寒梅館刻本　十二行二十三字小字雙行同白口左右雙邊　一册　存三卷(曝書亭集一至二、目録一卷)

460000－8542－0000263　028734

明詩紀事一百八十七卷　陳田撰　清光緒二十五年至宣統元年(1899－1909)貴陽陳氏聽詩齋刻本　十一行二十三字小字雙行同白口左右雙邊　十二册　存八十一卷(甲籤三十卷、乙籤二十二卷、丙籤十二卷、丁籤十七卷)

460000－8542－0000264　028729

樂府詩集一百卷目録二卷　(宋)郭茂倩編　(明)毛晉訂正　清同治十三年(1874)湖北崇文書局刻本　十一行二十一字上下黑口四周雙邊　四册　存二十三卷(十至二十一、九十一至一百,目録上)

460000－8542－0000265　028751

蘇文忠公詩編註集成四十六卷總案四十五卷首一卷目録一卷附雜綴酌存一卷蘇海識餘四卷牋詩圖一卷　(宋)蘇軾撰　(清)王文誥編注　清光緒十四年(1888)浙江書局刻本　十一行三十字小字雙行同白口左右雙邊　二十二册　存八十五卷(蘇文忠公詩編註集成四十六卷,總案一至五、十九至四十五,目録一卷,雜綴酌存一卷,蘇海識餘四卷,牋詩圖一卷)

460000－8542－0000266　028773

蘇文忠公詩集五十卷目録二卷　(宋)蘇軾撰　(清)紀昀評點　清同治八年(1869)韞玉山房刻朱墨套印本　十行二十一字小字雙行同白口左右雙邊　十二册

460000－8542－0000267　031548

津門雜記三卷　(清)張燾輯　清光緒十年(1884)遊藝山莊刻本　九行二十字小字雙行同白口左右雙邊　三册

460000－8542－0000268　028854

有正味齋詩集十六卷續集八卷駢體文二十四卷續集八卷詞集八卷續集二卷外集五卷　(清)吳錫麒撰　清嘉慶刻本　十二行二十四字上下黑口四周單邊　十二册　存五十三卷(有正味齋詩集十六卷、駢體文二十四卷、詞集八卷、外集五卷)

460000－8542－0000269　028879

文心雕龍十卷　(南朝梁)劉勰撰　(清)黄叔琳注　(清)紀昀評　清道光十三年(1833)兩廣節署刻粵東翰墨園藏朱墨套印本　十行二

十一字小字雙行同白口左右雙邊　四冊

460000－8542－0000270　028963

李空同詩集三十三卷附錄一卷目錄一卷　(清)李夢陽撰　清宣統二年(1910)掃葉山房石印本　十四行二十八字白口四周雙邊　十冊

460000－8542－0000271　028974

李長吉集四卷外集一卷　(唐)李賀撰　(明)黄陶菴評本　(清)黎二樵批點　清光緒十八年(1892)朱墨套印本　九行二十字小字雙行同白口四周單邊　二冊

460000－8542－0000272　028981

甫田集三十六卷　(明)文徵明撰　清宣統三年(1911)鉛印本　十二行三十一字白口四周雙邊　十二冊

460000－8542－0000273　029033

十八家詩鈔二十八卷　(清)曾國藩纂　清同治十三年(1874)刻本　十行二十四字小字雙行同上黑口左右雙邊　二十二冊

460000－8542－0000274　029062

靖節先生集十卷首一卷　(晉)陶潛撰　(清)陶澍集注　**諸本評陶彙集一卷年譜考異二卷**　(清)陶澍撰　清光緒九年(1883)江蘇書局刻本　十行十九字小字雙行同白口四周雙邊　四冊

460000－8542－0000275　029066

後山先生集二十四卷　(宋)陳師道撰　清光緒十一年(1885)廣州萃文堂刻本　十行二十一字小字雙行同上下黑口左右雙邊　三冊　存十一卷(三、十一、十六至二十四)

460000－8542－0000276　029069

吴摯甫詩集一卷文集四卷　(清)吴汝綸撰　清宣統二年(1910)上海國學扶輪社石印本　十二行二十五字小字雙行同白口四周雙邊　四冊　存四卷(吴摯甫詩集一卷、文集二至四)

460000－8542－0000277　029082

二林居集二十四卷　(清)彭紹升撰　清光緒七年(1881)刻本　十一行二十三字下黑口左右雙邊　二冊　存八卷(一至八)

460000－8542－0000278　029087

唐文粹補遺二十六卷　(清)郭麐纂　(清)金勇校　清光緒十一年(1885)江蘇書局刻本　十四行二十五字白口左右雙邊　一冊　存十一卷(一至十一)

460000－8542－0000279　029088

宋文鑑一百五十卷目錄三卷　(宋)吕祖謙編　清光緒十二年(1886)江蘇書局刻本　十四行二十五字白口左右雙邊　二冊　存十七卷(一至三、十五至二十五,目錄三卷)

460000－8542－0000280　029090

元文類七十卷目錄三卷　(元)蘇天爵輯　清光緒十五年(1889)刻本　十四行二十五字白口左右雙邊　二冊　存十九卷(五十二至七十)

460000－8542－0000281　020609

古今説部叢書十集二百六十六種　(清)國學扶輪社輯　清宣統至民國上海國學扶輪社鉛印本　十三行三十字小字雙行同上下黑口四周單邊　五十九冊　存二百五十三種三百六十一卷(漢官儀一,獻帝春秋一,九州春秋一,三國典略一,會稽典錄一,魏春秋一,鄴中記一,羣輔錄一,晉陽秋一,續晉陽秋一,晉中興書一,次柳氏舊聞一,曲洧舊聞一,述異記一至三,梅澗詩話一,詩本事一,竹連珠一,山林經濟策一,劍氣一,征南射法一,艮堂十戒一,酒約一,宧海慈航一,食珍錄一,長物志一至十二,芸窗雅事一,玩月約一,書齋快事一,石交一,選石記一,紀草堂十六宜一,仿園酒評一,香雪齋樂事一,讀書法一,客齋使令反一,約言一,半庵笑政一,病約三章一,小半斤謠一,四十張紙牌説一,五嶽約一,桓譚新論一,譙周法訓一,虞喜志林一,裴啟語林一,宋拾遺錄一,三輔決錄一,義山雜記一,龍城錄一,窮愁志一,松窗雜記一,商芸小説一,杜陽雜編一至三,秀水閒居錄一,蒼梧雜誌一,談藪一,青箱雜記一,林下偶譚一,獨醒雜誌一,可談一,小窗自紀雜著一,文士傳一,衣冠盛事一,幽閒鼓吹一,法苑珠林一,諧史一,三朝野史一,閒中古今錄一,西峰淡話一,琅琊漫抄一,相貝經一,禽經一,輶軒絕代語一,神異經一,海內十洲記一,列仙傳一,搜神記一,搜神後記一,冥祥記一,述異記一,原化記一,竇櫝記一,杼情錄一,碧湖雜記一,臨漢隱居詩話一,延州筆記一,北窗囈語一,松亭行紀一至二,十六湯品一,採茶錄一,茶疏一,炙轂子錄一,桂苑叢談一,葆化錄一,西墅記譚一,乾䉷子一,吹劍錄一,雞肋一,南部新書一,五色線一,採蘭雜誌一,異苑一至十,戒庵漫筆一,蘇談一,耳新一至八,傳信記一,野航史話一,小隱書全帖一,雲蕉館紀談一,汴圍濕襟錄一,漁洋感舊集小傳一至四、補遺一,袖中記一,玄亭涉筆一,荔枝譜一,嶠南瑣記二,志怪錄一,集靈記一,祥異記一,風騷旨格一,灌畦暇語一,春雨雜述一,天爵堂筆餘一,資暇錄一,戲瑕一,玉笑零音一,竹坡老人詩話一,筆經一,膳夫錄一,林下盟一,瓶花譜一,攝生要錄一,滇行日錄一,太清記一,寓簡一,林下清錄一,真率筆記一,致虛雜俎一,下帷短牒一,燕閒錄一,春風堂隨筆一,枕譚一,群碎錄一,冷齋夜話一,宜春傳信錄一,錢塘遺事一,相學齋雜鈔一,明良記一,隴蜀餘聞一,征緬紀聞一,蜀徼紀聞一,南中紀聞一,桂海果志一,桂海蟲魚志一,還冤記一,蚓庵瑣語一,西清詩話一,研北雜志一,叩舷憑軾錄一,華陽散稿一至二,醉鄉日月一,蔬食譜一,佩楚軒客談一,雪鴻再錄一,使楚叢譚一,臺懷隨筆一,投荒雜錄一,金華子雜編一,虛谷閒鈔一,桂海雜誌一,山陵雜記一,志雅堂雜抄一,浩然齋視聽抄一,誠齋雜記一,顧曲雜言一,北窗瑣語一,譚輅一,分甘餘話一至二,征緬紀略一,高坡異纂一至三,瓠里子筆談一,遣戍伊犁日記一,天山客話一,艾子後語一,猥談一,半村野人閒談一,蓉塘紀聞一,蓬軒吳記一至二,蓬軒別記一,吳中故語一,觚剩一至八、續編一至四,然脂百一編六種六卷,外家紀聞一,玉照新志一至四,王文正筆錄一,觚不觚錄一,睽車志一,說聽一至二,石林詩話一至三,然燈紀聞一,律詩定體一,聲調譜一,談龍錄一,西湖秋柳詞一,幽夢影一至二,幽夢續影一,匡廬紀遊一,安南紀遊一,涪翁雜說一,湖壖雜記一,簪雲樓雜說一,天香樓偶得一,筠廊偶筆一至二,楓窗小牘一至二,幸蜀記一,談助一,庚巳編一至四,樊榭山房集外詩一,碧雞漫志一,仿園清語一,賜硯齋題畫偶錄一,九華新譜一,麈餘一,泰山紀勝一,孫公談圃一至三,玉澗雜書一,道山清話一,天祿識餘一至二,歸田詩話一至三,麓堂詩話一,明季詠史百一詩一,竹垞小志一至五,驂鸞錄一,續驂鸞錄一,遊雁蕩山記一,雅謔一,閩小記一至二,遯齋偶筆一至二,蓮子居詞話一至四,鋤經書舍零墨一至四,滹南詩話一至三,南行日記一,龍輔女紅餘志一至二,酒顛一至二,茶董一至二,冬集紀程一,救文格論一,師友詩傳錄一,師友詩傳續錄一,金石要例一,貯香小品一至九,語新一至二,懷芳記一、補遺一,黃孏餘話一至八)

460000－8542－0000282　029101

新安先集二十卷　(清)朱之榛編　清同治十三年(1874)蘇州刻本　十行二十五字小字雙行同上下黑口左右雙邊　二冊　存六卷(一至三、十二至十四)

460000－8542－0000283　029552

文選十二卷　(南朝梁)蕭統選　(明)張鳳翼纂註　(明)惲紹龍参訂　明萬曆二十九年(1601)舒氏四泉堂刻本　上下兩欄下欄十一行二十二字小字雙行同白口四周單邊　十一冊　存十一卷(一至十一)

460000－8542－0000284　029104

石筍山房文集六卷補遺一卷　(清)胡天游撰　清隨山館刻本　九行二十一字上下黑口左右雙邊　四冊

460000－8542－0000285　028703

唐詩紀事八十一卷　(宋)計敏夫撰　明嘉靖刻本　十行二十字小字雙行同白口四周單邊　二冊　存十卷(一至三、六十七至七十三)

460000－8542－0000286　029124

津逮秘書十五集一百四十一種　(明)毛晉輯

明崇禎毛氏汲古閣刻本　九行十九字小字雙行同白口左右雙邊　一百五十八册　存一百三十三種六百五十卷(詩序辨說一,詩傳孔氏傳一,詩說一,詩外傳一至十,毛詩草木鳥獸蟲魚疏廣要一至二,詩攷一,詩地理攷一至六,爾雅一至三,京氏易傳一至三,關氏易傳一,蘇氏易傳一至九,焦氏易林一至四,周易集解一至十七,易釋文一,周易集解略例一,元包經傳一至五,元包數總義一至二,周易舉正一至三,麻衣道者正易心法一,通鑑問疑一,小學紺珠一至十,齊民要術一至十,急就篇一至四,漢制攷一至四,佛說四十二章經一,道德指歸論一至六,青烏先生葬經一,古本葬經内篇一、附葬經翼一、圖一,古文參同契集解一至三、箋注集解下,周髀算經一至二、附音義一,數術記遺一,黄帝授三子玄女經一,胎息經一,風后握奇經一、附握奇經續圖一、八陣總述一,耒耜經一,五木經一,女孝經一,丸經一至二,通占大象曆星經一至二,忠經一,黄帝宅經一至二,墨經一,全唐詩話一至六,六一詩話一,滄浪詩話一,後山詩話一,彦周詩話一,二老堂詩話一,紫薇詩話一,石林詩話一,中山詩話一,竹坡詩話一,續詩話一,法書要録一至六,宣和書譜一至四、十三至二十,圖畫見聞誌四至六,歷代名畫記一至十,古畫品録一,續畫品録一,宣和畫譜一至二十,圖繪寶鑑一至六、補遺一,後畫録一,續畫品一,畫繼一至十,畫史一,詩品一至三,詩品二十四則一,風騷旨格一,芥隱筆記一,冷齋夜話一至十,西溪叢語一至二,益部方物略記一,捫虱新話一至十五,歲華紀麗一至四,玉蕊辨證一,桯史一至三、九至十三,酉陽雜俎一至二十、續集一至十,誠齋雜記一至二,甘澤謠一、附録一,本事詩一,劇談録一至二,輟耕録一至三十,洛陽伽藍記一至五,洛陽名園記一,靈寶真靈位業圖一,東京夢華録一至十,西京雜記一至六,佛國記一,大唐創業起居注一至三,老學庵筆記一至十,漢雜事秘辛一,淳熙玉堂雜記一至三,焚椒録一,唐國史補一至三,搜神記一至二十,搜神後記一至十,録異記一至八,周氏冥通記一至四,異苑一至十,東坡題跋一至六,山谷題跋一至九,無咎題跋一,宛丘題跋一,淮海題跋一,鶴山題跋一至七,放翁題跋一至六,姑溪題跋一至二,石門題跋一至二,西山題跋一至三,六一題跋一至十一,元豐題跋一,水心題跋一,益公題跋一至十二,後村題跋一至四,止齋題跋一至二,魏公題跋一,晦庵題跋一,容齋題跋一至二,海岳題跋一,樂府古題要解一至二,癸辛雜識前集一、後集一、續集一至二、別集一至二,紹興内府古器評一至二,揮麈前録一至四、後録一至十一、三録一至三、餘話一至二,夢溪筆談一至二十六,湘山野録一至三、續録一,春渚紀聞一至十,齊東野語六至二十,茅亭客話一至十,河南邵氏聞見前録一至二十,河南邵氏聞見後録十二至三十,錦帶書一,避暑録話一至二,貴耳集一至三)

460000－8542－0000287　029282

文苑英華一千卷目録一卷　(宋)李昉等輯　明隆慶元年(1567)刻本　十一行二十二字小字雙行同白口四周單邊　一百册

460000－8542－0000288　029384

續文獻通考二百五十四卷　(明)王圻纂輯　明萬曆三十一年(1603)曹時聘、許維新等刻本　十一行二十二字小字雙行同白口左右雙邊　六十九册　存二百二十九卷(一至一百十四、一百十九至一百三十六、一百四十至二百十七、二百二十二至二百二十四、二百三十九至二百五十四)

460000－8542－0000289　029453

通甫詩存四卷通甫詩存之餘二卷通甫類稿四卷續編二卷　(清)魯一同撰　清咸豐九年(1859)刻本　十一行二十三字小字雙行同白口四周雙邊　四册

460000－8542－0000290　029457

古文詞略二十四卷　(清)梅曾亮編　清同治六年(1867)合肥李氏刻本　十行二十五字小字雙行不等白口四周雙邊　五册

460000－8542－0000291　029462

杜詩鏡銓二十卷附録一卷目録一卷年譜一卷

(唐)杜甫撰 (清)楊倫輯 清乾隆九柏山房刻本 九行二十字小字雙行不等白口四周單邊 十二冊

460000－8542－0000292 028874
漁洋山人詩集二十二卷 (清)王士禛撰 清康熙八年(1669)吳郡沂詠堂刻本 十行十九字小字雙行同白口四周單邊 四冊

460000－8542－0000293 029477
讀杜心解六卷首二卷 (清)浦起龍撰 清雍正二年(1724)浦氏寧我齋刻本 十行二十二字小字雙行三十三字白口左右雙邊 六冊

460000－8542－0000294 029484
貳臣傳十二卷逆臣傳四卷 (清)國史館編 清末都城琉璃廠半松居士木活字印本 九行二十字白口左右雙邊或四周單邊 十冊

460000－8542－0000295 029492
春秋全經左傳句解八卷 (宋)朱申注 (明)顧梧芳較正 (明)孫鑛批點 (明)邱超羣參閲 清道光九年(1829)刻本 十一行二十四字小字雙行同四周單邊 四冊

460000－8542－0000296 029497
[乾隆]潮州府志四十二卷首一卷 (清)周碩勳纂修 清光緒十九年(1893)潮州保安總局刻本 十行二十字小字雙行同白口四周雙邊 二十四冊 存三十五卷(九至四十二、首一卷)

460000－8542－0000297 029523
袁文合箋十六卷 (清)袁枚撰 (清)王廣業集箋 清光緒八年(1882)刻本 十行二十字小字雙行三十字上下黑口四周雙邊 六冊

460000－8542－0000298 058518
增註四書人物類典串珠四十卷 (清)臧志仁編 (清)臧銘 (清)臧錕校 清鉛印本 十五行三十四字小字雙行同白口四周雙邊 六冊

460000－8542－0000299 029536
林和靖先生詩集四卷詩話一卷林集酬唱題詠一卷續刻一卷省心録一卷 (宋)林逋撰 清光緒二十一年(1895)婺源俞氏清蔭堂刻本 八行十八字小字雙行同白口左右雙邊 二冊

460000－8542－0000300 029537
湘綺樓文集八卷 王闓運撰 清光緒二十六年(1900)烝陽刻本 十行二十一字小字雙行同上下黑口左右雙邊 四冊

460000－8542－0000301 029086
唐文粹一百卷 (宋)姚鉉編 清光緒九年(1883)江蘇書局刻本 十四行二十五字小字雙行同白口左右雙邊 一冊 存十卷(五十八至六十七)

460000－8542－0000302 029549
而菴説唐詩二十二卷首一卷 (清)徐增撰 清康熙九誥堂刻本 九行十八至二十一字白口四周單邊 三冊 存十四卷(一至四、十至十四、十九至二十二,首一卷)

460000－8542－0000303 029565
駢體文鈔三十一卷 (清)李兆洛編 清同治六年(1867)婁江徐氏刻本 十三行二十二字小字雙行同上下黑口左右雙邊 二冊 存十二卷(一至五、十三至十九)

460000－8542－0000304 029567
石臼集前集九卷後集七卷年譜一卷 (清)邢昉撰 清光緒十八年(1892)仿初印刻本 十行十九字小字雙行同白口四周單邊 四冊 存九卷(石臼集前集九卷)

460000－8542－0000305 029571
石遺室文集十二卷木庵文稿一卷續集一卷文三集一卷詩集十卷補遺一卷朱絲詞二卷 陳衍撰 清光緒刻本 十一行二十二字白口左右雙邊 八冊

460000－8542－0000306 032299
楊園先生全集五十四卷 (明)張履祥撰 (清)姚璉原輯 (清)萬斛泉編 **張楊園先生年譜一卷** (清)蘇惇元撰 清同治刻本 十行二十二字小字雙行同白口四周雙邊 十六冊

460000－8542－0000307 029637

愚溪詩藁一卷 (清)張肇熿撰 清嘉慶十三年(1808)刻本 十行二十一字白口左右雙邊 一册

460000－8542－0000308 029638
陋軒詩十二卷 (清)吳嘉紀撰 **陋軒詩續二卷** (清)吳嘉紀撰 (清)夏荃輯 清道光二十年(1840)泰州夏氏刻本 九行十九字白口左右雙邊 五册

460000－8542－0000309 029646
青邱高季迪先生詩集十八卷遺詩一卷年譜一卷扣舷集一卷鳬藻集五卷附録一卷 (明)高啟撰 (清)金檀輯注 清雍正文瑞樓刻本 十一行二十二字小字雙行同白口左右雙邊 十册

460000－8542－0000310 029689
硃批目耕齋全集 (清)徐楷評注 清光緒十七年(1891)文賢書屋朱墨套印本 九行二十五字白口左右雙邊 六册

460000－8542－0000311 029695
嶺南三大家詩選二十四卷 (清)王隼輯 清同治七年(1868)南海陳氏刻本 十行十九字小字雙行同上下黑口左右雙邊 六册

460000－8542－0000312 029701
吳氏遺著五卷附録一卷 (清)吳夌雲撰 清光緒十七年(1891)廣雅書局刻本 十一行二十四字小字雙行同上下黑口四周單邊 一册 存三卷(一至三)

460000－8542－0000313 029702
桐城吳先生文集四卷詩集一卷 (清)吳汝綸撰 (清)吳闓生編 清光緒三十年(1904)桐城吳氏刻本 九行二十一字白口左右雙邊 五册

460000－8542－0000314 029707
古泉叢話三卷 (清)戴熙撰 清同治十一年(1872)潘氏滂喜齋刻本 十行二十字小字雙行同白口四周單邊 二册

460000－8542－0000315 029085
元詩選癸集十卷 (清)顧嗣立輯 清秀野草堂刻本 十三行二十三字小字雙行不等上下黑口左右雙邊 一册 存二卷(甲至乙)

460000－8542－0000316 029730
呂東萊先生文集四卷 (宋)呂祖謙撰 (清)張伯行訂 (清)洪錫謙等校刊 清康熙五十年(1711)敦禮堂刊清道光重修本 十行二十二字白口左右雙邊 二册

460000－8542－0000317 029748
授堂遺書八種 (清)武億撰 (清)武穆淳編 **讀畫山房文鈔二卷** (清)武穆淳撰 **附録二卷** (清)武穆淳輯 清道光二十三年(1843)河南偃師武氏刻本 十一行二十三字小字雙行同上下黑口左右雙邊 十六册

460000－8542－0000318 029764
東萊博義四卷 (宋)呂祖謙撰 (清)馮泰松校刊 清光緒七年(1881)崇明馮泰松刻本 九行二十一字小字雙行同有側注小字不等下黑口四周雙邊 一册

460000－8542－0000319 029765
柈湖文錄八卷首一卷 (清)吳敏樹撰 清同治八年(1869)刻本 十行二十三字下黑口四周雙邊 四册

460000－8542－0000320 029775
三十家詩鈔六卷首一卷末一卷 (清)曾國藩纂 (清)王定安增輯 (清)黃維申校 清同治十三年(1874)傳忠書局刻本 十行二十四小字雙行同下黑口左右雙邊 六册

460000－8542－0000321 029794
廣雅疏證十卷 (清)王念孫撰 清光緒五年(1879)淮南書局刻本 十行二十一字小字雙行同白口左右雙邊 十册 存九卷(一、三至十)

460000－8542－0000322 029804
說文古籀疏證六卷原目一卷 (清)莊述祖撰 清刻本 九行二十二字小字雙行同上下黑口左右雙邊 四册

460000－8542－0000323 029811
說文逸字二卷附録一卷 (清)鄭珍撰 **六書**

淺說一卷　(清)鄭知同撰　清咸豐八年至同治十三年(1858－1874)刻本　五行字數不等小字雙行二十二字白口左右雙邊　二册

460000－8542－0000324　029813
説文分韻易知錄五卷　(清)許巽行撰　清光緒五年(1879)松江葆素堂許氏刻本　七行大小字數不等白口四周雙邊　十册

460000－8542－0000325　026305、029824
雷刻四種　(清)雷濬輯　清光緒二年至十年(1876－1884)蘇州謝文翰刻本　十行二十一字小字雙行同上下黑口四周雙邊　六册

460000－8542－0000326　029839
説文解字注十五卷説文部目分韻一卷六書音韻表一卷汲古閣説文訂一卷　(清)段玉裁注　清同治十一年(1872)湖北崇文書局刻本　九行二十二字小字雙行同白口左右雙邊　十八册

460000－8542－0000327　029870
説文解字句讀三十卷補正三十卷　(清)王筠撰　(清)祁春浦鑒定　(清)陳山嵋等訂正　清同治四年(1865)王彦侗刻本　十行二十四字小字雙行同白口四周雙邊　十六册

460000－8542－0000328　029914
唐寫本説文解字木部箋異　(清)莫友芝撰
仿唐寫本説文解字木部　(漢)許慎撰　(唐)□□寫　(清)莫友芝摹　清同治三年(1864)湘鄉曾國藩刻本　十行二十二字小字雙行同上下黑口四周雙邊　一册

460000－8542－0000329　029915
説文釋例二十卷首一卷　(清)王筠撰　清同治四年(1865)王彦侗刻本　九行二十二字小字雙行同白口四周雙邊　十六册

460000－8542－0000330　029931
説文釋例二十卷首一卷　(清)王筠撰　清光緒九年(1883)成都御風樓刻本　九行二十二字小字雙行同上下黑口左右雙邊　十册

460000－8542－0000331　029941
小學考五十卷　(清)謝啟昆撰　清光緒十五年(1889)烏程蔣氏石印本　十九行三十八字小字雙行同白口四周雙邊　五册

460000－8542－0000332　029948
爾雅疏十卷　(宋)邢昺撰　清光緒四年(1878)吳興陸氏十萬卷樓刻本　十五行三十字白口左右雙邊　二册

460000－8542－0000333　029972
羣學肄言十六卷　(英國)斯賓塞爾撰　嚴復譯　清光緒二十九年(1903)上海文明書局鉛印本　十一行二十七字小字雙行同白口四周雙邊　四册

460000－8542－0000334　029976
隸辨八卷　(清)顧藹吉撰　清光緒十三年(1887)上海蜚英館石印本　十二行大字字數不等小字雙行二十字白口四周單邊　八册

460000－8542－0000335　029994
字林七卷首一卷　(晉)呂忱撰　(清)任林椿考逸　(清)任兆麟補正　(清)曾釗校增　清嘉慶二十四年(1819)南海曾釗校刻本　十行二十字小字雙行同白口四周雙邊　二册

460000－8542－0000336　029996
古韻通說二十卷　(清)龍啟瑞撰　(清)吳福連校　清光緒九年(1883)四川尊經書局刻本　十一行二十二字小字雙行同上下黑口四周單邊　二册

460000－8542－0000337　029998
白下瑣言十卷　(清)甘熙撰　清光緒十六年(1890)江寧築野堂刻本　十行二十二字小字雙行同白口左右雙邊　四册

460000－8542－0000338　030002
澤存堂五種　(清)張士俊輯　清光緒十四年(1888)上海蜚英館石印本　十行二十字小字雙行同白口左右雙邊　七册　存四種四十六卷(大宋重修廣韻一至四、大廣益會玉篇三十卷、群經音辨一至七、字鑒一至五)

460000－8542－0000339　030029
測海集六卷　(清)彭紹升撰　清嘉慶十年(1805)刻本　十一行二十三字小字雙行同白

口左右雙邊　一册　存三卷(一至三)

460000－8542－0000340　030034

佩文詩韻釋要五卷　(清)周兆基撰　(清)朱蘭輯　清光緒元年(1875)崇文書局刻本　九行大小字數不等白口左右雙邊　一册

460000－8542－0000341　030039

音學五書五種　(清)顧炎武撰　清光緒十六年(1890)思賢講舍刻本　九行二十一小字雙行同下黑口左右雙邊　十二册

460000－8542－0000342　030054

梅村文集二十卷　(清)吳偉業撰　(清)周肇　(清)王昊編　清宣統二年(1910)上海國學昌明社石印本　十四行三十字白口四周雙邊　六册

460000－8542－0000343　030069

朱九江先生集十卷首四卷　(清)朱次琦撰　簡朝亮輯　清光緒二十三年(1897)讀書草堂刻本　十一行二十四字小字雙行同白口左右雙邊　四册

460000－8542－0000344　030073

朱九江先生集十卷首四卷　(清)朱次琦撰　簡朝亮輯　清光緒二十三年(1897)讀書草堂刻本　十一行二十四字小字雙行同白口左右雙邊　三册　存八卷(五至十、首一至二)

460000－8542－0000345　030076

鮚埼亭集三十八卷首一卷外編五十卷全謝山先生經史問答十卷　(清)全祖望撰　(清)史夢蛟校　清同治十一年(1872)姚江借樹山房刻本　十行二十一字小字雙行同白口左右雙邊　三十册

460000－8542－0000346　030021

述學内篇三卷外篇一卷補遺一卷别録一卷　(清)汪中撰　清同治八年(1869)揚州書局刻本　十三行三十字小字雙行不等白口左右雙邊　一册

460000－8542－0000347　030130

經韻樓集十二卷　(清)段玉裁撰　清光緒十年(1884)樹根齋刻本　十行二十一字小字雙行同白口左右雙邊　二册　存四卷(一至二、七至八)

460000－8542－0000348　030132

漢學商兑三卷　(清)方東樹撰　清光緒八年(1882)花雨樓刻本　十行二十三字小字雙行同白口左右雙邊　四册

460000－8542－0000349　030136

鮚埼亭集三十八卷首一卷外編五十卷全謝山先生經史問答十卷　(清)全祖望撰　(清)史夢蛟校　清同治十一年(1872)姚江借樹山房刻本　十行二十一字小字雙行同白口左右雙邊　八册　存三十三卷(鮚埼亭集一至七、十四至二十七,首一卷,外編一至三、二十七至三十、四十七至五十)

460000－8542－0000350　030128

香葉草堂詩存一卷　(清)羅聘撰　清道光十四年(1834)刻本　九行十六字小字雙行同白口四周單邊　一册

460000－8542－0000351　030706

新鐫校正評注分類百子金丹全書十卷　(明)郭偉輯　(明)郭中吉編　(明)王星聚校　清光緒石印本　十九行四十八字小字雙行同白口四周雙邊　三册　存五卷(四至八)

460000－8542－0000352　031245

秋笳集八卷補遺一卷　(清)吳兆騫撰　清宣統三年(1911)順德鄧氏鉛印本　十行二十八字小字雙行同上下黑口四周單邊　三册

460000－8542－0000353　028411

元和郡縣圖志四十卷　(唐)李吉甫撰　(清)孫星衍輯　清光緒六年(1880)金陵書局刻本　十二行二十四字小字雙行同上下黑口左右雙邊　六册　存三十一卷(三至二十二、三十至四十)

460000－8542－0000354　032274

春在堂全書　(清)俞樾撰　清光緒十五年(1889)刻本　十行二十一字小字雙行同黑白口不等左右雙邊　二十四册　存十三種一百四十九卷(羣經平議五至十二、十七至三十五，諸子平議一至五、三十至三十五，第一樓叢書易貫一至五，曲園雜纂三十五至三十九，賓萌集一至五、外集一至四，春在堂襍文一至二，春在堂詩編六至十三、詞錄一至三，茶香室叢鈔一至二十三、續鈔一至二十五、三鈔一至八，茶香室經說一至五，九九銷夏錄一至十三，小篷萊謠一，袖中書一至二，東瀛詩記一至二）

460000－8542－0000355　029808

說文古籒疏證六卷原目一卷　（清）莊述祖撰　清刻本　九行二十二字小字雙行同上下黑口左右雙邊　三冊

460000－8542－0000356　032270

曲園雜纂五十卷　（清）俞樾撰　清光緒刻春在堂全書本　十行二十一字小字雙行同白口左右雙邊　四冊　存二十五卷（一至二十五）

460000－8542－0000357　032288

茶香室經說十六卷　（清）俞樾撰　清光緒十九年（1893）味腴書屋石印本　二十行五十七字左右小字雙行同白口四周雙邊　一冊

460000－8542－0000358　032982

瓊臺耆舊續集一卷　（清）林華平撰　清末瓊山王國憲校刻本　九行二十一字小字雙行同白口四周雙邊　一冊

460000－8542－0000359　055025

皇清經解一千四百八卷　（清）阮元輯　清道光九年（1829）廣東學海堂刻咸豐十一年（1861）增刻本　十一行二十四字小字雙行同白口左右雙邊　三百六十冊

460000－8542－0000360　032989

瓊山縣徵訪冊不分卷　王國憲輯　清末至民國初瓊山王國憲稿本　行款不等大小字數不等　二冊

460000－8542－0000361　033081

內則衍義十六卷　（清）世祖福臨纂　清光緒刻本　九行十七字白口四周單邊　八冊

460000－8542－0000362　030380

繡像全圖再生緣全傳二十卷　（清）陳端生等撰　（清）侯芝删改　清光緒二十一年（1895）上海肇記書局石印本　十七行三十五字下黑口四周雙邊　十四冊　存十四卷（一至四、七、十二至二十）

460000－8542－0000363　030401

夜譚隨錄十二卷　（清）和邦額撰　（清）蘭岩氏評閱　清乾隆五十六年（1791）序刻本　九行二十字側注小字單行不等白口四周單邊　六冊

460000－8542－0000364　030412

新刻玉蜻蜓八卷　（清）□□輯　清同治十二年（1873）刻本　九行二十字白口四周單邊　四冊

460000－8542－0000365　030426

唐代叢書一百六十四種　（清）王文誥輯　清嘉慶刻本　九行二十一字小字雙行同白口左右雙邊　十八冊　存一百四十八種一百五十四卷（尚書故實一、中朝故事一、金鑾密記一、杜陽雜編一至三、幽閒鼓吹一、桂苑叢談一、劉賓客嘉話錄一、松窗雜記一、次柳氏舊聞一、大唐傳載一、開元天寶遺事一、開天傳信記一、大唐新語一、明皇雜錄一、常侍言旨一、雲溪友議一、國史補一、因話錄一、劇談錄一、法苑珠林一、宣室志一、甘澤謠一、南楚新聞一、玉泉子一、金華子雜編一、耳目記一、瀟湘錄一、小說舊聞記一、摭言一、記事珠一、諧噱錄一、義山雜纂一、龍城錄一、嶺表錄異一、來南錄一、平泉山居草木記一、北戶錄一、終南十志一、洞天福地記一、北里志一、迷樓記一、海山記一、開河記一、吳地記一、南部煙花記一、洛中九老會一、教坊記一、湘中怨詞一、二十四詩品一、本事詩一、比紅兒詩一、貞娘墓詩一、書法一、畫學秘訣一、續畫品錄一、貞觀公私畫史一、歌者葉記一、嘯旨一、李謩吹笛記一、衛公故物記一、茶經一至三、十六湯品一、煎茶水記一、醉鄉日月一、食譜一、花九錫一、紫花梨記一、耒耜經一、五木經一、肉攫部一、樂府雜錄一、羯鼓錄一、小名錄一、藥譜一、異疾志一、大藏治病藥一、夢遊錄一、三夢記一、妝樓記一、李泌傳一、李林甫外傳一、東城老父傳一、馮燕傳一、高力士傳一、虬髯客傳一、奇男子傳一、蔣子文傳一、杜子春傳一、墨昆侖傳一、陶峴傳一、申宗傳一、睦仁蒨傳一、靈應傳一、柳毅傳一、仙吏傳一、英雄傳一、劍俠傳一、廣陵妖亂志一、周秦行紀一、梅妃傳一、楊太真外傳一至二、霍小玉傳一、牛應貞傳一、謝小娥傳一、李娃傳一、楊娼傳一、章臺柳傳一、非煙傳一、揚州夢記一、杜秋傳一、龍女傳一、妙女傳一、神女傳一、雷民傳一、會真記一、黑心符一、南柯記一、枕中記一、酉陽雜俎一至二、諾皋記一、支諾皋一、壟上記一、前定錄一、卓異記一、摭異記一、志怪錄一、集異記一、集異志一、博異志一、幽怪錄一、續幽怪錄一、聞奇錄一、錦裙記一、靈應錄一、鬼塚志一、幻影傳一、幻戲志一、幻異志一、稽神錄一、冥音錄一、離魂記一、再生記一、冤債志一、尸媚傳一、奇鬼傳一、才鬼記一、靈鬼志一、妖妄傳一)

460000－8542－0000366　030444

獪園十六卷　(明)錢希言撰　清乾隆三十九年(1774)長塘鮑氏知不足齋刻本　九行二十一字小字雙行同上下黑口左右雙邊　八册

460000－8542－0000367　030459

增評補像全圖金玉緣一百二十回卷首一卷　(清)曹霑撰　(清)高鶚補　(清)王希廉評　清光緒三十四年(1908)求不負齋石印本　十八行四十字小字雙行同白口四周雙邊　十六册

460000－8542－0000368　030559

朱子語類一百四十卷　(宋)朱熹撰　(宋)黎靖德編　清同治十一年(1872)應元書院刻本　十二行二十四字小字雙行同上下黑口左右雙邊　十册　存三十一卷(一至三、三十二至三十六、八十至八十六、一百十八至一百三十三)

460000－8542－0000369　030570

儆季雜著五種附二種　(清)黃以周撰　**尚書講義一卷**　(清)黃家辰撰　**嫻藝軒雜著三卷**　(清)黃家岱撰　清光緒二十年至二十一年(1894－1895)江蘇南菁講舍刻本　十行二十一字小字雙行同上下黑口左右雙邊　十册

460000－8542－0000370　030604

寄園寄所寄十二卷　(清)趙吉士輯　(清)馮雲鏞等校　清康熙三十五年(1696)寶仁堂刻本　十一行二十三字小字雙行同白口左右雙邊　十一册　存十一卷(一、三至十二)

460000－8542－0000371　030615

寄園寄所寄十二卷　(清)趙吉士輯　(清)馮雲鏞等校　清康熙三十五年(1696)刻本　十一行二十一字小字雙行同白口左右雙邊　二十册

460000－8542－0000372　030635

因樹屋書影十卷　(清)周亮工撰　(清)屯溪螺隱校訂　(清)周恆福重刊　清嘉慶十九年(1814)賴古堂刻本　九行十八字小字雙行同白口四周單邊　八册　存八卷(一、三至八、十)

460000－8542－0000373　030647

玉海二百四卷附刻十四種　(宋)王應麟撰輯　清光緒九年(1883)浙江書局刻本　十行二十字小字雙行同白口左右雙邊　十四册　存五十七卷(玉海一至二、十四至十七、五十三至五十六、六十七至六十九、七十四至七十八、一百十七至一百三十三、一百三十七至一百三十九,附詩地理攷二至六,漢藝文志攷證一至十,急就篇一至四)

460000－8542－0000374　030662

通藝錄二十一種　(清)程瑤田撰　清嘉慶刻本　十行二十一字小字雙行三十一字白口左右雙邊　二十九册　存十四種三十四卷(論學小記上至中,宗法小記一,儀禮喪服文足徵記一至七、九至十,釋宮小記一,考工創物小記一至八,禹貢三江考一至二,水地小記一,解字小記一,釋草小記一至二,數度小記一,九勢碎事一,修辭餘鈔一,讓堂亦政錄一、嘉定贈別詩文附錄一,樂器三事能言一、補編一)

460000－8542－0000375　030698

東塾讀書記二十五卷　(清)陳澧撰　清光緒刻本　十二行二十四字小字雙行同上下黑口

四周單邊　五册

460000－8542－0000376　030729
農政全書六十卷　(明)徐光啟撰　清宣統元年(1909)上海求學齋局石印本　上下兩欄每欄十八行二十字小字雙行同上下黑口四周雙邊　八册

460000－8542－0000377　033073
内則衍義十六卷　(清)世祖福臨纂　清光緒刻本　九行十七字白口四周單邊　八册

460000－8542－0000378　030751
癸巳存稿十五卷　(清)俞正燮撰　清光緒十年(1884)刻本　十二行二十四字小字雙行同白口四周雙邊　七册　存十三卷(一至十三)

460000－8542－0000379　030758
讀書雜志十種八十二卷餘編二卷　(清)王念孫撰　清同治九年(1870)金陵書局重刻本　十行二十一字小字雙行同白口四周雙邊　十三册　存七種四十八卷(逸周雜志一至四,史記雜志一至六,漢書雜志八至十六,晏子春秋雜志一至二,墨子雜志四至六,淮南内篇雜志一至二十二、補遺一,漢隸拾遺一)

460000－8542－0000380　030774
輶軒語五卷　(清)張之洞撰　清光緒十年(1884)江西重刻本　十行二十一字小字雙行同下黑口四周單邊　一册

460000－8542－0000381　030792
小學鉤沈十九卷　(清)任大椿撰　(清)王念孫校正　清光緒十年(1884)龍氏刻本　十行二十二字小字雙行同上下黑口左右雙邊　二册

460000－8542－0000382　030794
子史精華一百六十卷　(清)張廷玉等編　清光緒十三年(1887)上海積山書局石印本　十六行四十八字小字雙行同白口四周雙邊　八册

460000－8542－0000383　030819
佩文韻府一百六卷　(清)張玉書等編　**韻府拾遺一百六卷**　(清)張廷玉等編　清光緒十八年(1892)上海同文書局石印本　二十四行五十字小字雙行同白口四周雙邊　六十册

460000－8542－0000384　030652
太平御覽一千卷目錄十五卷　(宋)李昉等纂　(清)鮑崇城重校　清嘉慶十二年至十七年(1807－1812)歙縣鮑崇城刻本　十三行二十二字小字雙行同白口左右雙邊　一册　存十二卷(三百五十二至三百六十三)

460000－8542－0000385　030875
佩文韻府一百六卷　(清)張玉書等編　**韻府拾遺一百六卷**　(清)張廷玉等編　清光緒十八年(1892)上海鴻寶齋石印本　十二行二十五字小字雙行同白口四周單邊　一百九十九册　存二百七卷(佩文韻府一百六卷,韻府拾遺一至四十九、五十五至一百六)

460000－8542－0000386　031103
五禮通考二百六十二卷首四卷　(清)秦蕙田撰　(清)方觀承訂　清刻本　十三行二十一字小字雙行三十二字白口左右雙邊　三十五册　存一百二十四卷(一至十四、十九至二十一、三十四至四十四、四十八至五十一、六十二至六十八、七十三至七十八、八十六至八十八、一百五至一百九、一百五十至一百五十三、一百六十七至一百七十、一百七十四至一百七十八、一百八十三至一百九十六、一百九十九至二百十九、二百二十八至二百四十六,首四卷)

460000－8542－0000387　028651
庾子山集十六卷首一卷總釋一卷　(北周)庾信撰　(清)倪璠註釋　清光緒儒雅堂刻本　十行二十字小字雙行同下黑口左右雙邊　二册　存四卷(十四至十六、總釋一卷)

460000－8542－0000388　031209
白香山詩長慶集二十卷後集十七卷別集一卷補遺二卷　(唐)白居易撰　(清)汪立名編　**年譜一卷**　(清)汪立名撰　**年譜舊本一卷**　(宋)陳振孫撰　清康熙古歙汪氏一隅草堂刻本　十二行二十一字小字雙行三十二字白口左右雙邊　十册

460000－8542－0000389　031222
外國竹枝詞一卷　(清)尤侗撰　(清)尤珍注　清康熙二十年(1681)刻本　上下兩欄下欄十行二十一小字雙行同白口四周單邊　一冊

460000－8542－0000390　031223
十六國宮詞二卷　(清)周昇撰注　清道光十四年(1834)櫻西書屋刻本　十一行二十三字小字雙行同上下黑口左右雙邊　一冊

460000－8542－0000391　031237
八代詩選二十卷　王闓運輯　清光緒七年(1881)四川尊經書局刻本　十一行二十一字小字雙行同下黑口左右雙邊　八冊

460000－8542－0000392　031250
海峰文集八卷詩集十一卷　(清)劉大櫆撰　(清)歐陽霖　(清)高肇麟校　清光緒元年(1875)桐城劉氏刻本　十二行二十四字小字雙行同白口四周單邊　八冊

460000－8542－0000393　031266
海虞文徵三十卷目錄二卷　邵松年輯　清光緒三十一年(1905)鴻文書局石印本　十行二十四字小字雙行同上下黑口四周單邊　十五冊　存三十卷(一至二十四、二十七至三十，目錄二卷)

460000－8542－0000394　031418
陳文恭公手札節要三卷　(清)陳宏謀撰　清同治七年(1868)崇文書局刻本　十一行二十一字小字雙行同白口四周雙邊　一冊

460000－8542－0000395　031419
楹聯叢話十二卷續話四卷　(清)梁章鉅輯　清道光二十六年(1846)刻宜稼堂叢書本　十一行二十二字小字雙行同上下黑口左右雙邊　六冊

460000－8542－0000396　058918
忠經一卷　(漢)馬融撰　清末石印本　十四行三十字小字雙行四十五字白口四周雙邊　一冊

460000－8542－0000397　058220
廣輿記二十四卷　(明)陸應陽輯　明版築居刻本　十行十九字小字雙行同白口左右雙邊　六冊

460000－8542－0000398　025249
先少保忠銘公年譜二卷　王國憲輯　王政校　清光緒刻本　九行二十一字白口四周雙邊　二冊

460000－8542－0000399　031428
復莊駢儷文榷二編八卷　(清)姚燮撰　清同治十三年(1874)刻本　十行二十一字白口左右雙邊　四冊

460000－8542－0000400　027196
欽定吏部處分則例五十二卷　(清)吏部編　清刻本　九行二十字小字雙行同白口四周雙邊　十三冊　存四十二卷(一至九、十四至四十二、四十九至五十二)

460000－8542－0000401　026315
讀史方輿紀要六卷　(清)顧祖禹撰　清道光三十年(1850)識時山館刻本　十二行二十六字上下黑口四周雙邊　五冊　存五卷(二至六)

460000－8542－0000402　031433
秋士先生遺集六卷　(清)彭績撰　清光緒七年(1881)刻本　十一行二十三字小字雙行同下黑口左右雙邊　一冊　存三卷(一至三)

460000－8542－0000403　031434
南海百詠一卷　(宋)方信孺撰　**嶺海輿圖一卷**　(明)姚虞撰　清道光刻嶺南叢書本　十一行二十字小字雙行同下黑口左右雙邊　一冊

460000－8542－0000404　032081
海南日抄三十卷　(清)張眉大撰　(清)張棨等參校　清嘉慶湘鄉張氏刻本　九行二十字小字雙行同字白口左右雙邊　五冊　存二十六卷(一至八、十三至三十)

460000－8542－0000405　031385
養一齋文集二十卷　(清)李兆洛撰　清光緒四年(1878)刻本　十二行二十二字小字雙行同下黑口左右雙邊　十冊

460000－8542－0000406　031395

南菁講舍文集六卷　(清)黄以周編　清光緒十五年(1889)刻本　十一行二十一字小字雙行同上下黑口左右雙邊　四册

460000－8542－0000407　031403

古微堂内集二卷外集八卷　(清)魏源撰　黄象離校定　國學扶輪社重校　清宣統元年(1909)鉛印本　十三行三十字小字雙行同上下黑口四周雙邊　五册

460000－8542－0000408　026320

中外地輿圖説集成一百三十卷首三卷　(清)同康廬主人輯　清光緒石印本　二十五行五二四字白口四周單邊　七册　存五十九卷(一至九、二十一至二十五、五十二至六十一、七十二至八十三、九十四至一百十三,首三卷)

460000－8542－0000409　031415

濂亭遺文五卷遺詩二卷　(清)張裕釗撰　清光緒二十一年(1895)遵義黎氏刻本　十行二十一字小字雙行同上下黑口左右雙邊　二册

460000－8542－0000410　031446

絶妙好詞箋七卷　(宋)周密輯　(清)查為仁　(清)厲鄂箋　清同治十一年(1872)會稽章氏刻本　十一行二十三字小字雙行同白口左右雙邊　一册　存四卷(一至四)

460000－8542－0000411　031447

縵雅堂駢體文八卷　(清)王詒壽撰　清光緒七年(1881)刻本　十一行二十二字小字雙行同上下黑口左右雙邊　二册

460000－8542－0000412　031449

白雨齋詞話八卷詞存一卷詩鈔一卷　(清)陳廷焯撰　清光緒二十年(1894)刻本　十行十九字小字雙行同白口四周雙邊　四册

460000－8542－0000413　031453、029120

鈐山堂集四十卷　(明)嚴嵩撰　清嘉慶十一年(1806)嚴氏刻本　十行二十一字小字雙行同上下黑口四周單邊　四册　存十六卷(一至十六)

460000－8542－0000414　031459

安吴四種　(清)包世臣撰　清同治十一年(1872)刻本　十行二十二字小字雙行同白口左右雙邊　七册　存四種二十六卷(中衢一勺一至三、附録四下,藝舟雙楫一至六、附録一至三,管情三義賦一至三、詩一至三、詞一、濁泉編一,齊民四術農一、禮二至三、刑一至二)

460000－8542－0000415　031466

高子遺書十二卷附録一卷高忠憲年譜一卷　(明)高攀龍撰　**高忠憲年譜一卷**　(明)華允誠撰　清光緒二年(1876)無錫東林書院刻本　九行十九字小字雙行同字白口四周雙邊　八册

460000－8542－0000416　031477

楚辭八卷辯證二卷後語四卷　(戰國)屈原撰　(宋)朱熹集注　清光緒八年(1882)江蘇書局刻本　九行十七字小字雙行同上下黑口左右雙邊　二册　存五卷(楚辭一至三、辯證二卷)

460000－8542－0000417　031487

海陵文徵二十卷　(清)夏荃輯　(清)陳寶晉校　清光緒九年(1883)刻本　十行二十一字小字雙行同白口左右雙邊　十册

460000－8542－0000418　031510

定盦文集三卷續集四卷文集補五卷　(清)龔自珍撰　清同治七年(1868)刻本　十二行二十四字小字雙行同白口左右雙邊　六册

460000－8542－0000419　032443

皇朝經世文新增續編一百二十卷附新增時務續編四十卷新增洋務續編八卷　(清)葛士濬輯　清光緒二十三年(1897)上海掃葉山房校印上海圖書集成局鉛印本　十八行四十四字小字雙行同白口四周單邊　二十册　存一百三卷(一至七、十八至七十七、九十至九十四、一百七至一百十五,新增時務續編二十七至四十,新增洋務續編八卷)

460000－8542－0000420　031516

定盦文集三卷續集四卷文集補五卷　(清)龔

自珍撰　清同治七年(1868)刻本　十二行二十四字小字雙行同白口左右雙邊　二册　存九卷(續集四卷、文集補五卷)

460000－8542－0000421　031526
鹿忠節公集二十一卷　(明)鹿善繼撰　清初刻本　九行二十字小字雙行同白口四周雙邊　六册　存二十卷(一至十八、二十至二十一)

460000－8542－0000422　031532
鹿洲全集八種　(清)藍鼎元撰　清光緒五年(1879)補刻本　九行二十字側注小字不等白口左右雙邊　八册　存五種二十一卷(鹿洲初集六至二十、平臺紀略一、鹿洲奏疏一、修史試筆下、東征集四至六)

460000－8542－0000423　030580
墨子閒詁十五卷目録一卷附録一卷後語二卷　(清)孫詒讓撰　清光緒三十三年(1907)刻本　十二行二十字小字雙行同上下細黑口左右雙邊　八册

460000－8542－0000424　031803
新訂四書補注備旨十卷　(明)鄧林撰　(清)鄧煜編　(清)祁文友重校　(清)杜定基增訂　清光緒十二年(1886)上海點石齋石印本　上中下三欄下欄十一行三十二字小字雙行同白口四周雙邊　六册

460000－8542－0000425　031574
戴東原集十二卷　(清)戴震撰　清光緒十年(1884)鎮海張氏秋樹根齋刻本　十行二十一字小字雙行同白口左右雙邊　三册　存九卷(一至二、六至十二)

460000－8542－0000426　031589
文敬胡先生集三卷　(明)胡居仁撰　清光緒六年(1880)六安求我齋刻本　十行二十二字小字雙行同白口左右雙邊　二册

460000－8542－0000427　031590
庸庵文編四卷　(清)薛福成撰　清光緒刻本　十行二十一字小字雙行同白口左右雙邊　四册

460000－8542－0000428　031594
漢魏六朝女子文選二卷　張維輯　清宣統三年(1911)海鹽朱昰刻本　九行二十一字小字雙行同上黑口四周雙邊　一册

460000－8542－0000429　026735
欽定平定貴州苗匪紀略四十卷首一卷　(清)奕訢等撰　清光緒二十二年(1896)鉛印本　七行二十字上下黑口四周雙邊　四十一册

460000－8542－0000430　031606
廣東省出品協會出品説明書二十二部　(清)廣東總商會編　清宣統二年(1910)鉛印本　九行二十七字小字雙行不等白口四周雙邊　六册

460000－8542－0000431　031704
春秋世族譜一卷　(清)陳厚耀撰　清乾隆四十三年(1778)蓬瀛一徑刻本　行款不一大小字數不等白口四周單邊　一册

460000－8542－0000432　031708
御纂詩義折中二十卷　(清)傅恒等撰　清乾隆二十年(1755)文光堂刻本　九行二十字小字雙行同白口四周雙邊　八册

460000－8542－0000433　031723G
經典釋文三十卷　(唐)陸德明撰　**攷證三十卷**　(清)盧文弨輯　清同治十年(1871)粤秀山文瀾閣重雕抱經堂本　十一行二十二字小字雙行同上下黑口四周單邊　十二册

460000－8542－0000434　031738
經籍纂詁一百六卷首一卷　(清)阮元撰　清光緒九年(1883)上海點石齋石印本　上下三欄每欄二十行小字雙行同上黑口四周單邊　七册　存七十卷(上平聲一至五、下平聲一至十五、上聲一至十、去聲一至三十、入聲九至十七,首一卷)

460000－8542－0000435　031762
論語集注旁證二十卷　(清)梁章鉅撰　清光緒十七年(1891)上海廣百宋齋鉛印本　十五行四十四字小字雙行同白口四周雙邊　四册

460000－8542－0000436　031794

詩書古訓六卷 (清)阮元撰 (清)阮先校字 清阮氏刻本 十行二十字小字雙行同白口四周雙邊 一册 存二卷(三下至四)

460000－8542－0000437 031797

四書釋地一卷續一卷又續一卷三續一卷 (清)閻若璩撰 清乾隆八年(1743)眷西堂刻本 十一行二十字小字雙行不等白口左右雙邊 三册

460000－8542－0000438 031800

學庸指掌三卷 (清)汪瑞堂撰 (清)周際華增訂 清道光二十一年(1841)黔筑家蔭堂刻本 八行二十字小字雙行同字白口四周雙邊 三册

460000－8542－0000439 031806

四書五經分類文格不分卷 (清)暢懷書屋校 清光緒十五年(1889)上海鴻寶齋石印本 二十行三十九字白口四周單邊 六册

460000－8542－0000440 031812

四書古注羣義彙解 (清)□□編 清光緒十九年(1893)上海同文書局石印本 十四行四十二字小字雙行同白口四周雙邊 四册 存四種四十八卷(論語集解義疏一至十、四書改錯一至二十二、論語正義一至六、孟子正義六至十五)

460000－8542－0000441 031816

四書經史摘證七卷 (清)宋繼種輯 清光緒二十九年(1903)上海簡青齋石印本 十八行三十九字小字雙行同白口四周雙邊 一册

460000－8542－0000442 032130

龍學孫公春秋經解十五卷 (宋)孫覺撰 清康熙十九年(1680)刻通志堂經解本 十一行二十字白口左右雙邊 六册

460000－8542－0000443 032136

春秋規過考信三卷 (清)陳熙晉撰 清光緒十五年(1889)廣雅書局刻本 十一行二十四字小字雙行同上下黑口四周單邊 三册

460000－8542－0000444 032139

春秋穀梁傳注疏二十卷 (晉)范甯集解 (唐)楊士勛疏 明崇禎八年(1635)毛氏汲古閣刻十三經注疏本 九行二十一字小字雙行同白口左右雙邊 四册

460000－8542－0000445 032146

重訂春秋綱目左傳句解全書八卷 (清)韓菼訂 清光緒十年(1884)刻本 九行二十一字小字雙行同白口四周單邊 六册

460000－8542－0000446 032152

左傳事緯十二卷 (清)馬驌編 (清)潘霨校訂 清光緒四年(1878)潘氏敏德堂刻本 九行二十二字小字雙行同下黑口左右雙邊 十二册

460000－8542－0000447 030108

象山書抄不分卷象山集摘抄不分卷 (宋)陸九淵撰 (清)陳澧選録 清道光至光緒陳澧鈔本 行款不一大小字數不等 十六册

460000－8542－0000448 032330

文選六十卷 (南朝梁)蕭統選 (唐)李善注 (清)葉樹藩參訂 (清)何焯點評 清乾隆三十七年(1772)葉樹藩海録軒朱墨套印本 十二行二十五字小字雙行三十七字白口左右雙邊 十册

460000－8542－0000449 032354

文選理學權輿八卷補一卷 (清)汪師韓撰 **文選考異四卷** (清)孫志祖輯 **文選李注補正四卷** (清)孫志祖輯 清光緒十五年(1889)重刻讀畫齋本 十行二十一字小字雙行同上下黑口左右雙邊 四册

460000－8542－0000450 032372

抱潤軒文集十卷 馬其昶撰 清宣統元年(1909)安徽官紙印刷局石印本 十三行三十字小字雙行同白口四周雙邊 一册

460000－8542－0000451 032187

春在堂全書 (清)俞樾撰 清光緒十五年(1889)刻本 十行二十一字小字雙行同黑白口不等左右雙邊 八十三册 存十八種三百三十五卷(羣經平議一至八、十五至三十五,諸子平議一至三十五,第一樓叢書古書疑義舉例一至七、兒苦錄一至四、詁經精舍自課文一至二、湖樓筆談一至七，曲園雜纂一至十一、二十一至五十，俞樓褀纂一至二十七、三十二至四十一，賓萌集一至五、外集一至四，春在堂褀文一至二、續編一至五、三編一至四、四編一至八，楹聯錄存一，春在堂詩編一至十三、詞錄一至三，春在堂隨筆一至十，春在堂尺牘一至六，四書文一，右臺仙館筆記一至八、十二至十三，茶香室叢鈔一至二十三、續鈔六至二十五、三鈔一至二十九，茶香室經說六至十六，袖中書一至二，東瀛詩記一至二，九九銷夏錄一至十四）

460000－8542－0000452　032380

古文學餘三十四卷　（清）毛慶蕃評選　清光緒三十四年（1908）套印本　八行十九字小字雙行同白口四周雙邊　十冊

460000－8542－0000453　029625

王陽明先生文鈔二十卷首一卷　（明）王守仁撰　（清）張問達編輯　清康熙刻本　九行二十一字小字雙行同白口四周單邊　十一冊　存十三卷（一至三、十至十六、十九至二十，首一卷）

460000－8542－0000454　032399

吴摯甫文集四卷附鈔深州風土記四篇一卷　（清）吴汝綸撰　清宣統二年（1910）國學扶輪社石印本　十二行二十五字小字雙行同上下黑口四周雙邊　二冊　存二卷（一、附鈔深州風土記四篇一卷）

460000－8542－0000455　029624

李義山詩集三卷　（唐）李商隱撰　（清）紀昀點論　清乾隆刻本　十行二十一字小字雙行同白口四周單邊　一冊　存一卷（上）

460000－8542－0000456　032413

皇朝經世文編一百二十卷姓名總目二卷　（清）賀長齡輯　清光緒二十二年（1896）上海掃葉山房鉛印本　十七行四十四字小字雙行同白口四周單邊　二十二冊　存一百十一卷（一至四十、四十七至一百十五，姓名總目二卷）

460000－8542－0000457　032435

皇朝經世文三編八十卷　（清）陳忠倚輯　清光緒二十七年（1901）上海書局石印本　二十二行四十八字小字雙行同白口四周雙邊　八冊

460000－8542－0000458　032474

六觀樓文集拾遺一卷　（清）許鴻磐撰　（清）李福泰編　清同治九年（1870）粵東節署刻本　十行二十字小字雙行同白口左右雙邊　一冊

460000－8542－0000459　031478

楚辭十七卷　（戰國）屈原撰　（漢）王逸章句　（清）毛表校刊　清初毛氏汲古閣刻本　九行十五字小字雙行二十字白口左右雙邊　一冊　存二卷（十六至十七）

460000－8542－0000460　032507

鳴原堂論文二卷　（清）曾國藩撰　（清）曾國荃審訂　清同治十二年（1873）勵志齋刻本　十行二十四字小字雙行同白口左右雙邊　一冊

460000－8542－0000461　057455

詩觸十三種附三種　（清）朱琰輯　清乾隆、嘉慶間刻本　九行二十二字小字雙行同上下黑口左右雙邊　四冊　存十四種十五卷（詩品一、二十四詩品一、詩式一、白石道人詩說一、滄浪詩話一、藝圃擷餘一、談藝錄一、古夫于亭詩問答一、樂府古題要解一至二、樂府指迷一、詞旨一、文章緣起一、續文章緣起一、附端溪硯譜一）

460000－8542－0000462　056630

孟子七卷　（宋）朱熹集注　清光緒十二年（1886）湖北官書處刻本　九行十七字小字雙行同白口四周雙邊　三冊

460000－8542－0000463　031328

古文彙鈔十卷　（清）蔣銘輯　清康熙五年（1666）刻本　九行二十五字小字雙行同側注小字不等白口四周單邊　十冊

460000－8542－0000464　057987

女科證治準繩五卷 （明）王肯堂輯 （明）張綍校 清抄本 行款不等大小字數不等白口無版框 六冊

460000－8542－0000465 057045
四書典林三十卷 （清）江永編 （清）汪基參定 清光緒十二年（1886）上海積山書局石印本 十四行四十八字小字雙行同白口四周單邊 三冊

460000－8542－0000466 032522
詩禮堂全集十九種 （清）王又樸撰 清刻本 八行二十二字小字雙行同白口左右雙邊 二冊 存二種二卷（易翼述信二、詩禮堂古文三）

460000－8542－0000467 032524
補注黄帝内經素問二十四卷素問遺篇一卷靈樞十二卷 （唐）王冰注 （宋）林億等校正 清光緒三年（1877）浙江書局刻本 九行二十一字小字雙行同白口左右雙邊 三冊 存十七卷（補注黄帝内經素問一至五、二十一至二十四，靈樞五至十二）

460000－8542－0000468 032527
唐駢體文鈔十七卷 （清）陳均輯 清同治十二年（1873）譚宗浚刻本 十一行二十四字小字雙行同白口左右雙邊 三冊 存十三卷（一至十三）

460000－8542－0000469 032530
金文雅十六卷作者考一卷 （清）莊仲方編 清光緒十七年（1891）江蘇書局刻本 十四行二十五字小字雙行同白口左右雙邊 二冊

460000－8542－0000470 032549
［道光］廣東通志三百三十四卷首一卷 （清）阮元等修 （清）陳昌齊等纂 清同治三年（1864）刻本 十一行二十一字小字雙行同上下黑口四周雙邊 一百十六冊 存三百二十三卷（一至二百二十八、二百三十四至二百九十八、三百二至三百三十，首一卷）

460000－8542－0000471 032708
［道光］瓊州府志四十四卷首一卷 （清）明誼修 （清）張岳崧纂 清光緒十六年（1890）補刻本 十一行二十一字小字雙行同白口四周雙邊 三十二冊

460000－8542－0000472 032767
［咸豐］文昌縣志十六卷首一卷 （清）張霈等修 （清）林燕典纂 清咸豐八年（1858）文昌蔚文書院刻本 十一行二十一字小字雙行同白口四周雙邊 五冊

460000－8542－0000473 032772
［咸豐］文昌縣志十六卷首一卷 （清）張霈等修 （清）林燕典纂 清咸豐八年（1858）文昌蔚文書院刻本 十一行二十一字小字雙行同白口四周雙邊 九冊 存十五卷（三至十六、首一卷）

460000－8542－0000474 032852
［光緒］臨高縣志二十四卷 （清）聶緝慶等纂 清光緒十八年（1892）刻本 十行二十一字小字雙行同白口四周雙邊 四冊 存九卷（一至二、十四至十八、二十一至二十二）

460000－8542－0000475 032984
邱文莊公［濬］年譜一卷 王國憲輯 清光緒二十四年（1898）擘經書院瓊城茂華齋刻本 十行二十二字小字雙行同白口四周雙邊 一冊

460000－8542－0000476 033297
欽定續通志六百四十卷 （清）嵇璜等纂 清光緒浙江書局刻本 九行二十一字小字雙行同白口左右雙邊 一冊 存五卷（二百三十一至二百三十五）

460000－8542－0000477 033299
板橋家書一卷附題畫一卷 （清）鄭燮撰 清影印本 八行字數不等白口左右雙邊 一冊

460000－8542－0000478 056612
苗氏説文四種 （清）苗夔撰 清道光、咸豐間壽陽祁氏漢碑亭刻本 七行字數不等小字雙行二十二字下黑口四周雙邊 八冊

460000－8542－0000479 056620
周易述義十卷 （清）傅恒總裁 （清）吳鼎

(清)梁錫璵纂修　清乾隆二十年(1755)刻本　八行二十字小字雙行同白口四周雙邊　六冊

460000－8542－0000480　056633
論語十卷　(宋)朱熹集注　清光緒十二年(1886)湖北官書處刻本　九行十七字小字雙行同白口四周雙邊　二冊

460000－8542－0000481　056649
三訂四書辨疑二十二卷補一卷　(清)張江輯　清咸豐三年(1853)高忠厚堂刻本　九行二十字小字雙行同白口四周雙邊　十二冊

460000－8542－0000482　056661
四書集疏附正二十二卷論語緒言一卷　(清)張秉直撰　(清)張南雅等編　清道光十五年(1835)刻本　十行二十一字小字雙行同白口左右雙邊　十冊

460000－8542－0000483　056763
孔氏家語十卷　(三國魏)王肅注　清光緒十八年(1892)上海掃葉山房刻本　九行十七字小字雙行不等白口左右雙邊　五冊

460000－8542－0000484　056784
談瀛録六種　(清)袁祖志撰　清光緒十年(1884)上海同文書局石印本　十三行三十字小字雙行同白口四周雙邊　二冊

460000－8542－0000485　056800
高厚蒙求五集十三種　(清)徐朝俊纂　清嘉慶十二年至道光十四年(1807－1834)雲間徐氏刻本　十行二十一字小字雙行同白口左右雙邊四周單邊兼有　五冊　存九種十卷(天學入門一、海域大觀一、日晷圖法一、中星表一、測夜時晷一、自鳴鐘表圖説一、天地圖儀一、揆日正方圖表一至二、高弧句股合表一)

460000－8542－0000486　056831
韻海鴛鴦十六卷　(清)崔騏輯　清道光二十七年(1847)文錦堂刻尋樂軒本　八行二十字小字雙行同白口左右雙邊　八冊

460000－8542－0000487　056848
皇清開國方略三十二卷首一卷　(清)阿桂纂　清光緒十五年(1889)廣百宋齋鉛印本　十三行三十一字小字雙行不等白口四周雙邊　六冊

460000－8542－0000488　056854
詩韻合璧五卷　(清)湯文潞編　**虚字韻藪一卷**　(清)潘維城輯　清光緒十一年(1885)善成堂書坊刻本　上下三欄下欄十一行十二字小字雙行二十四字白口四周雙邊　五冊

460000－8542－0000489　057044
四書古人典林十二卷　(清)江永撰　清光緒十三年(1887)上海積山書局石印本　十四行四十八字小字雙行同白口四周單邊　一冊

460000－8542－0000490　030452
繪圖筆生花十六卷　(清)邱心如撰　清石印本　二十五行五十三字白口四周單邊　七冊　存七卷(二、五、八、十一至十二、十五至十六)

460000－8542－0000491　057095
欽定儀禮義疏四十八卷首二卷　(清)允祿等撰　清光緒十四年(1888)江南書局刻本　十一行二十四字小字雙行同白口左右雙邊　二十八冊

460000－8542－0000492　057123
天下郡國利病書一百二十卷　(清)顧炎武輯　(清)龍萬育訂　清光緒五年(1879)蜀南桐華書屋修補本　十行二十一字小字雙行同白口左右雙邊　五十冊

460000－8542－0000493　057223
中庸衍義十七卷　(明)夏良勝撰　(清)曾國藩等校刊　清同治十年(1871)刻本　十行二十字白口四周單邊　十二冊

460000－8542－0000494　057235
春秋經傳集解三十卷　(晉)杜預集解　(唐)陸德明音義　**春秋年表一卷**　(宋)環中撰　(宋)岳珂刻補　**春秋名號歸一圖二卷**　(五代)馮繼先撰　清同治八年(1869)楚北崇文書局刻本　九行十七字小字雙行同白口四周雙邊　春秋名號歸一圖十一行二十二字白口

四周雙邊　十二册

460000－8542－0000495　057544

管窺輯要八十卷　(清)黄鼎撰　清順治刻本　九行十九字白口四周單邊　三十二册

460000－8542－0000496　057388

從古堂款識學十六卷　(清)徐同柏撰　清光緒三十二年(1906)蒙學報館石印本　十行二十一字小字雙行同白口四周單邊　八册

460000－8542－0000497　057396

樊山集二十五種　樊增祥撰　清光緒十九年(1893)渭南縣署刻本　**續集二十五種**　清光緒二十八年(1902)西安臬署刻本　十二行二十三字小字雙行同上下黑口左右雙邊　二十四册

460000－8542－0000498　031473

楚辭葉韻攷四卷　徐天璋撰　沈世德校　清宣統三年(1911)抄本　十行二十字小字雙行同白口四周單邊　四册

460000－8542－0000499　057458

粵東金石略九卷首一卷附二卷　(清)翁方綱輯　清光緒十七年(1891)廣州石經堂書局影印本　十行二十二字小字雙行不等白口左右雙邊　四册

460000－8542－0000500　057474

新刻法筆二卷警天雷六卷　(清)□□輯　清光緒十四年(1888)刻本　上下二欄下欄十行十八字小字雙行同白口四周單邊　二册

460000－8542－0000501　057476

新鐫法家透膽寒十六卷　(清)補相子撰　清道光十九年(1839)刻本　九行二十四字小字雙行同白口四周單邊　二册

460000－8542－0000502　057478

爾雅直音二卷　(清)孫偘輯　清嘉慶五年(1800)致和堂刻本　十行十五字小字側注不等白口左右雙邊　二册

460000－8542－0000503　057480

小學六卷文公朱夫子年譜一卷　(清)高愈纂註　清同治十一年(1872)浙江書局刻本　十行二十二字小字雙行同白口四周雙邊　二册

460000－8542－0000504　057482

廣雅碎金四卷附録一卷　(清)張之洞撰　(清)沈善登等校刊　清光緒二十三年(1897)桐廬袁氏水明樓刻本　十行二十一字小字雙行同白口左右雙邊　二册

460000－8542－0000505　057523

海國圖志一百卷首一卷　(清)魏源撰　清光緒二十一年(1895)上海書局石印本　二十行四十四字小字雙行同白口四周雙邊　十六册

460000－8542－0000506　057576

讀禮通考一百二十卷　(清)徐乾學撰　清光緒十年(1884)江蘇書局刻本　十三行二十一字小字雙行三十一字白口左右雙邊　三十二册

460000－8542－0000507　057607

東萊先生左氏博議二十五卷　(宋)吕祖謙撰　(清)胡鳳丹校刊　清光緒十三年(1887)鴻文書局鉛印本　十四行三十四字小字雙行同白口四周雙邊　四册

460000－8542－0000508　057625

五經體注　(清)來爾繩等輯　清光緒十年(1884)上海點石齋石印本　上下兩欄下欄九行十七字小字雙行同側注小字不等白口四周雙邊　十六册

460000－8542－0000509　031795

尚書大傳五卷　(漢)伏勝撰　(漢)鄭玄注　(清)陳壽祺輯校　(清)吴蘭修校　清嘉慶、道光間刻本　十行二十字小字雙行同上下黑口左右雙邊　二册

460000－8542－0000510　057700

制義叢話二十四卷題名一卷　(清)梁章鉅撰　清咸豐九年(1859)知足知不足齋刻本　十二行二十五字小字雙行同上下黑口左右雙邊　八册

460000－8542－0000511　057711

光緒乙巳年曆書不分卷　甘眠羊編　清光緒三十一年(1905)上海順成石印局石印本　行款不一大小字數不等白口四周雙邊　一册

460000－8542－0000512　057751
硃批諭旨不分卷　(清)鄂爾泰等編　清光緒十三年(1887)上海點石齋朱墨套印本　十五行三十三字白口四周雙邊　六十册

460000－8542－0000513　057811
曾文正公全集　(清)曾國藩撰　(清)李國翰輯　清同治、光緒間傳忠書局刻本　十行二十四字上下黑口左右雙邊　一百三十四册

460000－8542－0000514　057962
鼎鍥幼幼集成六卷　(清)陳復正輯　(清)劉勷校　(清)周宗頤參定　清光緒二十八年(1902)上海醉六堂石印本　十八行四十一字小字雙行同白口四周雙邊　六册

460000－8542－0000515　057981
紀元編三卷末一卷　(清)李兆洛撰　清同治十年(1871)合肥李氏刻本　十行二十四字小字雙行同白口左右雙邊　三册

460000－8542－0000516　057997
國學叢刊二十種　(清)國學研究會編　清宣統三年(1911)國學叢刊社石印本　十二行二十四字小字雙行同上下黑口四周單邊　二册
存十種十三卷(周易王弼注唐寫本校字記一,殷墟書契一至二,唐折衝府考補一,隋唐兵符圖錄一,藝風堂題跋一,古劇脚色考一,隸古定尚書孔傳唐寫本殘卷校字記一,清真先生遺事一,蒿里遺文目錄上,佚籍叢殘三、十五、十八)

460000－8542－0000517　058001
孝經注疏九卷　(唐)玄宗李隆基注　(宋)邢昺校　明崇禎二年(1629)毛氏汲古閣十三經注疏本　九行二十一字小字雙行同白口左右雙邊　一册

460000－8542－0000518　058002
羣學肄言十六卷　(英國)斯賓塞爾撰　嚴復譯　清光緒二十九年(1903)上海文明書局鉛印本　十一行二十七字小字雙行同白口四周雙邊　四册

460000－8542－0000519　058006
墨子十六卷　(清)畢沅注　清光緒二年(1876)浙江書局刻本　九行二十一字小字雙行同白口左右雙邊　四册

460000－8542－0000520　058087
暗室燈二卷遠色編一卷　(清)胡世琦撰　清光緒三十年(1904)紹城軒亭口許顯記刻印鋪刻本　十二行二十六字小字雙行同白口左右雙邊　一册

460000－8542－0000521　058090
守身執玉軒遺文一卷　(清)袁世紀撰　清光緒二十年(1894)刻本　九行二十四字小字雙行同白口左右雙邊　一册

460000－8542－0000522　058112
遊歷巴西圖經十卷　(清)傅雲龍撰　清光緒二十七年(1901)石印本　十五行二十九字小字雙行同上下黑口四周單邊　二册

460000－8542－0000523　058108
遊歷加納大圖經八卷　(清)傅雲龍撰　清光緒二十八年(1902)石印本　十四行二十八字小字雙行同上下黑口四周單邊　二册

460000－8542－0000524　058110
遊歷秘魯圖經四卷　(清)傅雲龍撰　清光緒二十七年(1901)石印本　十四行二十八字小字雙行同上下黑口四周單邊　二册

460000－8542－0000525　058114
書經六卷　(宋)蔡沈集傳　清光緒二年(1876)上洋大文楨記刻本　上下兩欄下欄九行十七字小字雙行同白口左右雙邊　四册

460000－8542－0000526　058118
陝甘味經書院志一卷　(清)劉光蕡編　清光緒二十年(1894)陝西味經書院售書處刻本　十行二十四字小字雙行同白口左右雙邊　一册

460000－8542－0000527　058163
漢名臣言行錄十二卷　（清）夏之芳輯　清乾隆十七年（1752）積翠軒刻本　十行二十一字白口左右雙邊　六册

460000－8542－0000528　058169
繹志十九卷　（清）胡承諾撰　清同治十一年（1872）浙江書局刻本　十行二十一字白口左右雙邊　八册

460000－8542－0000529　058250
莊子十卷　（晉）郭象注　（唐）陸德明音義　清光緒二年（1876）浙江書局刻本　九行二十一字小字雙行同白口左右雙邊　四册

460000－8542－0000530　058254
五方元音二卷　（清）樊騰鳳撰　（清）年希堯增補　清光緒十年（1884）文興堂刻本　十行二十一字小字雙行同白口左右雙邊　四册

460000－8542－0000531　058274
老子道德經解二卷首一卷附觀老莊影響論一卷　（明）釋德清撰　清光緒十二年（1886）金陵刻經處刻本　十行二十字小字雙行同白口左右雙邊　二册

460000－8542－0000532　058333
高太史論鈔四卷　高熙喆撰　清宣統元年（1909）刻本　十行二十五字小字雙行同下黑口四周雙邊　四册

460000－8542－0000533　058352
古經解彙函十六種小學彙函十四種　（清）鍾謙鈞等編　清同治十二年（1873）粵東書局刻本　十行二十一字小字雙行同白口左右雙邊　六十四册

460000－8542－0000534　058417
皇朝五經彙解二百七十卷　（清）抉經心室主人編　清光緒十四年（1888）鴻文書局石印本　四十行六十六字白口四周單邊　三十二册

460000－8542－0000535　031411
龍川文集三十卷首一卷附錄二卷補遺一卷札記一卷　（宋）陳亮撰　（清）齊學裘　（清）宗廷輔校　清同治八年（1869）永康應寶時刻本　九行十九字白口四周單邊　二册　存五卷（一至二、十八至二十）

460000－8542－0000536　058467
李氏五種合刊　（清）李兆洛輯　清同治九年（1870）合肥李氏刻本　八行二十二字小字雙行同白口四周雙邊　八册　存二種二十二卷（歷代地理志韻編今釋一至二十、皇朝輿地韻編一至二）

460000－8542－0000537　058475
尚友錄二十二卷　（明）廖用賢編纂　（清）張伯琮補輯　清康熙五年（1666）刻本　七行二十字小字雙行同白口四周單邊　二十二册

460000－8542－0000538　058497
班馬字類二卷　（宋）婁機撰　清光緒九年（1883）常熟鮑庭爵刻後知不足齋叢書本　九行十六字小字雙行同上下黑口左右雙邊　二册

460000－8542－0000539　058502
四書味根錄三十七卷　（清）金澄撰　清光緒十八年（1892）上海鴻寶齋石印本　十四行二十七字小字雙行五十四字白口四周雙邊　六册

460000－8542－0000540　058508
古今史論大觀前編十五卷後編十七卷　（清）雷瑨編輯　清光緒二十七年（1901）硯耕山莊石印本　十八行四十字白口四周雙邊　十二册

460000－8542－0000541　058536
分類尺牘備覽十卷續四卷附要訣一卷　（清）王虎榜輯　**續分類尺牘備覽四卷**　上海同文社輯　清光緒三十年（1904）上海同文社鉛印本　十九行四十字小字雙行同白口四周雙邊　八册

460000－8542－0000542　031817
四書古注羣義彙解　（清）□□編　清光緒石印本　十四行四十四字小字雙行同白口四周雙邊　九册　存九種五十九卷（論語集解義疏一至十，四書改錯八至二十二，論語正義七

至十七，孟子正義六至十五、二十一至二十五，大學古本說一，中庸章段一，中庸餘論一，論語札記一至三，孟子札記一至二）

460000－8542－0000543　058547
第一才子書六十卷一百二十回附繡像一卷　（明）羅貫中撰　（清）金聖歎批　（清）毛宗崗評　清光緒三十三年（1907）上海時中書局鉛印本　十五行三十字小字雙行四十五至四十六字白口四周單邊　十六册

460000－8542－0000544　058573
國朝先正事略六十卷首一卷　（清）李元度纂　（清）許時庚校　清光緒十三年（1887）廣百宋齋鉛印本　十四行四十二字小字雙行同白口四周雙邊　十册

460000－8542－0000545　058583
楹聯叢話十二卷續話四卷　（清）梁章鉅輯　**楹聯雜記一卷**　（清）呂恩湛輯　清咸豐六年（1856）長沙府呂恩湛刻本　九行二十二字小字雙行同白口左右雙邊　五册　存十五卷（楹聯叢話十二卷、續話一至二、楹聯雜記一卷）

460000－8542－0000546　058588
古文辭類纂十五卷續纂十卷　（清）姚鼐輯　**續古文辭類纂十卷**　王先謙輯　清光緒二十年（1894）上海圖書集成印書局鉛印本　十九行四十四字小字雙行同白口四周單邊　五册

460000－8542－0000547　058601
八代詩選二十卷　王闓運輯　清光緒七年（1881）四川尊經書局刻本　十一行二十一字小字雙行同下黑口左右雙邊　六册

460000－8542－0000548　058635
尚書後案三十卷後辨一卷　（清）王鳴盛撰　清乾隆刻本　十四行三十字小字雙行四十五字上下細黑口四周單邊　八册

460000－8542－0000549　058642
監本附音春秋公羊注疏二十八卷　（漢）何休注　（唐）陸德明音義　**校勘記**　（清）阮元撰　（清）盧宣旬摘錄　清同治十二年（1873）江西書局重修本　十行十七字小字雙行二十三字上下黑口左右雙邊　十册

460000－8542－0000550　058652
章氏遺書二種　（清）章學誠撰　清光緒十九年（1893）重印光緒三年（1877）貴陽刻本　十二行二十五字小字雙行同白口四周單邊　五册

460000－8542－0000551　058657
春秋穀梁傳十二卷　（晉）范甯集解　（唐）陸德明音義　清同治七年（1868）金陵書局刻本　九行二十二字小字雙行同白口左右雙邊　二册

460000－8542－0000552　058659
儀禮鄭注句讀十七卷附監本正誤一卷石本誤字一卷　（漢）鄭玄注　（清）張爾岐句讀　清同治七年（1868）金陵書局刻本　九行二十四字小字雙行同白口左右雙邊　四册　存九卷（一至九）

460000－8542－0000553　055385
宋元學案一百卷首一卷考略一卷　（清）黄宗羲撰　（清）黄百家纂輯　（清）全祖望修定　（清）馮雲濠等校刊　清光緒五年（1879）長沙寄廬刻本　十一行二十四字小字雙行同上下黑口左右雙邊　四十册

460000－8542－0000554　055787
繹史一百六十卷世系圖一卷年表一卷　（清）馬驌撰　清光緒二十三年（1897）武林尚友齋石印本　十六行三十六字小字雙行不等白口左右雙邊　二十四册

460000－8542－0000555　032364
李太白文集三十六卷　（唐）李白撰　（清）王琦輯注　（清）趙樹元等校　清乾隆刻本　十行二十字小字雙行同白口左右雙邊　六册　存十五卷（十六至十七、二十一至二十三、二十六至三十五）

460000－8542－0000556　032370
凌忠介公詩集二卷　（明）凌義渠撰　清光緒四年（1878）烏程凌氏刻本　九行十八字小字

雙行同白口四周單邊　二册

460000－8542－0000557　032373

植庵集十卷　（清）李慎傳撰　（清）李壽瑩等校　清光緒丹徒李氏校刻本　九行二十五字小字雙行同白口四周雙邊　六册　存六卷（二至五、八至九）

460000－8542－0000558　029103

河東先生全集錄六卷　（唐）柳宗元撰　（清）儲欣錄　（清）吳蔚起等校　清光緒八年（1882）江蘇書局刻本　九行二十字白口四周單邊　一册

460000－8542－0000559　031555

緝雅堂詩話二卷　（清）潘衍桐撰　（清）高保康編　清光緒十七年（1891）杭州刻本　十行二十字小字雙行同上下黑口四周雙邊　一册

460000－8542－0000560　031554

寄鷗館讀史六百韻一卷　（清）任道鎔撰　清同治六年（1867）刻本　九行二十四字小字雙行同白口四周雙邊　一册

460000－8542－0000561　031553

竹嘯軒詩鈔十八卷　（清）沈德潛撰　清乾隆刻本　十行十九字小字雙行不等上下細黑口左右雙邊　二册

460000－8542－0000562　028648

湖海文傳七十五卷　（清）王昶輯　清同治五年（1866）刻本　十二行二十三字小字雙行同上下黑口左右雙邊　一册　存十卷（六十六至七十五）

460000－8542－0000563　032464

月齋文集八卷詩集四卷　（清）張穆撰　（清）吳履敬等編　清刻本　十行二十二字小字雙行同白口左右雙邊　三册　存九卷（月齋文集四至八、詩集四卷）

460000－8542－0000564　028973

李長吉歌詩四卷首一卷外集一卷　（唐）李賀撰　（清）王琦編　清刻本　十行二十字小字雙行同白口左右雙邊　一册　存二卷（二至三）

460000－8542－0000565　032467

左海文集十卷　（清）陳壽祺撰　清嘉慶、道光間三山陳氏刻本　十行二十字小字雙行同上黑口左右雙邊　二册　存三卷（一至二、九）

460000－8542－0000566　032469

元豐類稿五十卷首一卷　（宋）曾鞏撰　清光緒十六年（1890）慈利漁浦書院刻本　十行二十字小字雙行同白口四周單邊　一册　存三卷（一至二、首一卷）

460000－8542－0000567　032470

惜抱軒詩集十卷　（清）姚鼐撰　清同治五年（1866）省心閣刻本　十行二十一字小字雙行同白口左右雙邊　一册　存四卷（一至四）

460000－8542－0000568　032471

惜抱軒九經說十七卷　（清）姚鼐撰　清同治五年（1866）省心閣刻本　十行二十一字小字雙行同白口左右雙邊　一册　存九卷（九至十七）

460000－8542－0000569　032476

椒生詩草六卷椒生續草三卷　（清）王之春撰　清光緒十年（1884）刻本　九行二十字小字雙行同白口左右雙邊　三册

460000－8542－0000570　032394

堵文忠公集十卷年譜一卷附錄一卷　（清）堵允錫撰　清光緒十三年（1887）刻本　九行二十二字小字雙行同白口左右雙邊　六册

460000－8542－0000571　032508

忠雅堂評選四六法海八卷　（明）王志堅撰　（清）蔣士銓評選　清步月山房朱墨套印本　九行二十字小字雙行同白口左右雙邊　二册　存四卷（三至四、七至八）

460000－8542－0000572　032538

板橋詩鈔二卷　（清）鄭燮撰　清刻本　行款不一大小字數不等白口左右雙邊　二册

460000－8542－0000573　029116

甌北詩鈔　（清）趙翼撰　清乾隆湛貽堂刻本　十行二十一小字雙行三十一字白口左右雙

邊　四冊

460000－8542－0000574　032540

板橋詞鈔一卷　（清）鄭燮撰　清刻本　八行十四字白口左右雙邊　一冊

460000－8542－0000575　029118

欽定明鑑二十四卷首一卷　（清）托津等撰　清刻本　八行二十字白口四周雙邊　二冊　存五卷（二至四、十五至十六）

460000－8542－0000576　029119

甌江竹枝詞一卷　（清）戴文儁撰　清光緒六年（1880）東甌郭博古齋刻本　九行二十一字白口左右雙邊　一冊

460000－8542－0000577　028898

冬心先生集四卷心齋研銘一卷　（清）金農撰　清宣統石印本　十行十八字小字雙行同白口左右雙邊　四冊　存四卷（冬心先生集四卷）

460000－8542－0000578　029121

南宋雜事詩七卷　（清）沈嘉轍撰　清乾隆武林芹香齋刻本　十一行二十一字小字雙行二十八字白口左右雙邊　二冊

460000－8542－0000579　033298

羣己權界論二卷　（英國）穆勒約翰撰　嚴復譯　清光緒二十九年（1903）上海商務印書館刻本　上下兩欄下欄十三行三十字小字雙行同白口四周雙邊　一冊

460000－8542－0000580　033293

文獻通考三百四十八卷　（元）馬端臨撰　清光緒石印本　二十二行四十八字小字雙行同白口四周單邊　一冊　存八卷（一至八）

460000－8542－0000581　029492

春秋全經左傳句解八卷　（宋）朱申注　（明）顧梧芳較正　（明）孫鑛批點　（明）邱超羣參閲　清道光九年（1829）刻本　上下兩欄下欄十一行二十四字白口四周單邊　四冊

460000－8542－0000582　029496

論語集注二十卷　（宋）朱熹輯　明刻本　八行十四字小字雙行十八字上下黑口四周雙邊　一冊　存三卷（三至五）

460000－8542－0000583　021739

十三經注疏附校勘記十三種四百十六卷　（清）阮元撰校勘記　（清）盧宣旬摘錄校勘記　清光緒二十四年（1898）上海點石齋石印本　二十行四十六字小字雙行同白口四周雙邊　十冊　存六種一百三十四卷（附釋音尚書注疏十二至二十、附校勘記；儀禮注疏十二至五十、附校勘記；附釋音禮記注疏四十二至五十一、附校勘記；附釋音春秋左傳注疏一至十九、五十二至六十，附校勘記；監本附釋音春秋公羊注疏二十八卷、附校勘記；監本附音春秋穀梁注疏二十卷、附校勘記）

460000－8542－0000584　029073

芝庭先生集十八卷附錄一卷　（清）彭啟豐撰　清光緒廣雅書局刻本　十行二十字小字雙行同下黑口左右雙邊　六冊　存六卷（一至六）

460000－8542－0000585　029623

三松堂集二十卷續集六卷　（清）潘奕雋撰　清同治刻本　十行二十一字白口四周雙邊　二冊　存九卷（三松堂集九至十四、續集一至三）

460000－8542－0000586　029581

全唐詩三十二卷　（清）聖祖玄燁編　清光緒十三年（1887）上海同文書局石印本　二十二行四十二字小字雙行不等白口左右雙邊　十七冊　存十七卷（五、十七至三十二）

460000－8542－0000587　056588

性理標題綜要二十二卷　（明）詹淮纂輯　（明）陳仁錫訂正　明崇禎五年（1632）翼聖堂刻本　九行十九字小字雙行同白口四周單邊　二十四冊

460000－8542－0000588　029079

東觀存稾一卷　（清）陳壽祺撰　清刻本　十二行二十四字小字雙行同上下黑口四周雙邊　一冊

460000－8542－0000589　056711
山谷外集詩注十七卷別集詩注二卷　（宋）黄庭堅撰　（宋）史容注　清宣統二年(1910)陶子麟摹宋刻雙井祠堂藏本　十行十七字小字雙行同上下黑口左右雙邊　四册

460000－8542－0000590　025131
增廣尚友録統編二十二卷　（清）應祖錫編　清光緒二十八年(1902)上海鴻寶齋石印本　十六行二十五字小字雙行五十字白口四周雙邊　十二册

460000－8542－0000591　029642
陳眉公重訂野客叢書十二卷附録一卷　（宋）王楙撰　（明）陳繼儒編訂　明萬曆繡水沈氏刻寶顔堂秘笈本　八行十八字白口四周單邊　四册

460000－8542－0000592　029688
明詩綜一百卷　（清）朱彝尊編　（清）汪森等輯評　清刻本　十一行二十一字小字雙行三十一字白口左右雙邊　一册　存四卷（七十九至八十二）

460000－8542－0000593　058663
陶淵明文集十卷　（晉）陶淵明撰　清光緒五年(1879)刻本　九行十五字小字雙行同白口左右雙邊　三册

460000－8542－0000594　029781
元文類七十卷目録三卷　（元）蘇天爵輯　（元）王守誠校訂　明修德堂刻本　九行二十字小字雙行同白口四周單邊　十三册　存五十八卷（一至三十六、四十一至四十四、五十四至七十，目録下）

460000－8542－0000595　029656
明詩綜一百卷　（清）朱彝尊編　（清）汪森等輯評　清雍正吴氏西泠清來堂刻本　十一行二十一字小字雙行三十一字白口左右雙邊　三十二册

460000－8542－0000596　029831
説文解字注十五卷六書音韻表一卷　（清）段玉裁注　**説文解字注匡謬八卷**　（清）徐承慶撰　清光緒三十四年(1908)上海文盛書局石印本　十八行四十四字小字雙行同白口四周雙邊　七册

460000－8542－0000597　025549
元史譯文證補三十卷　（清）洪鈞撰　清光緒二十三年(1897)刻本　十二行二十五字小字雙行三十七字白口左右雙邊　四册　存二十卷（一至六、九至十二、十四至十五、十八、二十二至二十四、二十六至二十七、二十九至三十）

460000－8542－0000598　056743
四書大全摘要二十卷　（清）李武纂輯　（清）黄際飛鑒定　清雍正九年(1731)焕文堂刻本　十四行三十二字小字雙行同白口左右雙邊　二十册

460000－8542－0000599　029947
博雅音十卷　（清）王念孫撰　清刻本　十行二十一字小字雙行同白口左右雙邊　一册

460000－8542－0000600　026231、026647、024126
紀事本末彙刻八種　（清）廣雅書局輯　清光緒廣雅書局刻本　十行二十字下黑口四周單邊　二十一册　存三種一百四卷（通鑑紀事本末二至五、十四至八十、一百五十六至一百五十八、一百六十八至一百七十三、二百三十三至二百三十六，元史紀事本末十一至十八，明史紀事本末五至十、五十六至六十一）

460000－8542－0000601　026386
晉略六十五卷目録一卷　（清）周濟撰　清抄本　十二行二十五字小字雙行不等左右雙邊　二十一册　存五十三卷（本紀一至三，表一至二、五，列傳一至五、十四至三十六，國傳一至十一，彙傳一至七；目録一卷）

460000－8542－0000602　029951
述學六卷校勘記一卷附録一卷　（清）汪中撰　**汪容甫先生遺文一卷**　（清）劉咸炘輯　清同治八年(1869)刻本　十一行二十四字小字雙行同下黑口左右雙邊　二册

460000－8542－0000603　056768

文章遊戲合編四種三十二卷　(清)繆艮選　清光緒元年(1875)竹簡軒刻本　八行十八字小字雙行同上下黑口四周單邊　二册

460000－8542－0000604　029953

古文淵鑒六十四卷　(清)徐乾學等編注　清康熙二十四年(1685)内府刻四色套印本　九行二十字小字雙行同上下黑口四周單邊　三册　存五卷(一至二、二十三至二十四、五十二)

460000－8542－0000605　056770

重學二十卷附曲線說三卷　(英國)艾約瑟口譯　(清)李善蘭筆述　清光緒二十二年(1896)上海積山書局石印本　十八行三十七字小字雙行同白口四周雙邊　二册

460000－8542－0000606　056786

新編楊會地理家傳心法捷訣一貫堪輿八卷　(明)唐世友編　清三讓堂刻本　十行二十二字小字雙行同白口四周單邊　八册

460000－8542－0000607　056839

校正四書古注羣義　(清)□□輯　清末簡青書局石印本　十四行四十四字小字雙行同白口四周雙邊　九册　存三種五十六卷(論語集解義疏一至十、四書改錯一至二十二、論語正義一至二十四)

460000－8542－0000608　057144

讀史方輿紀要一百三十卷輿圖要覽四卷　(清)顧祖禹輯著　(清)彭元瑞校定　清光緒五年(1879)蜀南薛氏桐華書屋刻本　十行二十一字小字雙行同白口四周雙邊　五十册

460000－8542－0000609　030010

皇朝駢文類苑十四卷首一卷　(清)姚燮輯　(清)張壽榮校　清光緒七年(1881)刻本　九行二十字上下黑口左右雙邊　三册　存二卷(一、十二)

460000－8542－0000610　056798

讀書作文譜十二卷父師善誘法二卷　(清)唐彪輯撰　清嘉慶十九年(1814)刻本　十一行二十五字小字雙行同白口四周單邊　二册

460000－8542－0000611　056805

廿一史彈詞注十一卷　(明)楊愼編　(清)張三異增定　清道光十二年(1832)刻本　十一行二十一字小字雙行同白口四周雙邊　四册

460000－8542－0000612　029535

黄詩全集五十八卷　(宋)黄庭堅撰　清乾隆五十四年(1789)樹經堂刻本　十二行二十三字白口左右雙邊　二十册

460000－8542－0000613　032111

省城華經堂校正箋註幼學詳解訂本二卷　(明)丘濬撰　(明)程登吉修訂　(清)華經堂主人校　清咸豐五年(1855)華經堂刻本　九行二十六字小字雙行同白口四周單邊　一册　存一卷(一)

460000－8542－0000614　030027

星堂印存一卷　(清)梁星堂纂修　清光緒七年(1881)鈐印本　行字不等白口邊欄不一　一册

460000－8542－0000615　056809

康熙字典十二集附備考一卷補遺一卷　(清)張玉書等纂　清光緒上海鴻寶書局石印本　二十行二十九字小字雙行五十八字白口四周雙邊　六册

460000－8542－0000616　030028

孤兒編三卷　(清)汪喜孫撰　清刻本　十三行三十字小字雙行不等白口左右雙邊　一册　存一卷(三)

460000－8542－0000617　032112

較正幼學須知成語考二卷　(明)丘濬撰　清末天寶樓石印本　九行二十二字側注小字爲音注字數不等白口四周單邊上下邊欄有花邊　一册

460000－8542－0000618　026265

二十四史　(清)弘晝監理　(清)鄂爾泰　(清)張廷玉輯　清光緒石印本　十行二十一字上下黑口左右雙邊　二册　存十卷(宋史九十九至一百四、元史六至九)

460000－8542－0000619　026267

二十四史九通政典類要合編三百二十卷　(清)黄書霖輯　清光緒二十八年(1902)紛雅堂石印本　十五行三十八字小字雙行同白口四周雙邊　六册　存三十五卷(二十三至三十八、七十四至七十七、一百三十八至一百五十二)

460000－8542－0000620　057247

書經六卷　(宋)蔡沈集傳　清康熙崇道堂刻本　九行十七字小字雙行同白口左右雙邊　四册

460000－8542－0000621　026296

路史四十七卷　(宋)羅泌纂　(宋)羅蘋註　(明)喬可傳校　清刻本　十行二十字小字雙行同白口四周單邊　五册　存二十八卷(前紀二至九、後紀一至十三、發揮一至四、國名紀三至五)

460000－8542－0000622　057252

六書通十卷　(清)畢宏述篆訂　(清)閔章等校　清乾隆六十年(1795)刻本　八行十二字小字雙行二十四字白口左右雙邊　八册

460000－8542－0000623　026313

小方壺齋輿地叢鈔十二帙一千一百九十九種　(清)王錫祺輯　清光緒南清河王氏鑄版上海著易堂鉛印本　十八行四十字小字雙行同白口四周雙邊　一册　存六種六卷(蜀徼紀聞一、金川瑣記一、維西見聞紀一、營口雜記一、營口雜誌一、津門雜記一)

460000－8542－0000624　029081

南海百詠一卷　(宋)方信孺撰　清光緒八年(1882)學海堂刻本　十一行二十字小字雙行同上下黑口左右雙邊　一册

460000－8542－0000625　026326

[乾隆]欽定皇輿西域圖志四十八卷首四卷　(清)傅恒修　(清)褚廷璋纂　(清)英廉等續纂修　清光緒鉛印本　十六行三十六字白口左右雙邊　四册　存三十七卷(二至二十八、三十九至四十八)

460000－8542－0000626　057260

菊逸山房地理正書三種　(清)寇宗編　清道光京都琉璃廠刻本　上下兩欄下欄十二行二十五字四周雙邊　四册

460000－8542－0000627　030802

子史精華一百六十卷　(清)張廷玉等編　清末石印本　二十行五十八字小字雙行同白口四周雙邊　八册

460000－8542－0000628　057420

春秋公羊經傳解詁十二卷附重刊宋紹熙公羊傳注附音本校記一卷　(漢)何休註　(唐)陸德明音義　(清)魏彥校　清同治二年(1863)汪氏問禮堂刻本　十一行十九字小字雙行二十七字白口左右雙邊　二册

460000－8542－0000629　057422

重定金石契不分卷　(清)張燕昌撰　清嘉慶京都琉璃廠近文齋王舜長刻本　十行十六字小字雙行同白口四周單邊　四册

460000－8542－0000630　030148

全唐文紀事一百二十二卷首一卷　(清)陳鴻墀纂　清同治十二年(1873)刻本　九行二十一字小字雙行同白口四周雙邊　三册　存九卷(八十六至八十九、九十八至一百二)

460000－8542－0000631　032987

丘公白訓雜字知識一卷　(□)丘□□撰　清咸豐七年(1857)慶雲樓刻本　上下兩欄每欄七行四字白口四周單邊　一册

460000－8542－0000632　027798

[咸豐]清河縣志二十四卷　(清)吳棠等修　(清)魯一同纂　清咸豐四年(1854)刻同治四年(1865)續刻本　十行二十一字小字雙行同白口四周雙邊　五册

460000－8542－0000633　030407

重編留青新集二十四卷　(清)馮善長編　清光緒三十二年(1906)上海廣益書局鉛印本　十四行四十字小字雙行同白口四周雙邊　五册　存二十卷(五至二十四)

460000－8542－0000634　058262

昌黎先生集四十卷外集十卷遺文一卷　（唐）韓愈撰　（宋）廖瑩中校正　**朱子校昌黎先生集傳一卷**　明徐氏東雅堂刻本　九行十七字小字雙行同白口四周雙邊　十二册

460000－8542－0000635　030395
尚友錄二十二卷　（明）廖用賢編　（清）張伯琮輯　清末鉛印本　十二行二十一字小字雙行同白口四周雙邊　五册　存十八卷（一至三、八至二十二）

460000－8542－0000636　030555
河南邵氏聞見後錄三十卷　（宋）邵博撰　（明）毛晉訂　明崇禎毛氏汲古閣刻本　八行十九字白口左右雙邊　四册

460000－8542－0000637　030547
河南程氏經說八卷　（宋）程頤撰　清同治刻本　十一行二十二字小字雙行同上下黑口左右雙邊　二册

460000－8542－0000638　031205
望溪先生文集十八卷集外文十卷　（清）方苞撰　（清）戴鈞衡編　清咸豐刻本　十一行二十一字小字雙行同白口四周雙邊　二册　存八卷（望溪先生文集十四至十八、集外文一至三）

460000－8542－0000639　031191
博雅音不分卷　（清）□□撰　清抄本　四行大小字數不等白口無版框　十二册

460000－8542－0000640　030892
新增說文韻府羣玉二十卷　（元）陰時夫輯（元）陰中夫注　（明）王元貞校正　明萬曆刻本　十一行二十二字小字雙行同白口左右雙邊　二十册

460000－8542－0000641　057432
通志堂經解一百四十種　（清）成德輯　清康熙十九年（1680）通志堂刻本　十行二十字小字雙行三十字白口左右雙邊　二册　存二種十六卷（孟子集疏一至十四、孟子音義一至二）

460000－8542－0000642　057462
聖武記十四卷　（清）魏源撰　清光緒申報館鉛印申報館叢書本　十一行二十七字小字雙行三十五字白口四周雙邊　十册

460000－8542－0000643　030724
練兵實紀九卷雜集六卷　（明）戚繼光撰　清無棣吳之勷刻本　九行二十一字小字雙行同上下黑口左右雙邊　二册　存十卷（練兵實紀六至九、雜集六卷）

460000－8542－0000644　057472
皇宋書錄三卷外篇一卷　（宋）董史撰　清乾隆至道光長塘鮑氏刻知不足齋叢書本　九行二十字上下黑口左右雙邊　二册

460000－8542－0000645　031583
百末詞五卷餘一卷　（清）尤侗撰　清康熙刻本　十行二十一字小字雙行同下黑口四周單邊　二册

460000－8542－0000646　057484
乙班實習教授評案　（清）江蘇通州師範學校編訂　清光緒三十四年（1908）通州翰墨林書局鉛印本　十二行三十二至三十四字小字單行不等上下黑口四周雙邊　二册

460000－8542－0000647　026278
梅村文集二十卷　（清）吳偉業撰　（清）周肇（清）王昊編　清宣統二年（1910）風雨樓鉛印本　十行三十二字上下黑口四周單邊　四册

460000－8542－0000648　031456
彙編唐詩十集四十一卷　（明）唐汝詢輯（清）蔣漢紀增釋　（清）王士禛重訂　清康熙刻本　上下兩欄下欄九行十八字小字雙行同白口四周單邊　二册　存四集十一卷（戊集一至二、己集一卷、庚集一至二、壬集九至十四）

460000－8542－0000649　031413
松風閣詩鈔二十六卷　（清）彭蘊章撰　清長洲彭氏刻本　十行二十一字小字雙行同白口左右雙邊　一册　存三卷（十至十二）

460000－8542－0000650　057685

五代史七十四卷 （宋）歐陽修撰 清光緒二十八年（1902）史學會社石印本 二十二行四十五字小字雙行同白口四周單邊 二册

460000－8542－0000651 029900

康熙字典十二集總目一卷檢字一卷辨似一卷等韻一卷備考一卷補遺一卷 （清）張玉書等纂 清刻本 八行十二字小字雙行二十四字白口四周雙邊 十四册 存十四卷（辰集中，午集中、下，未集三卷，申集上、中，酉集三卷，戌集三卷）

460000－8542－0000652 024978

士禮居黄氏叢書二十五種 （清）黄丕烈編 清嘉慶吴門黄氏士禮居刻本 一册 存三種三卷（汲古閣珍藏秘本書目一、延令宋版書目一、藏書記要一）

460000－8542－0000653 057687

舊五代史一百五十卷 （宋）薛居正等撰 清光緒二十八年（1902）史學會社石印本 二十二行四十六字小字雙行同白口四周單邊 六册

460000－8542－0000654 024120

嚴永思先生通鑑補正略二卷 （明）嚴衍撰 （明）吳勉學校 （清）張敦仁彙鈔 清光緒鉛印本 十四行二十六字白口四周雙邊 二册

460000－8542－0000655 030394

忠孝節義二度梅四十回 （清）天花主人 （清）惜陰堂主人編 清末石印本 十九行四十三字白口上下雙邊左右單邊 一册 存十一回（八至十八）

460000－8542－0000656 030816

廣東調查陸軍財政説明書初編十三卷 （清）王棟等編 清宣統廣東調查陸軍財政局石印本 十二行三十二字小字雙行不等白口四周雙邊 一册 存三卷（一至三）

460000－8542－0000657 026544

京津拳匪紀略八卷前編二卷後編二卷 僑析生 縉雲氏錄 清光緒石印本 十五行三十六字白口四周雙邊 一册 存二卷（後編二卷）

460000－8542－0000658 026689

繹史摭遺十八卷 （清）李瑤纂 清道光十年（1830）北京琉璃廠半松居士木活字印本 九行二十字小字雙行同白口左右雙邊 一册 存七卷（一至七）

460000－8542－0000659 057709

周禮政要二卷 （清）孫詒讓撰 清光緒二十八年（1902）鉛印本 十行三十二字小字雙行不等下黑口四周雙邊 二册

460000－8542－0000660 031685

御纂七經 （清）聖祖玄燁撰 清同治浙江書局刻本 十一行二十四字小字雙行同白口左右雙邊 二十二册 存七種七十二卷（御纂周易折中五至十、二十至二十二；欽定書經傳説彙纂二至三、七至十二；欽定詩經傳説彙纂一至三、十二至十四、二十至二十一，詩序一至二；欽定春秋傳説彙纂一至十七、三十至三十八；欽定周官義疏一至二，首一卷；欽定儀禮義疏一至二、七至九、四十至四十二，首二卷；欽定禮記義疏五十一至五十三、八十至八十二）

460000－8542－0000661 020669

古今説部叢書十集二百六十六種 （清）國學扶輪社輯 清宣統至民國上海國學扶輪社鉛印本 十三行三十字小字雙行同上下黑口四周單邊 六十册

460000－8542－0000662 030703

東塾讀書記二十五卷 （清）陳澧撰 清光緒刻本 十二行二十四字小字雙行同上下黑口四周單邊 二册 存九卷（二至五、十一至十二、十五至十六、二十一）

460000－8542－0000663 031848

大學衍義四十三卷 （宋）真德秀彙輯 （明）陳仁錫評閲 清道光十七年（1837）刻本 十行二十字小字雙行同白口四周單邊 二册 存七卷（二十八至三十二、四十二至四十三）

460000－8542－0000664 027236

十六國春秋一百卷　（北魏）崔鴻撰　（清）汪日桂重訂　清光緒十二年（1886）湖北官書處刻本　十一行二十三字小字雙行同白口四周雙邊　七册　存七十四卷（十七至二十七、三十八至一百）

460000－8542－0000665　032475
六觀樓文集拾遺一卷　（清）許鴻磐撰　（清）李福泰編　清同治九年（1870）粤東節署刻本　十行二十字小字雙行同白口左右雙邊　一册

460000－8542－0000666　026697
三藩紀事本末四卷　（清）楊陸榮撰　清康熙刻本　九行二十字白口左右雙邊　二册

460000－8542－0000667　057946
重刊人子須知資孝地理心學統宗三十九卷　（明）徐善繼　（明）徐善述撰　明萬曆十一年（1583）令德書坊刻本　十行二十一字小字雙行同白口左右雙邊　十六册

460000－8542－0000668　058000
最樂編正集六卷　（明）魏大中定　（明）高道淳輯　（清）許寶善增訂　**續集二卷**　（明）錢煐輯　清乾隆承志堂刻本　十行二十上字上下黑口左右雙邊　一册

460000－8542－0000669　032358
約選墨中不分卷　（清）□□編　清道光至同治刻本　九行二十五字小字雙行同白口四周雙邊　二册

460000－8542－0000670　057999
顔氏家訓二卷　（北齊）顔之推撰　（清）王謨訂正　清乾隆五十六年（1791）金溪王氏刻增訂漢魏叢書本　九行二十字小字雙行同白口左右雙邊　一册

460000－8542－0000671　030890
佩文詩韻釋要五卷　（清）周兆基撰　（清）陸潤庠校　清光緒十二年（1886）刻本　九行大小字數不等白口四周雙邊　二册

460000－8542－0000672　058044
綱鑑正史約三十六卷附甲子紀元一卷　（明）顧錫疇撰　（清）陳宏謀增訂　**甲子紀元一卷**　（清）陳宏謀輯　清同治八年（1869）浙江書局刻本　十一行二十字小字雙行同白口左右雙邊　二十册

460000－8542－0000673　058065
小學韻語一卷　（清）羅澤南撰　清末石印本　六行十三字小字雙行二十一字白口四周單邊　一册

460000－8542－0000674　031839
大學衍義續七十卷　（清）強汝詢輯　清刻本　九行二十五字小字雙行同白口左右雙邊　九册　存二十七卷（三至五、十至十八、二十八至三十三、四十至四十五、五十五至五十七）

460000－8542－0000675　026778
資治通鑑前編十八卷　（宋）金履祥撰　清刻本　十一行二十三字小字雙行同下黑口四周單邊　一册　存七卷（十二至十八）

460000－8542－0000676　026781
兩廣鹽法志三十五卷首一卷　（清）阮元修　（清）伍長華纂　清道光粤東省城九曜坊林興堂刻本　九行二十二字小字雙行同白口四周雙邊　二册　存二卷（九、首一卷）

460000－8542－0000677　026783
秦蜀驛程後記二卷　（清）王士禛撰　清刻本　十行十九字上下黑口左右雙邊　一册　存一卷（上）

460000－8542－0000678　027034
貳臣傳十二卷　（清）國史館編　清如不及齋刻本　九行二十字白口四周單邊　二册　存四卷（五至六、十一至十二）

460000－8542－0000679　058129
欽定禮記義疏八十二卷首一卷　（清）鄂爾泰等撰　清刻本　十一行二十四字小字雙行同白口左右雙邊　三十二册

460000－8542－0000680　058177
黄詩全集五十八卷　（宋）黄庭堅撰　清乾隆五十四年（1789）樹經堂刻本　十二行二十三

字小字雙行同白口左右雙邊　二十冊

460000－8542－0000681　031761

新政應試必讀六種　（清）顧厚焜鑒定　清光緒石印本　十四行三十二字白口四周雙邊　一冊　存一種一卷（四書義一卷）

460000－8542－0000682　058197

學統五十六卷　（清）熊賜履編　清康熙二十四年（1685）退補齋刻本　九行二十字白口左右雙邊　十六冊

460000－8542－0000683　058234

綱鑑正史約三十六卷　（明）顧錫疇輯　（明）杜士言等參訂　明崇禎三年（1630）刻本　十行二十字小字雙行同白口左右雙邊　十六冊

460000－8542－0000684　027544

［嘉慶］海康縣志八卷　（清）劉邦柄修　（清）陳昌齊等纂　清嘉慶十七年（1812）刻本　九行二十一字小字雙行同白口四周雙邊　二冊　存四卷（二至三、六至七）

460000－8542－0000685　027195

事言要玄天集三卷地集八卷人集十四卷事集四卷物集三卷引用諸書源流一卷　（明）陳懋學輯　明刻本　十一行二十四字小字雙行同白口四周單邊　一冊　存一卷（地集六）

瓊臺師範學院圖書館古籍普查登記目録

全國古籍普查登記目録

國家圖書館出版社
National Library of China Publishing House

460000－8543－0000001　2/ck001

重刊二十四史　（清）弘晝等編　清同治八年（1869）嶺南葄古堂刻本　十行二十一字小字雙行同白口左右雙邊　三百五十二册　存二十一種一千五百六卷（前漢書一、十七至二十、二十九至三十、三十五至四十三、五十二至五十七、八十四至一百，後漢書一至四十五、五十五至六十一、七十九至八十二、八十八至九十四、一百至一百十七附考證，宋書一至二十二、三十至三十三、四十五至一百附考證，南齊書一至五十九附考證，魏書一至八，舊唐書一百七十七至一百九十八附考證，晉書七至十九，梁書一至五十六附考證，陳書一至三十六附考證，北齊書一至十五、二十五至五十，南史十四至十六、三十六至四十七、六十至八十附考證，北史一至七、十三至二十二、三十二至三十六、六十七至一百附考證，隋書二十五至三十、三十四至八十五附考證，舊五代史四至十八、三十七至一百五十附考證，五代史一至七十四附考證，唐書二至三十五、七十五、八十八至九十三、一百十二至一百十六、一百三十六至一百四十一、二百十六至二百十八，唐書釋音一至二十五附考證，遼史六十三至九十一、欽定遼史語解六至十附考證，金史一至十、二十七至三十六、四十七至七十六、一百三至一百三十五，欽定金國語解一，欽定金史語解一至十二，宋史六至九十七、一百四十四至一百五十六、一百七十二至一百七十四、二百十三至二百十四、二百十七至二百十八、二百二十七至二百二十八、二百三十九至二百六十二、二百九十七至三百十七、三百二十二至三百三十四、三百五十八至三百九十九、四百三十至四百四十二、四百七十二至四百七十九、四百八十五至四百九十六附考證，元史二十至二十二、七十至一百五，元史語解五至九、二十至二十四，明史一至三十、三十四至八十六、九十至一百十、一百十三至一百二十、一百三十四至一百六十二、一百六十八至一百八十二、二百十六至二百三十四、二百五十八至二百六十八、二百七十三至二百七十六、三百十一至三百二十九，附目錄）

460000－8543－0000002　2/lss002

遼史拾遺二十四卷　（清）厲鶚撰　清振綺堂刻本　十行二十一字白口左右雙邊　二册　存七卷（十八至二十四）

460000－8543－0000003　2/qh001

前漢書細讀四卷　（清）李祖陶撰　清同治十年（1871）敖陽李氏尚友樓刻史論五種叢書本　九行二十五字白口四周雙邊　一册

460000－8543－0000004　2/sw002

聖武記十四卷　（清）魏源撰　清道光二十六年（1846）古徽堂刻本　十行二十一字小字雙行同白口四周雙邊　二册　存四卷（五至八）

460000－8543－0000005　2/hs006

漢書疏證三十六卷後漢書疏證三十卷　（清）沈欽韓撰　清光緒二十六年（1900）浙江官書局刻本　十行二十二字小字雙行同白口左右雙邊　六册　存九卷（漢書疏證十八至二十、二十三至二十六，後漢書疏證九至十）

460000－8543－0000006　2/qdd005

欽定大清會典一百卷　（清）允祹等纂修　清刻本　十行二十字小字雙行同白口四周雙邊　五册　存三十二卷（十三至三十、七十九至八十二、八十六至八十八、九十四至一百）

460000－8543－0000007　2/jz001

汲冢周書輯要一卷逸書一卷　（清）郝懿行撰　清光緒八年（1882）東路廳署刻本　九行二十一字小字雙行同上下黑口左右雙邊　一册

460000－8543－0000008　2/yf001

元豐九域志十卷　（清）王存撰　清光緒八年（1882）金陵書局刻本　十一行二十一字小字雙行同白口左右雙邊　一册　存三卷（六至八）

460000－8543－0000009　2/gd001

廣東圖說九十二卷首一卷附總圖二十三卷　（清）毛鴻賓修　（清）桂文燦纂　清同治九年至十年（1870－1871）萃文堂刻本　十行二十五字上下黑口左右雙邊　一册　存七卷（八

十六至九十二)

460000－8543－0000010 2/gx001
[光緒]廣西通志輯要六種 (清)蘇宗經等輯 (清)羊復禮 (清)夏敬頤續纂修 清光緒十六年(1890)桂林唐九如堂刻本 十行二十字小字雙行同白口左右雙邊 一册 存二卷(七至八)

460000－8543－0000011 2/ss001
宋史四百九十六卷 (元)脱脱等撰 清末石印本 二十行四十二字白口左右雙邊 一册 存十六卷(四百十六至四百三十一)

460000－8543－0000012 5/yh055
玉海二百四卷附刻十四種 (宋)王應麟輯 清光緒九年(1883)浙江書局刻本 十行二十字小字雙行同白口左右雙邊 五十五册 存一百九十九卷(玉海三至十三、十八至五十二、五十七至六十六、七十至七十三、七十九至八十一、九十三至一百十六、一百三十四至一百三十六、一百四十至二百四,附詩攷一、詩地理攷一、通鑑地理通釋一至十四、踐阼篇集解一、周書王會補注一、漢制攷一至四、小學紺珠一至十、姓氏急就篇一至二、六經天文編一至二、周易鄭康成注一、通鑑答問一至五,校補玉海瑣記二卷)

460000－8543－0000013 2/qdx001
欽定續文獻通考二百五十卷 (清)嵇璜纂 清光緒十三年(1887)浙江書局刻本 九行二十一字白口左右雙邊 一册 存五卷(三十四至三十八)

460000－8543－0000014 2/ls003
路史四十七卷 (宋)羅泌撰 (宋)羅蘋注 (明)喬可傳校 清刻本 十行二十字小字雙行同白口四周單邊 三册 存十六卷(餘論一至十,發揮五至六,國名紀一至二、六至七)

460000－8543－0000015 2/tj001
通鑑釋文辯誤十二卷 (元)胡三省撰 清同治八年(1869)江蘇書局刻本 十行二十字小字雙行同上下黑口四周雙邊 一册 存六卷(七至十二)

460000－8543－0000016 2/js029
紀事本末彙刻八種 (清)廣雅書局輯 清光緒廣雅書局刻本 十行二十字下黑口四周單邊 三十册 存三種一百七十四卷(宋史紀事本末十二至一百八,元史紀事本末十九至二十七,明史紀事本末一至四、十一至五十五、六十二至八十)

460000－8543－0000017 2/ws003
魏書一百十四卷 (北齊)魏收撰 清同治八年(1869)嶺南葄古堂刻本 十行二十一字小字雙行同白口左右雙邊 三册 存八卷(一至八)

460000－8543－0000018 2/ws001
魏書一百十四卷 (北齊)魏收撰 清末石印本 二十行四十二字小字雙行同白口左右雙邊 一册 存十七卷(四十八至六十四)

460000－8543－0000019 2/xxj002
西夏紀事本末三十六卷首二卷 (清)張鑑撰 清光緒十年(1884)江蘇書局刻本 十二行二十五字小字雙行同白口左右雙邊 一册

460000－8543－0000020 2/zz002
資治通鑑二百九十四卷 (宋)司馬光撰 (元)胡三省音註 清同治八年(1869)江蘇書局刻本 十行二十字小字雙行同上下黑口四周雙邊 二册 存六卷(一百三至一百五、一百八十四至一百八十六)

460000－8543－0000021 2/zw004
中外地輿圖説集成一百三十卷首三卷 (清)同康廬主人輯 清光緒石印本 二十五行五十四字白口四周單邊 四册 存三十五卷(四十三至五十一、八十四至九十三、一百十四至一百二十九)

460000－8543－0000022 2/mj012
明紀六十卷 (清)陳鶴纂 (清)陳克家補纂 清同治十年(1871)江蘇書局刻本 十一行二十四字上下黑口四周雙邊 十二册 存四十四卷(一至三十四、四十八至五十四、五十

八至六十）

460000－8543－0000023　2/sl003
十六國春秋一百卷　（北魏）崔鴻撰　（清）汪日桂重訂　清光緒十二年（1886）湖北官書處刻本　十一行二十三字小字雙行同白口四周雙邊　三冊　存二十七卷（一至十六、二十八至三十八）

460000－8543－0000024　4/ds009
讀書雜志十種八十二卷餘編二卷　（清）王念孫撰　清同治九年（1870）金陵書局重刻本　十行二十一字小字雙行同白口四周雙邊　九冊　存二十六卷（漢書一至七，管子一至五，墨子一至三，荀子一至八、補遺一；餘編二卷）

460000－8543－0000025　2/mtj001
明通鑑九十卷首一卷目錄二十卷前編四卷附編六卷　（清）夏燮編輯　清同治十二年（1873）宜黄官廨刻本　十行二十一字小字雙行同白口四周雙邊　一冊　存三卷（明通鑑三十八至四十）

460000－8543－0000026　2/xh005
西漢會要七十卷　（宋）徐天麟撰　清光緒十年（1884）江蘇書局刻本　九行二十一字小字雙行同白口四周雙邊　五冊　存四十六卷（八至三十三、四十四至六十三）

460000－8543－0000027　5/hs033
海山仙館叢書五十六種　（清）潘仕成輯　清道光、咸豐間番禺潘氏刻光緒補刻本　九行二十一字小字雙行同上下黑口左右雙邊　三十三冊　存三十種一百四十四卷（尚書注考一，讀詩拙言一，四書逸箋一至六，一切經音義五至二十五，古史輯要五至六，史記短長説一至二，順宗實錄一至五，九國志一至十二，二十二史感應錄一至二，洛陽名園記一，廣名將傳十八至二十，酌中志一至十五，火攻挈要一至三、圖一，考古質疑一至六，隱居通議一至六、二十七至三十一，洞天清祿集一，菰中隨筆一，桂苑筆耕集七至十三，敬齋古今黈五至八，揭曼碩詩一至三，青藤書屋文集七至十一，竹雲題跋一至四，讀畫錄一至四，續三十五舉一，茶董補一至二，酒顛補一至二，尺牘新鈔十至十二，顏氏家藏尺牘一至二、四，新釋地理備考全書一至十，全體新論一至二）

460000－8543－0000028　5/yh001
玉函山房輯佚書五百九十四種　（清）馬國翰輯　清光緒九年（1883）長沙嫏嬛館刻本　九行二十字白口四周雙邊　一冊　存十七種十七卷（伊尹書一、辛甲書一、公子牟子一、田子一、老萊子一、黔婁子一、鄭長者書一、任子道論一、洞極真經一、唐子一、蘇子一、陸子一、杜氏幽求新書一、孫子一、苻子一、少子一、夷夏論一）

460000－8543－0000029　4/qsx001
秋士先生遺集六卷　（清）彭績撰　清光緒七年（1881）刻本　十一行二十三字小字雙行同下黑口左右雙邊　一冊　存三卷（四至六）

460000－8543－0000030　5/pj001
平津館叢書三十八種　（清）孫星衍輯　清光緒十一年（1885）吴縣朱氏槐盧家塾刻本　十一行二十字白口左右雙邊　一冊　存二種四卷（尚書考異四至六、古刻叢鈔一）

460000－8543－0000031　5/hh045
函海　（清）李調元輯　清光緒七年至八年（1881－1882）廣漢鍾登甲樂道齋刻本　十行二十字白口四周雙邊　四十五冊　存六十二種三百三卷（華陽國志五至十二；郭子翼莊一；古今同姓名錄一至二；長短經一至五；説文解字韻譜一至五；伸蒙子一至三；心要經一；寶藏論一；易傳燈一至四；東坡烏臺詩案一；月波洞中記一；采石瓜州斃亮記一；靖康傳信錄一至三；淳熙薦士錄一；江南餘載一至二；江淮異人錄一至二；青溪弄兵錄一；建炎以來朝野雜記甲集一至十七、乙集六至二十；三國雜事一至二；三國紀年一；五國故事一至二；東原錄一；冐絮錄一；卮辭一；大學古本旁註一；中麓畫品一；蜀語一；詞品六、拾遺一；書品一；畫品一；金石古文一至十四；世説舊注一；古文韻語一；風雅逸篇一至十；古今風謠一；古今諺一；異魚圖贊一至四；金石存六至十五；易古文一至三；周禮摘箋一至五；儀禮古今考一至二;禮記補注一至四;月令氣候圖說一;夏小正箋一;逸孟子一;十三經注疏錦字一至四;蜀碑記一至十;蜀碑記補一至十;博物要覽一至八;南越筆記四至十;通俗編一至五、十二至十七;諸家藏畫簿一至六;制義科瑣記一至四;卍齋璅錄一至十;淡墨錄一至十六;井蛙雜記七至十;尾蔗叢談一至四;古音合一至二;六書分毫一至三;通詁一至二;剿說一至四;全五代詩一至八、二十三至三十、五十三至六十、七十六至一百,補遺一)

460000－8543－0000032　2/zs002

諸史考異十八卷　(清)洪頤煊撰　清光緒十五年(1889)廣雅書局刻本　十一行二十四字上下黑口四周單邊　三冊　存十二卷(一至七、十四至十八)

460000－8543－0000033　4/ss003

三松堂詩集二十卷文集四卷　(清)潘奕雋撰　清同治刻本　十行二十一字白口四周雙邊　三冊　存十卷(三松堂詩集一至二、十五至二十,文集一至二)

460000－8543－0000034　2/yg001

禹貢班義述三卷附漢㢠水入尚龍谿考一卷　(清)成蓉鏡撰　清光緒十四年(1888)廣雅書局刻本　十一行二十四字小字雙行同上下黑口四周單邊　一冊

460000－8543－0000035　2/dh006

東漢會要四十卷　(宋)徐天麟撰　清光緒十年(1884)江蘇書局刻本　九行二十一字小字雙行同白口四周雙邊　六冊

460000－8543－0000036　4/jw016

金文最一百二十卷　(清)張金吾輯　(清)潘乃成初校　(清)劉昌齡覆校　清光緒八年(1882)粵雅堂刻本　十行二十字小字雙行同白口四周雙邊　十六冊　存八十三卷(十二至十七、三十五至八十、八十六至一百十六)

460000－8543－0000037　2/sk051

欽定四庫全書總目二百卷首一卷　(清)紀昀等編　清同治七年(1868)廣東書局刻本　九行二十一字白口左右雙邊　六十二冊　存一百四十二卷(一至二十七、三十一至四十二、四十五至四十六、六十七至八十三、八十七至九十五、一百三至一百四、一百十至一百三十一、一百三十五至一百八十四,首一卷)

460000－8543－0000038　2/hs004

漢書辨疑二十二卷　(清)錢大昭撰　清光緒十三年(1887)廣雅書局刻本　十一行二十四字上下黑口四周單邊　四冊　存十九卷(一至十七、二十一至二十二)

460000－8543－0000039　5/yy213

粵雅堂叢書三編　(清)伍崇曜輯　清道光至光緒南海伍氏刻本　九行二十一字小字雙行同上下黑口左右雙邊　二百十三冊　存一百四十八種八百七十九卷(中吳紀聞一至六,志雅堂雜鈔一至二,焦氏筆乘一至六、續一至八,東城雜記一至二,奉天錄一至四,咸淳遺事一至二,昭忠錄一,月泉吟社一,谷音一至二,河汾諸老詩集一至八,玉笥集一至十,揭文安公文粹一至二,潞水客談一、附錄一,陶庵夢憶一至八,唐史論斷二至三,叔苴子內篇一至六、外篇一至二,西洋朝貢典錄一至三,五代詩話一至三、八至十,四書逸箋一至六,四聲切韻表一、凡例一,緒言一至三,聲類一至四,宋遼金元四史朔閏考一至二、國史經籍志一至五、附錄一,文史通義一至八,校讎通義一至三,經義考補正一至十二,小石帆亭五言詩續鈔一至八、首一,北江詩話一至六,玉山草堂續集一至六,虎鈐經一至二十,打馬圖經一,敘古千文一,草廬經略一至十二,字觸一至六,今世說一至八,飲水詩集一、詞集一,雙溪集八至十五、附遺言一,日湖漁唱一、補遺一、續補遺一,瑟譜六,秋笳集一至八、附錄一,燕樂考原一至六,石柱記箋釋一至五,林屋唱酬錄一,焦山紀遊集一,沙河逸老小稿一至六、嶰谷詞一,南齋集一至六、詞一至二,九國志一至六,胡子知言一、疑義一、附錄一,蒿庵閒話一至二,詩書古訓二至六,說文聲系一至十四,鄭志一至三、附錄一,文館詞林殘一至四,兩京新記殘一至五,新譯大方廣佛華嚴經音義一至四,道德真經注一至四,中興禦侮錄一至二，襄陽守城錄一，宋季三朝政要一至五、附錄一，詞源一至二，精選名儒草堂詩餘一至三，樓山堂集一至二十七，朱子年譜一至四、考異一至四、附朱子論學切要語一至二，韓文類譜一至七，柳先生年譜一，疑年錄一至四，續疑年錄一至四，米海岳年譜一，元遺山先生年譜一至三、附墓圖一，崇文總目一至三，菉竹堂書目一至六，菉竹堂碑目一至六，寒山堂金石林時地考一至二，蘇米齋蘭亭考一至八，石渠隨筆一至八，周官新義一至十六、附考工記解一至二，爾雅新義一至二十、附敘錄一，春秋穀梁傳時月日書法釋例一至四，相臺書塾刊正九經三傳沿革例一，九經補韻一、附錄一，漢書地理志稽疑一至四，國策地名考一至二十、首一，儀禮石經校勘記一至四，隸經文一至四，樂縣考一至二，國朝漢學師承記一至八、附國朝經師經義目錄一，國朝宋學淵源記一至二、附記一，顧亭林先生年譜一至四、附錄一，閻潛邱先生年譜一至四，秋園雜佩一，倪文正公年譜四，南雷文定前集一至十一、後集一至四、三集一至三、詩歷三至四、世譜一、附錄一，程侍郎遺集一至十、附錄一，李元賓文集文編一至三、外編一至二、續編一，呂衡州集一至十、附考證一，羅鄂州小集一至六、附羅郢州遺文一，樂府雅詞一至六、拾遺一至二，陽春白雪一至八、外集一，揅經室詩錄一至五，孟子音義一至二，孝經今文音義一，兩漢博聞一至五、十二，春秋五禮例宗一至二，兒易外儀一至十五，春秋國都爵姓考一、附補一，儀禮管見一，續世說一至十二，書義主意一至六，羣英書義一至二，焦氏類林七下至八，西域釋地一、西陲要略一至四，續談助一至五，益齋亂稿一至十、拾遺一、附集誌一，靜齋至正直記一至四，鳳氏經說一至三，比雅一至十九，廣釋名一至二、首一，乾道臨安志一至三，京口耆舊傳一至九，輿地碑記目一至四，紹興題名錄一，寶祐登科錄一，河朔訪古記一至三，長物志一至十二，墨志一，唐昭陵石跡考略一至五，瘞鶴銘考一，小山畫譜一至二，雲中紀程一至二，三國志補注一至六，述學內篇三、外篇一、補遺一、別錄一，黔書四，續黔書一至二，煙霞萬古樓文集一至四，梅邊吹笛譜一至二、補錄一，帝範二，臣軌二，羣書治要一至二、五至十二、十四至五十，周易新講義四至六，泰軒易傳一至二、五至六，唐才子傳六至十，樂經律呂通解三至五，墨緣彙觀錄一至四，兒易內儀以一至六，蜀中名勝記一至三十，姑溪居士文集十一至二十，授堂文鈔一至八、南北朝文鈔一至二）

460000－8543－0000040　2/hhs002

後漢書辨疑十一卷　（清）錢大昭撰　清光緒十四年（1888）廣雅書局刻本　十一行二十四字上下黑口四周單邊　二册

460000－8543－0000041　2/gc233

國朝耆獻類徵初編四百八十卷首二百四卷目錄二十卷通檢十卷國朝賢媛類徵初編十二卷附滿漢同姓名錄一卷　（清）李桓撰　清光緒十年至十六年（1884－1890）湘陰李氏刻本　十行二十五字白口四周雙邊　二百三十三册

存五百七十三卷（一至十四、十七至八十四、八十七至一百三十七、一百四十至一百五十八、一百六十一至一百八十八、一百九十一至一百九十二、一百九十五至二百四、二百七至二百十、二百十五至二百十八、二百二十一至二百二十六、二百二十九至二百三十、二百三十三至二百四十、二百四十三至二百五十、二百五十三至二百五十八、二百六十一至二百六十四、二百六十九至二百八十八、二百九十五至三百、三百五至三百六、三百九至三百十二、三百二十一至三百二十六、三百三十一至三百三十二、三百四十五至三百四十八、三百五十一至三百九十四、四百一至四百六、四百九至四百十四、四百二十三至四百四十四、四百四十七至四百六十、四百七十三至四百八十四，首六至一百三、一百十九至一百三十五、一百四十五至一百九十二，目錄七至二十，通檢四至十，國朝賢媛類徵三至六、九至十，滿漢同姓名錄一卷）

460000－8543－0000042　2/th017

唐會要一百卷　（宋）王溥撰　清光緒十年（1884）江蘇書局刻本　九行二十一字小字雙

行同白口四周雙邊　十七册　存六十八卷（一至十六、二十二至二十五、三十一至五十、六十九至七十九、八十四至一百）

460000－8543－0000043　2/xj003

新舊唐書互證二十卷　（清）趙紹祖撰　清廣雅書局刻本　十一行二十四字小字雙行同白口四周單邊　三册　存十五卷（六至二十）

460000－8543－0000044　5/tp048

太平御覽一千卷目錄十五卷　（宋）李昉等纂　（清）鮑崇城重校　清嘉慶十二年至十七年（1807－1812）歙縣鮑崇城刻本　十三行二十二字小字雙行同白口左右雙邊　四十八册　存六百七卷（二十至四十二、五十四至二百八十八、三百二至三百五十一、三百六十四至三百七十六、三百九十至四百八十五、四百九十九至五百七十七、六百四十四至六百五十六、八百二十四至八百四十五、九百三至九百二十六、九百四十至九百八十五，目錄一至六）

460000－8543－0000045　5/xb008

惜抱軒全集十種　（清）姚鼐撰　清同治五年（1866）省心閣刻本　十行二十一字白口左右雙邊　八册　存七種五十六卷（惜抱軒文集一至十六、文後集一至十、詩集五至十、詩後集一、詩外集一，惜抱軒法帖題跋一至三，左傳補注一，公羊傳補注一，國語補注一，惜抱軒筆記一至八，惜抱軒九經說一至八）

460000－8543－0000046　4/tw007

唐文粹一百卷　（宋）姚鉉編　清光緒九年（1883）江蘇書局刻本　十四行二十五字小字雙行同白口左右雙邊　七册　存六十一卷（七至十八、二十六至三十一、四十八至五十七、六十八至一百）

460000－8543－0000047　5/zs053

子書百家　（清）崇文書局輯　清光緒元年（1875）湖北崇文書局刻本　十二行二十四字上下黑口四周雙邊　五十三册　存七十二種三百八十七卷（荀子三，新語一至二，孔叢子一至二，忠經一，新書一至十，新序一至十，說苑一至二十，申鑒一至五，中論一至二，傅子一，文中子中說一，續孟子一至二，伸蒙子一至二，管子一至二十四，晏子春秋一至八，商子一至五，鄧子一，尸子一至二，韓非子一至二十，齊民要術一至十、雜說一，太玄經一至十，焦氏易林一至四，鬻子一、補一，計倪子一，於陵子一，子華子一至二，墨子一至十六，尹文子一，公孫龍子一，鬼谷子一，鶡冠子一至三，呂氏春秋十一至二十六，淮南鴻烈解十五至二十一，金樓子一至六，劉子一至二，獨斷一，顏氏家訓一至二，論衡一至三十，白虎通德論一至四，風俗通義一至十，牟子一，古今注一至三，聱隅子歔欷瑣微論一至二，懶真子一至五，廣成子解一，叔苴子一至八，郁離子一，空洞子一，海沂子一至五，燕丹子一至三，玉泉子一，金華子雜編一至二，山海經一至八，神異經一，海內十洲記一，別國洞冥記一至四，穆天子傳一至六，拾遺記一至十，搜神記一至二十，搜神後記一至十，博物志一至十，續博物志一至十，述異記一至二，陰符經一，關尹子一，老子道德經一至二，道德真經注一至四，莊子南華真經一至二，列子一至二，亢倉子一，玄真子一，抱樸子內篇一至四、外篇一至四）

460000－8543－0000048　5/sw058

十萬卷樓叢書三編五十一種　（清）陸心源輯　清光緒歸安陸氏刻本　十行十九字小字雙行二十六字上下黑口四周雙邊　五十八册　存二十九種二百五十二卷（書經注五至十二；資治通鑑釋文六至十一、十八至三十；註陸宣公奏議一至十五；史載之方一至二；海藏老人陰證略例一；本草衍義一至二十；醫經正本書一；人倫大統賦一至二；乙巳占一至十；夷堅志甲集一至二十，乙集六至二十，丙集一至五，十一至二十，丁集一至二十；許國公奏議四；紹陶錄一至二；漢丞相諸葛忠武侯傳一；保越錄一；北戶錄一至三、附校勘記一；歲時廣記一至十、十六至四十，首圖說一，末總載一；新編張仲景註解發微論一至二；新編張仲景註解傷寒百證歌一至五；衍極四至五；文房四譜一至二；靖康要錄四至六、十三至十六；麟臺故事一至四、補遺一；寶刻叢編一至五；

宋徽宗聖濟經一至六;續考古圖一至五;雲煙過眼録續集一;三厤撮要一;墨藪一;新編分門古今類事五至二十)

460000－8543－0000049　2/wx035

皇朝文獻通考三百卷　(清)嵇璜纂　清光緒八年(1882)浙江書局刻本　九行二十二字白口左右雙邊　三十五冊　存九十四卷(四至九、十三至十五、四十五至四十六、五十至五十八、六十六至七十、九十五至一百二、一百五至一百七、一百二十五至一百三十一、一百三十四至一百四十二、一百四十五至一百六十五、一百九十二至一百九十三、二百十七至二百二十一、二百三十二、二百三十四、二百六十至二百六十二、二百六十四至二百七十、二百八十四至二百八十五)

460000－8543－0000050　3/sy016

宋元學案一百卷首一卷考略一卷　(清)黄宗羲撰　(清)黄百家纂輯　(清)全祖望修定　(清)馮雲濠等校刊　清道光刻本　十一行二十四字小字雙行同上下黑口左右雙邊　十六冊　存五十卷(七至十、十四至十七、二十一至二十四、二十九至四十一、五十至五十二、六十二至六十四、六十八至八十、八十七至九十二)

460000－8543－0000051　2/qdx005

欽定續文獻通考二百五十卷　(清)嵇璜等纂　清浙江書局刻本　九行二十一字白口左右雙邊　五冊　存十二卷(三至四、七至九、十八至十九、五十七至五十九、六十三至六十四)

460000－8543－0000052　1/wt030

五禮通考二百六十二卷首四卷　(清)秦蕙田撰　(清)方觀承訂　(清)宋宗元等校　清刻本　十三行二十一字小字雙行三十二字白口左右雙邊　三十冊　存一百十四卷(十五至十八、二十二至三十三、四十五至四十七、五十二至六十一、六十九至七十二、七十九至八十五、一百十至一百二十一、一百二十五至一百三十二、一百四十三至一百四十九、一百五十四至一百六十六、一百七十一至一百七十三、一百七十九至一百八十二、一百九十七至一百九十八、二百二十至二百二十七、二百四十七至二百六十二,首四)

460000－8543－0000053　3/zz024

朱子語類一百四十卷　(宋)朱熹撰　(宋)黎靖德編　清同治十一年(1872)應元書院刻本　十二行二十四字小字雙行同上下黑口左右雙邊　二十四冊　存八十五卷(四至七、十六至二十八、四十二至四十四、五十至六十六、七十至七十九、八十七至一百十七、一百三十四至一百四十)

460000－8543－0000054　4/jq013

鮚埼亭集三十八卷首一卷外編五十卷全謝山先生經史問答十卷　(清)全祖望撰　(清)史夢蛟校　清同治十一年(1872)姚江借樹山房刻本　十行二十一字白口左右雙邊　十三冊　存六十一卷(鮚埼亭集八至十三、二十八至三十八,外編四至十七、二十三至二十六、三十一至四十六,全謝山先生經史問答十卷)

460000－8543－0000055　1/yz062

御纂七經　(清)聖祖玄燁撰　清同治浙江書局刻本　十一行二十四字小字雙行同白口左右雙邊　六十二冊　存七種二百四卷(御纂周易折中一至四、十一至十九,首一;欽定書經傳説彙纂四至六;欽定詩經傳説彙纂一至二、四至十一、十五至十九,首一;欽定春秋傳説彙纂一至二、十八至二十一、二十六至二十九,首一;欽定周官義疏三至四十八;欽定儀禮義疏三至六、十至十五、十九至三十九、四十三至四十八;欽定禮記義疏一至五十、五十四至七十九,首一)

460000－8543－0000056　5/zw017

左文襄公全集七種附二種　(清)左宗棠撰　清光緒刻本　十行二十五字小字雙行同上下黑口左右雙邊　十七冊　存三種二十三卷(左文襄公奏稿十三至十四、三十三、三十五至三十七、四十二至四十七、五十至五十一、六十二至六十四,左文襄公書牘一至二、十至十一,附駱文忠公奏稿二至三)

460000－8543－0000057　4/ys007
元詩選癸集十卷　(清)顧嗣立輯　清秀野草堂刻本　十三行二十三字小字雙行不等上下黑口左右雙邊　七册　存八卷(丙、丁、戊、己、庚、辛、壬、癸)

460000－8543－0000058　4/ps010
曝書亭集八十卷目錄一卷　(清)朱彝尊撰　**笛漁小稿十卷**　(清)朱昆田撰　清光緒十五年(1889)會稽陶氏寒梅館刻本　十二行二十三字白口左右雙邊　十册　存七十八卷(曝書亭集三至八十)

460000－8543－0000059　4/qt026
全唐文紀事一百二十二卷首一卷　(清)陳鴻墀纂　清同治十二年(1873)刻本　九行二十一字小字雙行同白口四周雙邊　二十六册　存一百二卷(五至十五、二十三至八十五、九十至九十七、一百三至一百十、一百十二至一百二十二,首一卷)

460000－8543－0000060　4/wl012
王臨川全集一百卷目錄二卷　(宋)王安石撰　清光緒九年(1883)聽香館刻本　十一行二十二字白口左右雙邊　十二册　存九十二卷(一至四、十四至一百,目錄下)

460000－8543－0000061　4/SW005
沈文肅公政書七卷首一卷　(清)沈葆楨撰　清光緒六年(1880)吳門節署刻本　十行二十四字白口四周雙邊　五册　存五卷(二、四至七)

460000－8543－0000062　4/ha033
晦庵先生朱文公文集一百卷續集十一卷別集十卷目錄二卷　(宋)朱熹撰　清同治十二年(1873)六安塗氏求我齋刻本　十二行二十二字小字雙行同白口左右雙邊　三十三册　存八十一卷(四至七、十二至十八、二十三至三十八、四十一至四十九、五十二至五十三、五十六至五十九、六十一至六十四、七十一至七十二、七十五至七十六、八十至八十五、八十九至九十一、九十五下至一百,續集十一卷,別集一至四,目錄二)

460000－8543－0000063　2/wd002
五代會要三十卷　(宋)王溥撰　清光緒十二年(1886)江蘇書局刻本　九行二十一字小字雙行同白口四周雙邊　二册　存十五卷(七至二十一)

460000－8543－0000064　4/hh010
湖海文傳七十五卷　(清)王昶輯　清同治五年(1866)刻本　十二行二十三字上下黑口左右雙邊　十一册　存六十五卷(一至六十五)

460000－8543－0000065　1/ms002
十三經注疏附校勘記十三種四百十六卷　(清)阮元撰　(清)盧宣旬摘錄校勘記　清光緒三十年(1904)點石齋印書局石印本　二十行四十六字小字雙行同白口四周雙邊　二册　存三種十二卷(毛詩注疏五至六、校勘記五至六,孝經注疏一至二、校勘記一至二,爾雅注疏一至二、校勘記一至二)

460000－8543－0000066　4/lc006
龍川文集三十卷首一卷附錄二卷補遺一卷札記一卷　(宋)陳亮撰　(清)齊學裘　(清)宗延輔校　清同治八年(1869)永康應寶時刻本　九行十九字白口四周單邊　六册　存二十九卷(三至十七、二十一至三十,附錄二卷,補遺一卷,札記一卷)

460000－8543－0000067　1/gy001
廣雅疏證十卷　(清)王念孫撰　清光緒五年(1879)淮南書局刻本　十行二十一字小字雙行同白口左右雙邊　一册　存一卷(二)

460000－8543－0000068　2/nj008
南疆繹史勘本三十卷首二卷　(清)溫睿臨撰　(清)李瑤勘定　**繹史摭遺十八卷繹史邮謚考八卷**　(清)李瑤撰　清道光十年(1830)北京琉璃廠半松居士木活字印本　九行二十字小字雙行同白口左右雙邊　八册　存四十六卷(南疆繹史勘本一、七至三十,首二卷;繹史摭遺八至十八;繹史邮謚考八卷)

460000－8543－0000069　4/hh011
湖海詩傳四十六卷　(清)王昶輯　清同治四年(1865)蘇州綠蔭堂刻本　十二行二十三字

小字雙行三十五字上下黑口左右雙邊　十一冊　存四十一卷(一至十、十五至四十五)

460000－8543－0000070　4/yj012

揅經室集一集十四卷二集八卷三集五卷四集二卷詩十一卷續集十一卷再續集六卷外集五卷　(清)阮元撰　清道光刻文選樓叢書本　十行二十字小字雙行同白口四周雙邊　十二冊　存四十一卷(揅經室集一集四至十四,二集一至二、八,三集五卷,四集二卷,詩四至十一,續集二至十一,外集一至二)

460000－8543－0000071　2/hc006

皇朝通典一百卷　(清)嵇璜纂　清光緒八年(1882)浙江書局刻本　九行二十一字小字雙行同白口左右雙邊　六冊　存三十二卷(十五至十八、六十二至六十六、七十一至七十九、八十七至一百)

460000－8543－0000072　2/hc002

皇朝通典一百卷　(清)嵇璜纂　清光緒八年(1882)浙江書局刻本　九行二十一字小字雙行同白口左右雙邊　二冊　存七卷(四十二至四十四、七十四至七十七)

460000－8543－0000073　2/sj007

水經注四十卷首一卷　(漢)桑欽撰(北魏)酈道元注　王先謙校　**附錄二卷**　(清)趙一清錄　清光緒十八年(1892)長沙王氏思賢講舍刻本　十一行二十四字小字雙行同上下黑口左右雙邊　八冊　存三十二卷(七至二十五、三十至四十,附錄二卷)

460000－8543－0000074　4/ms007

明詩綜一百卷　(清)朱彝尊編　(清)汪森等輯評　清刻本　十一行二十一字小字雙行三十一字白口左右雙邊　七冊　存四十二卷(二至六、三十一至四十一、四十六至五十五、七十二至七十八、九十二至一百)

460000－8543－0000075　4/yw006

元文類七十卷目錄三卷　(元)蘇天爵編　清光緒十五年(1889)江蘇書局刻本　十四行二十五字小字雙行同白口左右雙邊　六冊　存五十四卷(一至五十一、目錄三卷)

460000－8543－0000076　5/lz013

率祖堂叢書九種附六種　(宋)金履祥撰　清光緒十三年(1887)鎮海謝駿德補刻本　十一行二十三字小字雙行同下黑口四周單邊　十三冊　存九種六十三卷(論語集註攷證五至十,孟子集註攷證一至七,資治通鑑前編一至十一、舉要一至三、首一,濂洛風雅一至六,仁山先生金文安公文集四至五,宋仁山金先生年譜一,附金華王魯齊先生傳集一至二,白雲先生許文懿公傳集一至四,金華徵獻畧一至二十)

460000－8543－0000077　2/lw005

林文忠公政書三集三十七卷　(清)林則徐撰　清光緒三山林氏刻林文忠公遺集本　九行二十字小字雙行同下黑口四周雙邊　六冊　存三集三十三卷(甲集江蘇奏稿四至八,乙集湖廣奏稿一至五、使粵奏稿一至八、兩廣奏稿一至四,丙集陝甘奏稿一、雲貴奏稿一至十)

460000－8543－0000078　4/yz004

庾子山集十六卷　(北周)庾信撰　(清)倪璠註釋　清光緒儒雅堂刻本　十行二十字小字雙行同下黑口左右雙邊　四冊　存十卷(四至十三)

460000－8543－0000079　4/gd010

道古堂文集四十八卷詩集二十六卷集外文一卷集外詩一卷軼事一卷　(清)杭世駿撰　清刻本　十行二十一字小字雙行同白口左右雙邊　十冊　存五十九卷(道古堂文集七至二十九、三十六至四十二,詩集二十六卷,集外文一卷,集外詩一卷,軼事一卷)

460000－8543－0000080　3/dxb011

大學衍義補一百六十卷首一卷　(明)丘濬撰　(明)陳仁錫評閱　清刻本　十行二十字小字雙行同白口四周單邊　十一冊　存六十四卷(一至三、六十二至六十六、七十五至七十八、九十六至一百、一百五至一百十一、一百十四至一百五十二,首一卷)

460000－8543－0000081　4/wx006

望溪先生文集十八卷集外文十卷補遺二卷年

譜一卷年譜附録一卷 (清)方苞撰 (清)戴鈞衡編 年譜一卷 (清)蘇惇元撰 清咸豐刻本 十一行二十一字小字雙行同白口四周雙邊 六册 存十八卷(望溪先生文集七至十三、集外文四至十、補遺二卷,年譜一卷、年譜附録一卷)

460000－8543－0000082 4/gc019
國朝文録初編四十種續編五十種 (清)李祖陶輯 清道光十九年(1839)瑞州府鳳儀書院刻同治七年(1868)續刻本 九行二十五字小字雙行不等白口四周雙邊 十九册 存四十六種七十卷(張文貞公文録一至二、帶經堂集文録一至二、鄭靜菴先生文録一、榕村全集文録一至二、西陂類稿文録一、湛園未定稿文録一至三、居業齋文録一、邵青門文録一至三、孫文定公文録二、二希堂文録一至二、南莊類稿文録一至二、海峯先生文録一至二、濳研堂文録一至二、惜抱軒先生文選一至二、紀文達公文録一至二、清獻堂文録一至二、忠雅堂文録一至二、二林居文録一至二、知恥齋文録一、愓園初稿文一至二、河東文録一、榆溪集選一、庸書文録一、白石山房文録一、百尺梧桐閣文録一、飴山文録一、可儀堂文録一、集虚齊文録一、歸愚文録一、果堂文録一、培遠堂文録一、尊聞居士集一至二、叢桂堂文録一、海崖文録一、切問齋文録一至二、經韻樓集文録一至二、更生齋文録一、頤綵堂文録一、鑑止水齋文録一、雀研齋文録一、雕菰集文録一至二、崇百藥齋文録一、學福齋文録一至二、左海文録一至二、存吾文集録一至二、邃雅堂文録一)

460000－8543－0000083 5/hb014
湖北叢書三十種 (清)趙尚輔輯 清光緒十七年(1891)三餘草堂刻本 十一行二十行小字雙行同上下黑口四周單邊 十四册 存五種六十七卷(毛詩原解二十四至三十六,詩傳名物集覽一至十二,學統五至八、四十一至五十一,姓觿六至十、附録一、札記一、刊誤一,釋志一至十九)

460000－8543－0000084 5/hl017
槐廬叢書五編四十六種 (清)朱記榮輯 清光緒吴縣朱氏槐盧家塾刻本 十一行二十一字上下黑口左右雙邊 十七册 存十九種九十二卷(尚書餘論一,詩辨說一,饗禮補亡一,公羊逸禮攷徵一,弟子職集解一,斠經筆記一,世本一至二,楚漢春秋一、附疑義一、攷證一,楚漢諸侯疆域志一至三,括地志一至八,十三經詁答問一至六,平津讀碑記一至五,四禮榷疑一至八,玉溪生詩說一至二,廣川書跋一至十,金石稱例一至四、續一,金石綜例一至四,中吳紀聞一至六,金石錄補十一至二十七、續跋一至七)

460000－8543－0000085 3/dxx011
大學衍義續七十卷 (清)強汝詢輯 清刻本 九行二十五字小字雙行同白口左右雙邊 十一册 存三十一卷(十九至二十七、三十四至三十九、四十六至五十一、五十八至六十七)

460000－8543－0000086 4/oy011
歐陽文忠公全集一百五十三卷首一卷附録五卷 (宋)歐陽修撰 (清)歐陽衡校刊 清嘉慶二十四年(1819)友善書屋刻本 十行二十四字小字雙行同白口左右雙邊 十一册 存七十四卷(六十一至八十一、九十至一百十四、一百十九至一百三十、一百三十八至一百五十三)

460000－8543－0000087 4/lf006
陸放翁全集 (宋)陸游撰 明崇禎海虞毛氏汲古閣刻本 八行十八字白口左右雙邊 六册 存二種二十七卷(渭南文集五至十、三十一至三十五、四十七至五十,劍南詩稿五十八至六十五、七十八至八十一)

460000－8543－0000088 5/cz024
春在堂全書 (清)俞樾撰 清光緒二十五年(1899)刻本 十行二十一字白口左右雙邊 二十四册 存八種一百五十一卷(諸子平議六至二十九,第一樓叢書二至四、六至九,曲園雜纂四十至五十,俞樓襍纂一至五十,春在堂襍文續編一至五、三編一至四、四編一至八,春在堂隨筆一至十,茶香室三鈔九至二十

九,茶香室經說六至十六)

460000－8543－0000089　5/hz003
湖州叢書十二種　(清)陸心源輯　清光緒湖城義塾刻本　十行二十一字上下黑口左右雙邊　三冊　存二種二十卷(爾雅匡名三至二十、娛親雅言五至六)

460000－8543－0000090　5/px008
滂喜齋叢書四函五十種　(清)潘祖蔭輯　清同治、光緒間吳縣潘氏京師刻本　十行二十一字黑口左右雙邊　八冊　存十五種二十三卷(炳燭編一至四、卦本圖攷一、尚書序錄一、春秋左氏古義一至二、懷舊集一至二、愛吾廬文鈔一、劉貴陽說經殘稿一、劉氏遺箸一、寶鐵齋金石文跋尾一至三、百塼考一、幽夢續影一、徐元歎先生殘稿一、二茗詩集一至二、小草庵詩鈔一、日本金石年表一)

460000－8543－0000091　5/cm011
叢睦汪氏遺書十九種　(清)汪篯輯　清光緒十二年(1886)錢塘汪氏長沙刻本　十二行二十四字白口左右雙邊　十一冊　存七種二十六卷(上湖紀歲詩編三至四、續編一,觀象居易傳箋五至十二,文選理學權輿七至八、補一,蘇詩選評箋釋一至四,談書錄一,詩學纂聞一,韓門綴學一至五、續編一)

460000－8543－0000092　3/dx002
大學衍義四十三卷　(宋)真德秀彙輯　(明)陳仁錫評閱　清道光十七年(1837)刻本　十行二十字小字雙行同白口四周單邊　二冊　存七卷(一至七)

460000－8543－0000093　5/jx006
經訓堂叢書二十一種　(清)畢沅輯　清光緒十三年(1887)上海大同書局石印本　十四行三十三字白口四周單邊　六冊　存十種六十九卷(墨子一至十五、附篇目一,呂氏春秋一至十四,長安志十五至二十、附圖一至三,易漢學一至八,說文解字舊音一,明堂大道錄一至八,禘說一至二,中州金石記一至五,音同義異辨一,經典文字辨證書一至五)

460000－8543－0000094　3/gz004
管子二十四卷　(春秋)管仲撰　(唐)房玄齡注　清光緒二年(1876)浙江書局刻本　九行二十一字小字雙行同白口左右雙邊　四冊　存十七卷(六至二十、二十三至二十四)

460000－8543－0000095　1/yx003
音學五書五種　(清)顧炎武撰　清光緒十六年(1890)思賢講舍刻本　九行二十一字小字雙行同下黑口左右雙邊　三冊　存三種十四卷(詩本音八至十,易音一至三,唐韻正一至五、十五至十七)

460000－8543－0000096　4/hc010
皇朝駢文類苑十四卷首一卷　(清)姚燮輯　(清)張壽榮校　清光緒七年(1881)刻本　九行二十字小字雙行同上下黑口左右雙邊　十冊　存十一卷(二至十一、首一卷)

460000－8543－0000097　5/gy010
廣雅書局叢書一百六十二種　(清)廣雅書局輯　清光緒廣雅書局刻本　十一行二十四字小字雙行同上下黑口四周單邊　十冊　存六種三十卷(毛詩傳箋通釋一至六、十一至十四、二十三至二十四,爾雅匡名三至八,人表考一至二,三國職官表二,吳氏遺箸五附錄一,劉氏遺書一至八)

460000－8543－0000098　5/py006
番禺陳氏東塾叢書　(清)陳澧撰　清咸豐至光緒刻本　十一行二十八字小字雙行同上下黑口左右雙邊　六冊　存四種二十三卷(聲律通考一至十,切韻考一至六、外篇一至三,漢書地理志水道圖說五至七,考正德清胡氏禹貢圖一)

460000－8543－0000099　5/sc002
三長物齋叢書　(清)黃本驥輯　清道光湘陰蔣環刊光緒四年(1878)古香書閣印本　十行二十一字白口四周雙邊　二冊　存二種十卷(嵰山甜雪九至十二、三長物齋文略一至六)

460000－8543－0000100　5/ln026
嶺南遺書　(清)伍元薇　(清)伍崇耀輯　清道光十一年至三十年(1831－1850)南海伍氏粵雅堂文字歡娛室刻同治二年(1863)增刻本

十一行二十二字小字雙行同上下黑口四周單邊　二十六冊　存二十二種九十七卷(雙槐歲鈔四至八,廣州人物傳一至六,翰林記十至二十,春秋別典一至七、十二至十五,疑耀七,海語一至三,昭代經濟言一至四、八至十四,周易本義一至六,周易略解六至八,重訂三家詩拾遺八至十,楊議郎著書一,異物志一,交州記一至二,始興記一,五山志林五至八,測天約術一,呂氏春秋正誤一,楚詞辨韻一,春秋古經說一至二,穀梁禮證一至二,毛詩識小十八至三十,蠡勺編十二至十五、三十五至三十八)

460000－8543－0000101　4/yf004

樂府詩集一百卷目錄二卷　(宋)郭茂倩編　(明)毛晉訂正　清同治十三年(1874)湖北崇文書局刻本　十一行二十一字上下黑口四周雙邊　四冊　存二十七卷(一至九、二十二至三十、五十五至六十二,目錄二)

460000－8543－0000102　4/el004

二林居集二十四卷　(清)彭紹升撰　清刻本　十一行二十三字下黑口左右雙邊　四冊　存十六卷(九至二十四)

460000－8543－0000103　5/zj015

咫進齋叢書三集三十七種　(清)姚覲元輯　清光緒九年(1883)歸安姚氏刻本　十三行二十二字小字雙行同上黑口左右雙邊　十六冊　存十九種四十九卷(春秋公羊禮疏三至十一,公羊問答一至二,孝經疑問一,說文答問疏證一至六,小爾雅疏證一至五,說文引經攷下,三十五舉一、附校勘記一,續三十五舉一,再續三十五舉一,安吳論書一,寒秀草堂筆記一至四,說文新附攷一至六,汲古閣說文訂一,說文校定本一至二,四聲等子一,銷毀抽毀書目一,禁書總目一,陽宅辟謬一,清閟齋詩存一至三)

460000－8543－0000104　1/ls003

禮書一百五十卷　(宋)陳祥道撰　清刻本　十行二十一字小字雙行同白口左右雙邊　三冊　存三十六卷(二十一至四十三、五十四至六十六)

460000－8543－0000105　3/hx001

漢學商兑三卷　(清)方東樹撰　清光緒十五年(1889)孫溪朱氏刻本　十行二十三字小字雙行同白口左右雙邊　一冊　存二卷(一至二上)

460000－8543－0000106　4/sw003、4/swj011

宋文鑑一百五十卷目錄三卷　(宋)呂祖謙編　清光緒十二年(1886)江蘇書局刻本　十四行二十五字白口左右雙邊　十四冊　存一百三十六卷(四至十四、二十六至一百五十)

460000－8543－0000107　5/sx009

式訓堂叢書四十一種　(清)章壽康輯　清光緒會稽章氏刻本　十一行二十一字小字雙行同上下黑口四周單邊　九冊　存十二種四十二卷(晉書地理志新補正一至五,乾道臨安志一至三、札記一,拜經樓藏書題跋記四至五、附錄一,曝書雜記一至三,溉亭述古錄一至二,家語疏證一至六,知聖道齋讀書跋一至二,平津館鑒藏記書籍一至二,疑年表一、太歲超長表一至三,後甲集(一名躍雷館日記)一至二,晚學集一至八,元魏熒陽鄭文公摩崖碑跋一)

460000－8543－0000108　5/jy004

金元明八大家文選八種　(清)李祖陶輯　清道光二十五年(1845)泰和孫氏刻本　九行二十五字白口四周雙邊　二冊　存二種十卷(元遺山先生文選三至七、姚牧庵先生文選一至五)

460000－8543－0000109　2/hc002

皇朝通志一百二十六卷　(清)嵇璜纂　清光緒八年(1882)浙江書局刻本　九行二十一字白口左右雙邊　二冊　存七卷(一至四、一百十九至一百二十一)

460000－8543－0000110　2/qd002

欽定續通典一百五十卷　(清)嵇璜纂　清光緒十二年(1886)浙江書局刻本　九行二十一字小字雙行同白口左右雙邊　二冊　存六卷(二十至二十二、六十九至七十一)

460000－8543－0000111　4/xa004

新安先集二十卷　(清)朱之榛編　清同治十三年(1874)蘇州刻本　十行二十五字小字雙行同上下黑口左右雙邊　四冊　存十四卷(四至十一、十五至二十)

460000－8543－0000112　5/xj002
心矩齋叢書八種　(清)蔣鳳藻輯　清光緒長洲蔣氏刻本　十一行二十一字上下黑口左右雙邊　八冊　存八卷(鐵橋漫稿一至八)

460000－8543－0000113　4/sf004
松風閣詩鈔二十六卷　(清)彭蘊章撰　清長洲彭氏刻本　十行二十一字小字雙行同白口四周雙邊　四冊　存十四卷(七至九、十三至十五、十九至二十六)

460000－8543－0000114　5/zh007
左海全集十種　(清)陳壽祺撰　清嘉慶、道光間三山陳氏刻本　十行二十字小字雙行同上黑口左右雙邊　九冊　存三種十一卷(左海文集三至八、十,左海文集乙編一至二,左海經辨一至二)

460000－8543－0000115　4/ch001
測海集六卷　(清)彭紹升撰　清嘉慶十年(1805)刻本　十一行二十三字小字雙行同白口左右雙邊　一冊　存三卷(四至六)

460000－8543－0000116　2/dq002
大清通禮五十四卷　(清)來保等修　(清)李玉鳴等纂　(清)穆克登額等續修　(清)恒泰等續纂　清光緒九年(1883)江蘇書局刻本　十三行二十一字小字雙行同白口左右雙邊　二冊　存二十九卷(十八至四十六)

460000－8543－0000117　4/lz002、3/my001、3/nx002
鹿洲全集八種　(清)藍鼎元撰　清光緒五年(1879)補刻本　九行二十字白口左右雙邊　六冊　存三種十三卷(鹿洲初集一至五、棉陽學準一至二、女學一至六)

460000－8543－0000118　4/sw007
蘇文忠公詩編註集成四十六卷總案四十五卷目錄一卷附雜綴酌存一卷蘇海識餘四卷牋詩圖一卷　(宋)蘇軾撰　(清)王文誥編　清光緒十四年(1888)浙江書局刻本　十一行三十字小字雙行同白口左右雙邊　七冊　存三十八卷(蘇文忠公詩編註集成一至二十、二十七至三十二,總案六至十六,目錄一卷)

460000－8543－0000119　1/qj004
曲江書屋新訂批註左傳快讀十八卷首一卷　(晉)杜預註　(唐)陸德明音義　(宋)林堯叟等參註　(清)馮李驊等批評　(清)李紹崧選訂　(清)李履道等校　清刻本　上下兩欄下欄十行十六字小字雙行不等白口四周單邊　四冊　存四卷(五、十一至十二、十五)

460000－8543－0000120　1/ly003、1/xj001、1/lj001
讀書堂叢刻四種　簡朝亮撰　清光緒至民國刻本　十一行二十四字小字雙行同白口左右雙邊　五冊　存三種六卷(論語集注補正述疏三至四、七,孝經集注述疏一、附答問一,禮記子思子言鄭注補正一)

460000－8543－0000121　4/lc002
列朝詩集六集八十一卷　(清)錢謙益輯　清宣統二年(1910)上海神州國光社鉛印本　十三行三十二字上下黑口四周單邊　二冊　存三卷(丙集七至八、丁集七)

460000－8543－0000122　4/cc001
楚辭八卷辯證二卷後語四卷　(戰國)屈原撰　(宋)朱熹集注　清光緒八年(1882)江蘇書局刻本　九行十七字小字雙行同上下黑口左右雙邊　一冊　存五卷(楚辭四至八)

460000－8543－0000123　2/yh002
元和郡縣圖志四十卷　(唐)李吉甫撰　(清)孫星衍輯　清光緒六年(1880)金陵書局刻本　十二行二十四字小字雙行同上下黑口左右雙邊　二冊　存七卷(一至二、二十五至二十九)

460000－8543－0000124　4/pt004
駢體文鈔三十一卷　(清)李兆洛輯　清同治六年(1867)婁江徐氏刻本　十三行二十二字小字雙行同上下黑口左右雙邊　四冊　存十

九卷(六至十二、二十至三十一)

460000－8543－0000125　2/yhj001
元和郡縣補志九卷　(清)嚴觀撰　清光緒八年(1882)金陵書局刻本　九行二十一字小字雙行同上下黑口四周雙邊　一册　存四卷(一至四)

460000－8543－0000126　4/lc001
欒城先生全集錄六卷　(宋)蘇轍撰　(清)儲欣錄　清光緒八年(1882)江蘇書局刻本　九行二十五字小字雙行同上下黑口左右雙邊　一册　存三卷(一至三)

460000－8543－0000127　2/jqhk001
[嘉慶]海康縣志八卷　(清)劉邦柄修　(清)陳昌齊等纂　清嘉慶十七年(1812)刻本　九行二十一字小字雙行同白口四周雙邊　一册　存一卷(一)

460000－8543－0000128　4/tp001
唐駢體文鈔十七卷　(清)陳均輯　清同治十二年(1873)譚宗浚刻本　十一行二十四字小字雙行同白口左右雙邊　一册　存四卷(十四至十七)

460000－8543－0000129　4/yx005
御選唐宋文醇五十八卷　(清)高宗弘曆選　清光緒三年(1877)浙江書局刻本　九行二十二字白口四周單邊　五册　存二十五卷(十九至二十八、三十九至四十三、四十九至五十八)

460000－8543－0000130　4/jy004
經韻樓集十二卷　(清)段玉裁撰　清光緒十年(1884)秋樹根齋刻本　十行二十一字白口左右雙邊　四册　存八卷(三至六、九至十二)

460000－8543－0000131　4/lt001
李太白文集三十六卷　(唐)李白撰　(清)王琦輯注　(清)趙樹元　(清)魯川等校　清乾隆刻本　十一行二十字小字雙行同白口左右雙邊　一册　存三卷(十八至二十)

460000－8543－0000132　4/qt006
全唐詩三十二卷　(清)聖祖玄燁編　清光緒十三年(1887)上海同文書局石印本　二十二行四十二字小字雙行不等白口左右雙邊　六册　存六卷(十二至十三、二十二至二十三、二十九至三十)

460000－8543－0000133　4/zy002
忠雅堂評選四六法海八卷　(明)王志堅撰　(清)蔣士銓評選　清步月山房朱墨套印本　九行二十字小字雙行同白口左右雙邊　二册　存四卷(一至二、五至六)

460000－8543－0000134　3/bz004
補注黄帝内經素問二十四卷素問遺篇一卷靈樞十二卷　(唐)王冰注　(宋)林億等校正　清光緒三年(1877)浙江書局刻本　九行二十一字小字雙行同白口左右雙邊　四册　存十六卷(補注黄帝内經素問六至二十、素問遺篇一卷)

460000－8543－0000135　3/gc001
廣川畫跋一卷　(宋)董逌撰　清刻本　九行二十字上下黑口四周雙邊　一册

460000－8543－0000136　1/yl002
儀禮圖六卷　(清)張惠言撰　清刻本　行款不等白口左右雙邊　一册

460000－8543－0000137　4/mt001
邁堂文畧四卷　(清)李祖陶撰　清刻本　十行二十二字白口四周雙邊　一册　存二卷(一至二)

460000－8543－0000138　3/yl001
易林十六卷　(漢)焦延壽撰　清刻本　八行十五字上下黑口左右雙邊　一册　存一卷(五)

460000－8543－0000139　2/qd001
[乾隆]欽定皇輿西域圖志四十八卷首四卷　(清)傅恒等修　(清)褚廷璋等纂　(清)英廉等續修　清光緒鉛印本　十六行三十六字白口左右雙邊　一册　存十卷(二十九至三十八)

460000－8543－0000140　1/mg001

目耕帖三十一卷　(清)馬國翰撰　清光緒九年(1883)長沙嫏嬛館刻本　九行二十字小字雙行同白口四周雙邊　一册　存二卷(十七至十八)

460000－8543－0000141　1/hf001
洪範五行傳三卷　(清)陳壽祺輯　清刻本　十行二十字小字雙行同上下黑口左右雙邊　一册　存一卷(三)

460000－8543－0000142　2/wq002
文獻通考三百四十八卷　(元)馬端臨撰　清光緒二十二年(1896)浙江書局刻本　九行二十一字小字雙行同白口左右雙邊　二册　存七卷(三百二至三百八)

460000－8543－0000143　2/ws002
汪氏學行記六卷　(清)汪喜孫編　清末刻本　十三行三十字白口左右雙邊　二册

460000－8543－0000144　4/xm002
小謨觴館詩集注八卷詩續集注二卷文集注四卷文續集注二卷詩餘附録注一卷續集詩餘附録注一卷　(清)彭兆蓀撰　(清)孫元培(清)孫長熙纂輯　清光緒十九年(1893)苕溪佟氏刻本　十行二十三字小字雙行同白口左右雙邊　二册

460000－8543－0000145　1/qj001
羣經平義三十五卷　(清)俞樾撰　清末刻本　十行二十一字上下黑口左右雙邊　一册　存四卷(十三至十六)

460000－8543－0000146　4/za002
植庵集十卷　(清)李慎傳撰　(清)李壽瑩等校　清光緒丹徒李氏校刻本　九行二十五字白口四周雙邊　二册　存三卷(六至八)

460000－8543－0000147　4/aw001
安吴四種　(清)包世臣撰　清同治十一年(1872)刻本　十行二十四字白口左右雙邊　一册　存四卷(中衢一勺附録一至四)

460000－8543－0000148　1/ds001
東塾讀書記二十五卷　(清)陳澧撰　清光緒刻本　十二行二十四字小字雙行同上下黑口四周單邊　一册　存五卷(六至十)

460000－8543－0000149　4/tw001
唐文粹補遺二十六卷　(清)郭麐纂　(清)金勇校　清光緒十一年(1885)江蘇書局刻本　十四行二十五字白口左右雙邊　一册　存十五卷(十二至二十六)

460000－8543－0000150　1/ny002
南園後五先生詩二十五卷首一卷　(明)歐大任等撰　(清)檀萃輯　清同治九年(1870)南海陳氏樵山草堂刻本　十一行二十一字小字雙行同上下黑口左右雙邊　二册　存十四卷(一至十三、首一卷)

460000－8543－0000151　6/by003
編譯普通教育百科全書　(清)范迪吉譯編　清光緒上海會文學社石印本　十六行三十六字白口四周單邊　三册　存二種(西洋歷史、日本歷史問答)

儋州市第一中學古籍普查登記目録

全國古籍普查登記目録

國家圖書館出版社
National Library of China Publishing House

460000－8544－0000001　317.2/1
御刻三希堂石渠寶笈法帖　（清）梁詩正等編　清末石印本　行款不一　一册　存一卷（第十七帖）

460000－8544－0000002　217.3/1
欽定四庫全書簡明目錄二十卷首一卷　（清）紀昀等編　清同治七年（1868）廣東書局刻本　九行二十一字白口左右雙邊　四册　存七卷（三至八、十四）

460000－8544－0000003　43.1/1
古文淵鑒六十四卷　（清）徐乾學等編注　清康熙二十四年（1685）内府刻四色套印本　九行二十字小字雙行同上下黑口四周單邊　二册　存三卷（十一至十二、四十四）

460000－8544－0000004　25.2/1
綏寇紀略十二卷補遺三卷　（清）吳偉業輯（清）張海鵬校勘　清照曠閣刻本　九行二十一字上下黑口左右雙邊　三册　存八卷（一至三、十至十二，補遺上、中）

460000－8544－0000005　42.7/2
隨園三十八種　（清）袁枚撰　清光緒十八年（1892）勤裕堂鉛印本　十九行四十字小字雙行同白口四周雙邊　五册　存三種三十七卷（小倉山房文集一至七、續文集二十七至三十五，小倉山房外集八卷，小倉山房詩集六至十一、二十至二十六）

460000－8544－0000006　43.2/1
全上古三代秦漢三國六朝文七百四十六卷（清）嚴可均輯　清光緒二十年（1894）武昌黄岡王氏刻本　十三行二十五字小字雙行同黑口四周單邊　九册　存八十八卷（全上古三代文八至十六，全秦文一，全後漢文十至十八、五十六至六十五，全三國文四十四至六十五，全齊文十至十八，全晉文十九至二十六，全隋文一至二十）

460000－8544－0000007　23.2/1
明會要八十卷　（清）龍文彬撰　清光緒廣雅書局刻本　九行二十一字小字雙行同白口四周雙邊　六册　存二十一卷（九至十二、二十八至三十四、四十三至四十五、五十四至五十六、六十八至七十一）

460000－8544－0000008　52.5/1
嘉定錢氏潛研堂全書二十四種　（清）錢大昕撰　清光緒十年（1884）長沙龍氏家塾刻本　十行二十二字黑口左右雙邊　十五册　存十種六十七卷（聲類三至四；廿二史考異十八至二十一、五十七至六十一、六十五至六十九、七十七至八十二、八十八至九十三；宋遼金元四史朔閏考一至二；通鑑注辯正一至二；洪文惠公年譜一；疑年録一至四；潛研堂金石文字目録一至四；十駕齋養新録十二至十四；三統術衍一至二；潛研堂文集一至七、二十一至二十五、四十七至五十，詩續集一至五）

460000－8544－0000009　45.3/1
陽春白雪八卷外集一卷　（宋）趙聞禮編　清道光九年（1829）江都秦氏享帚精舍刻本　十行二十字小字雙行同白口左右雙邊　一册　存二卷（陽春白雪三至四）

460000－8544－0000010　45.3/2
樂府雅詞拾遺二卷　（宋）曾慥編　清道光九年（1829）江都秦氏享帚精舍刻本　十行二十字小字雙行二十字白口左右雙邊　一册

460000－8544－0000011　52.5/2
詩禮堂全集十九種　（清）王又樸撰　清乾隆天津王又樸詩禮堂刻本　八行二十二字小字雙行同白口左右雙邊　八册　存七種十四卷（易翼述信二至三、七，大學原本讀法一，大學原本說略一，中庸讀法一、中庸總說一，史記讀法一至二，詩禮堂古文四，詩禮堂雜詠關析集、呻吟集、擊壤集上至中）

460000－8544－0000012　215.2/1
廣東圖說九十二卷首一卷附總圖二十三卷（清）毛鴻賓修　（清）桂文燦纂　清同治九年至十年（1870－1871）萃文堂刻本　十行二十五字小字雙行同上下黑口左右雙邊　二册　存十一卷（二至四、四十七至五十四）

460000－8544－0000013　312.1/1
義門讀書記五十八卷　（清）何焯撰　清光緒六年（1880）苕溪吳氏刻本　十四行二十二字

上下黑口左右雙邊　五册　存二十二卷(前漢書一至六,元豐類稿一至五,杜工部集一至二、五至六、李義山詩上至下,河東集一至三,歐陽文忠公文上至下)

460000－8544－0000014　215.9/1
臺灣輿圖　(清)夏獻綸編　清光緒六年(1880)刻本　十行二十五字下黑口左右雙邊　一册　存五種(恒春縣圖、澎湖廳圖、彰化縣圖、埔里社圖、後山總圖)

460000－8544－0000015　42.7/3
冬青館古宫詞三卷　(清)張鑑撰　清光緒刻本　九行二十二字小字雙行同上下黑口左右雙邊　一册

460000－8544－0000016　313.1/1
愛閑齋筆記二卷　(清)史承謙撰　清嘉慶刻本　九行二十字白口左右雙邊　一册

460000－8544－0000017　52.1/1
聚學軒叢書六十種　劉世珩輯　清光緒貴池劉氏刻本　十一行二十一字小字雙行同黑口左右雙邊　三册　存五種十九卷(毛詩草木鳥獸蟲魚疏校正一至二、晉泰始笛律匡謬一、說文解字通正一至十四、讀易漢學私記一、春秋亂賊考一)

460000－8544－0000018　210.5/1
登科記考三十卷　(清)徐松撰　清光緒十四年(1888)江陰南菁書院刻本　九行二十五字小字雙行同白口左右雙邊　一册　存三卷(二十五至二十七)

460000－8544－0000019　42.7/4
王氏漁洋詩鈔十二卷　(清)王士禛撰　清宣統二年(1910)時中書局刻本　十行二十一字小字雙行同上下黑口四周單邊　一册　存二卷(一至二)

460000－8544－0000020　44.1/2
義門讀書記五十八卷　(清)何焯撰　清乾隆三十四年(1769)刻本　十四行二十二字上下黑口左右雙邊　一册　存四卷(元豐類稿二至五)

460000－8544－0000021　52.1/2
漢學堂叢書二百十五種　(清)黄奭輯　清道光甘泉黄氏刻光緒印本　九行十七字小字雙行同上下黑口四周單邊　一册　存二種三卷(樂協圖徵一,春秋一、春秋演孔圖一)

460000－8544－0000022　210.1/2
貳臣傳十二卷　(清)國史館編　清末刻本　九行二十字白口四周單邊　二册　存四卷(三至四、九至十)

460000－8544－0000023　25.2/1
東華錄三十二卷　(清)蔣良騏撰　清乾隆三十年(1765)國史館刻遞修本　九行二十二字白口四周單邊　一册　存四卷(一至四)

460000－8544－0000024　117.2/1
王氏經說六卷音略一卷音略考證一卷　(清)王紹蘭撰　清光緒潘祖蔭刻本　九行二十二字小字雙行同上下黑口左右雙邊　一册　存五卷(四至六、音略一卷、音略考證一卷)

460000－8544－0000025　111.2/1
左傳句解　(清)韓菼訂　清刻本　十行二十四字小字雙行同白口四周單邊　一册　存一卷(三)

460000－8544－0000026　310.1/1
疇人傳四十六卷　(清)阮元撰　清刻本　十行二十字白口四周雙邊　一册　存七卷(五至十一)

460000－8544－0000027　32.1/1
無邪堂答問五卷　(清)朱一新撰　清光緒十八年(1892)刻本　十一行二十四字小字雙行同上下黑口四周單邊　二册　存二卷(二、五)

460000－8544－0000028　316.2/1
墨林今話十八卷續編一卷　(清)蔣寶齡撰　(清)蔣茝生續撰　清宣統三年(1911)上海掃葉山房石印本　十四行三十字白口四周雙邊　一册　存三卷(墨林今話八至十)

460000－8544－0000029　217.3/2

欽定四庫全書總目二百卷　（清）紀昀等編　清同治七年（1868）廣東書局刻本　九行二十字白口左右雙邊　二十七册　存三十九卷（十一至十二、十七至十八、二十五至二十六、三十五至三十六、四十二至四十三、五十、五十五、六十一至六十二、九十七至九十八、一百二至一百三、一百五、一百十至一百十一、一百十七至一百十八、一百二十一至一百二十二、一百三十五、一百四十四至一百四十五、一百六十六、一百六十八至一百六十九、一百七十四、一百七十九、一百八十二至一百八十三、一百八十六、一百九十二、一百九十五、一百九十九）

460000－8544－0000030　11.0/1

宋本十三經注疏附校勘記十三種四百十六卷　（清）阮元撰　（清）盧宣旬摘錄校勘記　（清）汪文臺識語　清光緒十三年（1887）上海脈望仙館石印本　二十行三十六字小字雙行同白口四周單邊　十二册

460000－8544－0000031　313.1/2

菊叢新話二卷　（清）史承謙撰　清嘉慶刻本　九行二十字白口左右雙邊　一册

460000－8544－0000032　52.3/1

嶺南遺書　（清）伍元薇　（清）伍崇耀輯　清道光十一年至三十年（1831－1850）南海伍氏粤雅堂文字歡娛室刻同治二年（1863）增刻本　十一行二十二字小字雙行不等上下黑口四周單邊　八册　存八種二十五卷（昭代經濟言四至五，崔清獻公言行錄一至三，羅浮志一至四，賡和錄一至二，周易略解六至八、附群經互解一、算略一，補後漢書藝文志一至四，袁督師事蹟一，蠡勺編二十一至二十四）

460000－8544－0000033　52.5/3

春在堂全書　（清）俞樾撰　清光緒刻本　十行二十一字白口左右雙邊　二十六册　存十五種九十三卷（群經平議三十一至三十五；諸子平議一至三、十至十六、二十八至三十一；楹聯錄存一至三；四書文一；春在堂雜文續編四至五，三編一至四；茶香室經說一至二、六至九、十至十三；茶香室叢鈔十三至十七，續鈔五至九、十七至二十一，三鈔十一至十六；俞樓雜纂十至二十、四十至四十三；春在堂尺牘四至六；曲園雜纂一至四；右臺仙館筆記十至十三；新定牙牌數一；第一樓叢書兒笘錄一至四；慧福樓幸草一；春在堂全書校勘記一卷）

460000－8544－0000034　51.1/1

古今合璧事類備要前集六十九卷後集八十一卷續集五十六卷別集九十四卷外集六十六卷　（宋）謝維新編　（宋）虞載輯　明嘉靖三十一年至三十五年（1552－1556）三衢夏相摹宋刻本　八行十六字小字雙行同白口左右雙邊　十二册　存八十二卷（古今合璧事類備要前集一至四、三十三至三十六、六十三至六十九，後集二十至二十四、四十八至五十八、六十七至七十五，別集一至十一、六十五至六十七，外集十九至三十七、四十八至五十六）

460000－8544－0000035　42.7/1

漁洋山人精華錄箋注十二卷補一卷　（清）王士禛撰　（清）金榮箋注　（清）徐淮纂輯　清乾隆二年（1737）金氏鳳翽堂刻本　十一行二十字小字雙行同白口左右雙邊　二册　存四卷（二至三、九至十）

460000－8544－0000036　42.3/1

海瓊玉蟾先生文集六卷續二卷　（宋）葛長庚撰　（明）朱權編　（明）何繼高重編　明萬曆刻本　九行二十字白口左右雙邊　一册　存一卷（四）

460000－8544－0000037　42.2/1

唐柳河東集四十五卷外集五卷遺文一卷　（唐）柳宗元撰　（明）蔣之翹輯注　清乾隆五十三年（1788）楊廷理雙梧居刻本　九行十七字小字雙行同白口四周雙邊　八册　存二十二卷（唐柳河東集十一至十五、二十四至三十、三十七至三十八、四十四至四十五，外集五卷，遺文一卷）

460000－8544－0000038　43.1/2

唐人五十家小集　（清）江標輯　清光緒二十一年（1895）元和江氏靈鶼閣刻本　十行十八

字白口左右雙邊　四册　存十種二十卷(王勃集一至二、楊炯集一至二、盧照鄰集一至二、駱賓王集一至二、唐求詩集一、曹鄴詩集一至二、崔塗詩集一、張蠙詩集一、劉駕詩集一、唐李推官披沙集一至六)

460000－8544－0000039　320.2/1
端溪硯史三卷　(清)吳蘭修編　(清)鄭廷松校勘　清道光刻本　十一行二十字小字雙行同上下黑口左右雙邊　一册

460000－8544－0000040　29.1/1
讀史大畧六十卷附小沙子史略一卷　(清)沙張白撰　清咸豐七年(1857)恭壽堂刻本　十二行二十二字白口四周雙邊　一册　存九卷(一至九)

460000－8544－0000041　42.2/2
李長吉集四卷外集一卷　(唐)李賀撰　(明)黃淳耀評本　(清)黎簡批點　清光緒十八年(1892)朱墨套印本　九行二十字小字雙行同白口四周單邊　一册　存三卷(李長吉集三至四、外集一卷)

460000－8544－0000042　22.1/1
明史稿三百十卷目錄三卷　(清)王鴻緒撰　清雍正敬慎堂刻本　十一行二十三字小字雙行同白口左右雙邊　三册　存十四卷(志十六至十九、七十三至七十七,列傳四十四至四十八)

460000－8544－0000043　25.1/1
郎潛紀聞四十二卷　(清)陳康祺撰　清宣統二年(1910)掃葉山房石印本　十四行二十八字白口四周雙邊　三册　存十三卷(初筆五至七、二筆一至六、三筆三至六)

460000－8544－0000044　52.1/3
五種遺規　(清)陳宏謀輯　清光緒十九年(1893)廣州麟書閣刻本　十一行二十四字小字雙行同白口四周單邊　四册　存三種九卷(訓俗遺規一至四、教女遺規一至三、養正遺規一至二)

460000－8544－0000045　43.2/2
佩文齋詠物詩選　(清)張玉書等編　清康熙刻本　十一行二十一字上下黑口左右雙邊　十五册

海南省民族博物館古籍普查登記目録

全國古籍普查登記目録

國家圖書館出版社
National Library of China Publishing House

460000－8581－0000001　S2：344（1－10）Z：04694
全唐文紀事一百二十二卷首一卷　（清）陳鴻墀纂　清同治十二年（1873）粵東省城富文齋刻本　九行二十一字白口四周雙邊　十册　存三十八卷（四十九至五十八、六十三至六十九、九十四至一百十、一百十九至一百二十二）

460000－8581－0000002　S2：394（1－10）Z：04744
宋史四百九十六卷　（元）脫脫等撰　明成化七年至十六年（1471－1480）朱英刻本　十行二十字小字雙行同上下黑口四周雙邊　十册　存二十五卷（一百四十一至一百六十五）

460000－8581－0000003　S2：3（1－2）Z：04353
策學備纂三十二卷目録二卷　（清）蔡啟盛（清）吳潁炎輯　清光緒十三年（1887）石印本　二十四行五十五字小字雙行同白口四周單邊　二册　存二卷（一、七）

460000－8581－0000004　S2：1（1－90）Z：04351
重刊船山遺書　（清）王夫之撰　清同治四年（1865）湘鄉曾氏金陵刻本　十行二十二字小字雙行同上下黑口左右雙邊　九十册　存五十七種二百二十四卷（周易内傳一至六，周易内傳發例一，周易大象解一，周易稗疏一至四，周易考異一，周易外傳一至七，書經稗疏一至四，詩經稗疏一至四，詩經考異一，詩經葉韻辨一，詩廣傳一，禮記章句一，春秋家說一至三，春秋稗疏一至二，續春秋左氏傳博議一至二，讀四書大全說一至十，四書稗疏一，四書考異一，說文廣義二至三，讀通鑑論一至三十、末一，宋論十一至十五，永曆實錄一至十五、十七至二十六，蓮峰志一至五，張子正蒙注一至九，思問錄内篇一、外篇一，黃書一，識小錄一，老子衍一，莊子解一至三十三，莊子通一，楚辭通釋一至十四、末一，薑齋文集一至十，五十自定稿一，六十自定稿一，七十自定稿一，柳岸吟一，落花詩一，遣興詩一，和梅花百詠一，洞庭秋詩一，雁字詩一，仿體詩一，岳餘集一，鼓棹初集一、二集一，瀟湘怨詞一，詩譯一，夕堂永日緒論内編一、外編一，南窗漫記一，龍舟會雜劇一，經義一，薑齋詩剩稿一，龍源夜話一，憶得一，薑齋詩編年稿一，薑齋詩分體稿一至四，薑齋文集補遺一至二，王船山叢書校勘記一至二）

460000－8581－0000005　S2：154 Z：04504
韻法直圖一卷韻法橫圖一卷　（明）梅膺祚撰　清刻本　十行十六字白口左右雙邊　一册

460000－8581－0000006　S2：284（1－15）Z：04634
類篇十五卷　（宋）司馬光撰　清光緒二年（1876）歸安姚覲元川東官舍刻本　八行十六字小字雙行二十字上黑口左右雙邊　十五册

460000－8581－0000007　S2：53（1－20）Z：04403
說文通訓定聲十八卷柬韻一卷附說雅十九篇古今韻準一卷形狀一卷　（清）朱駿聲撰（清）朱鏡蓉考訂　清道光二十八年（1848）臨嘯閣刻本　八行十五字小字雙行三十字白口四周雙邊　二十册

460000－8581－0000008　S2：312 Z：04662
石竹居詩草　（清）李聯璋撰　清光緒十六年（1890）刻本　十行二十二字小字雙行同白口左右雙邊　一册　存一卷（二）

460000－8581－0000009　S2：258 Z：04608
古泉叢話三卷　（清）戴熙撰　清同治十一年（1872）潘氏滂喜齋刻本　十行二十字白口四周單邊　一册

460000－8581－0000010　S2：427 Z：04777
盾墨留芬八卷　（清）胡傳釗編　清光緒二十四年（1898）刻本　十行二十五字下黑口左右雙邊　一册　存二卷（七至八）

460000－8581－0000011　S2：426 Z：04776
澄懷園語四卷　（清）張廷玉撰　清同治七年（1868）桐城張氏刻本　十行二十字上下黑口左右雙邊　一册

460000－8581－0000012　S2：517（1－4）Z：04867
莊子南華真經四卷　（戰國）莊周撰　（晉）郭

象注　明萬曆閔齊伋刻朱墨套印本　九行十九字白口四周單邊　四册

460000－8581－0000013　S2:149 Z:04499
巾箱小品初集十三種　（清）金農等撰　清乾隆華韻軒刻本　八行十六字上下黑口左右雙邊　一册　存五種五卷（冬心畫竹題記一卷、冬心畫梅題記一卷、冬心畫馬題記一卷、冬心畫佛題記一卷、多心自寫真題記一卷）

460000－8581－0000014　S2:479(1－4)Z:04829
四裔編年表四卷　（美國）林樂知撰　（清）嚴良動譯　（清）李鳳苞編　清同治江南製造總局刻本　行字不等白口左右雙邊　四册

460000－8581－0000015　S2:313 Z:04663
廬陵宋丞相信國公文忠烈先生全集十六卷（宋）文天祥撰　（清）文光裕等編　清末刻本　十行二十字白口四周雙邊　一册　存一卷（十五）

460000－8581－0000016　S2:314 Z:04664
漢書鈔九十三卷　（明）茅坤輯　明刻本　十行二十一字小字雙行同白口左右雙邊　一册　存七卷（五十九至六十五）

460000－8581－0000017　S2:6(1－43)Z:04356
天下郡國利病書一百二十卷　（清）顧炎武輯　（清）龍萬育訂　清道光十一年（1831）敷文閣木活字印本　十行二十一字小字雙行同白口左右雙邊　四十三册

460000－8581－0000018　S2:315 Z:04665
直隸現行通飭章程三卷　（清）直隸按察使司編　清光緒十七年（1891）保定臬署刻本　九行二十五字白口四周雙邊　一册　存一卷（一）

460000－8581－0000019　S2:428 Z:04778
洪範五行傳三卷　（清）陳壽祺輯　清刻本　十行二十字上下黑口左右雙邊　一册

460000－8581－0000020　S2:113(1－4)Z:04463
變法奏議叢鈔一卷　（清）劉坤一等撰　（清）上海書局輯　清光緒二十七年（1901）上海書局石印本　十二行二十六字白口四周雙邊　四册

460000－8581－0000021　S2:508 Z:04858
石鼓讀七卷　（清）吳東發撰　清嘉慶刻本　六行八字小字雙行十六字白口左右雙邊　一册

460000－8581－0000022　S2:147 Z:04498
石經考異二卷　（清）杭世駿撰　**諸史然疑一卷**　（清）杭世駿撰　清咸豐元年（1851）長沙小琅嬛僊館刻本　十行二十字小字雙行同白口四周雙邊　一册

460000－8581－0000023　S2:506 Z:04856
秦篆殘石題跋一卷　（清）葉志詵摹　（清）阮元等跋　清嘉慶二十二年（1817）刻本　八行二十字白口四周雙邊　一册

460000－8581－0000024　S2:480 Z:04830
熹平石經遺字不分卷　（漢）蔡邕撰　清光緒萬氏石印硯山齋藏石經本　一册

460000－8581－0000025　S2:425 Z:04775
佩文齋書畫譜一百卷　（清）孫岳頒等纂　清刻本　十一行二十一字白口左右雙邊　一册　存一卷（五十二）

460000－8581－0000026　S2:137 Z:04487
文法心傳二卷初學一隅類編一卷附刻一卷（清）曹宮撰　清咸豐石倉山館家刻本　十行二十一字上下黑口左右雙邊　一册

460000－8581－0000027　S2:136 Z:04486
嘉慶二十一年條例一卷　（清）□□撰　清末刻本　十一行二十二字白口四周雙邊　一册　存一卷（一）

460000－8581－0000028　S2:135 Z:04485
東遊日記一卷　（清）黃慶澄撰　清光緒二十年（1894）詠古齋刻本　十一行二十一字上下黑口左右雙邊　一册

460000－8581－0000029　S2:117 Z:04467
增補彙音妙悟全集一卷　（清）黃謙輯　清光緒三十一年（1905）會文書莊石印本　十四行二十字小字雙行不等白口四周雙邊　一册

460000－8581－0000030　S2:116 Z:04466
崇沙竹枝詞　(清)古椤道人編　(清)顯揚居士錄　清古樵書屋沛國曜抄本　行款不等無邊框　一册

460000－8581－0000031　S2:115 Z:04465
加訂美全八音四卷　(清)鍾德明編　清光緒三十二年(1906)福建上杭永昌書局刻本　九行二十二字小字雙行同白口四周雙邊　一册

460000－8581－0000032　S2:114(1－2)Z:04464
金石史二卷　(清)郭宗昌撰　**閒者軒帖考一卷**　(清)孫承澤撰　清乾隆至道光長塘鮑氏知不足齋叢書本　九行二十一字小字雙行同上下黑口左右雙邊　二册

460000－8581－0000033　S2:466 Z:04816
精訂綱鑑廿四史通俗衍義二十六卷四十四回　(清)吕撫撰　(清)吕維城等校　清光緒十六年(1890)上海廣百宋齋鉛印本　十二行三十三字白口四周雙邊　一册　存九回(十八至二十一、三十三至三十七)

460000－8581－0000034　S2:311 Z:04661
忠敬堂彙錄八卷忠信堂彙錄新編一卷　(明)胡煜撰　(清)胡嗣運補　(清)胡渭仁等校刊　清光緒績溪胡渭仁校刻本　十二行二十五字下黑口四周雙邊　一册　存五卷(忠敬堂彙錄五至八、忠信堂彙錄新編一卷)

460000－8581－0000035　S2:533 Z:05349
遷民圖說不分卷　(清)黄仲衡撰　清光緒二十四年(1898)石印本　八行二十四字白口四周雙邊　一册

460000－8581－0000036　S2:534 Z:05350
二十世紀中外大地圖　(清)周世棠　(清)孫海環編　清光緒三十四年(1908)二月新學會社鉛印本　一册

460000－8581－0000037　S2:501 Z:04851
紙幣論不分卷　(日本)杉榮三郎　唐宗愈撰　清光緒三十二年(1906)京師官書局鉛印本　十一行二十八字小字雙行同白口四周雙邊　一册

460000－8581－0000038　S2:500 Z:04850
三省樓賸稿一卷　(清)張婉撰　清光緒三十三年(1907)鉛印本　十行二十七字小字雙行同白口四周雙邊　一册

460000－8581－0000039　S2:532 Z:05348
富民策二卷　(英國)馬林撰　(清)李玉書譯　清宣統三年(1911)上海美華書館鉛印本　十二行三十字四周單邊　一册　存一卷(上)

460000－8581－0000040　S2:495 Z:04845
讀杜小箋三卷二箋二卷　(清)錢謙益撰　清宣統三年(1911)國學扶輪社石印本　十四行三十字上下黑口四周雙邊　一册

460000－8581－0000041　S2:502 Z:04852
舊館壇碑攷一卷　(清)翁大年撰　清道光二十年(1840)瑞安陳氏湫謬齋刻本　十行二十字小字雙行同上下黑口左右雙邊　一册

460000－8581－0000042　S2:402 Z:04752
字學舉隅一卷　(清)龍啟瑞撰　清同治十年(1871)刻本　八行字數不等小字雙行不等白口左右雙邊　一册

460000－8581－0000043　S2:8(1－12)Z:04358
字彙十二集　(明)梅膺祚音釋　明刻本　八行十二字小字雙行二十四字白口四周雙邊　十二册

460000－8581－0000044　S2:398 Z:04748
翰苑增補字學舉隅一卷　(清)龍啓瑞　(清)黄虎癡輯　清末石印本　八行字數不等小字雙行不等白口四周單邊　一册

460000－8581－0000045　S2:399 Z:04749
字學舉隅一卷　(清)龍啟瑞撰　清光緒十二年(1886)榆蔭書屋刻本　八行字數不等小字雙行不等白口左右雙邊　一册

460000－8581－0000046　S2:400 Z:04750
萃林詩賦一卷　(清)王珊等編　清光緒十二年(1886)刻本　七行十六字白口四周雙邊　一册

460000－8581－0000047　S2:257 Z:04607

所知錄六卷 （清）錢澄之輯 （清）江鏡清校錄 清宣統三年（1911）新學會社鉛印本 八行二十字小字雙行二十字白口四周單邊 二册

460000－8581－0000048 S2:297 Z:04647
高陽集二十卷 （明）孫承宗撰 清刻本 九行十八字白口四周單邊 一册 存三卷（十八至二十）

460000－8581－0000049 S2:401 Z:04751
續方言一卷 （清）杭世駿撰 清道光吳江沈氏世楷堂刻昭代叢書本 九行二十字白口左右雙邊 一册

460000－8581－0000050 S2:405 Z:04755
續古篆韻六卷 （元）吾衍編 清道光六年（1826）三山陳氏獨抱廬刻本 六行字數不等白口四周雙邊 一册

460000－8581－0000051 S2:134 Z:04484
字彙十二集首一卷末一卷 （明）梅膺祚撰 清乾隆四十八年（1783）刻本 八行十六字小字雙行同白口四周單邊 一册 存一卷（首一卷）

460000－8581－0000052 S2:526 Z:04876
說文聲類二篇 （清）嚴可均撰 清嘉慶七年（1802）四錄堂類集叢書本 十一行三十二字上下黑口左右雙邊雙黑魚尾 一册

460000－8581－0000053 S2:452 Z:04802
訓蒙捷徑一卷 算學報館主人編 清光緒二十七年（1901）黃氏借竹宧刻本 十一行二十二字上下黑口左右雙邊 一册

460000－8581－0000054 S2:451 Z:04801
續方言又補二卷 徐乃昌撰 清光緒二十一年（1895）南陵徐氏刻本 十一行二十一字小字雙行同上下黑口左右雙邊 一册

460000－8581－0000055 S2:509 Z:04859
英話註解一卷 （清）馮澤夫等編 清咸豐十年（1860）守拙軒刻本 行字不等白口四周雙邊 一册

460000－8581－0000056 S2:62(1－5)Z:04412
英語集全六卷 （清）唐廷樞撰 （清）唐植等校 清同治元年至六年（1862－1867）廣州緯經堂刻本 六行二十字小字雙行不等白口四周雙邊 五册 存五卷（一至四、六）

460000－8581－0000057 S2:104 Z:04454
封閉海口論一卷 （英國）脫會斯撰 曹驤譯 清光緒二十八年（1902）鉛印本 十行二十五字白口四周雙邊 一册

460000－8581－0000058 S2:221(1－6)Z:04571
邊事續鈔十二卷 （清）劉蘊齋鑒定 （清）朱克敬輯 （清）左宜參 清光緒六年（1880）長沙刻本 九行二十二字白口左右雙邊 六册

460000－8581－0000059 S2:477(1－4)Z:04827
翼教叢編六卷 （清）蘇與輯 清光緒二十四年（1898）石印本 十二行二十四字小字雙行同下黑口左右雙邊 四册

460000－8581－0000060 S2:93(1－2)Z:04443
文章軌範七卷 （宋）謝枋得輯 （明）戴許光訂 清同治五年（1866）望三益齋刻本 九行二十一字小字雙行同上黑口左右雙邊 二册

460000－8581－0000061 S2:95 Z:04445
文章軌範七卷 （宋）謝枋得輯 （明）戴許光訂 清同治五年（1866）望三益齋刻本 九行二十一字小字雙行同上黑口左右雙邊 一册

460000－8581－0000062 S2:94(1－2)Z:04444
謝疊山先生文章軌範七卷 （宋）謝枋得輯 清光緒二十一年（1895）湖北官書處三色套印本 八行二十字上下黑口左右雙邊 二册

460000－8581－0000063 S2:236 Z:04586
歷代石經略二卷 （清）桂馥撰 清光緒九年（1883）陳州郡齋刻本 十一行二十二字小字雙行同字白口左右雙邊 一册

460000－8581－0000064 S2:412 Z:04762
英寇紀事詩一百韻一卷 （清）天印山人撰 清道光二十二年（1842）稿本 行款不一 一册

460000－8581－0000065　S2:210 Z:04560
西比利亞鐵路攷一卷　(美國)勒芬邇撰　(清)王建極等譯　清光緒二十八年(1902)南洋公學鉛印本　十二行二十七字白口四周雙邊　一冊

460000－8581－0000066　S2:209 Z:04559
繪畫湘軍平逆傳四卷　(清)醴泉居士撰　崇熙摹　崇猷撰　禮焉校　清光緒三十四年(1908)石印本　二十行四十一至四十二字白口四周單邊　一冊

460000－8581－0000067　S2:208 Z:04558
程中丞庚子函牘鈔略一卷　程德全撰　李逐輯　清宣統元年(1909)鉛印本　十行二十五字上下黑口四周雙邊　一冊

460000－8581－0000068　S2:207(1－2)Z:04557
斜川詩集十卷　(宋)蘇過撰　清刻本　十行二十字白口左右雙邊　二冊

460000－8581－0000069　S2:206 Z:04556
梨雲館合刻袁中郎尺牘一卷　(明)袁宏道撰　(明)袁學乾等定　明梨雲館刻本　八行十九字白口四周單邊　一冊

460000－8581－0000070　S2:419(1－2)Z:04769
中外交涉類要表四卷光緒通商綜覈表十六卷　(清)錢學嘉編　清光緒二十年(1894)上海醉六堂發兑刻本　十行二十四字小字雙行同上下黑口四周單邊　二冊

460000－8581－0000071　S2:421 Z:04771
增訂合聲簡字譜一卷　勞乃宣撰　清光緒三十二年(1906)江寧刻本　十行二十二字小字雙行同上黑口左右雙邊　一冊

460000－8581－0000072　S2:494 Z:04844
平夷說不分卷　(清)海外書生撰　清道光二十一年(1841)刻本　九行二十五字白口四周雙邊　一冊

460000－8581－0000073　S2:422 Z:04772
文廟丁祭禮樂輯要　(清)桂良輯　(清)曹馴校　清廣西臨桂曹馴家刻本　行字不等下黑口四周雙邊有圖　一冊　存一卷(二)

460000－8581－0000074　S2:69(1－6)Z:04419
墨林今話十八卷續編一卷　(清)蔣寶齡撰　(清)蔣茝生續撰　清宣統三年(1911)上海掃葉山房石印本　十四行三十字白口四周雙邊　六冊

460000－8581－0000075　S2:272(1－2)Z:04622
景德鎮陶錄十卷　(清)藍浦撰　(清)鄭廷桂補輯　(清)張少嵒鑑定　清光緒十七年(1891)京都書業堂刻本　八行二十字白口四周雙邊　二冊

460000－8581－0000076　S2:273 Z:04623
正音撮要四卷　(清)高靜亭編　清光緒二十年(1894)羊城古經閣刻本　九行十八字白口四周單邊　一冊

460000－8581－0000077　S2:382(1－4)Z:04732
商賈便覽六集七卷　(清)吳中孚輯　清刻本　十二行二十六字小字雙行同白口四周單邊　四冊

460000－8581－0000078　S2:271(1－4)Z:04621
虞伯生選杜律七言注三卷　(唐)杜甫撰　(元)虞集選　(清)查弘道　(清)金集補　(清)程子璋　(清)汪麗文參　(清)杜煥校　清刻本　十行二十二字小字雙行三十四字上下黑口四周單邊　四冊

460000－8581－0000079　S2:129 Z:04479
輶軒語一卷　(清)張之洞撰　清光緒江左書林刻本　十行二十二字小字雙行同白口四周單邊　一冊

460000－8581－0000080　S2:54 Z:04404
虛字說一卷　(清)袁仁林撰　(清)王德修校　(清)李錫齡校刊　清光緒十四年(1888)惜陰軒叢書本　十行二十二字小字雙行同上下黑口四周單邊　一冊

460000－8581－0000081　S2:476 Z:04826
美國華工禁約紀事四篇　(清)平等社編　清光緒新民繹書局、廣智書局、開明書局鉛印本　十三行三十一字白口四周雙邊　一冊

460000－8581－0000082　S2:244(1－2)Z:04594

無聲詩史七卷　(明)姜紹書撰　清康熙五十九年(1720)李光暎刻本　八行十七字上下黑口左右雙邊　二册

460000－8581－0000083　S2∶243 Z∶04593
補三國疆域志二卷　(清)洪亮吉撰　清光緒洪用勤授經堂刻本　十二行二十四字小字雙行同上下黑口四周單邊　一册

460000－8581－0000084　S2∶478 Z∶04828
李鴻章(一名中國四十年來大事記)十二章　梁啟超撰　清光緒二十七年(1901)鉛印本　十六行三十五字小字雙行同白口四周雙邊　一册

460000－8581－0000085　S2∶242(1－3)Z∶04592
怡志堂文初編八卷　(清)朱琦撰　清光緒十八年(1892)桂林朱氏刻本　十行二十一字白口左右雙邊　三册

460000－8581－0000086　S2∶55(1－2)Z∶04405
雙綫記六卷　(英國)厄冷撰　(清)逸儒口譯　(清)秀玉筆述　清光緒二十九年(1903)杭州武林印刷所、上海中外日報館鉛印本　十四行三十一字白口四周雙邊　二册　存四卷(一至四)

460000－8581－0000087　S2∶90 Z∶04440
泉志十五卷　(宋)洪遵撰　清光緒元年(1875)隸釋齋刻本　九行二十一字上下黑口四周雙邊　一册

460000－8581－0000088　S2∶92(1－2)Z∶04442
海東逸史十八卷　(清)翁洲老民編　(清)楊泰亨校刊　清光緒十年(1884)慈谿楊氏經畬塾藏飲雪軒刻本　十二行二十五字小字雙行同下黑口左右雙邊　二册

460000－8581－0000089　S2∶91 Z∶04441
天演論二卷　(英國)赫胥黎撰　嚴復譯　清光緒二十七年(1901)富文書局石印本　十行二十一字白口四周雙邊　一册

460000－8581－0000090　S2∶60 Z∶04410
公車上書記一卷　(清)哀時老人編　清光緒二十一年(1895)上海石印書局石印本　十三行三十二字白口四周雙邊　一册

460000－8581－0000091　S2∶59 Z∶04409
蒙學求通虛字實在易　(清)施崇恩編　清光緒三十四年(1908)上海彪蒙書室石印本　七行十八字小字雙行同白口四周雙邊　一册

460000－8581－0000092　S2∶248 Z∶04598
正音咀華一卷附正音五百家姓一卷　(清)莎彝尊輯　**紅樓夢摘華一卷附南詞北調一卷**　(清)莎彝尊輯　清同治六年至七年(1867－1868)麈談軒朱墨套印本　八行二十二字小字雙行同上下黑口四周雙邊　一册

460000－8581－0000093　S2∶305(1－2)Z∶04655、S2∶306(1－4)Z∶04656
前守寶錄五卷後守寶錄二十卷　(清)魁聯編　清咸豐三年(1853)寶慶府署刻本　十行二十一字小字雙行同白口左右雙邊　六册　存十八卷(前守寶錄五卷,後守寶錄一至四、八至十六)

460000－8581－0000094　S2∶491 Z∶04841
國史教科書十六章　錢維驥編　清宣統三年(1911)陸軍部編譯局長沙石印本　十行二十四字白口四周雙邊　一册

460000－8581－0000095　S2∶263 Z∶04613
經史證類大全本草三十一卷　(宋)唐慎微纂　清摹宋刻本　十二行二十字小字雙行同上下黑口四周雙邊　一册　存二卷(四至五)

460000－8581－0000096　S2∶308 Z∶04658
黃漳浦集五十卷首一卷　(明)黃道周撰　(清)陳壽祺編　清刻本　十二行二十四字小字雙行同上下黑口左右雙邊　一册　存一卷(三十四)

460000－8581－0000097　S2∶309 Z∶04659
孟浩然詩集二卷　(唐)孟浩然撰　清光緒六年(1880)巴陵方氏碧琳琅館朱墨套印本　八行十九字白口左右雙邊　一册　存一卷(下)

460000－8581－0000098　S2∶310 Z∶04660
比例摘要便覽二卷　(清)劉若璿輯　(清)陳子柔訂　(清)楊贊廷校　清光緒九年(1883)

寄螺齋刻本　九行二十二字小字雙行同白口左右雙邊　一册

460000－8581－0000099　S2:437(1－2)Z:04787
寰宇訪碑録十二卷　(清)孫星衍　(清)邢澍撰　清光緒九年(1883)江蘇書局刻本　十一行二十字小字雙行同白口左右雙邊　四册

460000－8581－0000100　S2:268(1－11)Z:04618
武英殿聚珍版叢書　(清)紀昀等編　清刻本　九行二十一字小字雙行同白口四周雙邊　十一册　存四種十六卷(欽定武英殿聚珍版程式一、項氏家説一至四、墨法集要一、學林一至十)

460000－8581－0000101　S2:269 Z:04619
童蒙訓三卷　(宋)吕本中撰　清同治二年(1863)錢塘丁氏當歸草堂刻本　九行二十一字上黑口左右雙邊　一册

460000－8581－0000102　S2:44(1－16)Z:04394
説文解字通釋四十卷　(五代)徐鍇傳釋　(五代)朱翺反切　**説文解字繫傳校勘記三卷**　(清)祁寯藻等撰　清同治粤東書局刻本　十行二十二字小字雙行同白口左右雙邊　十六册

460000－8581－0000103　S2:9(1－8)Z:04359
隸釋二十七卷　(宋)洪適撰　清乾隆樓松書屋汪氏刻本　九行二十至二十一字小字雙行同白口四周單邊　八册

460000－8581－0000104　S2:381(1－2)Z:04731
瀛海論箋正九卷　(清)張自牧撰　凌鶴書孟徵箋　清光緒二十七年(1901)十八甫文寶石印本　八行十九字小字雙行二十九至三十字白口四周雙邊　二册　存四卷(一至二、六至七)

460000－8581－0000105　S2:482 Z:04832
[雜記]不分卷　(清)□□書　清抄本　九行字數不等小字雙行不等白口四周雙邊紅欄　一册

460000－8581－0000106　S2:46(1－4)Z:04396
大廣益會玉篇三十卷附校勘記一卷　(南朝梁)顧野王撰　(唐)孫強增字　(宋)陳彭年等重修　清道光三十年(1850)新化鄧顯鶴東山精舍刻本　十行二十字小字雙行二十七字白口左右雙邊　四册

460000－8581－0000107　S2:47(1－7)Z:04397、S2:203 Z:04553
澄衷蒙學堂字課圖説四卷凡例一卷檢字一卷類字一卷　(清)吳子城繪　(清)劉樹屏撰　(清)澄衷蒙學堂輯　清光緒三十一年(1905)澄衷蒙學堂印書處石印本　十二行字數不等小字雙行不等下黑口四周雙邊　八册

460000－8581－0000108　S2:342(1－2)Z:04692
[嘉慶]衛藏通志十六卷首一卷　(清)松筠纂　清光緒桐廬袁昶漸西村舍刻本　十行二十一字白口左右雙邊　二册　存二卷(十三至十四上)

460000－8581－0000109　S2:349(1－8)Z:04699
淵鑒類函四百五十卷目録四卷　(清)張英　(清)王士禛等纂輯　清康熙刻本　十行二十一字小字雙行同上下黑口四周雙邊　八册　存二十六卷(一百六十一至一百六十三、三百五十五至三百六十八、三百八十二至三百九十)

460000－8581－0000110　S2:348(1－18)Z:04698
梁溪先生文集一百八十卷行狀三卷附録一卷　(宋)李綱撰　清刻本　九行二十字白口四周雙邊　十八册　存一百一卷(七十七至八十八、九十五至一百八十,行狀三卷)

460000－8581－0000111　S2:34(1－2)Z:04384
大雲山房文稿二集四卷　(清)惲敬編　清刻本　十行二十二字上下黑口四周雙邊　二册　存三卷(一至三)

460000－8581－0000112　S2:33(1－3)Z:04383
容齋隨筆十六卷續筆十六卷三筆十六卷四筆十六卷五筆十卷　(宋)洪邁撰　明萬曆刻本　九行十八字上下黑口左右雙邊　三册　存

十六卷(容齋隨筆五至十六、容齋續筆一至四)

460000－8581－0000113　S2:31(1－2)Z:04381
所知錄六卷　(清)錢澄之輯　(清)江鏡清校錄　清宣統三年(1911)新學會社鉛印本　十二行三十字小字雙行同白口左右雙邊　二冊

460000－8581－0000114　S2:30(1－16)Z:04380
經籍纂詁一百六卷首一卷　(清)阮元撰　清光緒十四年(1888)鴻文書局石印本　十六行四十四字小字雙行同白口四周雙邊　十六冊

460000－8581－0000115　S2:128(1－4)Z:04478
覺顛冥齋内言四卷　(清)唐才常撰　清光緒二十八年(1902)吳門鉛印本　十五行三十一字白口四周雙邊　四冊

460000－8581－0000116　S2:345(1－9)Z:04695
欽定四庫全書簡明目錄二十卷　(清)紀昀等編　清同治七年(1868)廣東書局刻本　九行二十一字小字雙行同白口左右雙邊　九冊　存十六卷(三至六、九至二十)

460000－8581－0000117　S2:335(1－12)Z:04685
欽定四庫全書總目二百卷首四卷　(清)紀昀等編　清同治七年(1868)廣東書局刻本　九行二十一字白口左右雙邊　十二冊　存二十三卷(五十三至五十四、五十七至六十四、六十七至七十三、一百三十五、一百四十一至一百四十二、一百七十三、一百九十九至二百)

460000－8581－0000118　S2:270 Z:04620
陸桴亭先生遺書　(清)陸世儀撰　清光緒二十五年(1899)太倉唐受祺京師刻本　十行二十字小字雙行同白口左右雙邊　一冊　存三種三卷(甲申臆議一、蘇松浮糧考一、婁江條議一)

460000－8581－0000119　S2:13(1－4)Z:04363
程尚書禹貢論二卷後論一卷山川地理圖二卷　(宋)程大昌撰　**慮齋考工記解二卷**　(清)林希逸撰　清通志堂經解本　十行二十字小字雙行三十字白口左右雙邊　四冊

460000－8581－0000120　S2:396(1－6)Z:04746
字學新説讀本六卷繪圖一卷　(清)周靜齋撰　清光緒二十九年(1903)寧東蒙學堂石印本　十行二十一字白口四周雙邊　六冊

460000－8581－0000121　S2:12(1－2)Z:04362
字鑑五卷　(元)李文仲編　(清)許槤訂正　(清)朱傳瑚校　清道光五年(1825)許槤研經書塾刻本　七行字數不等小字雙行十九字上下黑口左右雙邊　二冊

460000－8581－0000122　S2:11(1－4)Z:04361
文心雕龍十卷　(南朝梁)劉勰撰　(清)黃叔琳注　(清)紀昀評　清道光十三年(1833)兩廣節署刻朱墨套印本　十行二十一字小字雙行同白口左右雙邊　四冊

460000－8581－0000123　S2:435 Z:04785
大廣益會玉篇三十卷附玉篇廣韻指南一卷　(南朝梁)顧野王撰　(唐)孫强增字　(清)陳彭年等重修　明弘治十七年(1504)黃氏集義書堂刻本　十二行二十字小字雙行二十八字上下黑口四周雙邊　一冊　存十一卷(四至十四)

460000－8581－0000124　S2:43(1－4)Z:04393
庚子銷夏記八卷　(清)孫承澤撰　清宣統三年(1911)掃葉山房石印本　十行二十字小字雙行不等上下黑口左右雙邊　四冊

460000－8581－0000125　S2:17(1－6)Z:04367
泰山石經峪刻字六卷　楊守敬縮摹　清光緒三十三年(1907)鄂城刻本　白口四周單邊　六冊

460000－8581－0000126　S2:45(1－2)Z:04395
古文苑九卷　(宋)韓元吉編　清嘉慶十四年(1809)蘭陵孫氏刻本　十行十八字小字雙行同上下黑口左右雙邊　二冊

460000－8581－0000127　S2:453 Z:04803
平湖戈氏家乘不分卷　(清)戈子京　戈慈祥鈔　清光緒三十二年(1906)戈氏鈔本　十行十八字四周單邊　一冊

460000－8581－0000128　S2：20(1－2)Z：04370
漁洋感舊集小傳四卷補遺一卷　(清)盧見曾輯　清宣統二年(1910)國學扶輪社鉛印本　十三行三十字小字雙行二十七字左右上下黑口四周單邊　二冊

460000－8581－0000129　S2：376 Z：04726
汗簡七卷　(宋)郭忠恕撰　清光緒九年(1883)上海點石齋石印本　八行不等小字雙行不等白口四周單邊　一冊

460000－8581－0000130　S2：86 Z：04436
李忠毅公遺詩一卷　(清)李長庚撰　(清)李廷玉編　清同治五年(1866)刻本　十行二十二字小字雙行同白口四周雙邊　一冊

460000－8581－0000131　S2：377 Z：04727
中西紀事二十四卷　(清)夏燮撰　清光緒石印本　十二行三十字白口四周雙邊　一冊　存四卷(二十至二十三)

460000－8581－0000132　S2：38(1－8)Z：04388
國朝書畫家筆録四卷　竇鎮編　清宣統三年(1911)文學山房木活字印本　十行二十五字白口四周單邊　八冊

460000－8581－0000133　S2：21(1－12)Z：04371
清河書畫舫十二卷　(明)張丑撰　清乾隆二十八年(1763)刻本　九行二十二字小字雙行同上下黑口左右雙邊　二冊　存一卷(六)

460000－8581－0000134　S2：22(1－10)Z：04372
大學衍義四十三卷　(宋)真德秀撰　明崇禎十一年(1638)刻本　十行二十一字小字雙行同白口四周單邊　十冊

460000－8581－0000135　S2：228(1－12)Z：04578
音學五書五種　(清)顧炎武撰　清光緒十一年(1885)四明觀稼樓刻本　八行十二字小字雙行二十四字白口左右雙邊　十二冊

460000－8581－0000136　S2：40(1－8)Z：04390
復初齋文集三十五卷　(清)翁方綱撰　(清)李彦章校刊　清道光十六年(1836)刻光緒三年(1877)重校本　十一行二十一字小字雙行同白口左右雙邊　八冊

460000－8581－0000137　S2：365(1－14)Z：04715
御訂全金詩增補中州集七十二卷首二卷　(金)元好問輯　(清)郭元釪補輯　清刻本　八行十九字小字雙行同白口四周單邊　十四冊　存五十三卷(五至十七、二十四至四十三、四十五至五十三、五十八至六十五、六十九至七十,首二)

460000－8581－0000138　S2：369(1－2)Z：04719
吴下諺聯四卷　(清)北莊素史輯　清同治十二年(1873)刻本　七行十六字白口左右雙邊　二冊　存二卷(一、四)

460000－8581－0000139　S2：307 Z：04657
餘辛集三卷　(清)何栻撰　清同治元年(1862)刻本　十一行二十三字小字雙行同白口四周雙邊　一冊

460000－8581－0000140　S2：416 Z：04766
流行坎止軒主人年紀一卷　(清)李開來撰　清光緒抄本　十一行字數不等小字雙行不等白口四周單邊　一冊

460000－8581－0000141　S2：192 Z：04542
石龕時文一卷　(清)劉楚英撰　清同治五年(1866)劉氏刻本　九行二十五字白口四周雙邊　一冊

460000－8581－0000142　S2：23 Z：04373
唐賀監紀略四卷附明醫閭先生紀略一卷　(清)聞性善　(清)聞性道輯　清逸老堂木活字印本　十二行三十字白口四周雙邊　一冊

460000－8581－0000143　S2：186 Z：04536
國文讀本　(清)馮翼年　(清)梁枚撰　清光緒三十二年(1906)鉛印及影印本　行款不一白口四周雙邊　一冊　存一冊(一)

460000－8581－0000144　S2：436(1－2)Z：04786
清河書畫舫十二卷　(明)張丑撰　清乾隆二十八年(1763)刻本　九行二十二字小字雙行同上下黑口左右雙邊　十二冊

460000－8581－0000145　S2:125 Z:04475
皇朝經世文編著作家一卷　(清)唐祖嘉筆錄　清抄本　一冊

460000－8581－0000146　S2:378(1－2)Z:04728
皇朝經世文新編二十一卷　麥仲華輯　清石印本　十五行三十字上下黑口四周單邊　二冊　存一卷(十三上)

460000－8581－0000147　S2:384(1－2)Z:04734
蒙學讀本全書七編　(清)江蘇無錫三等公學堂編　清光緒二十八年(1902)江蘇無錫三等公學堂石印本　八行十六字上下黑口四周單邊　二冊　存二編(四至五)

460000－8581－0000148　S2:72(1－2)Z:04422
恒言錄六卷　(清)錢大昕纂　清光緒二十八年(1902)鉛印本　十二行三十四字白口四周雙邊　二冊

460000－8581－0000149　S2:438 Z:04788
宋論十五卷　(清)王夫之撰　清末船山遺書刻本　十一行二十七字上下黑口左右雙邊雙黑魚尾　一冊　存六卷(四至九)

460000－8581－0000150　S2:440(1－2)Z:04790
宋論十五卷　(清)王夫之撰　**王船山叢書校勘記二卷**　(清)劉毓嵩撰　清同治四年(1865)湘鄉曾氏刻清光緒增刻船山遺書本　十行二十二字上下黑口左右雙邊雙黑魚尾　三冊　存十卷(宋論五至八、十二至十五,王船山叢書校勘記二卷)

460000－8581－0000151　S2:420(1－2)Z:04770
春秋大事表五十卷輿圖一卷附錄一卷　(清)顧棟高輯　(清)華玉淳等參　清乾隆十二年至十四年(1747－1749)萬卷樓刻本　十一行二十五字小字雙行字不等白口四周單邊　二冊　存六卷(十至十一、十二至十五)

460000－8581－0000152　S2:383 Z:04733
蒙學課本初編二卷　(清)□□編　清光緒二十七年(1901)南洋公學鉛印本　八行十七字小字雙行不等下黑口四周雙邊　一冊

460000－8581－0000153　S2:124 Z:04474
增補五言詩一卷　(□)□□輯　清刻本　七行十字白口四周單邊　一冊

460000－8581－0000154　S2:267(1－2)Z:04617
輶軒使者絕代語釋別國方言十三卷　(漢)揚雄撰　(清)戴震疏證　清乾隆曲阜孔繼涵微波榭刻本　十行二十一字白口四周雙邊　二冊

460000－8581－0000155　S2:429(1－2)Z:04779
初學記三十卷　(唐)徐堅輯　明嘉靖晉府刻本　九行十八字小字雙行二十四字上黑口左右雙邊　二冊　存五卷(二十二至二十六)

460000－8581－0000156　S2:225(1－7)Z:04575、S2:275(1－2)Z:04625、S2:274 Z:04624
古逸叢書二十六種　(清)黎庶昌輯　清光緒遵義黎氏日本東京使署影刻本　八行十六字小字雙行二十六字白口左右雙邊　九冊　存六種三十九卷(尚書釋音一至二,姓解一至三,老子道德經上、下,荀子注一至二十,玉篇九、十八至十九、二十七,續收原本玉篇九、二十二,太平寰宇記一百十三至一百十八)

460000－8581－0000157　S2:329 Z:04679、S2:505 Z:04855
小蓬萊閣金石文字　(清)黃易輯　清嘉慶五年(1800)刻本　十一行二十六字小字雙行同白口四周單邊　二冊　存二種二卷(漢故涼州刺史魏君之碑一、石經殘碑一)

460000－8581－0000158　S2:530 Z:04880
河工書一卷　(明)呂坤撰　清刻呂新吾全集叢書本　八行二十字白口四周雙邊　一冊

460000－8581－0000159　S2:58(1－2)Z:04408
明清交替紀事六卷　(清)顧炎武撰　清末思昔社石印本　十六行三十四字白口四周單邊　二冊

460000－8581－0000160　S2:196 Z:04546
天籟新韻一卷　(清)蕭承煊輯　(清)黃福增校閲　(清)劉則林等校　清光緒十二年(1886)刻本　行字不等白口左右雙邊　一冊

460000－8581－0000161　S2：194 Z：04544
皇清誥授建威將軍福建水師提督前浙江水陸提督世襲三等壯烈伯顯考潤堂府君行述一卷　（清）李逢時等撰　清刻本　八行二十二字小字雙行同白口四周雙邊　一冊

460000－8581－0000162　S2：18(1－4)Z：04368
寰宇訪碑錄十二卷　（清）孫星衍　（清）邢澍撰　清嘉慶七年(1802)蘭陵孫星衍刻本　十一行二十二字小字雙行同白口左右雙邊　二冊

460000－8581－0000163　S2：19(1－4)Z：04369
石鼓文定本十卷今文釋音一卷地名攷一卷　（清）沈梧撰　清光緒十六年(1890)古華山館刻本　十行二十字白口左右雙邊　四冊

460000－8581－0000164　S2：458 Z：04808
石鼓全文不分卷　（清）寄巢生摹　清道光二十年(1840)稿本　三行字數不等白口四周單邊　一冊

460000－8581－0000165　S2：334(1－4)Z：04684
五方元音二卷　（清）樊騰鳳撰　（清）年希堯增補　清善成堂刻本　十行二十一字小字雙行同白口左右雙邊　四冊

460000－8581－0000166　S2：29(1－6)Z：04379
石渠餘紀六卷　（清）王慶雲撰　清光緒十六年(1890)龍氏校刻本　十行二十二字上下黑口左右雙邊　六冊

460000－8581－0000167　S2：385(1－3)Z：04735
李氏音鑑六卷書目一卷　（清）李汝珍撰　清同治七年(1868)木梓山房精刻本　九行二十字白口四周單邊　三冊　存五卷(李氏音鑑一、四至六，書目一卷)

460000－8581－0000168　S2：28(1－4)Z：04378
欽定滿洲源流考二十卷首一卷　（清）阿桂纂　清光緒三十年(1904)中西書局石印本　十六行三十六字小字雙行同白口四周單邊　四冊

460000－8581－0000169　S2：27(1－8)Z：04377
庸庵文編四卷續編二卷外編四卷附籌洋芻議一卷　（清）薛福成撰　清光緒二十三年(1897)上海醉六堂石印本　十四行二十五字上下黑口四周單邊　八冊

460000－8581－0000170　S2：424(1－2)Z：04774
西堂全集　（清）尤侗撰　清末刻本　十行二十一字下黑口四周單邊　二冊　存五種十卷(述祖詩一、於京集一至五、哀弦集一至二、擬明史樂府一、外國竹枝詞一)

460000－8581－0000171　S2：423 Z：04773
中西度量權衡表一卷　（清）□□撰　（清）洪恩波校理　清光緒刻本　十行二十一字上下黑口四周雙邊　一冊

460000－8581－0000172　S2：498 Z：04848
繪圖比例尺圖說不分卷　（清）傅雲龍編　清光緒二十一年(1895)實學叢書本　十四行二十八字上下黑口四周單邊　一冊

460000－8581－0000173　S2：255(1－2)Z：04605
國學叢刊二十種　（清）國學研究會編　清宣統三年(1911)國學叢刊社石印本　十二行二十四字小字雙行同上下黑口四周單邊　二冊　存一種一卷(周易王弼注唐寫本校字記一)

460000－8581－0000174　S2：205 Z：04555
玉篇殘四卷續二卷　（南朝梁）顧野王撰　清光緒遵義黎氏日本東京使署景刻本　十四行字數不等小字雙行不等白口四周單邊　一冊　存二卷(續九、二十二)

460000－8581－0000175　S2：130 Z：04480
窺豹雜存一卷　憂時居士撰　清光緒七年(1881)刻本　九行二十三字白口四周雙邊　一冊

460000－8581－0000176　S2：131 Z：04481
盤亭小錄一卷　（清）劉銘傳編　清同治十二年(1873)邗江鉛印本　八行二十四字小字雙行同白口四周雙邊　一冊

460000－8581－0000177　S2：132 Z：04482
思痛記二卷　（清）李圭撰　清光緒六年(1880)李氏師一齋刻本　九行二十三字小字雙行同白口四周雙邊　一冊

460000－8581－0000178　S2：133 Z：04483
小兒語一卷女小兒語一卷　（明）呂得勝撰
續小兒語三卷演小兒語一卷　（明）呂坤撰
清呂獲珮重刻本　七行十六字小字雙行同白口四周雙邊　一冊

460000－8581－0000179　S2：281 Z：04631
明季稗史彙編十六種二十七卷　（清）留雲居士輯　清刻本　九行十九字小字雙行同上黑口左右雙邊　一冊　存二種三卷（東明聞見錄一、青磷屑一至二）

460000－8581－0000180　S2：265（1－2）Z：04615
中外交涉類要表四卷光緒通商綜覈表十六卷　（清）錢學嘉編　清光緒二十年（1894）上海醉六堂發兑刻本　十行二十四字小字雙行同上下黑口四周單邊　二冊

460000－8581－0000181　S2：283 Z：04633
陶齋藏石記四十四卷　（清）端方撰　清末石印本　十行二十五字小字雙行同白口四周單邊　一冊　存四卷（二十四至二十七）

460000－8581－0000182　S2：374 Z：04724
繹史一百六十卷世系圖一卷年表一卷　（清）馬驌撰　清光緒二十三年（1897）武林尚友齋石印本　十六行三十六字小字雙行不等白口左右雙邊　一冊　存十五卷（繹史一至十五）

460000－8581－0000183　S2：280 Z：04630
官話隨記　（清）羅永祺撰　清光緒二十五年（1899）刻本　九行二十五字白口四周雙邊　一冊　存一卷（一）

460000－8581－0000184　S2：279 Z：04629
正音切韻指掌一卷　（清）莎彝尊撰　清咸豐十年（1860）麈談軒刻本　七行二十一字白口四周雙邊　一冊

460000－8581－0000185　S2：278 Z：04628
越諺三卷附越諺賸語二卷　（清）范寅輯　清光緒八年（1882）谷應山房刻本　十行二十五字小字雙行同白口四周雙邊　一冊　存三卷（下、越諺賸語二卷）

460000－8581－0000186　S2：182（1－2）Z：04532
黑龍江述略六卷　（清）徐宗亮撰　清光緒十七年（1891）仲春石埭徐氏觀自得齋刻本　十行二十一字上下黑口左右雙邊　二冊

460000－8581－0000187　S2：183（1－2）Z：04533
羣經音辨七卷　（宋）賈昌朝撰　清康熙五十三年（1714）吳郡張士俊澤存堂五種刻本　十行二十字小字雙行同白口四周雙邊　二冊

460000－8581－0000188　S2：184（1－2）Z：04534
音通二卷　（清）陳宗彝撰　清宣統三年（1911）石印本　十行二十字小字雙行不等　二冊

460000－8581－0000189　S2：434（1－2）Z：04784
病榻夢痕錄二卷錄餘一卷　（清）汪輝祖口述　（清）汪繼培　（清）汪繼壕記錄　清光緒十二年（1886）山東書局刻本　十行二十四字小字雙行同白口左右雙邊　二冊　存二卷（病榻夢痕錄下、錄餘一卷）

460000－8581－0000190　S2：414 Z：04764
三字經　（宋）王應麟撰　清刻本　五行六字白口四周單邊　一冊

460000－8581－0000191　S2：346（1－6）Z：04696
子史精華一百六十卷　（清）張廷玉等編　清刻本　八行二十四字小字雙行同白口四周雙邊　六冊　存二十八卷（二十一至三十二、七十七至八十、一百二十九至一百三十二、一百四十九至一百五十二、一百五十七至一百六十）

460000－8581－0000192　S2：141 Z：04491
括地志一卷　（唐）李泰撰　（清）黃奭輯　清道光甘泉黃氏刻光緒十九年（1893）印本　九行十七字小字雙行同上下黑口四周單邊　一冊

460000－8581－0000193　S2：140 Z：04490
明史閣部杜詩一卷　（明）史可法書　清宣統三年（1911）梁啟超影印本　二行字數不等　一冊

460000－8581－0000194　S2：64（1－6）Z：04414
月令粹編二十四卷圖說一卷　（清）秦嘉謨編

清嘉慶十七年(1812)秦嘉謨琳琅仙館刻本　九行二十二字小字雙行同上下黑口四周雙邊　六册

460000－8581－0000195　S2:63(1－4)Z:04413
文通十卷　(清)馬建忠編　清光緒二十四年(1898)鉛印本　十二行三十二字小字雙行同白口四周雙邊　四册

460000－8581－0000196　S2:51(1－4)Z:04401
詩法十卷　(明)謝天瑞輯　明嘉靖至萬曆復古齋刻本　九行十九字白口四周單邊　四册

460000－8581－0000197　S2:78(1－5)Z:04428
自西徂東五卷　(德國)花之安撰　清光緒十年(1884)德國花之安香港刻本　十行二十三字白口四周雙邊　五册

460000－8581－0000198　S2:77(1－2)Z:04427
杜律正蒙二卷　(清)潘樹棠輯注　(清)王念修等校　清同治八年(1869)永康尋樂軒刻本　九行二十一字小字雙行二十二字白口左右雙邊　二册

460000－8581－0000199　S2:76(1－2)Z:04426
會稽三賦四卷首一卷　(宋)王十朋撰　(明)南逢吉注　(明)尹壇補注　(明)胡大臣訂正　明萬曆山陰致遠堂丁氏刻本　八行十八字小字雙行同白口四周單邊　二册

460000－8581－0000200　S2:75(1－2)Z:04425
武林藏書錄三卷首一卷末一卷　(清)丁申撰　清光緒二十六年(1900)錢塘丁氏嘉惠堂刻本　十行二十字白口四周雙邊　二册

460000－8581－0000201　S2:224(1－8)Z:04574
歷代鐘鼎彝器款識法帖二十卷　(宋)薛尚功輯　(清)阮元補　清嘉慶二年(1797)阮元刻本　行數不等白口四周單邊　八册

460000－8581－0000202　S2:223(1－6)Z:04573
論語注疏解經二十卷附校勘記　(三國魏)何晏注　(宋)邢昺疏　(清)阮元審定　(清)盧宣旬校　清光緒十八年(1892)湖南寶慶務本書局重刻本　十行十八字小字雙行二十三字上下黑口左右雙邊　六册

460000－8581－0000203　S2:82 Z:04432
藝圃問津一卷　(清)林觀成撰　(清)林慶炳補校　清光緒十一年(1885)小石渠閣刻本　十行二十一字白口左右雙邊　一册

460000－8581－0000204　S2:83(1－8)Z:04433
漢魏六朝百三名家集九十九種　(明)張溥輯　明婁東張氏刻本　九行十八字白口左右雙邊　八册　存八種十卷(揚侍郎集一、馮曲陽集一、班蘭臺集一、東漢崔亭伯集一、張河間集一至二、諸葛丞相集一、魏文帝集一至二、高令公集一)

460000－8581－0000205　S2:84 Z:04434
遼文萃七卷遼史藝文志補證一卷西夏文綴二卷西夏藝文志一卷　(清)王仁俊輯　清光緒三十年(1904)無冰閣鉛印實學叢書本　十四行二十五字小字雙行不等白口四周單邊　一册

460000－8581－0000206　S2:85 Z:04435
胡文忠公遺集十卷首一卷　(清)胡林翼撰　(清)閻敬銘等輯　清同治七年(1868)醉六堂刻本　九行二十字下黑口四周雙邊　一册　存一卷(首一卷)

460000－8581－0000207　S2:61(1－2)Z:04411
詞韻二卷　(清)仲恒編　(清)王又華補切　清乾隆世德堂刻本　十行二十字小字雙行不等白口四周單邊　二册

460000－8581－0000208　S2:347(1－2)Z:04697
始豐稿十四卷補遺一卷附錄一卷　(明)徐一夔撰　清光緒錢塘丁氏刻本　十一行二十一字白口四周單邊　二册　存八卷(五至七、十二至十四,補遺一卷,附錄一卷)

460000－8581－0000209　S2:237(1－2)Z:04587
賦彙題解十卷　(清)杭世駿定　(清)倪一擎編　清乾隆二十三年(1758)刻本　十行二十一字小字雙行同白口左右雙邊　二册

460000－8581－0000210　S2:350(1－7)Z:04700
儆居集五種二十二卷　(清)黃式三撰　清光緒十四年(1888)刻儆居遺書本　九行二十二

字小字雙行同白口左右雙邊　七冊

460000－8581－0000211　S2:73(1－2)Z:04423
石渠隨筆八卷　(清)阮元撰　清嘉慶、道光間揚州珠湖草堂阮亨刻本　十行二十字小字雙行同白口四周雙邊　二冊

460000－8581－0000212　S2:159 Z:04509
大易象數鈎深圖一卷　(宋)楊甲撰　清康熙禮耕堂刻六經圖考本　行款不等白口四周單邊　一冊

460000－8581－0000213　S2:364(1－7)Z:04714
東華續錄六十卷　王先謙撰　周潤蕃　周瀹蕃校　清光緒刻本　十二行二十五字白口左右雙邊　七冊　存二十八卷(道光二十六、二十九至五十五)

460000－8581－0000214　S2:363(1－4)Z:04713
康熙甲子史館新刊古今通韻十二卷首一卷　(清)毛奇齡撰　清康熙二十三年(1684)史館刻本　十行二十字小字雙行同白口四周單邊　四冊　存八卷(五至十二)

460000－8581－0000215　S2:215(1－2)Z:04565
説文聲讀表七卷　(清)苗夔撰　清同治、光緒間福山王懿榮天壤閣叢書本　九行二十字小字雙行同上下黑口四周單邊　二冊

460000－8581－0000216　S2:214(1－4)Z:04564
説文聲讀表七卷　(清)苗夔撰　清同治、光緒間福山王懿榮天壤閣叢書本　九行二十字小字雙行同上下黑口四周單邊　四冊

460000－8581－0000217　S2:213(1－6)Z:04563
高季迪先生大全集十八卷　(明)高啟撰　清康熙竹素園刻本　十行二十字小字雙行同白口左右雙邊　六冊

460000－8581－0000218　S2:220(1－8)Z:04570
隸辨八卷　(清)顧藹吉撰　清康熙五十七年(1718)項氏玉淵堂刻本　十二行字數不等小字雙行二十字白口四周單邊　八冊

460000－8581－0000219　S2:231(1－4)Z:04581
古韻通説二十卷　(清)龍啟瑞撰　清同治六年(1867)粵東省城西湖街富文齋刻本　十一行二十八字小字雙行同上下黑口四周單邊　四冊

460000－8581－0000220　S2:189 Z:04539
倭讀要領二卷　(日本)太宰純德夫撰　清抄本　九行字數不等　一冊

460000－8581－0000221　S2:372(1－4)Z:04722
附釋音毛詩注疏七十卷附校勘記七十卷　(唐)孔穎達撰　(清)阮元撰校勘記　清光緒十三年(1887)上海脈望仙館石印本　二十行三十四至三十六字小字雙行同白口四周單邊　四冊　存三十六卷(附釋音毛詩注疏一至十四、十九至二十,校勘記一至二十)

460000－8581－0000222　S2:229(1－5)Z:04579
助字辨畧五卷列傳一卷雜記一卷　(清)劉淇撰　清咸豐五年(1855)刻本　九行二十一字小字雙行同白口左右雙邊　五冊

460000－8581－0000223　S2:230(1－5)Z:04580
助字辨畧五卷　(清)劉淇撰　清乾隆四十四年(1779)刻本　上下兩欄下欄十行二十字小字雙行同白口左右雙邊　五冊

460000－8581－0000224　S2:65(1－12)Z:04415
經濟實學攷八卷　(清)江標撰　清光緒二十三年(1897)上海博濟書局石印本　二十行四十五字小字雙行不等上黑口四周雙邊　十二冊

460000－8581－0000225　S2:454 Z:04804
直隸全省教案賠款清單一卷中國財政策一卷　(清)中外日報編輯部撰　清光緒鉛印中外日報附樂嗣炳收集本　十六行四十字白口四周雙邊　一冊

460000－8581－0000226　S2:371(1－3)Z:04721
詩經白話注八卷　(清)□□撰　清末上海六藝書局石印本　十二行二十八字小字雙行同白口四周單邊　三冊　存六卷(三至八)

460000－8581－0000227　S2:430 Z:04780
呂氏家塾讀詩記三十二卷　(宋)呂祖謙撰　清刻本　十行二十字白口四周雙邊　一冊

存二卷(二十至二十一)

460000－8581－0000228　S2:217(1－8)Z:04567
從古堂款識學十六卷　(清)徐同柏撰　清光緒三十二年(1906)蒙學報館石印本　十行二十一字小字雙行同白口四周單邊　八冊

460000－8581－0000229　S2:304(1－3)Z:04654
三台館仰止子考古詳訂遵韻海篇正宗二十卷　(明)余象斗撰　(明)李廷機校　明萬曆二十六年(1598)余氏書林雙峰堂刻本　上中下三欄下欄九行字數不等小字雙行不等下黑口四周雙邊　三冊　存九卷(四至九、十三至十五)

460000－8581－0000230　S2:246(1－2)Z:04596
正音咀華三卷　(清)莎彝尊撰　(清)莎弼良(清)莎溫良校　清咸豐三年(1853)雙門底聚文堂朱墨套印本　八行二十二字小字雙行不等黑口四周雙邊　二冊

460000－8581－0000231　S2:247 Z:04597
正音咀華三卷　(清)莎彝尊撰　(清)莎弼良等校　清咸豐三年(1853)雙門底聚文堂朱墨印本　八行二十二字黑口四周雙邊　一冊　存一卷(三)

460000－8581－0000232　S2:256(1－2)Z:04606
方言釋字一卷附字書部首一卷方言連用字一卷　(清)汪汲輯　清同治二年(1863)金雅堂刻本　九行二十二字白口四周單邊　二冊

460000－8581－0000233　S2:216(1－3)Z:04566
二語摘讀二卷附女小兒語一卷　(清)馬丕瑤編　清光緒十六年(1890)刻本　六行十二字白口四周單邊　三冊

460000－8581－0000234　S2:160 Z:04510
大清光緒三十五年歲次己酉時憲書一卷　(清)欽天監編　清光緒三十四年(1908)內府朱墨套印本　行字不等上下黑口四周雙邊　一冊

460000－8581－0000235　S2:301(1－2)Z:04651
韻字同異攷辨五卷　(清)郭鑒庚撰　清同治十二年(1873)味梅書屋刻本　八行十字小字雙行二十字白口四周雙邊　二冊

460000－8581－0000236　S2:218(1－4)Z:04568
文心雕龍十卷　(南朝梁)劉勰撰　(清)黃叔琳注　(清)紀昀評　清道光十三年(1833)兩廣節署刻朱墨套印本　十行二十一字小字雙行同白口左右雙邊　四冊

460000－8581－0000237　S2:151 Z:04501
新刻官話彙解便覽三卷　(清)蔡奭編　(清)蔡本桐校　(清)蔡觀瀾訂　清乾隆五十九年(1794)芥子園刻本　十行二十二字白口四周單邊　一冊

460000－8581－0000238　S2:88(1－6)Z:04438
填詞圖譜六卷　(清)查王望鑒定　(清)賴以邠撰　(清)查繼超增輯　(清)毛先舒(清)仲恒參訂　(清)查曾榮　(清)王又華輯　清乾隆世德堂刻本　十行二十字小字雙行同白口左右雙邊　六冊

460000－8581－0000239　S2:232(1－5)Z:04582
古今韻畧五卷　(清)邵長蘅撰　(清)宋犖閱定　(清)宋至校　清康熙三十五年(1696)商丘宋犖刻本　九行十四至十五字小字雙行二十八字上下黑口四周單邊　五冊

460000－8581－0000240　S2:316(1－2)Z:04666、S2:359(1－3)Z:04709
十三經諸家引書異字同聲攷十三卷　(清)丁顯撰　清光緒刻本　十一行二十五字小字雙行同白口左右雙邊　五冊　存五卷(一至四、九)

460000－8581－0000241　S2:152 Z:04502
五方元音二卷　(清)樊騰鳳撰　(清)年希堯增補　清道光二十七年(1847)東昌寶書堂刻本　九行二十字小字雙行同白口左右雙邊　一冊

460000－8581－0000242　S2:441 Z:04791
文字偏旁舉略一卷　(清)姚文田輯　清歙縣鮑枚刻本　九行十八字上下黑口左右雙邊　一冊

460000－8581－0000243　S2:524 Z:04874

［乾隆五十年奏疏條例］　(清)□□撰　清刻本　十一行二十字白口四周雙邊　一册

460000－8581－0000244　S2:333(1－5)Z:04683
積學齋叢書二十種　徐乃昌輯　清光緒南陵徐氏刻本　十一行二十一字上下黑口左右雙邊　五册　存六種十三卷(爾雅注疏本正誤三至五、説文徐氏新補新附考證一、水經釋地四至八、臨川答問一、同度記一、增廣新術一至二)

460000－8581－0000245　S2:362(1－8)Z:04712
楚寶四十卷外篇五卷　(明)周聖楷輯纂　(清)鄧顯鶴述　清道光九年(1829)刻本　十行二十二字白口左右雙邊　八册　存十八卷(楚寶三、六至九、二十五至二十六、三十一至三十三、三十八至四十,外篇五卷)

460000－8581－0000246　S2:343(1－5)Z:04693
古文淵鑒六十四卷　(清)徐乾學等編注　清康熙二十四年(1685)内府刻四色套印本　九行二十字小字雙行同上下黑口四周單邊　五册　存十一卷(三十九至四十一、四十八至五十五)

460000－8581－0000247　S2:240(1－2)Z:04590
韻切指歸二卷　(清)吳遐齡撰　清康熙四十九年(1710)刻本　九行十九字小字雙行三十八字白口四周單邊　二册

460000－8581－0000248　S2:287 Z:04637
勤餘文牘六卷續編二卷　(清)陳錦撰　清光緒五年(1879)山陰陳氏橘蔭軒刻本　十一行二十一字小字雙行同上黑口四周雙邊　一册

460000－8581－0000249　S2:241(1－4)Z:04591
昌黎先生詩增注証訛十一卷　(清)顧嗣立删補　(清)黄鉞增注證訛　清咸豐七年(1857)四明鮑氏二客軒刻本　十一行二十字小字雙行三十字白口左右雙邊　四册

460000－8581－0000250　S2:285 Z:04635
五言千家詩二卷　(清)申屠懷輯解　(清)徐果音釋　清李光明莊刻本　上下兩欄下欄八行十八字小字雙行同白口四周單邊　一册

460000－8581－0000251　S2:449 Z:04799
輪船招商總局章程不分卷　(清)輪船招商總局纂　清末鉛印本　十行二十六字白口四周雙邊　一册

460000－8581－0000252　S2:52(1－8)Z:04402
東盛和債案報告十六卷　(清)大清營口銀行編　清宣統元年(1909)上海商務印書館鉛印本　十二行三十二字白口四周雙邊　八册

460000－8581－0000253　S2:356(1－7)Z:04706
太平御覽一千卷目錄十五卷　(宋)李昉等纂　(清)鮑崇城重校　清嘉慶十二年至十七年(1807－1812)歙縣鮑崇城刻本　十三行二十二字小字雙行同白口左右雙邊　七册　存五十九卷(三百九十一至四百七、四百十七至四百二十六、五百三十一至五百五十三、八百二十一至八百二十九)

460000－8581－0000254　S2:300(1－2)Z:04650
廣陽雜記五卷　(清)劉獻廷撰　清刻本　九行二十二字小字雙行同上下黑口左右雙邊　二册　存三卷(一、四至五)

460000－8581－0000255　S2:48 Z:04398
程氏家塾讀書分年日程三卷綱領一卷　(元)程端禮撰　清同治五年(1866)錢塘丁氏當歸草堂刻本　九行二十一字小字雙行同上黑口左右雙邊　一册　存三卷(程氏家塾讀書分年日程一至二,綱領一卷)

460000－8581－0000256　S2:432 Z:04782
皇清經解一百九十卷　(清)阮元輯　(清)嚴傑重輯　清光緒十三年(1887)石印本　二十八行六十字小字雙行同白口四周雙邊　一册　存十卷(毛詩校勘記一至十)

460000－8581－0000257　S2:139 Z:04489
小學千字詩人生必讀二卷　(清)余晦庵編　清光緒劍西企小學齋翻刻鶴陰書屋本　八行二十三字小字雙行同白口左右雙邊　一册

460000－8581－0000258　S2:433 Z:04783
龍璧山房文集五卷　(清)王拯撰　清光緒九年(1883)善化向氏刻本　十二行二十二字小

字雙行同上下黑口四周雙邊　二册　存三卷(三至五)

460000－8581－0000259　S2:303 Z:04653

陶庵夢憶八卷　(明)張岱撰　(清)王文誥編　清刻本　八行二十一字上下黑口左右雙邊　一册　存二卷(七至八)

460000－8581－0000260　S2:302 Z:04652

陶庵集二十二卷首一卷末一卷　(明)黄淳耀撰　清光緒刻本　九行二十一字下黑口左右雙邊　一册　存四卷(二十至二十二、末一卷)

460000－8581－0000261　S2:179 Z:04529

漢碑經義輯略二卷　淳于鴻恩輯　清光緒二十八年(1902)濟南淳于氏刻本　九行二十字上下黑口四周雙邊　一册

460000－8581－0000262　S2:316(1－2)Z:04666、S2:359(1－3)Z:04709

十三經諸家引書異字同聲攷十三卷　(清)丁顯撰　清光緒刻本　十一行二十五字小字雙行同白口左右雙邊　五册　存五卷(一至四、九)

460000－8581－0000263　S2:441 Z:04791

文字偏旁舉略一卷　(清)姚文田輯　清歙縣鮑枚刻本　九行十八字上下黑口左右雙邊　一册

460000－8581－0000264　S2:10 Z:04360

補瘞鶴銘考二卷　(清)汪鋆編　清光緒十一年(1885)刻十二硯齋四種本　十行二十一字白口左右雙邊　一册

460000－8581－0000265　S2:180 Z:04530

石經攷三篇　(清)劉傳瑩輯　清光緒十二年(1886)沌城黄氏試館刻本　八行十七字小字雙行同上黑口四周雙邊　一册

460000－8581－0000266　S2:181 Z:04531

石經攷三篇　(清)劉傳瑩輯　清光緒十二年(1886)沌城黄氏試館刻本　八行十七字小字雙行同上黑口四周雙邊　一册

460000－8581－0000267　S2:14 Z:04364

石鼓文匯一卷　(清)尹彭壽撰　清光緒十九年(1893)諸城尹氏來山園刻本　九行二十二字小字雙行同上下黑口四周單邊　一册

460000－8581－0000268　S2:282 Z:04632

九穀考四卷　(清)程瑤田撰　清道光九年(1829)廣東學海堂刻咸豐十年(1860)補刻皇清經解本　十一行二十三字小字雙行同白口四周單邊　一册

460000－8581－0000269　S2:293 Z:04643

錢法例二十四卷附採辦例　(清)福建巡撫頒　清末刻本　八行二十二字白口四周雙邊　一册　存八卷(錢法例一至六、採辦例一至二)

460000－8581－0000270　S2:15(1－6)Z:04365

周宣王石鼓文定本二卷　(清)劉凝撰　清康熙四十四年(1705)亦集園校刻本　十行二十四字小字雙行同白口四周單邊　六册

460000－8581－0000271　S2:410 Z:04760

容齋續筆十六卷　(宋)洪邁撰　清抄本　九行十八字小字雙行同白口　無版框　一册　存四卷(五至八)

460000－8581－0000272　S2:507 Z:04857

李涪刊誤二卷　(唐)李涪撰　明弘治華氏百川學海本　十二行二十字白口左右雙邊　一册

460000－8581－0000273　S2:484 Z:04834

黄河考四卷　(清)汪份撰　(日本)岡山又次郎抄　清抄本　十行字數不等上紅口四周雙邊紅欄　一册

460000－8581－0000274　S2:190 Z:04540

漢魏音四卷　(清)洪亮吉撰　清光緒三年(1877)授經堂刻本　十二行二十四字小字雙行同上下黑口左右雙邊　一册

460000－8581－0000275　S2:97 Z:04447

奏請立停科舉推廣學校並妥籌辦法摺不分卷　(清)袁世凱等撰　清抄本　十一行字數不等小字雙行不等白口　一册

460000－8581－0000276　S2:252 Z:04602
交涉要覽類編四卷　(清)鄭貞來譯　(清)陳鈺校　清光緒二十八年(1902)湖北洋務譯書局鉛印本　十行二十五字白口四周雙邊　一冊　存一卷(一)

460000－8581－0000277　S2:254 Z:04604
古諺十一卷　(清)林伯桐編注　清道光十八年(1838)修本堂刻本　十行二十一字上下黑口四周雙邊　一冊

460000－8581－0000278　S2:239(1－2)Z:04589
廣東公立官話講習所講義　孔贊廷撰　清宣統二年(1910)鉛印本　十三行三十九字白口四周雙邊　二冊

460000－8581－0000279　S2:253 Z:04603
癖泉臆說六卷　(清)胡石查　(清)張公束鑒定　(清)高煥文撰　清宣統三年(1911)商務印書館石印本　十一行十九字上下黑口四周單邊　一冊

460000－8581－0000280　S2:142 Z:04492
信天巢遺稿一卷　(宋)高翥撰　清康熙二十六年(1687)高士奇刻本　十行十八字白口左右雙邊　一冊

460000－8581－0000281　S2:233(1－3)Z:04583
切韻考六卷外篇三卷　(清)陳澧撰　清光緒番禺陳氏東塾叢書本　十一行二十八字小字雙行同上下黑口左右雙邊　三冊

460000－8581－0000282　S2:234(1－2)Z:04584
佩文廣韻匯編五卷　(清)李元祺編　清道光十年(1830)半埨草堂刻本　十行十五字小字雙行三十字白口四周雙邊　二冊

460000－8581－0000283　S2:235(1－2)Z:04585
國學叢刊二十種　(清)國學研究會編　清宣統三年(1911)國學叢刊社石印本　十二行二十四字小字雙行同上下黑口四周單邊　二冊　存一種一卷(周易王弼注唐寫本校字記一)

460000－8581－0000284　S2:238(1－4)Z:04588
授經堂重刊遺集二十三種　(清)洪亮吉撰　清光緒刻本　十二行二十四字小字雙行同上下黑口四周單邊　四冊　存二種十六卷(東晉疆域志一至四、十六國疆域志五至十六)

460000－8581－0000285　S2:127 Z:04477
漢臯避難竹枝詞一卷　(清)吳少雲　(清)劉璧山輯　清末抄本　六行字數不等　一冊

460000－8581－0000286　S2:529(1－2)Z:04879
廣東公立官話講習所講義　孔贊廷撰　清宣統二年(1910)鉛印本　十三行三十九字白口四周雙邊　二冊

460000－8581－0000287　S2:152 Z:04502
五方元音二卷　(清)樊騰鳳撰　(清)年希堯增補　清道光二十七年(1847)東昌寶書堂刻本　九行二十字小字雙行同白口左右雙邊　一冊

460000－8581－0000288　S2:4 Z:04354
禮記解四卷　(宋)葉夢得撰　葉德輝輯　清宣統元年(1909)葉氏觀古堂刻本　十一行二十二字上下黑口左右雙邊　一冊　存二卷(一至二)

460000－8581－0000289　S2:70(1－2)Z:04420
檀弓二卷　(清)孫濩孫撰　(清)孫穀　(清)孫爨校　清康熙六十年(1721)天心閣刻本　八行十八字白口左右雙邊　二冊

460000－8581－0000290　S2:211 Z:04561
孟子外書一卷　(宋)熙時子注　(清)林春溥補證　清咸豐四年(1854)竹柏山房刻本　十二行二十二字小字雙行同上下黑口四周雙邊　一冊

460000－8581－0000291　S2:212(1－10)Z:04562
春秋經傳比事二十二卷　(清)林春溥撰　清咸豐元年(1851)竹柏山房刻本　十二行二十二字小字雙行同上下黑口左右雙邊　十冊

460000－8581－0000292　S2:404(1－3)Z:04754
唐石經校文十卷　(清)嚴可均撰　清嘉慶九年(1804)刻本　十一行二十四字小字雙行同上下黑口左右雙邊　三冊

460000－8581－0000293　S2∶102 Z∶04452
字通一卷　(宋)李從周撰　清乾隆至道光知不足齋叢書刻本　五行十字小字雙行二十字上下黑口左右雙邊　一册

460000－8581－0000294　S2∶403 Z∶04753
古刻叢鈔一卷　(元)陶宗儀輯　(清)孫星衍重編　清嘉慶十六年(1811)平津館刻本　十一行二十字小字雙行同白口左右雙邊　一册

460000－8581－0000295　S2∶276 Z∶04626
原富五部　(英國)斯密亞丹撰　嚴復譯　清光緒二十八年(1902)南洋公學譯書院鉛印本　十二行三十二字上下黑口四周雙邊　一册　存一部(戊下)

460000－8581－0000296　S2∶277(1－5)Z∶04627
國朝先正事略六十卷　(清)李元度纂　清光緒十三年(1887)上海點石齋石印本　二十行四十字白口四周雙邊　五册　存五十三卷(一至五、十三至六十)

460000－8581－0000297　S2∶496 Z∶04846
表忠紀實不分卷　(清)黄樹滋編　清抄本　十行十六字白口無框　一册

460000－8581－0000298　S2∶457 Z∶04807
監獄學堂講義錄不分卷　(清)張元勳編　清末鉛印本　十四行四十字白口四周雙邊　一册

460000－8581－0000299　S2∶249(1－2)Z∶04599
崇禎長編二卷　(明)□□撰　清宣統三年(1911)上海商務印書館鉛印本　十二行十六字白口四周雙邊　二册

460000－8581－0000300　S2∶375(1－5)Z∶04725
幼學求源三十三卷　(清)程登吉撰　(清)鄒聖脈增補　(清)董成注　(清)饒步瀛等訂　清道光二十二年(1842)務本堂刻本　八行十九字小字雙行同白口四周單邊　五册　存十一卷(一至二、二十至二十一、二十五至三十一)

460000－8581－0000301　S2∶373(1－2)Z∶04723
葉氏存古叢書四種　葉銘輯　清宣統二年(1910)西泠印社鉛印本　八行二十三字小字雙行不等白口四周單邊　二册

460000－8581－0000302　S2∶380 Z∶04730
粟香二筆八卷　金武祥撰　清光緒刻本　八行二十字白口左右雙邊　一册　存二卷(三至四)

460000－8581－0000303　S2∶57(1－4)Z∶04407
啟啞初階六卷　(美國)安妮塔·梅耐德撰　清光緒三十三年(1907)煙臺墨林書館鉛印本　八行字數不等白口四周雙邊　四册　存四卷(一至四)

460000－8581－0000304　S2∶106 Z∶04456
剔弊廣增分韻五方元音二卷首一卷　(清)樊騰鳳撰　(清)趙培梓編　清同治九年(1870)敬文堂刻本　十行二十五字小字雙行同白口四周雙邊　一册

460000－8581－0000305　S2∶42(1－4)Z∶04392
三不朽圖贊不分卷　(清)張岱撰　清光緒十四年(1888)止軒影抄乾隆六十年(1795)佑啟樓本　八行字數不等小字雙行不等白口四周單邊　四册

460000－8581－0000306　S2∶415 Z∶04765
皇朝謚法考五卷續編一卷補編一卷續補編一卷　(清)鮑康輯　(清)徐士鑾續補　清抄本　十一行字數不等白口四周單邊　一册

460000－8581－0000307　S2∶531 Z∶04881
明史記略不分卷　(明)林兆鼎抄錄　明崇禎抄本　行款不一　一册

460000－8581－0000308　S2∶354(1－4)Z∶04704
吉林度支司光緒丁未年收支款目報告書不分卷　(清)陳玉麟輯　清宣統元年(1909)上海商務印書館鉛印本　行字不等白口四周雙邊　四册

460000－8581－0000309　S2∶417 Z∶04767
辟邪紀實三卷附錄一卷　(清)天下第一傷心人撰　清抄本　九行二十字　一册

460000－8581－0000310　S2∶126 Z∶04476

洪度集一卷附錄一卷　（唐）薛濤撰　（清）陳矩校刊　清光緒三十二年（1906）陳矩靈峰草堂校刻本　十二行二十三字小字雙行同白口四周雙邊　一册

460000－8581－0000311　S2：339 Z：04689
史記一百三十卷　（漢）司馬遷撰　（南朝宋）裴駰集解　（唐）司馬貞索引　（唐）張守節正義　明萬曆六年（1578）刻本　十行二十一字小字雙行同上下黑口四周雙邊　一册　存十卷（五十一至六十）

460000－8581－0000312　S2：341 Z：04691
史記一百三十卷　（漢）司馬遷撰　（南朝宋）裴駰集解　（唐）司馬貞索隱　（唐）張守節正義　明嘉靖汪諒翻刻宋黄善夫本　十行十八字小字雙行二十三字白口左右雙邊　一册　存八卷（六十一至六十八）

460000－8581－0000313　S2：338 Z：04688
禮記二十卷附考證　（漢）鄭玄注　清乾隆四十八年（1783）仿宋相臺五經刻本　八行十七字小字雙行同白口四周雙邊　一册　存二卷（十三至十四）

460000－8581－0000314　S2：340（1－5）Z：04690
大清穆宗繼天開運受中居正保大定功聖智誠孝信敏恭寬毅皇帝聖訓一百六十卷　（清）穆宗載淳撰　清光緒五年（1879）刻本　九行十八字白口四周雙邊　五册　存五卷（一百三十四、一百三十七、一百五十七至一百五十九）

460000－8581－0000315　S2：162 Z：04512
說文建首字讀一卷　（清）苗夔撰　（清）苗廣蒼　（清）苗廣籀校字　清咸豐元年（1851）壽陽漢磚亭刻本　七行字數不等小字雙行二十二字下黑口四周雙邊　一册

460000－8581－0000316　S2：161（1－2）Z：04511
說文蠡箋十四卷　（清）潘奕雋撰　清同治十三年（1874）潘氏三松堂重刻本　十行二十字白口四周雙邊　二册

460000－8581－0000317　S2：188（1－4）Z：04538
管子地員篇注四卷　（清）王紹蘭撰　清光緒十七年（1891）蕭山胡熎棻寄虹山館刻本　十行二十字小字雙行同白口四周雙邊　四册

460000－8581－0000318　S2：361 Z：04711
陶詩彙注四卷　（清）吴瞻泰輯　（清）程崟訂　清康熙刻本　十行十九字白口四周單邊　一册　存二卷（三至四）

460000－8581－0000319　S2：360 Z：04710
欽定禮記義疏八十二卷　（清）鄂爾泰等撰　清溉芳閣摹刻本　十一行二十四字小字雙行同白口左右雙邊　一册　存二卷（七十八至七十九）

460000－8581－0000320　S2：516 Z：04866
湘路危言不分卷　（清）上海湘路危言社編　清宣統元年（1909）鉛印本　十三行三十三字　一册

460000－8581－0000321　S2：355（1－4）Z：04705
吉林度支司光緒戊申年收支欵目報告書不分卷　（清）陳玉麟輯　清宣統元年（1909）上海商務印書館鉛印本　行字不等白口四周雙邊　四册

460000－8581－0000322　S2：66（1－2）Z：04416
時務摭言四卷　（清）蔡鈞撰　清光緒二十三年（1897）六先書局石印本　十五行三十字白口四周雙邊　二册

460000－8581－0000323　S2：67（1－3）Z：04417
國朝事略八卷　（清）金陵江楚編譯官書局輯　清光緒三十二年（1906）金陵江楚編譯官書局石印本　十四行二十九字下黑口四周雙邊　三册　存七卷（一至六、八）

460000－8581－0000324　S2：68（1－2）Z：04418
張文襄幕府紀聞二卷　辜鴻銘撰　清宣統二年（1910）鉛印本　十行二十二字白口四周雙邊　二册

460000－8581－0000325　S2：290 Z：04640
劫火紀焚一卷　（清）何桂笙撰　清光緒十九年（1893）刻本　十行二十二字白口左右雙邊　一册

460000－8581－0000326　S2:289 Z:04639
諫院奏事錄六卷　(清)趙炳麟撰　清宣統三年(1911)石印本　十二行二十八字小字雙行同白口四周雙邊　一冊　存三卷(四至六)

460000－8581－0000327　S2:288(1－2)Z:04638
古文關鍵二卷　(宋)呂祖謙編　(清)胡鳳丹校　清同治十年(1871)退補齋刻金華叢書本　九行二十字小字雙行同白口四周雙邊　二冊

460000－8581－0000328　S2:353(1－2)Z:04703
度支部試辦宣統三年預算案總表不分卷　(清)度支部編　清宣統三年(1911)石印本　十三行二十四字白口四周單邊　二冊

460000－8581－0000329　S2:286 Z:04636
西南紀事十二卷　(清)邵廷采撰　(清)徐幹校　清光緒邵武徐氏刻本　九行二十二字白口左右雙邊　一冊　存五卷(一至五)

460000－8581－0000330　S2:191 Z:04541
說文雙聲二卷　(清)劉熙載　(清)陳宗彝輯　清光緒刻本　十行二十字白口左右雙邊　一冊

460000－8581－0000331　S2:352(1－4)Z:04702
光緒三十四年部庫出入款目表　(清)□□編　清光緒三十四年(1908)鉛印本　十行字數不等小字雙行不等白口四周雙邊　四冊

460000－8581－0000332　S2:411(1－6)Z:04761
廣東省試辦宣統三年追加預算報告總冊不分卷　(清)廣東財政局編　清宣統三年(1911)廣東財政局稿本　十四行字數不等白口四周雙邊　六冊

460000－8581－0000333　S2:187(1－2)Z:04537
石經考文提要十三卷　(清)彭元瑞輯　清嘉慶四年(1799)許宗彥刻本　九行十字小字雙行二十字白口左右雙邊　二冊

460000－8581－0000334　S2:185 Z:04535
杜詩雙聲疊韻譜括畧八卷　(清)周春撰　清嘉慶元年(1796)刻本　十行二十二字小字雙行同白口左右雙邊　一冊　存五卷(一至五)

460000－8581－0000335　S2:390 Z:04740
原富五部　(英國)斯密亞丹撰　嚴復譯　清光緒二十八年(1902)南洋公學譯書院鉛印本　十二行三十二字上下黑口四周雙邊　一冊　存一部(甲上)

460000－8581－0000336　S2:444 Z:04794
佩文齋書畫譜一百卷　(清)孫岳頒等纂　清刻本　十一行二十一字白口左右雙邊　一冊　存一卷(九十五)

460000－8581－0000337　S2:195 Z:04545
漸西村舍彙刊　(清)袁昶輯　清光緒桐廬袁氏刻本　十行二十一字小字雙行同上黑口左右雙邊　一冊　存二種二卷(合肥相國壽言一、香嚴老人壽言一)

460000－8581－0000338　S2:74(1－2)Z:04424
晚笑堂竹莊畫傳一卷附明太祖功臣圖一卷　(清)上官周編繪　清乾隆八年(1743)刻本　行字不等白口左右雙邊　二冊

460000－8581－0000339　S2:37(1－2)Z:04387
東藩紀要十二卷補錄一卷　(清)薛培榕撰　(清)吳承裕校訂　清光緒八年(1882)鉛印本　十一行二十四字白口四周雙邊　二冊　存七卷(東藩紀要七至十二、補錄一卷)

460000－8581－0000340　S2:462(1－4)Z:04812
音韻逢源十二卷　(清)裕恩撰　(清)禧恩校　清道光京都聚珍堂刻本　六行十字小字雙行不等白口四周雙邊　四冊

460000－8581－0000341　S2:96 Z:04446
說文字原韻表二卷　(清)胡重編　(清)金孝柏訂　清嘉慶十六年(1811)秀水金氏月香書屋刻本　七行字數不等小字雙行同上下黑口左右雙邊　一冊

460000－8581－0000342　S2:138 Z:04488
功順堂叢書十八種　(清)潘祖蔭撰　清光緒吳縣潘氏刻本　十一行二十一字上下黑口左右雙邊　一冊　存四種五卷(論語孔注辨僞一至二、爾雅補注殘本一、急就章一、考證一)

460000－8581－0000343　S2:266 Z:04616

批點分類誠齋先生文膾前集十二卷後集十二卷　（宋）楊萬里撰　（宋）李誠父輯　明成化十九年(1483)刻本　十行二十三字小字雙行同白口四周單邊　一册　存六卷（批點分類誠齋先生文膾前集一至六）

460000－8581－0000344　S2：262(1－2)Z：04612
諧聲譜二卷　（清）丁顯撰　清光緒三十年(1904)刻本　十一行二十五字小字雙行同白口左右雙邊　二册

460000－8581－0000345　S2：264 Z：04614
求實齋叢書十五種　（清）蔣德鈞輯　清光緒湘鄉蔣德鈞求實齋刻本　十行二十一字上下黑口左右雙邊　一册　存二種四卷（牧令書鈔一、水經注西南諸水考一至三）

460000－8581－0000346　S2：261(1－2)Z：04611
諧聲補逸十四卷　（清）宋保撰　清嘉慶八年(1803)志學堂刻本　十行二十字白口左右雙邊　二册

460000－8581－0000347　S2：98(1－2)Z：04448
經傳釋詞十卷　（清）王引之撰　清道光二十七年(1847)錢熙祚刻本　十行二十一字小字雙行同白口左右雙邊　二册

460000－8581－0000348　S2：368(1－4)Z：04718
養默山房詩稿三十二卷　（清）謝元淮撰　清嘉慶二十五年至同治元年(1820－1862)刻本　十行二十字小字雙行同白口左右雙邊　四册　存十二卷（八至十四、十七至十八、二十七至二十九）

460000－8581－0000349　S2：367(1－4)Z：04717
定香亭筆談四卷　（清）阮元撰　（清）吳文溥録　清光緒二十五年(1899)浙江書局刻本　十行二十字白口左右雙邊　四册

460000－8581－0000350　S2：366(1－5)Z：04716
明人詩鈔續集十四卷　（清）朱琰編　（清）程拱宇校録　清乾隆程拱宇校録本　十行十九字小字雙行二十八至三十字白口左右雙邊　五册

460000－8581－0000351　S2：413 Z：04763
東渡集一卷　（清）黄家鼎撰　清光緒鄞縣黄家鼎稿本　八行十九字白口四周雙邊　紅格　一册

460000－8581－0000352　S2：389 Z：04739
玉函山房輯佚書五百九十四種　（清）馬國翰輯　清光緒十年(1884)楚南湘遠堂刻本　九行二十字小字雙行同上下黑口左右雙邊　一册　存九種十卷（毛詩拾遺一、毛詩徐氏音一、毛詩序義疏一、毛詩周氏注一、毛詩十五國風義一、毛詩隱義一、集注毛詩一、毛詩舒氏義疏一、毛詩沈氏義疏一至二）

460000－8581－0000353　S2：388 Z：04738
人海記二卷　（清）查慎行編　清光緒七年(1881)海昌張士寬刻本　九行十八字白口左右雙邊　一册　存一卷（上）

460000－8581－0000354　S2：418 Z：04768
石鼓文鈔二卷　（清）許容摹辨　（清）許嗣隆音校　（清）許雍訂正　清康熙抄本　四行七字　一册

460000－8581－0000355　S2：386(1－2)Z：04736
危言四卷　（清）湯震撰　清光緒刻本　十行二十一字白口左右雙邊　二册　存二卷（三至四）

460000－8581－0000356　S2：387 Z：04737
美國教士慕翟先生行述二卷　（美國）惠廉撰　（清）王臻善譯　清光緒二十九年(1903)上海華美書局鉛印本　十三行三十四字白口四周雙邊　一册　存一卷（上）

460000－8581－0000357　S2：299 Z：04649
中西四大政一卷　（英國）李提摩太譯　清光緒二十四年(1898)上海廣學會第五次鉛印本　十三行二十八字白口四周雙邊　一册

460000－8581－0000358　S2：298 Z：04648
王壯武公遺集二十四卷　（清）王鑫撰　清刻本　十行二十二字小字雙行同白口四周單邊　一册　存一卷（一）

460000－8581－0000359　S2：296 Z：04646、S2：336 Z：04686

澳門記畧二卷首一卷末一卷 （清）印光任（清）張汝霖纂 （清）張堃等校 清嘉慶五年(1800)刻本 九行二十字小字雙行同白口左右雙邊 二冊

460000－8581－0000360 S2:295 Z:04645
淞隱漫錄十二卷 （清）王韜撰 （清）吳友如畫 清光緒十年(1884)石印本 十六行四十字白口四周單邊 一冊 存二卷(一至二)

460000－8581－0000361 S2:294 Z:04644
爾雅三卷 （晉）郭璞注 明嘉靖四年(1525)許宗魯宜靜書堂刻本 十行二十字小字雙行同白口左右雙邊 一冊 存一卷(上)

460000－8581－0000362 S2:292 Z:04642
李二曲先生集二十四卷首一卷 （清）李顒撰（清）彭士昌校 清光緒二年(1876)清安刻本 十行二十一字白口四周雙邊 一冊 存八卷(一至八)

460000－8581－0000363 S2:291(1－4)Z:04641
江邨銷夏錄三卷 （清）高士奇輯 清康熙寶芸堂刻本 九行十八字小字雙行同上下黑口左右雙邊 四冊

460000－8581－0000364 S2:431 Z:04781
欽定大清會典一百卷事例一千二百二十卷首一卷 （清）崑岡等修 （清）吳樹梅等纂 清宣統元年(1909)商務印書館石印本 上中下三欄每欄二十行二十字小字雙行同白口四周雙邊 一冊 存十一卷(欽定大清會典二十至三十)

460000－8581－0000365 S2:41 Z:04391
帝鑑圖說不分卷 （明）張居正輯 明刻本 九行十九字白口四周雙邊 一冊

460000－8581－0000366 S2:522 Z:04872
蠶桑淺要二卷 （清）林志恂撰 清光緒三十年(1904)雲南蠶桑學堂刻本 九行二十四字小字雙行同白口四周雙邊 一冊

460000－8581－0000367 S2:172 Z:04522
續華亭百詠一卷 （清）唐天泰撰 清光緒四年(1878)有穀堂刻本 八行二十字白口四周雙邊 一冊

460000－8581－0000368 s2:201 Z:04551
顧亭林先生遺書 （清）顧炎武撰 清刻本 十一行二十字小字雙行不等白口左右雙邊 一冊 存二種七卷(石經考一、金石文字記一至六)

460000－8581－0000369 S2:202 Z:04552
紅崖碑釋文一卷 （清）鄒漢勛撰 清光緒刻本 九行二十一字小字雙行同上下黑口四周雙邊 一冊

460000－8581－0000370 S2:32(1－2)Z:04382
所知錄六卷 （清）錢澄之輯 （清）江鏡清校錄 清宣統三年(1911)新學會社鉛印本 十二行三十字小字雙行同白口左右雙邊 二冊

460000－8581－0000371 S2:442 Z:04792
[程雲鵬弋仲書法稿本]不分卷 （明）程雲鵬撰 明弘治稿本 六行十二字白口四周單邊 一冊

460000－8581－0000372 S2:204 Z:04554
傳音快字一卷 （清）蔡錫勇撰 清光緒二十二年(1896)武昌刻本 行字不等白口四周雙邊 一冊

460000－8581－0000373 S2:325 Z:04675
韻學蠡言舉要五卷 （清）丁顯撰 清光緒二十六年(1900)刻本 十一行二十五字小字雙行同白口左右雙邊 一冊

460000－8581－0000374 S2:165(1－9)Z:04515
古經解彙函十六種附小學彙函十四種 （清）鍾謙鈞等輯 清同治十二年(1873)粵東書局刻本 十行二十一字小字雙行同白口左右雙邊 九冊 存三十八卷(軒使者絕代語釋別國方言十三卷、校正補遺一卷、釋名八卷、廣雅十卷、干祿字書一卷、廣韻五卷)

460000－8581－0000375 S2:166(1－4)Z:04516
滂喜齋叢書四函五十種 （清）潘祖蔭輯 清同治、光緒間吳縣潘氏京師刻本 十行二十一字上下黑口左右雙邊 四冊 存八種十卷(京畿金石考一至二、止觀輔行傳宏決一、西

鳬草一、啖敢覽館稿一、壬申消夏詩一、藝芸書舍宋元本書目一至二、小草庵詩鈔一、日本金石年表一)

460000－8581－0000376　S2:167 Z:04517
音韻正訛四卷　(明)孫耀輯　(明)吳思本訂　清光緒十一年(1885)宜興道生堂藏板刻本　八行字數不等小字雙行不等白口四周單邊　一册

460000－8581－0000377　S2:168 Z:04518
韻法易知一卷　(清)楊得春撰　清光緒十二年(1886)刻本　九行二十字白口四周雙邊　一册

460000－8581－0000378　S2:169 Z:04519
新鐫彙音妙悟全集一卷　(清)黃謙纂輯　清光緒三十年(1904)廈文德堂榮記書局石印本　十四行二十字小字雙行不等白口四周雙邊　一册

460000－8581－0000379　S2:170 Z:04520
官話字母對兵說話一卷　沈永霖撰　清宣統三年(1911)開明書局石印本　行字不等白口四周單邊　一册

460000－8581－0000380　S2:445 Z:04795
[岑德固殉母絶命詞附挽詩]不分卷　(清)岑德固撰　(清)鄭孝胥箋　清光緒二十八年(1902)刻本　九行二十四字上下黑口四周單邊　一册

460000－8581－0000381　S2:446 Z:04796
[龍順洋行糖船撞張一漁船鐵錨掛漏濕損案]不分卷　(清)□□撰　清同治刻本　十行二十四字白口左右雙邊　一册　存八十五葉(三至八十七)

460000－8581－0000382　S2:524 Z:04874
[乾隆五十年奏疏條例]　(清)□□撰　清刻本　十一行二十字白口四周雙邊　一册

460000－8581－0000383　S2:39(1－2)Z:04389
金石續編二十一卷　(清)陸耀遹纂　(清)陸增祥校訂　清末石印本　上下兩欄上欄二十二行二十一字小字雙行同下黑口四周單邊　二册　存八卷(一至四、十五至十八)

460000－8581－0000384　S2:333(1－5)Z:04683
積學齋叢書二十種　徐乃昌輯　清光緒南陵徐氏刻本　十一行二十一字上下黑口左右雙邊　五册　存六種十三卷(爾雅注疏本正誤三至五、說文徐氏新補新附考證一、水經釋地四至八、臨川答問一、同度記一、增廣新術一至二)

460000－8581－0000385　S2:493 Z:04843
隸通二卷　(清)錢慶曾撰　清光緒南陵徐乃昌鄦齋叢書本　十一行二十一字小字雙行同上下黑口左右雙邊　一册

460000－8581－0000386　S2:351(1－7)Z:04701
蘇屬財政說明書不分卷　(清)江蘇省蘇屬清理財政局編　清宣統三年(1911)江蘇省蘇屬清理財政局鉛印本　十行三十字小字雙行同白口四周雙邊　七册

460000－8581－0000387　S2:448 Z:04798
二十三母土音表讀法不分卷　(清)吳善述撰　清光緒四年(1878)四明黃氏補不足齋刻本　九行二十四字小字雙行同白口四周雙邊　一册

460000－8581－0000388　S2:199 Z:04549
較正幼學須知成語考二卷　(明)丘濬撰　清光緒二十三年(1897)粵東登雲閣校刻本　九行二十二字白口左右雙邊　一册

460000－8581－0000389　S2:198 Z:04548
司空詩品注釋一卷　(唐)司空圖撰　清同治九年(1870)州文會堂刻本　九行二十字小字雙行三十字白口左右雙邊　一册

460000－8581－0000390　S2:528 Z:04878
倉頡篇三卷　(秦)李斯等撰　(清)孫星衍輯　清乾隆五十年(1785)大梁撫署刻本　十一行二十二字小字雙行同上下黑口四周單邊　一册

460000－8581－0000391　S2:157 Z:04507
釋書名一卷　(清)莊綬甲撰　清光緒十五年(1889)拾遺補藝齋遺書本　十行二十字小字

雙行同白口四周單邊　一册

460000－8581－0000392　S2:158 Z:04508
松壺畫憶二卷　(清)錢杜撰　清末石印本　一册

460000－8581－0000393　S2:100 Z:04450
鐵路芻議一卷　(清)葛廷杰撰　清光緒三十四年(1908)梧州廣西新報鉛印本　十四行字數不等白口四周雙邊　一册

460000－8581－0000394　S2:474 Z:04824
硃批諭旨不分卷　(清)鄂爾泰[等]編　清光緒十三年(1887)上海點石齋朱墨套印本　十五行三十三字白口四周雙邊　一册　存第八册何天培、佟吉圖

460000－8581－0000395　S2:489 Z:04839
常勝軍案略　(清)謝元壽撰　清光緒二十一年(1895)成德堂木活字印本　九行二十一字小字雙行同白口四周雙邊　一册

460000－8581－0000396　S2:153 Z:04503
訓蒙千字文一卷　(清)何桂珍撰　清咸豐二年(1852)松竹齋刻本　上下兩欄上欄四行四字下欄十二行十二字白口四周雙邊　無欄綫　一册

460000－8581－0000397　S2:87 Z:04437
庚辛之際月表一卷　(清)王延釗撰　清光緒三十三年(1907)京華印書局鉛印如諫果室載筆叢書本　四行上下六欄行字不等下黑口四周雙邊　一册

460000－8581－0000398　S2:322 Z:04672
字彙十二集首一卷末一卷附韻法直圖一卷韻法横圖一卷　(明)梅膺祚撰　明萬曆刻本　八行十六字白口左右雙邊　一册　存三卷(末一卷、韻法直圖一卷、韻法横圖一卷)

460000－8581－0000399　S2:155 Z:04505
文件自邇集十六卷　(英國)威妥瑪撰　清稿本　十一行二十四至二十五字小字雙行同白口四周單邊　紅欄　一册

460000－8581－0000400　S2:120(1－2) Z:04470
歷代帝王年表不分卷　(清)齊召南編　清道光四年(1824)小琅嬛僊館刻本　上下兩欄下欄八行二十四字小字雙行不等上下黑口左右雙邊　二册

460000－8581－0000401　S2:156 Z:04506
童蒙須談一卷　(清)華亭徐氏編　清宣統二年(1910)華亭徐氏家塾刻本　八行二十字小字雙行同下黑口四周雙邊　一册

460000－8581－0000402　S2:101 Z:04451
刖足集一卷　(清)鍾天緯撰　(清)鍾鏡寰校　清光緒華亭鍾氏朱墨鉛印本　十行二十一字白口左右雙邊　一册

460000－8581－0000403　S2:492 Z:04842
石鼓文纂釋　(清)趙烈文撰　清光緒十一年(1885)静圃刻本　十行二十二字小字雙行同上下黑口左右雙邊　一册

460000－8581－0000404　S2:408 Z:04758
重訂石鼓文音訓一卷補遺一卷　(元)潘迪撰　(清)朱克柔訂　清瘦竹山房抄本　九行二十字白口左右雙邊　一册

460000－8581－0000405　S2:407 Z:04757
石鼓然疑一卷　(清)莊述祖撰　清光緒八年(1882)循陔堂藏板刻本　十行二十一字上下黑口左右雙邊　一册

460000－8581－0000406　S2:406 Z:04756
石鼓文釋存一卷　(清)張燕昌撰　清光緒二十八年(1902)貴池劉世珩聚學軒刻本　五行字數不等小字雙行不等白口四周單邊　一册

460000－8581－0000407　S2:443 Z:04793
詩經攷異二卷　(清)朱鶴齡撰　清抄本　八行字數不等小字雙行不等白口　無框　一册　存一卷(下)

460000－8581－0000408　S2:175 Z:04525
林文忠公遺集四種　(清)林則徐撰　清光緒三山林氏刻本　九行二十四字小字雙行同白口左右雙邊　一册　存二種二卷(滇軺紀程一、荷戈紀程一)

460000－8581－0000409　S2:176 Z:04526
吴諺集一卷　(清)黄安濤撰　清鉛印本　十行二十五字上黑口四周雙邊　一册

460000－8581－0000410　S2:177 Z:04527
[陽黨中案]一卷　(清)□□撰　清抄本　一册

460000－8581－0000411　S2:174 Z:04524
周秦刻石釋音一卷　(元)吾衍撰　清光緒八年(1882)歸安陸氏刻本　九行十八字小字雙行不等上下黑口四周雙邊　一册

460000－8581－0000412　S2:475 Z:04825
南中紀聞　(明)包汝楫撰　清抄本　九行二十字白口左右雙邊　一册

460000－8581－0000413　S2:456 Z:04806
奏准商辦浙江全省鐵路有限公司章程十四卷　(清)湯壽潛撰　清光緒三十四年(1908)鉛印本　十三行三十七字白口四周雙邊　一册

460000－8581－0000414　S2:79 Z:04429
對類便讀六卷首一卷　(清)程錫類編　(清)葉良儀删訂　(清)汪熙珙　(清)項廷試音注　清康熙四十六年(1707)小西山房刻本　八行二十二字小字雙行同白口左右雙邊　一册

460000－8581－0000415　S2:260(1－2)Z:04610
新刻張太岳先生文集四十七卷目錄一卷　(明)張居正撰　(明)雷思霈等校　明萬曆刻本　十行二十字白口四周單邊　二册　存四卷(七至九、目錄一卷)

460000－8581－0000416　S2:200 Z:04550
虢季子白盤銘攷一卷　(清)吴雲撰　清同治五年(1866)歸安吴雲二百蘭亭齋刻本　九行二十二字小字雙行同白口四周單邊　一册

460000－8581－0000417　S2:487 Z:04837
烈士記略不分卷　(清)趙仲廉等撰　清光緒抄本　十一行字數不等白口四周單邊　紅欄　一册

460000－8581－0000418　S2:259(1－3)Z:04609
洪北江全集二十三種　(清)洪亮吉撰　清光緒洪用勤授經堂刻本　十一行二十二字小字雙行同上下黑口左右雙邊　三册　存四種十七卷(六書轉注錄一至四、弟子職箋釋一、史目表一至二、比雅一至十)

460000－8581－0000419　S2:481 Z:04831
外患史　(清)陳崎編　清光緒二十九年(1903)時中書局發行所鉛印國恥叢言本　十三行三十四字白口無框　一册

460000－8581－0000420　S2:2(1－17)Z:04352
重刊船山遺書　(清)王夫之撰　清同治四年(1865)湘鄉曾氏金陵刻本　十行二十二字小字雙行同上下黑口左右雙邊　十七册　存二種五十一卷(禮記章句一至四十九、續春秋左氏傳博議一至二)

460000－8581－0000421　S2:5(1－153)Z:04355
乾坤正氣集一百一種五百七十四卷首一卷　(清)姚瑩清等輯　清道光二十八年(1848)袁江節署求是齋刻本　十二行二十五字白口左右雙邊　一百五十三册　缺一百二十二卷(十八至四十二、一百十六至一百十九、一百八十七至二百五十七、三百一至三百三、三百十至三百十六、三百二十、四百二十、四百六十三至四百六十五、四百九十六至四百九十七、五百四、五百六至五百七、五百二十五至五百二十六)

460000－8581－0000422　S2:468 Z:04818
海國圖志徵實一百卷首一卷　(清)孫灝輯　清光緒二十八年(1902)上海敦記石印本　二十三行四十二字白口四周雙邊　一册　存一卷(三)

460000－8581－0000423　S2:357(1－6)Z:04707
南川冰蘗全集十二卷首一卷末一卷　(明)林光撰　清乾隆刻本　十行二十二字小字雙行同白口四周雙邊　六册　存六卷(一、四至五、七,首一卷,末一卷)

460000－8581－0000424　S2:488 Z:04838
槍炮彈藥製造情況不分卷　(清)□□撰　清末稿本　九行二十五字小字雙行同白口四周雙邊　紅方格　一册

460000－8581－0000425　S2:358(1－5)Z:04708

郵傳部奏議類編不分卷　(清)郵傳部參議廳編覈科編　清光緒三十四年(1908)鉛印本　十二行二十五字小字雙行同下黑口四周雙邊　五冊

460000－8581－0000426　S2:251(1－6)Z:04601

小學考五十卷　(清)謝啟昆撰　清光緒十五年(1889)上海鴻文書局石印本　十九行三十八字小字雙行同白口四周雙邊　六冊

460000－8581－0000427　S2:465 Z:04815

新譯萬國垂涎中華近事三卷　(法國)畢龍(法國)馬士克撰　(清)劉翹翰　(清)程瞻洛譯　清光緒二十八年(1902)中華編譯印書館鉛印本　十一行二十七字白口四周雙邊　一冊　存一卷(一)

460000－8581－0000428　S2:25 Z:04375

西泠五布衣遺著五種　(清)丁丙輯　清同治、光緒間錢塘丁氏當歸草堂刻本　十一行二十二字小字雙行同白口四周雙邊　五冊　存五種十六卷(臨江鄉人詩一至四,柳洲遺稾一至二,冬花庵爐餘稿上、中、下,樊榭山房集外詩一至二,冬心齋研銘一至二、續集一、三體詩一、自度曲一)

460000－8581－0000429　S2:459 Z:04809

中西錢幣考略二卷度量權衡考略一卷　(清)沈林一撰　清末練青軒類稿鉛印本　十三行三十五字小字雙行不等上黑口四周雙邊　一冊

460000－8581－0000430　S2:469 Z:04819

官話散語集二卷　(清)□□編　清末石印本　行款不等白口四周雙邊　一冊　存一卷(下)

460000－8581－0000431　S2:24 Z:04374

樊榭山房集外詩三卷　(清)厲鶚撰　**半岩廬遺詩二卷**　(清)邵懿辰撰　清同治當歸草堂刻本　樊榭山房集外詩十一行二十二字白口四周雙邊,半岩廬遺詩十行二十二字上下黑口左右雙邊　一冊　存三卷(樊榭山房集外詩三、半岩廬遺詩二卷)

460000－8581－0000432　S2:250(1－6)Z:04600

桐陰論畫初編二卷二編二卷三編二卷續桐陰論畫二卷桐陰畫訣一卷首一卷　(清)秦祖永撰　清宣統二年(1910)仲夏上海中國書畫會石印本　十一行二十三字小字雙行同白口四周雙邊　六冊　存八卷(桐陰論畫初編上、二編二卷、三編二卷,續桐陰論畫下、桐陰畫訣一卷,首一卷)

460000－8581－0000433　S2:49(1－4)Z:04399

增訂南詔野史二卷　(明)楊慎輯　(清)胡蔚攷正　清光緒六年(1880)雲南書局刻本　九行二十二字小字雙行同白口四周雙邊　四冊

460000－8581－0000434　S2:26(1－8)Z:04376

四述奇十六卷　(清)張德彝撰　清光緒九年(1883)著易堂鉛印本　十一行三十三字小字雙行同白口左右雙邊　八冊

460000－8581－0000435　S2:467 Z:04817

嘉定屠城慘史一卷　(清)朱九初撰　清宣統三年(1911)鉛印本　十一行二十七字白口四周雙邊　一冊

460000－8581－0000436　S2:7(1－5)Z:04357

附釋文互註禮部韻略五卷　(宋)丁度撰　清光緒二年(1876)川東官舍姚覲元刻本　九行二十四字小字雙行同上下黑口左右雙邊　五冊

460000－8581－0000437　S2:485 Z:04835

[時務錦囊]不分卷　(清)□□編　清末鉛印本　二十二行六十一字小字雙行同白口四周雙邊　一冊

460000－8581－0000438　S2:107 Z:04457

航海吟草一卷　(清)奕譞撰　清光緒十三年(1887)上海同文書局石印本　九行二十字小字雙行同白口四周雙邊　一冊

460000－8581－0000439　S2:226(1－4)Z:04576

續復古編四卷　(元)曹本編　清光緒十二年(1886)歸安姚氏咫進齋刻朱印本　五行七字小字雙行二十字上下紅口左右雙邊　四冊

460000－8581－0000440　S2:472 Z:04822

官話字母對兵說話一卷　沈永霖撰　清宣統三年(1911)八月開明書局石印本　行字不等白口四周單邊　一册

460000－8581－0000441　S2:36(1－5)Z:04386
輶軒使者絕代語釋別國方言箋疏十三卷　(漢)揚雄撰　(清)錢繹箋疏　(清)王文韶校刊　清光緒十六年(1890)紅蝠山房刻本　十行二十字小字雙行同白口左右雙邊　五册　存十一卷(三至十三)

460000－8581－0000442　S2:470 Z:04820
十三日備嘗記一卷　(清)曹晟撰　清光緒二年(1876)上海申報館鉛印本　十一行十二字白口四周雙邊　一册

460000－8581－0000443　S2:523 Z:04873
閩音千字文集字一卷　(清)□□撰　清光緒八年(1882)贊善社刻本　四行字數不等小字雙行不等白口四周雙邊　一册

460000－8581－0000444　S2:193 Z:04543
東槎二十二種　姚文棟輯　清光緒滇南刻本　九行二十字白口四周雙邊　一册　存三種五卷(海外同人集一至二、補遺一,歸省贈言一,墨江修禊詩一)

460000－8581－0000445　S2:471 Z:04821
[上海創立紅十字會史料]一卷　(清)紅十字會編　清光緒鉛印本　十一行三十字白口四周雙邊　一册

460000－8581－0000446　S2:197 Z:04547
臨文便覽一卷　(清)龍啟瑞輯　清同治十三年(1874)刻本　八行二十一字白口左右雙邊　一册

460000－8581－0000447　S2:331(1－3)Z:04681
文苑英華一千卷目錄一卷　(宋)李昉等輯　明刻本　十一行二十二字小字雙行同白口四周單邊　三册　存十一卷(二百十三至二百十四、二百九十七至三百、七百六至七百十)

460000－8581－0000448　S2:330(1－2)Z:04680
古泉雜詠四卷　葉德輝撰　清光緒二十七年(1901)長沙葉氏觀古堂刻本　十一行二十二字上下黑口左右雙邊　二册

460000－8581－0000449　S2:328(1－2)Z:04678
掌銓題稿三十四卷　(明)高拱撰　清刻本　九行十八字白口四周雙邊　二册　存五卷(二十七至三十一)

460000－8581－0000450　S2:327(1－2)Z:04677
樹廬文鈔十卷　(清)彭士望撰　(清)彭烒等校　清道光四年(1824)刻本　九行二十字白口左右雙邊　二册　存五卷(一至五)

460000－8581－0000451　S2:35(1－2)Z:04385
東萊先生古文關鍵二卷　(宋)吕祖謙撰　(宋)蔡文子注　(清)徐樹屏考異　清乾隆刻本　九行二十一字小字雙行不等白口左右雙邊　二册

460000－8581－0000452　S2:164(1－2)Z:04514
金陵兵事彙略二卷　(清)李圭撰　清光緒十三年(1887)江寧李氏刻本　九行二十三字小字雙行同白口四周雙邊　二册

460000－8581－0000453　S2:163 Z:04513
聖門樂志一卷　(清)孔尚任編　清刻本　十行二十二字白口四周單邊　一册

460000－8581－0000454　S2:510 Z:04860
汗簡箋正七卷附目錄一卷　(宋)郭忠恕撰　(清)鄭珍箋正　清光緒十五年(1889)廣雅書局刻本　七行字數不等小字雙行不等上下黑口四周單邊　一册　存三卷(六至七、目錄一卷)

460000－8581－0000455　S2:409 Z:04759
輶軒使者絕代語釋別國方言十三卷　(漢)揚雄撰　(晉)郭璞注　清光緒福山王氏天壤閣影宋刻本　八行十七字小字雙行同白口四周雙邊　一册　存七卷(一至七)

460000－8581－0000456　S2:464 Z:04814
茗壺圖錄二卷　(清)奧玄寶撰　清光緒二年(1876)石印本　九行十八字白口左右雙邊　一册　存一卷(下)

460000－8581－0000457　S2:99 Z:04449

沁泉軒詩稿一卷　(清)蘇其炤撰　(清)蘇宗經輯　(清)蘇達霖　(清)蘇玉霖校刊　清咸豐七年(1857)鬱林蘇氏刻本　八行二十一字小字雙行同白口四周雙邊　一册

460000－8581－0000458　S2:173 Z:04523
新嘉坡風土記一卷　(清)李鍾玨撰　清光緒刻本　十行二十二字上下黑口四周雙邊　一册

460000－8581－0000459　S2:499 Z:04849
沈觀察燕晉弭兵記二卷　(清)陳守謙編　清光緒二十九年(1903)上海英商順成書局石印本　十行二十五字上下黑口四周雙邊　一册

460000－8581－0000460　S2:108 Z:04458
粵謳一卷　(清)招子庸編　清光緒十七年(1891)廣州石經堂書局影印本　九行二十字白口四周單邊　一册

460000－8581－0000461　S2:473 Z:04823
辭達而已一卷　(清)吉靄主人雲溪氏撰　清光緒二十四年(1898)羊石友鄉聞齋鈔本　七行字數不等白口四周單邊　一册

460000－8581－0000462　S2:455 Z:04805
說文諧聲孳生述一卷　(清)陳立撰　清光緒末年徐氏積學齋刻本　十一行二十一字小字雙行同上下黑口左右雙邊　一册

460000－8581－0000463　S2:109 Z:04459
二難記一卷　錢方魯撰　清光緒三十三年(1907)鉛印本　十一行二十八字　無框　一册

460000－8581－0000464　S2:110 Z:04460
未來戰國志十九回　(日本)東洋奇人撰　(清)南支那老驥輯譯　清光緒二十九年(1903)廣智書局鉛印本　十二行三十一字白口四周單邊　一册

460000－8581－0000465　S2:111 Z:04461
粵西筆述一卷　(清)張祥河輯　清光緒二十二年(1896)大興謝光綺刻本　九行十八字小字雙行同上下黑口左右雙邊　一册

460000－8581－0000466　S2:112 Z:04462
洪經略奏對筆記二卷　(清)洪承疇撰　清光緒十五年(1889)上海點石齋石印本　十四行三十八字小字雙行同白口四周雙邊　一册

460000－8581－0000467　S2:122 Z:04472
探杏譜一卷　(清)□□撰　清光緒十一年(1885)孟秋石印本　八行二十字白口左右雙邊　一册

460000－8581－0000468　S2:121 Z:04471
鄉會要訣一卷　(清)□□撰　清光緒十二年(1886)石印本　九行二十字白口左右雙邊　一册

460000－8581－0000469　S2:119 Z:04469
愛吾廬文鈔一卷　(清)呂世宜撰　清光緒三年(1877)刻本　十一行二十三字上下黑口左右雙邊　一册

460000－8581－0000470　S2:118 Z:04468
海外番夷錄九種　(清)王蘊香輯　清道光二十四年(1844)秋鐫京都漱六軒刻本　十行二十一字上下黑口四周雙邊　一册　存二種二卷(海錄一卷、海島逸志摘略一卷)

460000－8581－0000471　S2:450 Z:04800
湖北鼓鑄章程一卷　(清)湖北布政使司輯　清光緒十二年(1886)刻本　十行二十四字白口四周雙邊　一册

460000－8581－0000472　S2:486 Z:04836
[清湖南醴陵公牘擇要錄存]　(清)□□抄　清光緒抄本　八行字數不等白口四周雙邊紅欄　一册

460000－8581－0000473　S2:123 Z:04473
重校十三經不貳字一卷　(清)李鴻藻等輯　清光緒十二年(1886)刻本　上下兩欄下欄十行十四字加註音白口左右雙邊　一册

460000－8581－0000474　S2:337(1－2)Z:04687
湖海詩傳小傳六卷　(清)王昶撰　清光緒四年(1878)上海淞隱閣鉛印本　九行二十一字小字雙行三十一字上下黑口四周雙邊　二册

460000－8581－0000475　S2:219(1－3)Z:04569

文心雕龍十卷 (南朝梁)劉勰撰 (清)黄叔琳注 (清)紀昀評 清道光十三年(1833)兩廣節署刻朱墨套印本 十行二十一字小字雙行同白口左右雙邊 三册 存七卷(一至七)

460000－8581－0000476 S2:50(1－4)Z:04400
便蒙叢編 (清)蘇城唐家巷中西小學編 清蘇州開智書室刻本 十行二十三字白口左右雙邊 四册

460000－8581－0000477 S2:395 Z:04745
澹香齋咏史詩一卷 (清)王廷紹撰 清光緒十七年(1891)桂垣書局刻本 九行二十一字下黑口四周雙邊 一册

460000－8581－0000478 S2:397 Z:04747
秣陵集六卷 (清)陳文述撰 清道光三年(1823)刻本 十一行二十二字上下黑口左右雙邊 一册 存一卷(一)

460000－8581－0000479 S2:392(1－2)Z:04742
國朝畫徵録三卷續録二卷 (清)張庚撰 清乾隆四年(1739)睢州蔣泰、湯之昱刻本 十行二十一字上下黑口四周單邊 二册

460000－8581－0000480 S2:393 Z:04743
古學應試選四卷 (清)張宗搏撰 (清)陳丹鳳校訂 (清)陳逢壎 (清)陳觀巽編 清乾隆二十四年(1759)刻本 九行二十字白口四周雙邊 一册

460000－8581－0000481 S2:527(1－2)Z:04877
檀弓論文二卷 (清)孫濩孫撰 (清)林中栮參閲 清光緒七年(1881)常州狀元第莊刻本 八行十八字白口左右雙邊 二册

460000－8581－0000482 S2:178 Z:04528
古音複字一卷 (明)楊慎撰 (清)李士棻録 清抄本 十一行二十一字白口四周雙邊 一册

460000－8581－0000483 S2:497 Z:04847
古巴雜記 (清)譚乾初撰 清光緒十三年(1887)香港中華印務總局鉛印本 十行二十三字白口四周雙邊 一册

460000－8581－0000484 S2:391 Z:04741
孤忠録二卷 (清)袁祖志編 清光緒六年(1880)鉛印本 九行二十一字白口四周雙邊 一册 存一卷(上)

460000－8581－0000485 S2:461(1－2)Z:04811
音韻指迷不分卷 (清)丁顯纂 清刻本 十一行二十五字小字雙行同白口左右雙邊 二册

460000－8581－0000486 S2:483 Z:04833
石鼓攷綴不分卷 (清)許莊撰 清光緒十三年(1887)石印本 十一行二十一字白口四周單邊 一册

460000－8581－0000487 S2:80(1－8)Z:04430
水心先生文集二十九卷補遺一卷 (宋)葉適撰 清光緒八年(1882)瑞安孫氏刻永嘉叢書本 十三行二十二字上下黑口左右雙邊 八册

460000－8581－0000488 S2:81 Z:04431
鄦齋叢書二十種 徐乃昌輯 清光緒二十六年(1900)南陵徐氏刻本 十一行二十一字上下黑口左右雙邊 一册 存二種四卷(何休注訓論語述一、爾雅小箋一至三)

460000－8581－0000489 S2:460(1－2)Z:04810
出使奏疏二卷 (清)薛福成撰 清光緒二十年(1894)刻本 十行二十一字白口左右雙邊 二册

460000－8581－0000490 S2:323 Z:04673
曾惠敏公榮哀録二卷 (清)聶緝槼等撰 清光緒十六年(1890)鉛印本 十行二十四字白口四周雙邊 一册

460000－8581－0000491 S2:525 Z:04875
[光緒]丙午年交涉要覽三卷 (清)北洋洋務局編 清末鉛印本 十三行二十九字下黑口四周單邊 一册 存一卷(一)

460000－8581－0000492 S2:321 Z:04671
鳴原堂論文二卷 (清)曾國藩撰 (清)曾國荃審訂 清同治十二年(1873)勵志齋刻本 十行二十四字小字雙行二十四字白口左右雙

邊　一册　存一卷(上)

460000－8581－0000493　S2:320(1－3)Z:04670
寄漚遺集八卷　(清)何延慶撰　(清)何允孝等校刊　清宣統二年(1910)家刻本　九行二十一字白口四周雙邊　三册　存五卷(一至五)

460000－8581－0000494　S2:319(1－4)Z:04669
蘿薜亭札記八卷　(清)喬松年撰　清同治十二年(1873)刻本　十行二十三字小字雙行同白口四周單邊　四册

460000－8581－0000495　S2:318(1－4)Z:04668
欽定戸部軍需則例九卷續纂一卷兵部五卷工部一卷　(清)戸部編　清刻本　九行二十三字小字雙行同白口四周雙邊　四册

460000－8581－0000496　S2:317 Z:04667
墨壽閣詩集四卷　(清)汪承慶撰　清光緒蘇城鄭子蘭刻本　十一行二十一字小字雙行同上下黑口左右雙邊　一册　存二卷(三至四)

460000－8581－0000497　S2:103 Z:04453
平臺紀略一卷　(清)藍鼎元撰　(清)王者輔評　清同治羊城緯文堂刻本　十行二十二字白口左右雙邊　一册

460000－8581－0000498　S2:105 Z:14455
洋銀辨正新編二卷　(清)嚴京周校訂　(清)趙行先評　清同治五年(1866)載迎堂刻本　九行二十字白口四周單邊　一册

460000－8581－0000499　S2:447 Z:04797
國文學四卷　姚永樸編　清宣統二年(1910)北京京師法政學堂鉛印本　十三行三十二字小字雙行同下黑口四周雙邊　一册

460000－8581－0000500　S2:326(1－2)Z:04676
墨海金壺一百八十八種　(清)張海鵬輯　清嘉慶十四年(1809)張海鵬刻本　十一行二十三字小字雙行同上下黑口左右雙邊　二册　存二種二十五卷(古文苑二十一卷、余師錄四卷)

460000－8581－0000501　S2:515 Z:04865
家政小説七日談初編不分卷　(清)家政改良研究會編　清光緒三十三年(1907)石印本　八行二十字白口四周雙邊單黑魚尾　一册

460000－8581－0000502　S2:332 Z:04682
欽定大清會典一百卷　(清)允祹等纂　清刻本　十行二十字小字雙行同白口四周雙邊　一册　存二卷(四十五至四十六)

460000－8581－0000503　S2:503 Z:04853
奏定度量權衡畫一制度圖説總表推行章程不分卷　(清)農工商部編　清光緒三十四年(1908)鉛印本　九行二十三字白口四周雙邊　一册

460000－8581－0000504　S2:504 Z:04854
奏定度量權衡畫一制度圖説總表推行章程不分卷　(清)農工商部編　清光緒三十四年(1908)鉛印本　九行二十三字白口四周雙邊　一册

海南省博物館古籍普查登記目錄

全國古籍普查登記目錄

國家圖書館出版社
National Library of China Publishing House

460000－8582－0000001　HNB：00224

天方性理圖傳五卷首一卷　(清)劉智纂述　清刻本　九行十八字黑口左右雙邊　一冊　存一卷(四)

460000－8582－0000002　HNB：00225

正教真詮二卷　(清)王岱輿撰　清清真堂刻本　八行十八字白口四周單邊　一冊　存一卷(上)

460000－8582－0000003　HNB：00226

天方至聖實錄二十卷首一卷　(清)劉智撰　清刻本　九行十八字白口四周雙邊　一冊　存二卷(十一至十二)

460000－8582－0000004　HNB：00935

南安書院碑記　(清)張岳崧撰書　清同治稿本　四行六字四周單邊　方格本　一冊

460000－8582－0000005　HNB：00598

[王懋曾古文手鈔本]二卷　(清)王懋曾鈔　清康熙王懋曾鈔本　九行二十四字　二冊

460000－8582－0000006　HNB：00934

明鄧廷宣繪瓊州黎人風俗圖不分卷　(明)鄧廷宣繪撰　(清)黃宗炎跋　清摹鈔本　圖，文十二行十八字　一冊

海口市博物館古籍普查登記目録

全國古籍普查登記目録

國家圖書館出版社
National Library of China Publishing House

460000－8583－0000001　52.1/1

武英殿聚珍版叢書　(清)紀昀等編　清光緒二十五年(1899)廣雅書局刻本　九行二十一字小字雙行同白口四周雙邊　四冊　存三種八卷(老子道德經一至二、帝範一至二、悦心集一至四)

460000－8583－0000002　17.2/1

禮記增訂旁訓六卷　(清)徐立綱撰　清乾隆四十七年(1782)吳郡張氏匠門書屋刻本　七行二十字小字雙行同旁訓六行字數不等白口四周單邊　六冊

460000－8583－0000003　42.2/1

重刊五百家注音辯昌黎先生文集四十卷　(唐)韓愈撰　清乾隆四十九年(1784)刻本　十行十八字小字雙行二十三字白口左右雙邊　十二冊

460000－8583－0000004　113.2/1

春秋五傳十七卷首一卷　(清)張岐然輯　清乾隆桂華樓刻本　上下兩欄上欄九行十三字小字雙行同白口四周單邊　四冊　存四卷(十三至十六)

460000－8583－0000005　310.2/1

歷代名臣言行錄二十四卷　(清)朱桓輯　清光緒上海會文堂鉛印本　二十四行五十字小字雙行同白口四周雙邊　八冊

460000－8583－0000006　22.1/1

前漢書一百卷　(漢)班固撰　(漢)班昭續　(唐)顏師古注　清光緒三十一年(1905)上海久敬齋石印本　二十三行四十八字小字雙行同白口四周雙邊　十二冊

460000－8583－0000007　22.1/2

後漢書一百三十卷　(南朝宋)范曄撰　(唐)李賢注　(南朝梁)劉昭續注　清光緒三十一年(1905)上海久敬齋石印本　二十三行四十八字小字雙行同白口四周雙邊　八冊

460000－8583－0000008　113.2/2

批點春秋左傳綱目句解彙鐫六卷　(清)韓菼輯　清末石印本　十四行三十六字小字雙行同白口四周雙邊　一冊　存一卷(六)

霍列五輔政堂古籍普查登記目録

全國古籍普查登記目録

國家圖書館出版社
National Library of China Publishing House

460000－D001－0000001　310.52/1
三指禪二卷八十一篇附三指禪賦　(清)周學霆撰　(清)周光寶等錄　(清)陳富旭校　清道光十二年(1832)上海掃葉山房石印本　十五行三十六字小字雙行同白口四周雙邊　一冊

460000－D001－0000002　310.143/1
黴瘡秘錄二卷附花柳指迷　(明)陳司成撰　清光緒十一年(1885)石印本　上下兩欄下欄十五行二十八字旁有小注白口四周雙邊　一冊

460000－D001－0000003　310.83/1
本草便讀四卷　(清)張秉成輯　李林馥校訂　清光緒二十四年(1898)上海千頃堂書局石印本　十四行三十字小字雙行同白口四周單邊　一冊

460000－D001－0000004　310.91/1
新鍥雲林神彀四卷　(明)龔廷賢編　(明)龔懋陞　(明)吳濟民校　清同治六年(1867)經濟堂藏板蘊經堂刻本　二十行二十字小字雙行同白口四周單邊　二冊

460000－D001－0000005　310.12/1
竹林寺女科秘方　(清)竹林寺僧纂　清光緒三十年(1904)上海書局石印本　十三行三十四字小字雙行同白口四周雙邊　一冊

460000－D001－0000006　310.91/2
大生要旨五卷附續編秘方一卷　(清)唐千頃纂　清光緒十九年(1893)上海廣益書局石印本　二十一行四十二字小字雙行同白口四周單邊　一冊

460000－D001－0000007　310.12/2
萬氏婦人科三卷首一卷附達生篇二集　(明)萬全撰　清末石印本　十四行二十八字小字雙行同下黑口四周雙邊　一冊

460000－D001－0000008　310.21/1
李仕材先生三書合刻三種六卷　(明)李中梓撰　**增補壽世青編二卷**　(清)尤乘輯　清宣統二年(1910)上海錦文堂書局石印本　二十行四十字小字雙行同白口四周雙邊　一冊

460000－D001－0000009　310.21/2
醫門棒喝初集四卷　(清)章楠撰　清宣統元年(1909)石印本　十三行二十八字白口四周雙邊　一冊

460000－D001－0000010　310.21/3
醫門棒喝二集傷寒論本旨九卷　(清)章楠編註　清宣統元年(1909)石印本　十三行二十八字白口四周雙邊　一冊

460000－D001－0000011　310.6/1
針灸大成十二卷　(清)章廷珪重修　(清)鄭維綱　帰天鎔校　清末上海普新書局石印本　二十二行四十八字小字雙行同白口四周雙邊　一冊

460000－D001－0000012　310.16/1
眼科百問二卷　(清)王子固輯　清光緒上海錦章書局石印本　十九行四十字小字雙行同白口四周雙邊　一冊

書韻清賞齋古籍普查登記目録

全國古籍普查登記目録

國家圖書館出版社
National Library of China Publishing House

460000－D002－0000001　13.2/1

書經體注大全合条六卷　(清)范翔鑒定　(清)錢希祥纂輯　清同治刻本　上下兩欄下欄九行十七字小字雙行同白口左右雙邊　四册

460000－D002－0000002　17.2/1

禮記增訂旁訓六卷　(清)徐立綱撰　清乾隆四十七年(1782)吳郡張氏匠門書屋刻本　七行二十字小字雙行同旁訓六行字數不等白口四周單邊　二册　存二卷(三至四)

460000－D002－0000003　116.3/1

增補四書精繡圖像人物備考十二卷　(明)陳仁錫增定　(清)唐光夔詳閱　(清)陳義錫重校　(清)陳鋭參訂　清乾隆六年(1741)古吳致和堂刻本　上下兩欄下欄十三行三十字小字雙行同白口四周單邊　一册　存二卷(八至九)

460000－D002－0000004　111.2/1

增補左繡春秋杜林左傳匯參三十卷　(清)周正思纂　(清)馮李驊　(清)陸浩評輯　清康熙嵩山書屋刻本　上下兩欄下欄十行二十五字小字雙行同白口四周單邊　二册　存四卷(十二至十五)

460000－D002－0000005　310.8/1

新鐫本草醫方合編　(清)汪昂輯　(清)胡宗文重訂　清乾隆五年(1740)刻本　上下兩欄下欄十行二十二字小字雙行同白口四周單邊　一册　存三卷(增訂本草備要一至二、醫方集解上)

460000－D002－0000006　43.9/1

庚辰集五卷　(清)紀昀編　清乾隆二十七年(1762)刻本　九行二十字小字雙行同白口四周單邊　三册　存二卷(二、五)

460000－D002－0000007　43.9/2

分韻試帖青雲集合注四卷　(清)楊逢春輯　(清)沈品三等注　(清)蕭應槐等同參　(清)葉祺昌等注　(清)沈錫慶校正　(清)高辛元重校　清光緒十四年(1888)膠西成文堂刻本　上下兩欄下欄十行二十二字小字雙行同　四册

460000－D002－0000008　32.2/1

三字經　(宋)王應麟等編　清光緒十二年(1886)省城文明堂刻本　上下四欄下欄八行三字白口四周單邊　一册

460000－D002－0000009　43.2/1

御選唐宋詩醇四十七卷目錄二卷　(清)高宗弘曆編　清乾隆二十四年(1759)江蘇巡撫陳宏謀刻本　九行十九字白口四周單邊　八册　存十一卷兩家

460000－D002－0000010　52.1/1

粤雅堂叢書三編　(清)伍崇曜輯　清道光至光緒南海伍氏刻本　九行二十一字小字雙行同黑口左右雙邊　六册　存一集三種

460000－D002－0000011　51.1/1

古今圖書集成一萬卷目錄三十二卷　(清)陳夢雷等編　清光緒三十年(1904)上海圖書集成鉛版印書局鉛印本　十二行三十八字白口四周單邊　一册　存五卷(一百二至一百六)

460000－D002－0000012　48.2/1

西遊真詮四卷一百回　(清)金人瑞等評閱　清益元堂刻本　十四行三十字白口四周單邊　一册　存一卷十一回

460000－D002－0000013　315.2/1

古今名人畫稿二集　(清)王翬等繪　清光緒石印本　一册

460000－D002－0000014　115.3/1

論語十卷　(宋)朱熹集註　清中州四和堂刻本　上下兩欄下欄九行十七字白口四周單邊　一册　存五卷(六至十)

460000－D002－0000015　42.3/1

蘇文忠公海外集四卷　(宋)蘇軾撰　(清)王時宇編　**年譜一卷**　(宋)王宗稷編　清乾隆四十三年(1778)禪山光華堂刻本　九行二十一字小字雙行同白口左右雙邊　四册

芳菲苑古籍普查登記目録

全國古籍普查登記目録

國家圖書館出版社
National Library of China Publishing House

460000 - D003 - 0000001　48.2/1
爭春園全傳四十八回　(清)寄生氏撰　清道光五年(1825)大經堂刻本　八行十八字白口四周單邊　五册　存四十回(一至二十一、三十至四十八)

460000 - D003 - 0000002　48.2/1
繪圖足本大字果報錄十二卷一百回　(清)海芝濤撰　清末石印本　二十一行四十九字白口四周單邊　二册

460000 - D003 - 0000003　512.1/1
最新全圖小學簡明珠算課本　(清)王如璋編　清光緒三十四年(1908)上海昌文書局石印本　上下兩欄行字不等白口四周單邊　二册

海南若虛齋古籍普查登記目録

全國古籍普查登記目録

國家圖書館出版社
National Library of China Publishing House

460000－D004－0000001　211.7/1
考工記要十七卷附圖一卷　（英國）瑪體生撰　（英國）傅蘭雅　（清）鍾天緯譯　（清）汪振聲校訂　清光緒二十二年（1896）小倉山房校印富强叢書本　上下兩欄上欄二十行二十二字下黑口四周雙邊　三册　存十二卷（一至九、十六至十七，附圖一卷）

460000－D004－0000002　315.2/1
藝舟雙楫六卷　（清）包世臣撰　清宣統元年（1909）上海廣智書局鉛印本　一册

460000－D004－0000003　315.4/1
鶴灘山房印譜不分卷　（清）張利川撰　清乾隆四十一年（1776）鈐印本　白口四周雙邊　三册　存三册（二至四）

460000－D004－0000004　315.4/2
篆刻鍼度八卷　（清）陳克恕撰　清乾隆五十一年（1786）存幾希齋刻本　九行二十字上下黑口左右雙邊　一册

460000－D004－0000005　315.5/1
益智圖二卷　（清）童葉庚撰　清光緒四年（1878）童氏刻本　圖文六行十二字上下黑口四周雙邊　二册

460000－D004－0000006　316.1/1
陶說六卷　（清）朱琰撰　清乾隆知不足齋刻本　九行二十一字上下黑口左右雙邊　一册

460000－D004－0000007　317.2/1
道德經評注二卷　（漢）河上公章句　（明）歸有光批閱　（明）文震孟訂正　清嘉慶九年（1804）姑蘇聚文堂刻本　十一行二十一字小字雙行同上下黑口四周單邊　一册

460000－D004－0000008　42.2/1
駱賓王文集十卷　（唐）駱賓王撰　清宣統三年（1911）上海文瑞樓石印本　十四行三十字白口四周雙邊　二册

460000－D004－0000009　42.2/2
昌黎先生集四十卷外集十卷遺文一卷點勘四卷　（唐）韓愈撰　（唐）李漢編　（清）陳景雲點勘　清宣統三年（1911）石印本　十二行二十八字小字雙行同白口四周雙邊　十册

460000－D004－0000010　42.6/1
李空同詩集三十二卷　（明）李夢陽撰　清宣統二年（1910）掃葉山房石印本　十四行二十八字白口四周雙邊　十册

460000－D004－0000011　42.7/1
鶴舫詩鈔二卷　（清）張映宿撰　（清）張廷銓校刊　清道光張廷銓刻本　十行二十一字小字雙行同上下黑口四周單邊　一册

460000－D004－0000012　42.7/2
一拳石齋詩鈔二卷　（清）方龍光撰　清刻本　十行二十一字上下黑口左右雙邊　一册

460000－D004－0000013　43.1/1
文選六十卷　（南朝梁）蕭統選　（唐）李善等注　（清）錢士謐重校　明末毛氏汲古閣刻清康熙二十五年（1686）錢士謐重修本　十二行二十五字小字雙行三十七字白口左右雙邊　十二册

460000－D004－0000014　43.6/1
昭代名人尺牘小傳　（清）吳修輯　清光緒七年（1881）杭州亦西齋刻本　九行二十八字白口四周單邊　二册

460000－D004－0000015　43.8/1
京師優級師範國文講義　陳曾則編纂　清宣統三年（1911）商務印書館鉛印本　一册

460000－D004－0000016　48.1/1
增評補圖大觀瑣錄一百二十回首一卷目錄一卷　（清）曹雪芹撰　（清）王希廉評　（清）姚燮加評　清光緒十二年（1886）鉛印本　十四行三十一字小字雙行同上黑口四周雙邊　十六册

460000－D004－0000017　48.1/2
閱微草堂筆記二十四卷　（清）紀昀撰　清道光十五年（1835）刻本　十行二十一字上下黑口四周雙邊　十册

460000－D004－0000018　53.14/1
化學求數八卷　（德國）富里西尼烏司撰

(英國)傅蘭雅口譯　(清)徐壽筆述　清光緒二十三年(1897)娛萊小築石印本　二十行五十一字上下黑口四周雙邊　二冊

460000 - D004 - 0000019　43.7/1

畏廬文集一卷　林紓撰　清宣統二年(1910)商務印書館鉛印本　十二行三十二字上下黑口四周雙邊　一冊

《海南省圖書館古籍普查登記目録》
書名筆畫字頭索引

三畫

四畫

五畫

六畫

七畫

八畫

九畫

十畫

十一畫

十二畫

十三畫

十四畫

十五畫

十八畫

二十三畫

《海南省圖書館古籍普查登記目録》
書名筆畫索引

三畫

四畫

五畫

六畫

七畫

八畫

九畫

十畫

十一畫

十二畫

十三畫

十四畫

十五畫

十八畫

二十三畫

《海口圖書館古籍普查登記目録》
書名筆畫字頭索引

二畫

三畫

四畫

五畫

六畫

七畫

八畫

九畫

十畫

十一畫

十二畫

十三畫

十四畫

十五畫

十六畫

十七畫

十八畫

十九畫

二十畫

二十一畫

二十二畫

二十四畫

《海口圖書館古籍普查登記目録》
書名筆畫索引

二畫

三畫

四畫

五畫

六畫

七畫

十畫

十一畫

十二畫

十三畫

十四畫

十五畫

十六畫

十七畫

十八畫

十九畫

二十畫

二十一畫

二十二畫

二十四畫

《文昌市圖書館古籍普查登記目録》
書名筆畫字頭索引

二畫

三畫

四畫

五畫

七畫

八畫

九畫

十畫

十一畫

十二畫

十三畫

十四畫

十五畫

十六畫

十七畫

十八畫

十九畫

二十二畫

《文昌市圖書館古籍普查登記目録》
書名筆畫索引

二畫

三畫

四畫

五畫

七畫

八畫

九畫

十畫

十一畫

十二畫

十三畫

十四畫

十五畫

十六畫

十七畫

十八畫

十九畫

二十二畫

《海南大學圖書館古籍普查登記目録》
書名筆畫字頭索引

二畫

三畫

五畫

六畫

八畫

九畫

十一畫

十二畫

十五畫

十九畫

二十一畫

《海南大學圖書館古籍普查登記目録》
書名筆畫索引

二畫

三畫

五畫

六畫

八畫

九畫

十一畫

十二畫

十五畫

十九畫

二十一畫

《海南師範大學圖書館古籍普查登記目録》
書名筆畫字頭索引

一畫

二畫

三畫

四畫

五畫

六畫

七畫

八畫

九畫

十畫

十一畫

十二畫

十三畫

十四畫

十五畫

十六畫

十七畫

十八畫

十九畫

二十畫

二十一畫

二十二畫

二十三畫

《海南師範大學圖書館古籍普查登記目録》
書名筆畫索引

一畫

二畫

三畫

四畫

五畫

六畫

七畫

八畫

九畫

十畫

十一畫

十二畫

十三畫

十四畫

十五畫

十六畫

十七畫

十八畫

十九畫

二十畫

二十一畫

二十二畫

二十三畫

《瓊臺師範學院圖書館古籍普查登記目録》
書名筆畫字頭索引

二畫

三畫

四畫

五畫

六畫

七畫

八畫

九畫

十畫

十一畫

十二畫

十三畫

十四畫

十五畫

十六畫

十七畫

十八畫

十九畫

二十二畫

二十三畫

《瓊臺師範學院圖書館古籍普查登記目録》
書名筆畫索引

二畫

三畫

四畫

五畫

六畫

七畫

十三畫

十四畫

十五畫

十六畫

十七畫

十八畫

十九畫

二十二畫

二十三畫

《儋州市第一中學古籍普查登記目録》
書名筆畫字頭索引

四畫

五畫

六畫

七畫

八畫

九畫

十畫

十一畫

十二畫

十三畫

十四畫

十五畫

十七畫

十九畫

二十二畫

《儋州市第一中學古籍普查登記目録》
書名筆畫索引

四畫

五畫

六畫

七畫

八畫

九畫

十畫

十一畫

十二畫

十三畫

十四畫

十五畫

十七畫

十九畫

二十二畫

《海南省民族博物館古籍普查登記目録》
書名筆畫字頭索引

二畫

三畫

四畫

五畫

六畫

七畫

八畫

九畫

十畫

十一畫

十二畫

十三畫

十四畫

十五畫

十六畫

十七畫

十八畫

十九畫

二十畫

二十一畫

二十二畫

二十三畫

二十四畫

《海南省民族博物館古籍普查登記目録》
書名筆畫索引

二畫

三畫

四畫

五畫

六畫

七畫

八畫

九畫

十畫

十一畫

十二畫

十三畫

十四畫

十五畫

十六畫

十七畫

十八畫

十九畫

二十畫

二十一畫

二十二畫

二十三畫

二十四畫

《海南省博物館古籍普查登記目録》
書名筆畫字頭索引

四畫

五畫

八畫

九畫

《海南省博物館古籍普查登記目録》
書名筆畫索引

四畫

五畫

八畫

九畫

《海口市博物館古籍普查登記目録》
書名筆畫字頭索引

七畫

八畫

九畫

十六畫

十七畫

《海口市博物館古籍普查登記目録》
書名筆畫索引

七畫

八畫

九畫

十六畫

十七畫

《霍列五輔政堂古籍普查登記目録》
書名筆畫字頭索引

三畫

五畫

六畫

七畫

十畫

十一畫

十二畫

十三畫

十五畫

十八畫

二十三畫

《霍列五輔政堂古籍普查登記目録》
書名筆畫索引

三畫

五畫

六畫

七畫

十畫

十一畫

十二畫

十三畫

十五畫

十八畫

二十三畫

《書韵清賞齋古籍普查登記目録》
書名筆畫字頭索引

三畫

四畫

五畫

六畫

八畫

十畫

十二畫

十三畫

十五畫

十七畫

十九畫

《書韻清賞齋古籍普查登記目録》
書名筆畫索引

三畫

四畫

五畫

六畫

八畫

十畫

十二畫

十三畫

十五畫

十七畫

十九畫

《芳菲苑古籍普查登記目録》
書名筆畫字頭索引

八畫

十二畫

十九畫

《芳菲苑古籍普查登記目録》
書名筆畫索引

八畫

十二畫

十九畫

《海南若虛齋古籍普查登記目録》
書名筆畫字頭索引

一畫

四畫

六畫

七畫

八畫

九畫

十畫

十二畫

十五畫

十六畫

十八畫

二十一畫

《海南若虛齋古籍普查登記目録》
書名筆畫索引

一畫

四畫

六畫

七畫

八畫

九畫

十畫

十二畫

十五畫

十六畫

十八畫

二十一畫